# 主编简介

**张卫平**，男，山东人，1979 年考入原西南政法学院法律系，1983 年本科毕业。1986 年研究生毕业留校执教。1993 年从讲师直接破格晋升为教授。同年赴日本留学，先后在东京大学法学部和一桥大学法学部学习。1996 年获得博士生导师资格，同年任《现代法学》主编。1999 年初调清华大学法学院任教至今。现为清华大学法学院教授、博士生导师，中国民事诉讼法学研究会会长。代表著作：《程序公正实现中的冲突与衡平》（1992）、《破产程序导论》（1993）、《诉讼构架与程式》（2000）、《探究与构想：民事司法改革引论》（2004）、《民事诉讼：关键词展开》（2005）。在《法学研究》《中国法学》等杂志上公开发表学术论文百余篇。

**齐树洁**，河北武安人，1954 年 8 月生。1972 年 12 月自福建泉州一中应征入伍，1978 年 4 月从新疆军区 39487 部队退役。同年 7 月参加高考。1982 年 7 月毕业于北京大学法律系，获法学学士学位。1990 年 8 月毕业于厦门大学民商法专业，获法学硕士学位。2003 年 11 月毕业于西南政法大学诉讼法专业，获法学博士学位。曾在西南政法学院、中国人民大学、香港大学、澳门大学、台湾政治大学、菲律宾 Ateneo 大学、英国伦敦大学、德国 Freiburg 大学、法国巴黎第二大学、美国佛罗里达大学研修和访问。现为中国民事诉讼法学研究会副会长，中国仲裁法学研究会副会长，厦门大学法学院教授、博士生导师、司法改革研究中心主任。

# Judicial Reform Review
# 司法改革论评

张卫平　齐树洁　主编　　唐　力　执行主编

主办方：
西南政法大学法学院
西南政法大学比较民事诉讼法研究中心

图书在版编目(CIP)数据

司法改革论评.总第26辑/张卫平,齐树洁主编,唐力执行主编.—厦门:厦门大学出版社,2019.4
ISBN 978-7-5615-7289-4

Ⅰ.①司… Ⅱ.①张…②齐…③唐… Ⅲ.①司法制度—体制改革—文集 Ⅳ.①D916-53

中国版本图书馆CIP数据核字(2019)第047887号

**出 版 人** 郑文礼
**责任编辑** 李 宁

**出版发行** 厦门大学出版社
**社 址** 厦门市软件园二期望海路39号
**邮政编码** 361008
**总 机** 0592-2181111 0592-2181406(传真)
**营销中心** 0592-2184458 0592-2181365
**网 址** http://www.xmupress.com
**邮 箱** xmup@xmupress.com
**印 刷** 厦门市明亮彩印有限公司

**开本** 720 mm×1 000 mm 1/16
**印张** 20.75
**插页** 2
**字数** 390千字
**版次** 2019年4月第1版
**印次** 2019年4月第1次印刷
**定价** 88.00元

厦门大学出版社
微信二维码

厦门大学出版社
微博二维码

# 《司法改革论评》

# 目录

## 卷首语

# 坚守司法中立

张卫平*

司法改革在不断地推进和深化,以各种方式,在各个方面。司法改革的各种措施和渲染,有时看起来令人有些眼花缭乱,也使得人们对于司法改革究竟在哪些方面有所作为,有所推进和深化,有些颇不得要领。

判断司法改革是否有所推进和深化,笔者以为,归根结底还是要看这些改革举措在实现司法的基本价值方面是否有所作为。裁判文书的公开(虽尚有不足,还有所保留,存有机制上的缺陷)就是一种有利于实现司法公正的改革措施。如果在司法基本价值的实现方面有所作为,有所提升,则可以说改革有所成就,有所推进。否则,就难言取得了成功,不过是一种尝试,甚至只是一场政治秀而已。

公正、公平、便捷、经济等都是司法的基本价值追求。欲实现这些基本价值追求,必须要有基本的前提条件作为保障。没有基本的前提作为保障是无法实现司法基本价值追求的。这其中,司法中立就是实现司法基本价值即公正与公平最基本、最重要的前提。司法中立是裁判的核心要求。司法最重要的功能就是裁判,裁判必须是中立的。裁判者在纠纷解决中一旦丧失了中立性,必然无法实现其裁判的公正性。但这看似简单的、不言自明的道理,常常是最难以做到的。尽管在司法实践中,绝大多数情形我们都能够做到中立,但一旦涉及重大利

* 作者系天津大学卓越教授,中国民事诉讼法学研究会会长。

益时，各种干预就会冲击司法的中立性，不断动摇其中立的立场。特定的权力架构和运作机制也使得这些干预有可乘之机。正是因为没有相应的制度保障机制，口头上的司法中立是难以维系的。

现实中，所有的干预都有其冠冕堂皇的正当理由，这些理由都是以实质正当性为基本支撑的。司法中立经常被指责为形式主义和教条主义。在我们的传统观念当中——意识形态的、政治哲学的、思维方式上的，最难坚守的就是形式和程序。在这样的观念之下，面对实质正义的冲击，程序正义往往变得十分脆弱，不堪一击。

司法中立是最典型的形式要求，是程序正义的经典表达。司法中立是程序正义的最基本要求，是核心价值所在。在法治初级阶段，程序正义虽然最难做到、最难坚守，但追求法治进步的我们，必须要坚守，尽量维护、推进和实现程序正义的基本要求——司法中立。在法治初级阶段，程序正义的追求往往劣后于实质正义的追求。甚至可以说，程序正义追求的最大障碍就是实质正义，实质正义最容易成为人们各种利益诉求的装甲。

坚守司法中立，使其不致轻易动摇，就必须有相应的制度保障。因此，建立有利于坚守司法中立的制度，消除不利于司法中立的制度，恰恰是司法改革最应该做的，最应发力之点。我甚至认为，司法改革的核心是如何保障司法中立。以此视角来看，在这方面司法改革似乎没有太大的作为。以下试以法院司法的行政化为例。法院司法的行政化一直是学界所诟病的一大问题。司法的行政化问题使得法院的内部干预获得了正当性。既然是行政化的运作方式，当然在法院内部是可以对具体审判的案件进行干预的，理由当然也是非常具有实质正义性的。外部的干预通过法院的行政化机制是最为"正当"和"便捷"的。在司法(法院)行政化的面前，法官在案件审理裁判中的中立是无法实现的。法官负责制也就无法落实。每一个具体案件裁判的公正性是由每一个案件法官在案件中的中立性作为保证的。没有具体案件中法官的中立性、独立性，我们不可能看到每一个案件的公正性。然而，我们最不愿意承认的是法官的独立性。司法改革在这方面不能有所作为，不能打破行政化的坚壁，司法的中立性也就难以实现，各种干预依然无法杜绝，法官的头上就永远不只是法律。

司法智能化被我们作为一项重要的司法改革举措，甚至是当下最重要的举措。但我们应当注意，智能化只是一种技术手段，一种工具。作为技术手段和工具，它既可以用于实现司法的基本价值，也有可能阻碍实现司法基本价值。现实的确是如此，司法的智能化在实际运用中有可能成为强化司法行政化的工具，为内部干预提供了最为便捷的条件。智能化在强化司法管理的名义下，使得法官的中立性和独立性进一步弱化。如何保障智能化推进和运行能够在坚守司法基本价值、坚守司法中立中发挥其作用，而不是相反，是一个我们应当认真对待的问题。如果所有案件卷宗都实现了电子化、无纸化，那么，“丢失”特定卷宗的事情，想来应该更加容易——只要动一下键盘。

司法中立是司法公正的核心和前提。没有中立就没有公正，无论以什么理由——政治的、社会的、伦理的——动摇司法的中立，都将是对公正司法的破坏和否定。如果是不以此为前提的司法改革，都可能只是“埃舍尔楼梯”。如何在制度上保障司法的中立性依然是我国今后法治建设的重大课题，也是司法改革的攻坚克难的重大课题。这其中也涉及国家治理方式的转变和变革“深水区”的问题。当然，首要的是，我们对法治本质的认识和理解，并勇于接受法治的本质，按照法治的基本要求采取实际行动，不能以影响司法中立的方式解决司法非中立、司法不公、司法腐败的种种问题。一切法律上的问题都应当以法律应有的方式加以解决。我们相信法律对保障公正、实现公正的力量和方法。法律制度上的缺陷应通过立法予以弥补。

在法治初级阶段，充分实现和保障司法中立，对于司法改革而言无疑任重道远。

2019 年 1 月 19 日于清华园

本辑聚焦:新枫桥经验与社会治理创新

# “枫桥经验”的“软法”之维

王紫零*

**摘要**:随着国家提出“国家治理的现代化”、“全面推进依法治国”和推进“四个全面”战略布局,传统的单一硬法之治已越来越不适应正在崛起的公共治理的现实需要,这为软法的研究与实践提供了很好的机遇。枫桥经验是中国本土的“软法”治理实践和探索,积累了中国自己的法治经验、基层治理的方式,以及解决基层公共问题的模式创新,是对本土法律治理道路的经验总结与反思。“枫桥经验”用实践讲述了社会治理法治中国化的故事。在新的历史时期,“枫桥经验”正面对一些实际问题,如何在“软法”和“硬法”之间找到平衡,是实现法治现代化的新的历史使命,是新时代在国际视域内建构中国法律文化的理论自信和道路自信的体现。

**关键词**:枫桥经验;软法;硬法;基层治理

## 一、“枫桥经验”的“软法”实践与探索

我们知道,软法具有主体多元、不具有国家强制力、争议自行协商解决的特点,枫桥经验的软法特性“发动和依靠群众,坚持矛盾不上交,就地解决,实现捕人少,治安好”在1963年被毛泽东同志亲笔批示为:“要各地仿效,经过试点,推广去做。”几十年来,“枫桥经验”的软法实践和探索不断丰富发展,被赋予了新的时代内涵和时代精神。

* 作者系广东揭阳市委党校副教授,法学硕士。

(一)法律主体方面

1.依靠群众

“枫桥经验”诞生之初,其基本精神就是依靠群众,其主要优势就是基层基础。“相信群众,依靠群众,从群众中来,到群众中去”,这是我们党的群众路线,也是“枫桥经验”的基本内涵,是“枫桥经验”的精髓所在,也体现了软法所要求的主体多元性,所以说,依靠群众是“枫桥经验”中软法治理的萌芽。

20 世纪 60 年代初,诸暨枫桥镇干部群众创造了“发动和依靠群众,坚持矛盾不上交,就地解决,实现捕人少,治安好”的“枫桥经验”。源于革命文化的“发动群众”,让群众具有一定的自主权和裁量权,即国家的战略方针无论怎样变化,社区或基层有自我治理的空间和动能,“枫桥经验”保留了社区一定的自由灵活性,也为儒学、理学文化发挥民族文化权力留出了空间,是一种对传统文化的护持。群众共同认可的道理,以民族文化、传统、道德、风俗习惯等方式呈现,形成与国家正式的法令竞争的、可以选择的非正式的软法法源。

2013 年 10 月,习近平总书记在坚持和发展“枫桥经验”重要指示中的精髓是:把“枫桥经验”坚持好、发展好;把党的群众路线坚持好、贯彻好。①

2.主体身份多元

“枫桥经验”中的身份多元,是软法模式实践的出发点。在今天,解决实际问题时,身份仍然是一个突破口。在法学领域,身份一度不被看作是一个建构和影响法律关系和结构的常量。越来越多的国家意识到,多样化又活跃的不同身份等多元因素是对国家主义法律的一种挑战。

在枫桥经验社会治安综合治理过程中,始终坚持群防群治,以无限的民力来弥补有限的警力;在化解新时期各类社会矛盾中,更是着力强调基层基础,在这些矛盾的化解过程中,在矛盾的调解中,通过多元主体的参与,最终化解矛盾;党政机关有所参与,而更多的是群众的参与,通过互动、信息的交流,达到一种妥协,最终实现问题的解决。

比如,“老杨调解中心”的“老杨”说:“调解中,因人因事因地制宜;对孩子采取训导的办法,对年轻人采取疏导的办法;调解婚姻纠纷往往把介绍人请来,也把懂法的亲戚请过来。”“娟子工作室”是以女性名字登记的,以妇女维权为主,标志着对妇女“身份”的特别关注与利益保护。对“外来人口”的问题,其则采取了

① 习近平:《创新“枫桥经验” 建设平安浙江》,载《今日浙江》2004 年第 12 期。

"老乡管老乡"的情感润滑与身份转接的沟通办法。"枫桥经验"在调解中,注重对不同身份形成的不同矛盾,包括个体经营户、企业职工、外来务工人员、农村村民等,在调解中针对不同的身份选择不同的情感策略、文化策略、制度策略等工作策略,在衡量多种选择后,以经济节俭的解纷方式,以有利于邻里熟人生产合作、未来美好生活的善意,在对形式正义与实质正义、经济成本与情理得失等多种选择进行权衡后,达成一种共同能接受的正义追寻。

总之,"枫桥经验"所呈现的参与主体的多元性,具有一定的外在约束力,这种约束力不同于国家强制力,而是基于这些协约或者工作模式内在的约束力。

(二)法律规范方面

软法亦法。软法规范人们的行为,规范社会关系,因而是人们的行为规则;软法不是对人们的内在心理,而是对人们的行为具有约束力,从而这种约束力是外在的。"枫桥经验"中的民间法、习惯法规范人们的行为与权利,这与软法的实质是具有约束力的规范是契合的。软法是具有规范性质的行为规则,调整着人们的行为和社会关系,这种规范是通过对约束的对象设定相应的权利和义务来实现的,它在为约束对象提供行为标准的同时,也使他们对应当和不应当作出的行为负有义务。无论是在"枫桥经验"的缘起时期的"依靠和发动群众,坚持矛盾不上交,就地解决,实现捕人少、治安好"的成功经验,还是改革开放后创新的具有鲜明时代特色的"党政动手,依靠群众,加强基层,化解矛盾,维护治安,促进稳定,保障发展"等新经验,"枫桥经验"的基本目标是建立一种基层社会运转的秩序,为包括村民、村委会、村组织等主体提供行为规范,规范基层社会成员行为。因此,在规范性上,两者是统一的。

近些年,有些法学学者提出国家法和民间法、习惯法二元划分的法律渊源范畴。这种新型范畴的提出极大地扩展了法学研究的范围,开拓了研究者的视野,对法学研究具有极大的意义。

"枫桥经验"用朴素的语言总结出:小事依规(村规民约、厂规厂纪)、大事依法(国家法律)、网格管理(社会综合治安管理机构)、知良树德(以文化人,以德润心);就地化解矛盾、基层解决问题。"枫桥经验"既包含有公共权力治理方面的,也包含有民间治理方面的,它们是上下联动、相互作用的一种体制。

(三)法治方式方面

1.民主协商

软法是一定的人类共同体通过其成员参与、协商方式制定或认可的,因而,其内容具有相应的民主性、公开性、普遍性和规范性。“枫桥经验”是通过国家主体之外的基层干部与群众民主协商形成的,这与软法的商谈民主形式相契合。“枫桥经验”的创制和修改是通过柔性的民主协商和说理说服的方式完成的,其方式本身也具有一定的弹性。这种弹性表现在,“枫桥经验”创制和修改是在开放的环境下,通过人们平等的民主协商进行的,体现的是当地干部群众的公共意志。比如改革开放后,绍兴市各地按照“枫桥经验”的基本精神,创造了“八创八进”模式、“老乡管老乡”、“村务简报”等新做法,这也是通过内部民主协商的制定方式形成经验的。换句话说,只有那些符合群众公共意志的做法才被保留了下来并进而上升为经验。

“枫桥经验”是由普通百姓协商制定、共同认可的,规范他们行为的一种治理模式,在社会组织、公民与行政机关沟通协商的基础上,共同形成的行为规则,不但实现了行政机关与公民之间地位之平等,而且体现了公民参与治理和自我自治的精神。“枫桥经验”因为具备了软法这些核心特征,而成为软法的一种具体表现形式。

2.大调解机制

软法的争议一般不是由法院裁决,而是由民间调解、仲裁机构处理或争议当事人自行协商解决。“枫桥经验”是一种大调解机制,作为东方经验的“大调解”,具有“和为贵”的精神意境,化干戈为玉帛,化风雨润人心。党政领导、多部门联动的“大调解”格局和机制,是在实践中探索出来的。“大调解”是在各级党政机关领导下将人民调解、行政调解和司法调解有机结合起来的纠纷排查调处方式,目的在于把各类矛盾纠纷解决在当地,解决在基层,解决在萌芽状态。它是一种党政主导、主体多元、手段多样、方式灵活、反应灵敏、协调顺畅的矛盾纠纷的协商和处理方式,强调解纷主体的多元化和联动化,强调纠纷的事前预防与事后解决并重。

“小事不出村,大事不出镇,矛盾不上交”的理念,这是“枫桥经验”的精髓。产生于乡土邻里之间的矛盾,采用诉讼的方式不但成本大,而且容易激化矛盾。而调解关注的是具体的人的性格、气质、情境,寻求看似不平等却实际平等的实质正义,可以利用感情、面子、人情的收获等策略,散结驱障。调解激发出当事人的沟通理性,对于一个长期合作、共同生活、协同工作的情感共同体、利益共同体,关注当事人的未来合作与发展,考虑情感与习俗,为纠纷解决提供一种可选择的方法,允许当事人表现出大度、宽容。调解有可能做到弥合二者之间的不同步带来的法律真空和时空距离,综合考虑、平衡各方利益,实现因身份差异而导致的形式上的不平等,寻求实质平等即差异平等。调解制度可以发挥制定法与非制定法之间营养运输的作用,使得两种机制的有益部分呈现效用最大化。

枫桥调解机制的形成,是枫桥人一次又一次地经历了法律和民间的风俗、习惯、惯例之间的相互调适,在实践中摸索总结的具体做法。

3.“枫桥经验”的软约束力

软法和软权力成为“枫桥经验”软治理的法理基础。“枫桥经验”化解矛盾的工作机制,既不是行政式的自上而下的管理式,也不是司法式的居中裁断式,而是和群众一起参与到矛盾的解决中来,通过信息的交流,不断地协商,以期多方达成一种合意,最终化解矛盾。

“枫桥经验”的实施机制是“软”的,更多的是采用心理疏导、人文关怀等“柔性”执法手段;治理的对象从有形的物、制度等向无形的“人心”转变。其是通过内部的教育和文化感染、舆论压力将规范的要求内部化来实现“枫桥经验”的一种软约束力。在社会治安综合治理过程中,其始终坚持“预警在先、苗头问题早消化;教育在先,重点对象早转化;控制在先,敏感时期早防范:调解在先,矛盾纠纷早处理”,最大限度地把问题解决在基层、解决在萌芽状态,努力做到“小事不出村,大事不出镇,矛盾不上交”。

在法律多元、价值多元和文化多元的背景下,在身份多元、利益多元的场景下,他们不回避矛盾,将调解制度看成是一种温馨讨论处理问题的方式,运用互联网、移动智能技术等,在基层群众的参与、推动、创新中,“枫桥经验”依然活力四射。

## 二、“枫桥经验”中“软法”和“硬法”之不足

### (一)“枫桥经验”中“硬法”之不足

历史地看,我国缺乏法治传统,硬法体系——尤其是制约公共权力的硬法根底不够深,来自硬法的约束既不全面,也不深刻,政法惯例、公共政策、自律规范等类型的软法,自然就成了我国公域之治的最大的本土资源。

现实地看,硬法的发展仍然明显滞后于公域的扩张,许多社会现实不能、不

宜或者无法及时通过制定来加以规范,无法有效满足公域之治的需要,在这种情况下,“乘虚而入”的软法在填补法律空白、调整公共关系、规范公共权力、实现公域之治方面,扮演着不可替代的角色。比如,“枫桥经验”中的政法惯例、公共政策、自律规范、专业标准等软法制度,有效地回应了公域之治的现实需要。枫桥法的成功,说明我们可以这么说。硬法与软法在法治化进程中的并行不悖,在推动公域之治时的齐心协力,已经成为我国法治的典型本土特色。①

我国正处在现代化转型时期,经济发展的不平衡和利益主体的多元化格局使僵硬的硬法明显呈现水土不服,同时,快速发展的经济与社会关系也使硬法无暇反应。硬法不可能将村民自治的每个方面都规定得完善,而依靠农村熟人社会的礼俗也远远不够,这时候,“枫桥经验”中的软法就有了用武之地。

(二)“枫桥经验”中“软法”之不足

1.乡村治理的无序化风险

当前,农村和社区的治理主力是村委会、居委会,但实际上也呈现出多元化的治理格局,比如说,在农村,既有大学生村干部、驻村指导员,又有具有声望的宗族长辈、回归乡贤等,参与“多元共治”。如此,虽能体现最广泛的民主,但也容易出现政出多门、混乱无序的状况,从而导致权责不一,治理效率低下。

2.“枫桥经验”的新问题

自改革开放以来,枫桥镇经济迅速发展,跻身浙江省综合实力百强乡镇。但是,影响枫桥稳定与发展的问题发生了新变化。首先,经济的快速发展带来了社会结构、思想观念和生活方式的巨大变化。特别是失地农民和农村基础设施、公益事业建设的相对滞后,农村人口养老、医疗保险制度尚不健全,农民文化生活相对贫乏等问题日益凸现,给社会稳定带来了隐患。其次,随着工业化和城镇化的不断推进。农村的矛盾纠纷呈现多样化的态势。除了传统的“田水之争”“邻里之争”外,产权之争、劳资纠纷、经济合同纠纷、拆迁征地等新的矛盾接踵而至。再次,大量外来务工人员的到来和“归正人员”的回归,也给枫桥镇治理带来了一些隐患。最后,随着农村城市化进程的加快,近年枫桥镇经历了两次行政区域调整,辖区面积不断扩大,这也给管理工作带来了一些新情况和新问题。

---

① 罗豪才、宋功德:《认真对待软法——公域软法的一般理论及其中国实践》,载《中国法学》2006 年第 2 期。

3.“枫桥经验”的公平正义考验

“枫桥经验”的软法机制有时候也会出现一些窘境:有可能被置之不理,或者一味迁就团结合作而损害了实质的公平正义,甚至有时候会出现“多数主义暴政”的倾向。因此,“枫桥经验”在实施过程中必须与法治结合起来,相对人的法定权益保护和自治组织的权利保障成为适用软法救济或硬法救济的两个主要考量因素。在这种软法与硬法共同治理的模式下,两者之间关系的理想状态应当是:硬法为软法的制定提供依据、划定界限,软法在硬法的框架内享有足够的自治空间,使相对人既在软法的治理下有序地参加各种活动,又在硬法的保护下免受权力的不当侵害。

## 三、“枫桥经验”中“软法”和“硬法”之平衡

### (一)“枫桥经验”中软硬法之张力

“枫桥经验”的成功,说明硬法与软法在法治化进程中的并行不悖,说明基层活力、理论创新与法律规范之间的张力得以平衡的可能性。正如季卫东教授所讲,“通过规范的竞合和选择,提供法律发展的契机,以弥合实体法与生活规范间的裂隙”。

第一,法律的第一个特性就是刚性。这种刚性是维护公共秩序、为公众服务的根本所在。如果法律的随意性太大,则必然有悖于情理,也有悖于法律自身。任何法律如果没有刚性,就不会有任何严肃性,公众只会把它当成是可能会伤人的玩具。

第二,法律的第二个特点就是理性。通俗地说,就是软法的因地制宜和个性化必须遵守法律条文,为法律的刚性所制约。否则,任何一个随意性的软法,都会导致社会大众对我们的法律失去信任,其后果不堪设想。

第三,软法是一种柔性约束力,而且柔而不弱。“枫桥经验”这种软法可以有效节省国家的治理成本。国家权力在落实中会遭到自然的消解,在延伸触角的过程中有可能遭遇社会的多种抵抗,强制力也有可能在与权力的对抗和合作中变弱。“枫桥经验”的软约束力是一种重要的柔性约束力,但这种约束力“柔而不弱”。“枫桥经验”中的软法之所以可以更好地发挥作用,是因为它更能调动民众力量参与监督,往往比硬法更加省力与有效。

第四,软法因为其柔性特征更容易被人接受,有利于社会秩序的稳定与融洽。通过对“枫桥经验”的遵守,人们会逐渐尝试将矛盾消化在纠纷发生之前的

阶段,更尊重好不容易建立起来的乡村秩序。在一个相对封闭的传统社区中,"枫桥经验"会提供一个明确的协商与处理机制,而这无疑有助于乡村生活秩序的形成与巩固。

第五,软法可以作为过渡性立法,为落实新出台的硬法营造共识。我们可以将"枫桥经验"中一些好的做法,特别是成熟且有普适意义的经验慢慢规范出来,转化成法律或法规,或者可以为硬法出台提供技术、经验上的支持。

第六,软法可以有效弥补硬法因为兼顾各地不同情况而出现的模糊地带,将硬法中的相关规定明确化、具体化,提高硬法的实效。

### (二)"枫桥经验"软硬法平衡的原则

#### 1.坚持党的领导

"枫桥经验"中的政治生命在于坚持党的领导。"枫桥经验"的诞生,源于毛泽东的敏锐发现,这一经验的试点、推广、发展、宣传都是在党委领导下的行动,"枫桥经验"中的各种基层治理的组织建设,既包括执政党的农村基层组织,也包括自治组织,都是党组织在基层的延伸,包括村两委组织、调解委员会、工青妇组织等和个人(如村民代表、党员)等。这些组织和人员得以运转、维持的经济来源是财政。在老百姓中流传着"有事找老杨,调解不收费",这个在全国都有一定名气的"老杨调解中心",工作人员的工资来源于财政,调解员多是公检法司的退休人员,同时具有群众威望。从调解员的身份来看,其既具有我党组织的多年培养及体制内工作经验和社会资源,又须得到群众内心的认同与尊重。

#### 2.坚持法律底线

"枫桥经验"中的底线是在法律的框架内实践。强世功教授认为,"政策、党法在法治秩序建构中,法律始终是执行和落实党的政策的有效工具,法治是实现社会治理的工具"。倡导软法并不意味着抛弃传统的"硬法之治",完全依靠软法来治理国家。相反,刚性的硬法规范仍然是维护法治秩序和社会稳定的必要手段,尤其是在我国社会主义法治国家建设进入新阶段之际,努力建构的仍应是硬法的制度体系、程序设计和责任机制,以规范国家权力、保障公民权利。我国由此才能真正实现党的领导、人民当家做主和依法治国的有机统一,法治国家、法治政府和法治社会的统一,依法执政、依法行政、依法裁判和依法行事的统一。

#### 3.坚持以人民为中心

十九大提出,坚持以人民为中心。人民是历史的创造者,是决定党和国家前途命运的根本力量。我国必须坚持人民主体地位,坚持立党为公、执政为民,践行全心全意为人民服务的根本宗旨,把党的群众路线贯彻到治国理政的全部活动之中,把人民对美好生活的向往作为奋斗目标,依靠人民创造历史伟业。

(三)"枫桥经验"的软硬法之弥合

1.软硬兼施的混合法模式

软硬兼施的混合法模式乃是我国解决公共问题的基本模式,这就要求我国公法学回应公域之治的现实需要,在对软法作用加以客观评析的基础上,研究探讨全面提升公域软法的理性品质,并按照宪政精神与法治原则的要求推动中国公法朝着软硬兼施的混合法结构方向发展,旨在全面实现公域之治与法治目标。

为此,我们需要建构一种"一元多样混合法"治理模式,即以宪法为"一元",既发挥硬法的基础性、框架性调整功能,也发挥软法的延伸性、辅助性规范作用,从单一的硬法之治转向软硬并举的混合法治理。

正如罗豪才教授所言,"软硬兼施、刚柔并济的混合法体制"将为中国特色法治政府建设注入新的生机和活力。

2."国家治理现代化"之下的"软法之治"

一个国家的治理规则通常包括两个层次:第一个层次是硬法规则,即传统意义上的"法",由国家制定或认可的、建立在严格的法律位阶和单项传达的命令—控制机制基础上,具有程序性、可诉性和强制约束力的法律规范,具有国家性、程序性、强制性等特征的一般性行为规范。刚性的硬法规范是维护法治秩序和社会稳定的必要手段,是社会治理所必不可少的一种底线规则,是长期需要的。

但是,硬法规则是最低层次的一种治理规则,实践证明,传统国家治理模式下的硬法因其刚性、滞后性、僵化性与强制性等缺陷导致其与国家治理的现代的价值目标不相契合,在国家治理过程中遇到诸多问题,陷入了诸多困境。

这就出现了国家治理的第二个层次:软法规则。软法规则是处于较高层次的一个治理规则,是社会治理当中大量需要而且是实际存在的一个治理规则。"软法"不具有法律约束力,没有国家强制力保障执行,却能产生一定的规范效果,是作为一种事实上存在的有效约束人们行动的行为规则。

软法具有协商、共识和合法性等核心要素,在满足现实规范需求的基础上,能够有效地维护权利、化解冲突、推动和谐,更好地回应我国当前社会发展中主体与诉求多元化的趋势,构造和维护着无所不在的社会或其他秩序,在复杂、多元和速变的当代社会中发挥着大量公共治理的功能,维系着社会和谐,影响着社会的发展和变迁。①

因此,看一个国家的法治水平,不应该只看硬法规则的数量和执行情况,还要看这个国家的软法规则的数量被遵守的状况。

党的十八届三中全会提出"国家治理的现代化",四中全会提出"全面推进依法治国",这两者连接起来就是推进国家治理现代化的关键在于法治化。我们国家的经济实力在不断增强,但管理落后就不是现代化,会阻碍国家的发展,所以,中央提出了国家治理的现代化和全面推进依法治国。

软法与推进国家治理现代化是一致的,因为软法也是一种国家治理的理念和理论,所以,我们在推进治理现代化的过程中,要去挖掘和应用软法的理念和理论。从治理的视角来看,软法的核心概念是平衡,这个平衡表现在公法与私法的平衡、权利与义务的平衡上。同时,在国家治理的主体上,软法除了强调国家的组织,比如党、政府、司法在国家治理中的作用之外,还重视国家的自治组织、公民在国家治理中的作用;在治理手段上,软法除了强调用传统的命令、强制、处罚的手段管理国家,更多地过渡到协商、合作,靠这样的方法治理国家。

软法是一种国家治理的理念和理论,要挖掘和应用软法的理念和理论,抓住机遇,努力构建研究平台,整合研究资源,开阔研究视野,提升研究层次,让软法在国家治理现代化过程当中发挥更大的作用。

3."全面依法治国"之下的"软法之治"

不可否认,硬法是实现法治目标的基础,但单靠硬法显然无法胜任"全面依法治国"战略目标的重任,法治目标的全面实现有赖于硬法与软法的优势互补,形成法治合力。

第一,软法的崛起使得法治领域更加全面。完备的法律体系,不仅是一个国家法律制度成熟的标志,也是依法治国的基本前提。法治领域是一个受制于法治精神与法治原则的社会领域,软法的崛起,将长期以来局限于硬法调整对象的法治精神与法治原则解放出来,延伸至软法规范的社会领域,从而使得法治领域得以全面拓展,使得过去因遭拒于法律门外而得不到法治精神熏陶的软法及其调整领域,不再游离于法治之外。

第二,软法的崛起使得人们不再消极、机械、片面地理解法治目标,而是更加积极、能动、辩证地领悟刚性的法治目标与弹性的法治化之间的关系,主观满意

---

① 张武:《村民自治中的软法治理研究》,湖南大学 2012 年硕士学位论文,第 21 页。

与客观最优之间的关系,以及诸如秩序与自由、公平与效率、公益与私益等不同法治目标之间的辩证关系。

第三,法律制度资源配置因软法的崛起而得以优化,规则之治的功能也因软法的崛起而得以全面发挥。软法的崛起,有力地松动了规则之治即硬法之治的传统理解,认识到法治不仅是硬法之治,还应是软法之治;硬法与软法在法治化过程中应当并行不悖,各展其长、各得其所。

第四,法治化的过程与方式更加全面。软法的兴起,意味着法治化不再单纯从命令到服从,不再完全指望国家强制,而是寻求更加多样化与更加开放性的治理方式,强制性与非强制性并行不悖,国家管理与公共参与相辅相成。①

全面依法治国不仅是硬法治国、硬法之治,软法同样值得重视和研究,才能全方位地推动法治目标的全面实现。

4.法治、德治、自治相结合,创新基层治理模式

党的十九大报告提出实施乡村振兴战略,把"治理有效"作为乡村振兴总要求的重要内容,并提出健全自治、法治、德治相结合的乡村治理体系,打造共建共治共享的社会治理格局,枫桥已走在实践探索的前列。

在乡土文化日渐式微的背景下,枫桥软治理在治理主体、法理基础、治理手段、治理对象、治理效果等方面都相对传统乡村硬治理模式发生了根本性的变化。枫桥软治理强调政府的"官治"与村民的"自治"相结合、法治与德治相结合、私治与共治相结合。其在协商民主的平台上倡导多中心治理模式,重视农村合作组织等第三部门的"黏合剂"作用;政府权力从基层向上收缩,公共物品和公共服务"下移"到农村社区;最终在农村实现党的领导、依法治村、村民当家做主的有机统一,将新农村社区建设成为管理有序、服务完善、文明祥和的社会生活共同体。乡村治理是最能达到善政的一个部分,尤其要从管理思维转变到治理理念,增进规矩意识,强化法治思维,注重柔性治理。

近55岁的"枫桥经验",作为以"村、镇"为主体的基层组织,在基层工作中不断创新,积累、总结的一套实践和做法,是中国法律多元实践中的一支重要力量。枫桥探索"三治合一",即法治、德治、自治相结合的治理之路,融合传统与现代、党治与自治。

① 罗豪才、宋功德:《认真对待软法——公域软法的一般理论及其中国实践》,载《中国法学》2006年第2期。

5.信息时代的“枫桥经验”

在信息化的今天,“枫桥经验”依靠传统的群防群治力量收集信息,还运用“古镇枫桥”的微信公众号收集信息,除了网格长、网格员,还有“红枫网友”。遍布全镇的网格长、网格员和热心群众,用移动智能手机共同织起了一张覆盖全镇的信息搜集网。通过微信、手机 APP 等,“枫桥经验”变得更加智能化、信息化。公安实战中心、指挥中心、情报中心形成三者合一的共享“110”体系,推开信息壁垒,利用大数据、移动智能、网络互联创造出一套独特的信息共享机制。诸暨已建成市镇两级“一张网”信息指挥中心,组建了“全科型”网格队伍(全科网格员承担社会矛盾、公共安全、违法监管和公共服务四大职能),治安“天网工程”、“雪亮工程”、综治视联网,实现了城市公共场所道路、重点区域视频监控全覆盖,共享信息。其利用信息技术之翼,解决了过去群防力量分散、信息沟通不畅等难题,问题发现得早,就能得到早治理,提高了案件预警、处置和侦破效率。当镇综合指挥中心汇集各种信息后,其再通过线上、线下两张网的协同处理,对重大矛盾纠纷、重大问题隐患、重大涉稳事项进行预警信息收集、汇总、梳理、研判,确保第一时间精细分析、精确研判、精准处理,主动预测、预警、预防。诸暨的平安建设信息系统软件,贴近实际工作,根植乡镇的现实工作,联合阿里巴巴研究应用大数据进行人口管理。在技术引擎下,这里的信息化法治实践让人耳目一新。

## 四、国际视域中的“枫桥经验”

### (一)中国语境中的软法研究

软法的使用,有两种语境:一是在国际法研究领域,另一是在国内法领域。毋庸置疑,软法在国家法研究领域中的使用是最早的。随着全球化的趋势发展,国际来往越发密集,在国家法领域对软法的研究也就越发兴盛。可以说,在国家法领域中对软法的研究是一种客观存在的必然要求。另外一个语境是在国内法意义之上的。尽管聚焦于内法,但是研究思路与方法、研究的背景也与国际趋势不可分离。现在我们把软法的研究置换于中国的语境之中,当代中国正处于现代化进程之中,把后现代的话语放置于现代化进程之中,软法在公共领域的存在是有利于治理呢还是消解法治的统治?目前,许多学者认为在当代中国实现软法治理也是必然的,认为软法有许多作用:可以弥补硬法不足,推动公法结构的均衡化;软法有助于强化法律的正当性,提高法律实效;软法能够降低法治与社会发展的成本;软法能够促成公共治理模式的兴起;软法有助于推进民主政治进程、推动法治目标的全面实现;等等。其中最为重要的是促进行政法的转化,推动公共治理的转型。

(二)从法律的国际化到本土化的面向

中国正随着经济全球化时代的到来而经历法治的现代化发展,经济发展的全球化并不意味着法律发展的全球趋同,我们传统的法律本土化资源在全球化时代更有生存与发展的必要。合理发掘传统法律中的精华,融合东西方法律制度的精髓,架构中国特有的现代化的法律制度是我国未来法制建设的方向。

"中国的法治之路必须注重利用中国本土的资源,注重中国法律文化的传统和实际。"枫桥经验中的软法成分正是验证了,在全球化法律理性主义趋同背景之下持相反观点的苏力教授所持观点的正确性。

"枫桥经验"中的软法是注重本土化的软法,其中的村规民约建设、地方性知识、替代性纠纷解决机制等本土资源,有效地填补了国家法因为各地差异、社会快速发展造成的权力真空。"枫桥经验"对中国本土社会治理坚守的软法模式值得总结、推广,以便更好地服务于良好的社会治理。

博登海默认为,只有那些以某种具体的和妥协的方式将刚性与灵活性完美结合在一起的法律制度,才是真正伟大的法律制度,在这些法律制度的原则、具体制度和技术中,它们把稳定连续性的优势同发展变化的利益联系起来,从而获得了一种在不利的情形下也可以长期存在和避免灾难的能力。① 在作为基层乡镇的枫桥,党的领导、中华法系传统是"枫桥经验"法文化中的主体因素,同时吸收了西方现代法律文明,兼顾当地风俗,形成了富有中国智慧的法治道路。

(三)"枫桥经验"之中国智慧为全球治理提供中国方案

在我国法律现代化的进程中,随着国门的被动打开与主动开放,在西方强势文化的冲击下,传统弱势文化被迫放弃自己的传统,从而失去了对自己文化的欣赏能力和对西方文化的批判能力。而今天的"枫桥经验"则是对盲目西化的法治道路的反思,是对枫桥经验的本土法律治理道路的经验总结,是弱势文化对强势文化的反思所探索的治理路径。

"枫桥经验"重新定义了软法规则,发出自己的声音,构建自己的话语体系,用行动建构着法律文化理论自信和道路自信。"枫桥经验"用行动坚持着中国人

---

① [美]埃德加·博登海默:《法理学:法律哲学与法律方法》,邓正来译,中国政法大学出版社 2004 年版,第 158 页。

用自己的智慧开创的道路,坚守信念、砥砺前行,走向文明的法律政治体制,同时又坚持自己的政治道路与意识形态,而不东施效颦,亦步亦趋。“枫桥经验”的法律治理经验,不仅属于中国,也应该属于世界。

众多类似“枫桥经验”的基层治理是国家治理的重要组成部分,也是国家现代治理的重要课题。这一重要课题的解决不能仅仅依靠单一的正式法律制度,在新时代新起点上,我们把硬法、软法都纳入法学研究的视野中来,将法学研究路径拓展到一个更为广阔的领域,深入研究基层治理中的软法社会调整器作用和软法运行机制,加快基层治理的法律构造,为世界法治理论贡献中国的智慧。

# 正式法的法律多元化
## ——以枫桥经验与调解政策为例

宋肇屹*

**摘要**:在我国发现与推广“枫桥模式”以及“大调解”政策的背后,同时存在着一种纵向与横向的法律秩序的互动,可以将其称为“纵向与横向的正式法多元化”现象。这种现象意味着在正式法体系内,也存在着研究多元秩序的可能性。在法理学层面上,这种多元秩序将会促进(或至少不会阻碍)法治的实现。从现实角度来看,这种正式法的多元化现象将有助于建立纵向适应和横向竞争的稳定机制,以实现社会治理创新。从理论角度来看,正式法的多元化则能够为我国的实证法学与比较法学研究提供新的进路。

**关键词**:法律多元主义;枫桥经验;调解;法治

## 一、导论

就法律多元主义(legal pluralism)的范式而言,“法律多元主义并不是一个分类学上的概念,它是一个不断流变的概念,也就如法律本身一样”。① 具体而言,它指的是在同一环境下的人们会遵从多个规范性秩序的情况。当学术界试图讨论法律多元主义时,“法律”一词具体指向什么,则必须得到解释。面对此问题,应该将何种秩序规范包含在法律多元主义的讨论中,也存在着巨大的争论。但是,本文

* 作者系香港大学法学专业证书(PCLL)项目研究生,英国特许仲裁员协会(CIArb)初级会员。感谢新加坡国立大学法学院副教授 Nicole Roughan 对本文法理学部分的建议,感谢复旦大学法学院副教授熊浩对本文实证部分的建议。当然,文责自负。

① Gordon R Woodman, Ideological Combat and Social Observation: Recent Debate about Legal Pluralism, *The Journal of Legal Pluralism and Unofficial Law*, 1998, Vol.30.

并不会对此作过多讨论,因为本文所讨论的法律秩序将会仅限于中央以及地方立法机关和行政机关所出台的正式的法律、规则以及政策。本文将政府政策同样包含其中,理由是它在中国有着与法律相似的规范性功能。

不同法律秩序之间的关系可以被类型化为平行关系(parallel)或从属关系(subordination)。美国学者塔玛纳哈(Tamanaha)曾经提供了六种平行的秩序体系,包括正式法规范、习惯法规范、宗教法规范、经济规范、功能性规范以及社群规范,他认为这些秩序之间的冲突是不可避免的,因为它们同时会对同一个事项主张自己的权威性或控制权。① 相似的,英国学者加利根(Galligan)也将法律多元主义视为“多个法律秩序可以在同一社会或领域内同时存在”的现象,并且这些互相平行的秩序之间的关系也会产生问题。② 塔玛纳哈认为,这种冲突与不同秩序间的权力差距有联系。在这种思路下,规范秩序的“金字塔模型”(pyramidal view)便是一例。在这个金字塔下,只有正式法被认为是最高阶、覆盖最全面以及最为开放的秩序,而其他规范则通过正式的法律制度得到授权或认可。③ 在平行的或从属的法律秩序中,秩序之间的冲突与合作都会存在。此外,另一个存在于法律多元主义领域的切分是格里菲斯(Griffiths)提出的“强多元主义”与“弱多元主义”。强多元主义指的是国家法律秩序与其他独立法律秩序之间的关系,而弱多元主义则存在于国家法律秩序之内,其中国家主权掌控着适用于不同群体之间的不同规范秩序。④

目前在国际学术层面,对于法律多元主义的讨论主要集中在国家法与国际法的互动,或国家法与习惯法的互动。而当我们在谈论一个国家之内的法律多元主义时,我们需要问自己的是:除了习惯法之外,还有怎样的规范秩序存在。对此,一个可能的答案便是国内正式法律体系内部的多元主义。⑤ 而在一个特定的时空环

① Brian Z Tamanaha, Understanding Legal Pluralism: Past to Present, Local to Global, *Sydney L. Rev.*, 2008, Vol.30.

② Denis Galligan, *Law in Modern Society*, Oxford University Press, 2006, p.162.

③ Keith Culver and Michael Giudice, *Legality's Borders: an Essay in General Jurisprudence*, Oxford University Press, 2010, p.152.

④ John Griffiths, What is Legal Pluralism?, *The Journal of Legal Pluralism and Unofficial Law*, 1986, Vol.18.

⑤ See Agnete Weis Bentzon, A Note on the Polycentricity of Law: A Danish Version of Legal Pluralism, *Commission on Folk Law and Legal Pluralism Newsletter*, 1992.

境中检视该问题时,我们可以发现在已有的学术讨论中,针对目前我国语境下的多元主义研究仍然非常有限。[①] 因此,本文便旨在对当代中国的正式法内部的多元化进行探讨,而这某种程度上可以被归为上文提及的弱多元主义的范畴。

关于调解在多元主义中的独特地位,已经有学者指出,基层的调解实践在我国传统非官方法与正式法律体系之间的互动中起到了关键的作用。[②] 本文旨在针对存在于当下中国的正式法多元化,从地方法律政策与国家法律之间的相互作用出发,以枫桥经验与相关调解政策的推行为例,提供一个描述性和规范性的见解。需要阐明的是,本文旨在探索法律多元化在特定语境下的适用及影响,而无意质疑法律多元主义的现有范式。以枫桥经验和调解政策为例,本文将试图回答以下问题:在我国,纵向与横向的法律多元化是否在法理学意义上符合法治的要求,以及这种多元化将会对我国的法学实证研究造成怎样的影响。值得注意的是,已经有学者将枫桥经验视为中国版本的法律多元主义,[③]也有学者在法律多元主义的框架下,认为枫桥经验作为一种"软法"可以有效地参与基层的社会治理。[④]

本文的论点是基于这样的一个观察:通过观察枫桥经验和调解政策在我国的出现与推广,主张我国目前已经出现了一个动态的多维度(纵向与横向)法律多元化。纵向上,地方的省、市、县上的法律和政策与国家法律政策共存。横向上,我国各地巨大的社会差异导致了各地存在不同的地方实践与立法。这些地方上的规范秩序不仅可以解决当地特殊的问题,更会与其他地方规范进行某种意义上的竞争,竞争中,那些更具有可推广性的优秀实践则会成为国家层面的法律或政策。在此基础上,本文将在法理学的框架下,进一步探讨这种多元化对我

---

① 在中国语境下,现有文献主要集中于国家法与习惯法之间的互动,关于中国传统社会的习惯法,参见王志强:《法律多元视角下的清代国家法》,北京大学出版社 2003 年版;梁治平:《清代习惯法:社会与国家》,中国政法大学出版社 1996 年版。关于当代中国的法律多元主义,参见苏力:《法律规避与法律多元》,载《中外法学》1993 年第 6 期;张钧:《法律多元理论及其在中国的新发展》,载《法学评论》2010 年第 4 期。

② See Shahla Ali, The Jurisprudence of Responsive Mediation: an Empirical Examination of Chinese People's Mediation in Action, *The Journal of Legal Pluralism and Unofficial Law*, 2013, Vol.45.

③ 董青梅:《"枫桥经验"中的多元法治图景》,载《山东科技大学学报(社会科学版)》2018 年第 1 期。

④ 韩永红:《本土资源与民间法的生长——基于浙江"枫桥经验"的实证分析》,载《中共浙江省委党校学报》2008 年第 4 期。

国的社会主义法治所产生的潜在的正面与负面影响。最后,本文希望通过该研究,可以为我国的实证法学研究提供新的思路。

## 二、社会主义法律体系的构建与枫桥经验的产生

改革开放后,为了实行一系列的经济与政法改革,我国在各个领域内都出台了大量的立法和行政法规。一方面,最初我国通过法律移植的方式从域外借鉴了大量的司法制度。例如,《民法通则》很大程度上借鉴了德国民法典中的体系。而作为调整纠纷解决方式的《民事诉讼法》则受到了苏联法律与西方法律传统的影响。① 另一方面,与从域外移植的法律体系不同,作为定分止争的传统方式,调解长久以来则被认为是东方智慧的一部分。② 这一传统之后通过《人民调解法》《民事诉讼法》等相关官方立法规定加以确认。

多元主义理论认为,在一特定领域内,如果调整该社会领域关系的法律是从域外移植过来的话,它的权威性就会受到一定程度的弱化,相应的,习惯法在该领域就会占据一个更重要的角色。③ 因此,在中国的法律移植语境下,调解的功能就不止于先前学者所指出的那样,仅限于调和传统法与国家法的紧张关系。我国当代的调解实践更在传统纠纷解决模式转型到正式民事诉讼程序的过程中起到了有效的指导作用。它在中国的不同地区环境下,起到了不尽相同的作用。考虑到现有的习惯法—国家法范式,从地方正式法切入的角度可以用来充实我们对中国内部的法律多元化及其制度的理解。因此,本文将以枫桥经验及相关调解政策作为例子进行这项观察。

在过去的十年中,调解作为一项基层社会治理的有效手段,在党中央和相关政府文件中被多次提及。在党中央和最高人民法院的政策中,有两件很关键的事项。前者是由习近平总书记主持的杭州会议,他倡导"枫桥经验",鼓励政府和法院通过调解解决纠纷。后者则是最高人民法院提出的"大调解"政

---

① 何勤华:《新时期中国移植西方司法制度反思》,载《法学》2002 年第 9 期。

② See Xianyi Zeng, Mediation in China – Past and Present, *Asia Pacific Law Review*, 2009, Vol.17, sup.1.

③ Brian Z Tamanaha, Understanding Legal Pluralism: Past to Present, Local to Global, *Sydney L. Rev.*, 2008, Vol.30.

策。当然,枫桥经验也可以被视为是广义大调解政策的一部分。[①] 以下部分将从这两项政策的经验证据中汲取一个粗略的实际情况,描述调解政策在不同地区的工作方式。

"枫桥经验"是指浙江省诸暨市枫桥镇干部群众创造的"发动和依靠群众,坚持矛盾不上交,就地解决。实现捕人少,治安好"的工作机制。[②] 1963 年,毛泽东同志首先认可了枫桥经验的重要性。50 年后,在习近平总书记再次提出坚持"枫桥经验"的指示后,各地方党委、政府部门、法院便开始通过不同的方式进行学习与贯彻。[③] 有的选择组织大会集体研究这一指示的精神,[④]有的为了更好地学习这一成功的模式而亲自访问枫桥镇,还有的选择直接借鉴枫桥经验的做

---

① 董青梅:《"枫桥经验"中的多元法治图景》,载《山东科技大学学报(社会科学版)》2018 年第 1 期。

② 刘志松:《"枫桥经验"引领基层矛盾纠纷解决》,《中国社会科学报》2013 年 11 月 27 日第 7 版。

③ 根据在互联网上检索相关政府的媒体公告,中国大陆所有的 31 个省市、自治区、直辖市都通过不同的方式在学习枫桥经验。从行政层级上来看,市级与省级机关也都进行了相关学习贯彻的活动。从权力属性角度,有的学习活动由政府组织,而有的则由党委组织。

④ 具体例子参见以下报道:《山西省贯彻落实纪念毛泽东同志批示"枫桥经验"50 周年大会和全国信访工作专题会议精神》,http://www.gjxfj.gov.cn/2013-10/24/c_133326407.htm,访问日期:2018 年 4 月 22 日;《吉林省召开省委常委会议部署下一步经济工作》,http://www.gov.cn/gzdt/2013-10/23/content_2512817.htm,访问日期:2018 年 4 月 22 日;《安徽省贯彻落实纪念毛泽东同志批示"枫桥经验"50 周年大会和全国信访工作专题会议精神》,http://www.gjxfj.gov.cn/2013-11/08/c_133326416.htm,访问日期:2018 年 4 月 22 日;《江西:运用"枫桥经验"预防化解社会矛盾》,http://www.chinapeace.gov.cn/2013-11/04/content_9375862.htm,访问日期:2018 年 4 月 22 日;《全省学习"枫桥经验"会议召开》,http://www.2q3.qingdao.sdpeace.gov.cn/contents/59/1993.html,访问日期:2018 年 4 月 22 日;《河南省召开全省群众信访工作会议》,http://www.gjxfj.gov.cn/2013-11/08/c_133326424.htm,访问日期:2017 年 4 月 22 日;《湖北:学好用好"枫桥经验" 推进平安建设》,http://www.chinapeace.gov.cn/2013-11/04/content_9375840.htm,访问日期:2018 年 4 月 22 日;《重庆:坚持好发展好"枫桥经验" 不断提高新形势下群众工作能力》,http://www.chinapeace.gov.cn/2013-10/28/content_9313606.htm,访问日期:2018 年 4 月 22 日;《四川坚持和发展"枫桥经验"会议在成都召开》,http://www.chinapeace.gov.cn/2013-11/06/content_9406309.htm,访问日期:2018 年 4 月 22 日;《贵州学习"枫桥经验" 加强和创新群众工作会议召开》,http://www.gov.cn/gzdt/2013-12/10/content_2545291.htm,访问日期:2018 年 4 月 22 日;《甘肃部署贯彻落实"枫桥经验"50 周年大会精神》,http://www.chinapeace.gov.cn/2013-10/30/content_9338781.htm,访问日期:2018 年 4 月 22 日;《学习"枫桥经验" 践行党的群众路线 为跨越式发展和长治久安提供坚强保障》,http://epaper.chinatibetnews.com/xzrb/html/2013-10/25/content_485737.htm,访问日期:2018 年 4 月 22 日。

法,并将其于当地进行落实。①

第二个例子是大调解政策下上海和云南的调解实践,上海和云南这两个地区在社会和经济条件上有着巨大的差异。最高人民法院自2008年开始实施大调解政策后,各级政府和法院开始进行相关的落实工作。基层官员基于本土的知识和情况,具体采用了不同的调解机制。考虑到广大欠发达农村的情况,云南省选择将人民调解机制引入基层法院和派出所。② 实践中学者还发现,基层法院和行政管理机关在试图利用调解解决疑难纠纷来避免当事人的不满时,也存在一种相互依存关系。基于机构间的日常联系,它们会互相借用对方的合法性权威地位来维护社会的稳定。③ 而另一方面,拥有更多的高质量法律人才和财务预算的上海,则率先推行了"委托调解制度",将某些类型的案件在交由法院处理前先委托由人民调解员处理。④ 除了委托调解之外,政府还建立了"调解工作室",并在社区中聘请了有名的调解人来解决纠纷。⑤ 上海的调解工作室有两个职能:进行人民调解和接受信访投诉,这极大地减轻了政府和法院解决当地纠纷

---

① 具体例子参见以下报道:《海南永兴检察室:"枫桥经验"海南乡镇检察版的精品》,http://www.spp.gov.cn/dfjcdt/201410/t20141017_82128.shtml,访问日期:2018年4月22日;《青海省司法厅:新举措部署学习"枫桥经验"》,http://www.chinapeace.gov.cn/2015-01/14/content_11168954.htm,访问日期:2018年4月22日。

② 参见《专访云南省委常委、省政法委书记孟苏铁:推进三项重点工作 建设面向西南开放桥头堡》,http://www.legaldaily.com.cn/dfjzz/content/2010-12/20/content_2407352.htm? node=7257,访问日期:2018年4月22日。另见 Xiong Hao, The Feasibility of Court Mediation in Today's Southwest China: an Empirical Study of the Grassroots Courts in Yunnan Province, *HKU Theses Online* (*HKUTO*), 2013.

③ Xiong Hao, Two Sides of Court Mediation in Today's Southwest Grassroots China: an Empirical Study in T Court, Yunnan Province', *Asian Journal of Law and Society*, 2014, Vol.1.

④ 参见上海市高级人民法院、上海市司法局:《关于规范民事纠纷委托人民调解的若干意见》。另见 Xiong Hao, The Feasibility of Court Mediation in Today's Southwest China: an Empirical Study of the Grassroots Courts in Yunnan Province, *HKU Theses Online* (*HKUTO*), 2013.

⑤ See Aaron Halegua, Reforming the People's Mediation System in Urban China, *Hong Kong LJ*, 2005, Vol.35.另见《上海长宁区深化大调解体系建设形成大调解"长宁模式"》,http://www.chinapeace.gov.cn/2012-07/17/content_4586537.htm,访问日期:2018年4月22日。

的负担。① 由上可以看出,云南和上海在相同的国家司法政策下采取了截然不同的做法。虽然解决多元化的地方问题可能是基层官员面临的首要问题,但并非是中央政府唯一关心的问题,中央政府可能更关心的是:如何从这些实践经验中调整相应的政策,并选择对现有国家法律政策的新阐释。

无论是大调解政策还是枫桥经验,各地都通过不同的方式对政策的精神进行落实。毋庸置疑的是,枫桥经验的推广丰富了国家对《人民调解法》和相关政策的解读。但与"大调解"政策不同的是,"枫桥经验"实际上是起源于一个小县的实践,然后被国家选为了纠纷解决的指导原则。因此,从上述的经验证据可以得出一个在调解领域的立法到执行再到修改的循环结构,即"国家法律/政策—当地法律/政策和实践—遴选优秀经验—在全国范围内承认政策—修改国家法/政策"。本文将这种现象描述为一种纵向和横向的法律多元化。

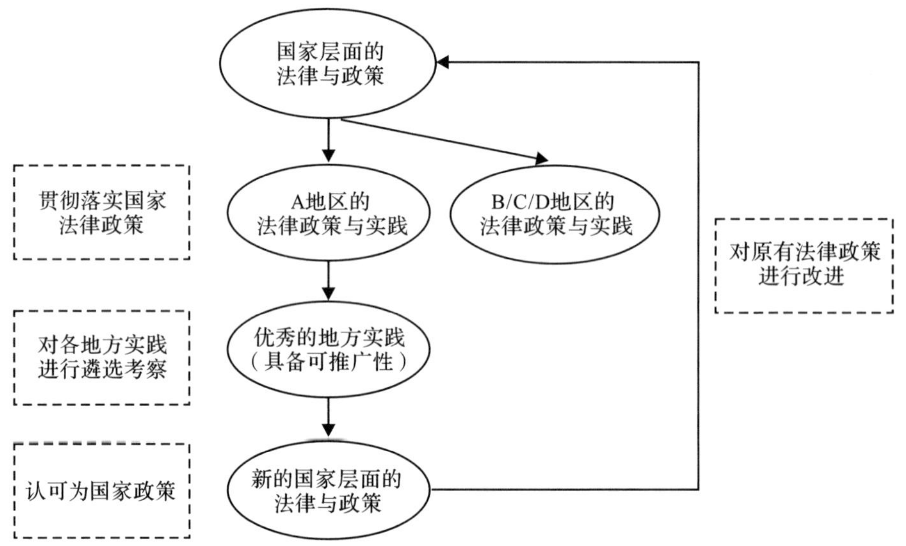


① 张永进:《调解工作室:上海与广安模式的比较》,载《中国司法》2011年第3期。

## 三、多维度的法律多元化与“事实联邦主义”

### (一)纵向多元化:地区法律与国家法律

在这一部分中,本文将援引相关政治和经济领域的文献来描述一种地方与中央政府的关系,有人称之为“事实上的联邦主义”(*de facto* federalism)。本文认为,这种事实联邦主义的现象在某种程度上导致了中国的纵向和横向法律多元化。需要强调的是,这一概念与所谓的“联邦制”并无联系,而仅仅是为了描述一种经济和政府间的关系的现象。

郑永年教授曾从三个方面描述了中国这种事实上的联邦主义。第一,地方政府可以就某些问题作出最终决定。第二,政府间的权力下放已经得到制度化,对中央政府来说,将其权力强加于地方层面并改变政府间的权力分配会变得更加困难。第三,省级官员对经济和政治负主要责任。① 因此,政治结构和权力分配为中国创造正式法内部的法律多元化提供了机会。值得注意的是,在美国的司法制度下,有学者也观察到了一个类似的联邦主义现象,即联邦和州法官会一起共事,并作为一个合并的法院系统进行运作。在此情况下,双方的利益不是固定的,而是互动且相互依存的。② 但是需要强调的是,这种联邦主义与我国的情况有着相反的前提,因为前者将各州视为权力的自然拥有者,而我国则是由中央政府赋予省份权力。

从立法角度看,依据《立法法》,地方立法机关和行政部门可以出台地方法律以及行政法规。这种地方立法涵盖三个方面:(1)在其地方管辖范围内具体实施中央的法律。(2)管理地方事务。(3)出于试点的目的实施新法律。③ 所有这些

---

① See Yongnian Zheng, Explaining the Sources of de facto Federalism in Reform China: Intergovernmental Decentralization, Globalization, and Central-Local Relations, *Japanese Journal of Political Science*, 2006, Vol.7. 关于中国央地关系的文献,参见 Chung Jae Ho, Studies of Central - Provincial Relations in the People's Republic of China: a Mid-Term Appraisal, *The China Quarterly*, 1995, Vol.142.

② Judith Resnik, Afterword: Federalism's Options, *Yale Law & Policy Review*, 1996. 另见 Nicole Roughan, *Authorities: Conflicts, Cooperation, and Transnational Legal Theory*, Oxford University Press, 2013, p.213.

③ See Keyuan Zou, *Harmonizing Local Laws with Central Legislation: A Critical Step Towards Rule of Law in China*, Singapore: East Asian Institute, National University of Singapore, 2003, Vol.151.

立法活动都需要考虑当地的情况。虽然国家法律必须确保立法的一致性,但不可避免的是,这些国家性的法律和政策可能不一定适用于各个地区的特殊情况。地方官员有义务调和这种中央规定与地方情况之间的紧张性。① 因此,正如上文介绍的"大调解"政策下的各地不尽相同的落实情况,这里可以观察到一种纵向的法律多元化。它是国家法和地方法之间的一种隶属关系,而这两者都属于正式法的范畴。在下一节中,本文将指出它们之间的关系不但是隶属关系,而且是另一种相互依赖的关系。如果没有地方法对国家法的调整与适应,国家法便不能建立合法性的权威并实现其广泛调整社会关系的目标。

(二)横向多元化:基于巨大地区差异而产生的不同的地方实践

各地区的立法与实践,因地域情况差异而不尽相同,因此不可避免地导致另一种横向的法律多元化。这种横向的法律多元化不仅可以帮助解决当地特有的社会问题,更重要的是,它还会不可避免地产生一种"哪个地方模式可以更好地落实或阐释中央立法与政策"的竞争。习近平总书记做出推广"枫桥经验"的指示后,人们可能会想问的是:下一个枫桥将在哪里?

能够使所属地方上的实践得到上层或中央的承认,并提升为国家法律或政策,这可能是每个基层官员的目标,因为这必然意味着政治上的成就和晋升。周黎安教授认为,在不同地区之间存在着一种"晋升锦标赛"的模式,继而解释了这种地方官员的激励制度如何引发经济增长。② 然而,在这个模型的基础上,李晟教授则主张:由官员竞争更好的地方法治环境的类似情况并不存在,他认为地方官员的晋升不太依赖中央政府的意愿。③ 但本文对这点的回应是:首先,李晟教授的实证数据分析仅仅考察了官员晋升的经济和政治层面,而未考察其他层面的因素;其次,进行竞争的需要不仅来自地方官员,而且还来自中央政府。中央政府也希望能够获得第一手的立法和政策实践经验以及反馈,以便及时进行调整。然后,可以推测的是,中央对此做出认可和表彰是一种奖励机制,它会影响晋升,但有时并非是决定性的因素。

另一个来自于江苏的经验证据可以揭示横向多元化的存在和对于优秀地方

① Xueguang Zhou, The Institutional Logic of Collusion among Local Governments in China, *Modern China*, 2010, Vol.36.

② 周黎安:《中国地方官员的晋升锦标赛模式研究》,载《经济研究》2007 年第 7 期。

③ 李晟:《"地方法治竞争"的可能性》,载《中外法学》2014 年第 5 期。

实践的竞争。常州市钟楼区首先将人民调解工作室放到了基层法院的大厅内,并建立了诉调对接机制,这一尝试立刻在全省人民调解工作会议中得到了认可。时任最高人民法院院长的王胜俊也批示:"此做法很好,请考查核实后全国推广。"之后,省高级人民法院和司法部门立刻发布了《关于进一步加强新形势下人民调解工作的意见》,并将这一实践在全省进行推广。2010 年,这一实践最终被纳入《人民调解法》第 18 条和第 33 条。① 可以看到,这与枫桥经验的产生与推广过程非常相似。有理由相信,我国未来对于基层治理的相关立法也会受到枫桥经验精神的影响。

在这种存在中央地方分工的权力结构下,横向与纵向的多维法律多元化是不可避免的。有学者将类似现象解释为政治权力的下放导致法律政策制定权下放,进而导致立法主体的分散与法律适用的分散。② 而这在某种程度上会导致法律的流变和自我再造。本文将在下一部分讨论,在法理学意义上,这一流变与再造是否会影响到法治与我国法律制度的稳定。

## 四、正式法多元化的功能及其正当性

### (一)法律多元主义与法治

法治(rule of law)是现代社会发展的一个重要目标。在建设全面社会主义法治体系的大环境下,我们有必要考察一下现有的法律多元化现象是否能够影响这一目标的实现,并且需要探究这种影响究竟是正面的还是负面的。

在法理学层面上,本文将简要讨论法治与法律多元主义合法性之间的关系。法治被认为是实现道德目标的有效工具或先决条件。③ 这里的前提是,如果法律多元化会有益于或至少不会损害法治,那么,法律多元化便是相对合理的。很明显,这个前提本身一定会遭到一些质疑,但本文并不会试图捍卫这个前提,因为它是一个更大的争论话题,不属于这里的论证范围。相反,本节将试图勾勒法

---

① 《花儿为什么这样红——江苏"诉调对接"创举写入国家法律追踪》,http://ntlsxh.org/show_news.asp? id=9&pid-32&nid=724,访问日期:2018 年 4 月 24 日。

② Thomas Wilhelmsson, Legal Integration as Disintegration of National Law, in Hanne Petersen and Henrik Zahle (eds), *Legal Polycentricity: Consequences of Pluralism in Law*, Dartmouth, 1995, pp.133~135.

③ See Joseph Raz, *The Authority of Law: Essays on Law and Morality*, Oxford University Press, 2009, p.229.

理学意义上的法治的概念,以及法律多元化对其潜在威胁。然后,本文将对这些可能的负面影响作出几点回应,并说明这种多元化在法律移植的大背景下可以起到哪些作用,并给出理由。

关于法治的概念,在法理学语境下,法学家拉兹(Raz)认为,法律必须能够指导其主体的行为,这一概念涵盖了形式和程序两方面。① 形式上的法治要求法律必须是确定的、可预测的和清晰的,而程序上的法治则要求公平(fairness)地对于各类规则进行谨慎适用,而这里的公平则包含"自然正义"与"正当程序"等原则。② 人们从程序角度可以得出的结论是:如果人们忽视了法律的执行,尤其是程序法,法治就不一定能得到实现。德国学者克里施(Krisch)提出的标准可能更适合对这一目标进行评价:"真正重要的是,能否通过遵守明确的规则或通过参与和审议法律内容来最大化地促进个体的自由。"③

(二)正式法多元化潜在的风险

一般而言,法律多元化可能会对法治目标的实现构成潜在威胁,因为多元化意味着法律可能缺乏可预见性和确定性,以及导致权威的碎片化(fragmentation of authority)。本文还将提出几个具体的例子来解释这些威胁的具体内容。首先,在法理学层面上,曾有学者批评法律多元主义,认为它会危及法治和法律的确定性,原因是司法机构之间缺乏明确的关系,"如果没有针对法律适用的最低程度的可预见性,任何法律秩序迟早都会衰败和崩溃"。④ 在正式法多元化的语境下,其所追求的秩序之间的相互作用会导致这样一个问题,即对于法律从业者和大众来说,会无法确定去遵循哪一种秩序。有时候,他们甚至不知道在相同领域内存在另外一套规则。在现实中,这一问题的体现便是律师在实务中需要花费大量时间去检索各地机关对同一个问题是否有不同的规定。

---

① See Joseph Raz, *The Authority of Law: Essays on Law and Morality*, Oxford University Press, 2009, pp.210-232.另参见高鸿钧:《现代西方法治的冲突与整合》,载《清华法治论衡》2000 年第 1 辑。

② Jeremy Waldron, Concept and the Rule of Law, *Ga. L. Rev.*, 2008, Vol.43.

③ Nico Krisch, *Beyond Constitutionalism: the Pluralist Structure of Postnational Law*, Oxford University Press, 2010, p.281.

④ Julio Baquero Cruz, The Legacy of the Maastricht - Urteil and the Pluralist Movement, *European Law Journal*, 2008, Vol.14. Nico Krisch, *Beyond Constitutionalism: the Pluralist Structure of Postnational Law*, Oxford University Press, 2010, pp.276~277.

从另一方面举例说，如果存在一个争议，那么，当事人可能大致知道《民事诉讼法》的存在，知道这项法律会指导当事人进行诉讼。但直到他被律师或法院告知前，他可能并不知道当地的法律或政策要求（或强烈建议），他必须在诉讼前进行调解。他无法预知当地法律政策在争议解决上所采取的额外步骤。并且如果上级政府下达指示要求贯彻落实一个新的调解政策（当然，这一政策可能来自于另一个地方的优秀实践），这方面的规定可能会再次发生变化。从最极端的角度来说，这可能会导致法学家富勒（Fuller）所描述的一个非常矛盾的情形，即人们在被告知之前，永远不知道法律的内容是什么，对此富勒的评价是："每天都在变化的法律比没有法律更糟糕。"①

其次，对法律任意进行解释也会导致法律的不确定性。地方政府总是有权酌情对政策进行阐释，正如同法官可以对法律条款进行解释一样。但这会存在随意解释的风险，并偏离国家法律或政策的原意。它可能因此而损害了法律的完整性。周雪光教授还指出了在中国发生的相应现象，即地方政府自行进行任意解释，导致其偏离了国家政策和法律的初衷。②

正式法多元化对法治的另一个在法理学意义上的潜在负面影响便是权威的碎片化。如果与权威机构间的关系和权威本身都变得非常混乱，就很有可能产生不确定性并损害程序正义。根据"权威的服务性概念"（service conception of authority），拉兹将权威理解为作为人与人之间的一种媒介。③ 同时，他认为，人们可以同时服从于多个权威。如果多个权威对同一事项做出指引，并且这些指引之间产生矛盾，人们则应在这些权威中选择一个更可靠并具有更多的合法性的权威来遵从。④

但是，人们对于权威的选择在现实中并不总是自愿的。同样，上面提到的例子也可以说明这个问题。如果该人被告知在诉讼之前需要先行调解，他通常只能服从当地的这一规定。他不能像拉兹所说的那样去选择更可靠的权威所提供的指引，尽管地方性权威应该服从中央权威，更不用说在法律适用产生冲突时，

① Lon L Fuller, *The Morality of Law*, Yale University Press, 1964, p.37.

② Xueguang Zhou, The Institutional Logic of Collusion among Local Governments in China, *Modern China*, 2010, Vol.36.

③ Joseph Raz, Authority, Law and Morality, *The Monist*, 1985.

④ Joseph Raz, *Between Authority and Interpretation*: *On the Theory of Law and Practical Reason*, Oxford University Press, 2009, p.143.

国家法律应当优先于地方法律适用。然而,在现实中,地方的权威可能凌驾于中央权威之上,这种情况当然会对法治的实现造成不利影响。这带给我们的反思是,事实上的权威(*de facto* authority)可能更多地掌握在当地执法的人手中。另一个可能的疑问是,当甲地区在竞争优秀地方实践的过程中输了,这意味着甲地可能需要遵循被认可的乙地区的做法。在这个意义上,甲地则必须服从于乙地权威所给予的指引,以及乙地基于其本土知识和情况的阐释。是否存在一个更好的理由让甲地这么做呢?这个问题连同上面提到的问题将在下一节中回答。

### (三)在法治转型时期的正式法多元化的功能

第一,本文将对法律多元化缺乏可预测性以及可能的随意解释的问题作出回应。从预测性上说,法律实际上并不是完全确定的,每个争议在法院最终判决之前,人们并不知道适用于该具体情况的法律是什么。因此,法律实践与法律多元化具有同样的不确定性。① 但是,这听起来并不是一个强有力的反驳,因为当一项主张面临批评时,该主张不能仅反驳说其他主张也有这样的缺点。因此,本文将列举一些显示其积极功能的论点。

这里,本文需要再次强调我国法律移植的大背景,中国的法律体系主要是从大陆法系国家和苏联移植过来的,尤其是程序法。在法律移植的语境下,有学者认为,此时对法律的解释是一种主要基于文化的主观活动,②尤其是考虑到我国民事程序法的一部分是基于调解这种我国传统的解决争端的方式。法律的解释和执行必须结合当地情况加以理解,因为不仅是那些有权力执行或解释的官员和法官,还有那些受法律约束的大众,他们都会深深嵌入于当地的文化和社会经济条件。法律和规则存在于更大的认知框架中,并且必须将其与其他现象联系起来,这样特定的主张看起来才不会那么随意,才能在整体上逻辑一致。③ 基于同样的理由,纵向的多元化并不会损害那些具有自身法律传统的共同体的法律完整性,但横向多元化则可能面临不同地方传统之间的紧张关系所带来的风险。

---

① Nico Krisch, *Beyond Constitutionalism: the Pluralist Structure of Postnational Law*, Oxford University Press, 2010, p.278.

② Pierre Legrand, Impossibility of Legal Transplants, *Maastricht J. Eur. & Comp. L.*, 1997, Vol.4.

③ Pierre Legrand, Impossibility of Legal Transplants, *Maastricht J. Eur. & Comp. L.*, 1997, Vol.4.

然而,这种横向的区域竞争能够引起另一种"解释的多元化"(interpretive pluralism)。这里讨论的"解释"不是在法院判决中的解释,而是在法律执行和政策制定中的解释或阐释。拉兹曾提出过相似的观点,即解释的对象是"文化物品"(cultural goods),其含义则取决于文化习俗。① 因此,地区间的横向竞争也将产生创新性的实践。在维持法律稳定的最终目标下,这种竞争也会赋予相关法律政策新的含义。与此相关的是法理学中"回应性法律"(responsive law)的概念,它将社会问题所产生的压力作为知识来源和进行自我修正的机会。② 具体举例来说,针对我国当前关于夫妻共同债务的法律对妻子一方造成了不合理的负担的情况,最高院立刻组织人员进行研究并最终出台了司法解释,对这一问题进行厘清,维护了婚姻弱势一方的权益。③ 最高院的这种做法,便是"回应性法律"的一例。此外,"枫桥经验"的产生也是该地方在面对社会矛盾复杂化多元化的情况下,在社会治理层面所给予的回应。而法律多元化在这里则为回应性法律的运作提供了足够的可能性和空间,毕竟各个地方都可能会先行对某一社会问题做出反应,并出台相关地方性法律与政策进行调整。对同一个对象的多种解释可能都是好的或值得提倡的。④ 这种横向竞争所做的就是选择一个更好的解释,将其一般化到一个共同的解释中,并将其推广到其他地区,以便处理多元化的社会问题。

第二,本文将对权威的碎片化问题进行回应。本文认为,中国的不同权威主体之间存在着相互依赖的关系,这被学者描述为"相对权威/相关权威"(relative

---

① Joseph Raz, *Between Authority and Interpretation*: *On the Theory of Law and Practical Reason*, Oxford University Press, 2009, p.305.

② Phillippe Nonet and Philip Selznick, *Law and Society in Transition*: *Toward Responsive Law*, Transaction Publishers, 1978, p.77. 另见 Peer Zumbansen, Law after the Welfare State: Formalism, Functionalism, and the Ironic Turn of Reflexive Law, *American Journal of Comparative Law*, 2008, Vol.56. Shahla Ali, The Jurisprudence of Responsive Mediation: an Empirical Examination of Chinese People's Mediation in Action, *The Journal of Legal Pluralism and Unofficial Law*, 2013, Vol.45.

③ 参见《最高人民法院关于审理涉及夫妻债务纠纷案件适用法律有关问题的解释》。关于该司法解释的出台背景,参见《最高法出台司法解释明确夫妻共同债务认定标准》,http://www.court.gov.cn/zixun-xiangqing-77372.html,访问日期:2018 年 8 月 30 日。

④ Joseph Raz, *Between Authority and Interpretation*: *On the Theory of Law and Practical Reason*, Oxford University Press, 2009, p.302.

authority)。本文主张,即使可能存在碎片化的情况,相对权威也可以为法理学意义上的法治做出贡献。相对权威是相互依存的相对权力,就像父母一样,它们可以被认为是拥有相互关联的权威。它们在主体意义上是有重叠或互动的,并且存在"实质性和/或程序性因素,使得个体在同一时间的同一问题上受到这些权威的约束"。①

在中国,国家性权威在法律上是独立的,而地方性权威则应该依赖于它。有学者研究表明,目前我国在中央和地方政府之间并不存在权力的分配,而仅仅是一种分工。② 尽管如此,在理论层面上,国家必须依靠地方权威来确保国家法律得到有效实施。此外,国家权威也表现出对地方权威的宽容。③ 从横向上看,一方面,地区间的竞争已经显示了地区间关系的一个方面;另一方面,周雪光教授则观察到某些地方官员存在的一种可能倾向,即面对那些对自身不利的政策时,会形成战略联盟并制定应对策略,继而转移视线以搁置政策的落实。④ 因此,在国内政治层级下,这些不同等级的权威实际上是相互依存与互动的。

就这种相对权威如何产生影响的问题,克里施的观点可以延伸到这一语境下适用。这种权威的相对性将赋予多元化一种更大的潜力,以稳定不同区域间的合作关系。当变革的过程对某些行为主体产生不利影响时,这种相对性会提供一个安全阀,并保证当地的法律传统不会被国家权力所侵扰。⑤ 上海的社区和云南的社区都接受国家法律或政策的管辖,但一位在上海工作的白领和一位来自云南少数民族的农民可能具有完全不同的行为模式和价值观念。值得思考的是,国家的法律和政策如何能够在同一时间向这两个群体主张相同的道德合法性。在立法上的任何妥协,就像国际公约的制定一样,都会导致法律存在一些

---

① Nicole Roughan, *Authorities: Conflicts, Cooperation, and Transnational Legal Theory*, Oxford University Press, 2013, pp. 8, 213～214.

② Xin He, Party's Leadership as a Living Constitution in China, *Hong Kong LJ*, 2012, Vol.42.

③ Nicole Roughan, *Authorities: Conflicts, Cooperation, and Transnational Legal Theory*, Oxford University Press, 2013, p.141.

④ Xueguang Zhou, The Institutional Logic of Collusion among Local Governments in China, *Modern China*, 2010, Vol.36.

⑤ 克里施也曾提出过相似的观点,参见 Nico Krisch, *Beyond Constitutionalism: the Pluralist Structure of Postnational Law*, Oxford University Press, 2010, p.263.

含糊不清的地方。在这种情况下,可能只有当地的法规和政策可以通过结合当地的具体情况进行解释和调整,来明确这些模糊之处应该遵循何种规则。

对于上文提到的对地方凌驾于中央,以及乙地凌驾于甲地的担忧,本文也将做出一些回应。首先,地方权威并不会凌驾于国家权威之上,而是与国家权威相互依存,并构成相互制约的关系。当地的法律与政策需要来自国家的法律与政策的指引,并且不能超过国家所设定的边界,而国家法律与政策需要当地法律与政策的支持,继而使其得到有效执行并取得实践经验。其次,关于地区间横向竞争中的失败是否会导致对另一地方权威的不合理的服从,本文认为这种情况并不一定会发生。地方政府有动力向其他地方的同僚学习,以解决类似的问题。正如上文提到的那样,许多地方的官员都会愿意去枫桥当地学习经验。那么,如果来自其他地方的对政策的阐释得到了认可,并要求其他地方进行效仿,则该地对政策的阐释(或实践模式)应首先由中央推广。最终,严格意义上,这一阐释作为国家权威(而非其他地方权威)所作出的指示而发挥作用。

如果建立了纵向适应和横向竞争的稳定机制,将发现与推广"枫桥经验"的过程制度化,法治的目标将会更容易在不同的地区与群体之中实现。此外,这种具有可预见性的创新性机制会加快我国迈向实体正义和程序正义的步伐。综上,本文试图说明的是:在法理学层面,为什么纵向和横向多元化可以在实现法治方面发挥作用,并且可以避免一些潜在的风险。在下一节中,作者将跳出现有框架并从外部观察者那里检查它,介绍这种横向与纵向多元化的理论影响。

(四)余论:正式法多元化对法学研究进路的影响

这种纵向和横向的多元化现象将如何影响现有理论或法学研究?显然,它将为验证法社会学研究者的观点提供许多经验证据和实用材料。但更重要的是,这种各地针对国家法律的本土化以及地区间的优秀实践模式或政策阐释的竞争为我们研究以下问题提供了足够的空间和可能性。首先,它可以帮助我们超越"纸面上的法律"(surface law),找到"行动中的法律"(law in action)。其次,它可以让我们在单一国家范围内进行比较法研究,以找到"更好的法律"。值得注意的是,这部分内容可能不属于本文所讨论的主旨范围内,因此仅在余论部分略作说明,本文旨在为有兴趣进行进一步讨论的学者提供一些有用的启发。

纵向和横向的法律多元化使我们能够超越文本框架和纸面上的规则,以审视理论与现实之间的差距。[①] 由于法律文本本身并不具备足够的信息量来进行自我制定、自我解释和自我适用,[②]因此,人们需要调查地方官员和法官如何制定、解释和应用这些规则,特别是程序规则如调解法。行动中的法律可以被认为是“变化中的法律”(law in change)。[③] 通过对国家法律的本土化和地区间竞争所产生的创新,我们不仅可以观察到地理意义上的法律流变,也可以观察到历史意义上的法律变化,这有助于我们理解这一命题:“所有法律现象都在不断演变”。[④]

就进行比较法的经验研究的可能性而言,多元化的区域形势和社会经济发展差距使我国各省之间的实质性差距与国家之间的差距相类似。[⑤] 这使得嵌入区域社会背景下的当地法律与政策可以足够多样化,继而能够进行比较。规范地说,对法律政策多元的解释也符合茨威格特(Zweigert)和克茨(Kotz)设定的“更好的法律”或“更好的解决方案”的任务。这种横向的多元解释是为了解决出现在不同地区的类似问题。因此,比较法学者可以对此进行参考,并在他们自身的时间和空间内寻找相应的解决方案,并就法律政策和改革提供建议。[⑥]

## 五、结语

本文试图以枫桥经验和调解政策为例,在我国的正式法律体系中描述纵向和横向的法律多元化现象。用“纵向和横向的正式法多元化”来概括这种现象可能并不是一个那么精确的描述,但本文做出的贡献是:第一,探讨了枫桥经验及

---

① William Twining, *General Jurisprudence: Understanding Law from a Global Perspective*, Cambridge University Press, 2009, p.296.

② William Twining, *General Jurisprudence: Understanding Law from a Global Perspective*, Cambridge University Press, 2009, p.300.

③ Jean-Louis Halperin, Law in Books and Law in Action: The Problem of Legal Change, *Me. L. Rev*, 2012, Vol.64.

④ Jean-Louis Halperin, Law in Books and Law in Action: The Problem of Legal Change, *Me. L. Rev*, 2012, Vol.64.

⑤ 对于我国地区间经济水平差异的直观展示,参见 All the Parities in China: Which Countries Match the GDP, Population and Exports of Chinese Provinces?, http://www.economist.com/content/chinese_equivalents? page=1,访问日期:2018 年 4 月 22 日。

⑥ Konrad Zweigert and Hein Kotz, *Introduction to Comparative Law*, 2nd Edition, Oxford: Clarendon Press, 1987, Vol.1, pp.12, 15. 另见 Jonathan Hill, Comparative Law, Law Reform and Legal Theory, *Oxford Journal of Legal Studies*, 1989, Vol.9.

大调解政策的产生与推广过程背后,存在着怎样的秩序间的互动;第二,在正式法的法律体系内,引入研究多元秩序的可能性;第三,本文也列举了这种多元化对法治可能产生的消极和积极影响,并主张相关的消极影响可以被避免,而且这种多元化会促进(或至少不会阻碍)对社会治理创新和法治的实现。

值得指出的是,党中央似乎也发现了这种纵向和横向法律多元现象的存在,并鼓励不同层次的政府主体通过它进行创新,尤其是以枫桥经验为代表的多元化纠纷解决机制。[①] 这种来自中央的认可进一步表明,该类型的多元化不仅仅是社会政治结构产生的自发现象,它已成为中央政府所倡导的一种模式。从现实角度来看,这种现象启发我们去思考如何建立纵向适应和横向竞争的稳定机制,以实现社会治理创新。从学术角度来看,这种来自官方的认可将鼓励学界在此方向上继续进行研究。长久以来,法学研究都倾向于自上而下地从国家一级的法律文本入手。但是,我们现在或许应该切换到一个自下而上的角度,来重新审视我国法律体系的整体情况与地方实践,继而为社会主义法治增加新的含义。

① 《习近平:鼓励基层改革创新大胆探索 推动改革落地生根造福群众》,http://news.xinhuanet.com/politics/2015-10/13/c_1116811413.htm,访问日期:2018 年 4 月 24 日。

# 民事"案多人少"的可能破解之径

## ——基于"枫桥经验"的实践观察

安 琪*

**摘要**:在社会转型期的背景下,我国法院系统近年来面临着案件数量骤增的实践难题,法官员额制的全面落实,客观上加剧了法院的"人案矛盾",法官办案负荷已经给当下的审判活动带来了实质影响。造成"案多人少"的重要诱因之一,是我国传统的非诉讼纠纷解决机制的日渐式微,致使更多的纠纷只能通过司法路径予以化解。"枫桥经验"为解决当下"案多人少"提供了经验模板,通过精细化的调解机构及人员的设置,得以及时发现并处理纠纷,实现纠纷的源头化解,缓解法院的审判压力。但同时,"枫桥经验"的全面铺开也面临着诸多的实践难题,我国未来应当着眼于当下的社会结构特征,寻求非诉讼模式适宜的纠纷范围,摒弃过于追求调解组织规模的做法,结合基层社会管理模式的创新,进而达到多路径化解纠纷的制度设计初衷。

**关键词**:案多人少;枫桥经验;纠纷解决机制

毋庸置疑,有社会就有纠纷,价值差异与利益分歧是人类社会的一种普适现象与客观存在,特别是在社会转型期,纠纷数量必然会有所增加,人们也在不断探索解决纠纷的最佳途径。纠纷的处理方式包括法院外当事人之间的协商、交涉、和解和第三者介入的调解、仲裁、行政决定、法院内和解、调解和审判等。而近年来,有关我国司法系统正在经历"案多人少"的讨论之声不绝于耳,实务界与理论界在论述涉及"案多人少"现象的内容时,无不"谈虎色变",将其视为我国当下不容忽视的严峻命题。从应对之策而言,探索多元纠纷解决机制是应对当下司法资源短缺的有效之径。早在 1963 年,浙江枫桥便在实践中

* 作者系云南民族大学法学院助理研究员,法学博士。

探索出依靠群众就地化解矛盾的“枫桥经验”,而这一从源头治理矛盾、发挥多方主体力量解决纠纷的成功经验,对正处于社会转型期的我国,具有相当重大的理论研究意义及实践价值。① 下文在对我国当下“案多人少”现象及背后的成因予以充分讨论的基础上,将“枫桥经验”与解决我国日益尖锐的“人案矛盾”相结合,继而提出我国破解“案多人少”命题的可循之径,以就教于同仁。

## 一、我国民事“案多人少”现象的基本描述

虽然在“中国学术期刊网”(CNKI)中以“案多人少”为主题词查询得到的学术论文检索结果共有825篇,但以“案多人少”为篇名在所检索到的相关结果中仅查询到48篇文献,可见,绝大多数的文献并未将“案多人少”作为论述内容的重心,而是仅将其作为论述的背景或所欲解决的问题提出,较少将其作为文章的研究中心,缺乏系统性、科学性的描述。故下文将以改革开放至今作为时间轴,考察“案多人少”现象最为显著的民事领域,对我国民事案件的数量整体变化情况进行考察,试图通过图表的方式就民事案件的绝对数量、整体增长率、法官办案量等几个关键性要素予以梳理,并归纳出我国近四十年来的民事案件数量及法官工作负荷的变化特征。

### (一)民事案件数量变化的总体样态

笔者通过查阅《中国法律年鉴》及最高人民法院工作报告中所公布的数据,对我国自改革开放以来的民事案件数量进行了统计,并通过计算案件净增长量与增长率的变化,对这一时期我国民事案件的增长率变化进行了计算统计。为了使这一数量变迁情况更为直观,下文还以折线图的形式将相关数据的变化情况予以呈现。

① 孟建柱:《加强和创新群众工作 为全面建成小康社会创造和谐稳定的社会环境——纪念毛泽东同志批示枫桥经验50周年》,载《求是》2013年第21期。

表1 1978—2016年我国民事案件总量及增长率变化

| 年份 | 民事案件总量(件) | 净增长量(件) | 增长率(%) |
| --- | --- | --- | --- |
| 1978 | 300787 | — | — |
| 1979 | 389943 | 89156 | 29.64 |
| 1980 | 565679 | 175736 | 45.07 |
| 1981 | 673926 | 108247 | 19.14 |
| 1982 | 778941 | 105015 | 15.58 |
| 1983 | 799989 | 21048 | 2.70 |
| 1984 | 923120 | 123131 | 15.39 |
| 1985 | 1072170 | 149050 | 16.15 |
| 1986 | 1310930 | 238760 | 22.27 |
| 1987 | 1579675 | 268745 | 20.50 |
| 1988 | 1968745 | 389070 | 24.63 |
| 1989 | 2511017 | 542272 | 27.54 |
| 1990 | 2444112 | −66905 | −2.66 |
| 1991 | 2448178 | 4066 | 0.17 |
| 1992 | 2601041 | 152863 | 6.24 |
| 1993 | 2983667 | 382626 | 14.71 |
| 1994 | 3437465 | 453798 | 15.21 |
| 1995 | 3997339 | 559874 | 16.29 |
| 1996 | 4613788 | 616449 | 15.42 |
| 1997 | 4760928 | 147140 | 3.19 |
| 1998 | 4830284 | 69356 | 1.46 |
| 1999 | 5054857 | 224573 | 4.65 |
| 2000 | 4710102 | −344755 | −6.82 |
| 2001 | 4615017 | −95085 | −2.02 |
| 2002 | 4420123 | −194894 | −4.22 |

续表

| 年份 | 民事案件总量(件) | 净增长量(件) | 增长率(%) |
|---|---|---|---|
| 2003 | 4410236 | −9887 | −0.22 |
| 2004 | 4332727 | −77509 | −1.76 |
| 2005 | 4380095 | 47368 | 1.09 |
| 2006 | 4385732 | 5637 | 0.13 |
| 2007 | 4724440 | 338708 | 7.72 |
| 2008 | 5412591 | 688151 | 14.57 |
| 2009 | 5800114 | 387523 | 7.16 |
| 2010 | 6090622 | 290508 | 5.01 |
| 2011 | 6614049 | 523427 | 8.59 |
| 2012 | 7316463 | 702414 | 10.62 |
| 2013 | 7781972 | 465509 | 6.36 |
| 2014 | 8307450 | 525478 | 6.75 |
| 2015 | 9615000 | 1307550 | 15.74 |
| 2016 | 10764000 | 1149000 | 11.95 |

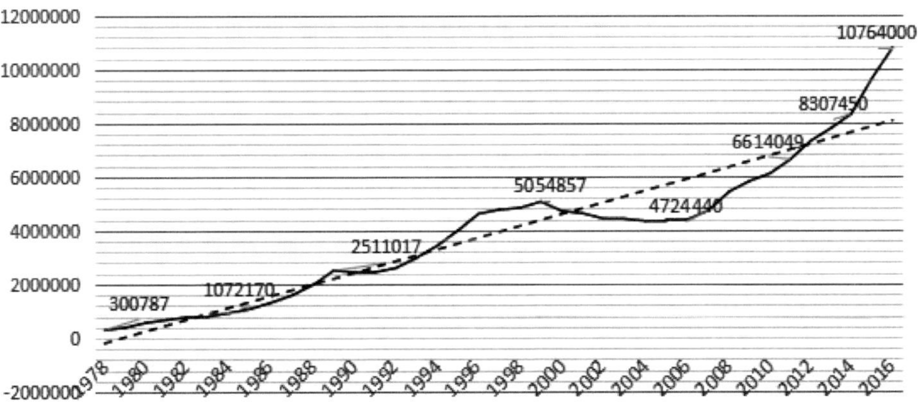


**图 1　1978—2016 年全国民事案件总量变化折线图(单位:件)**

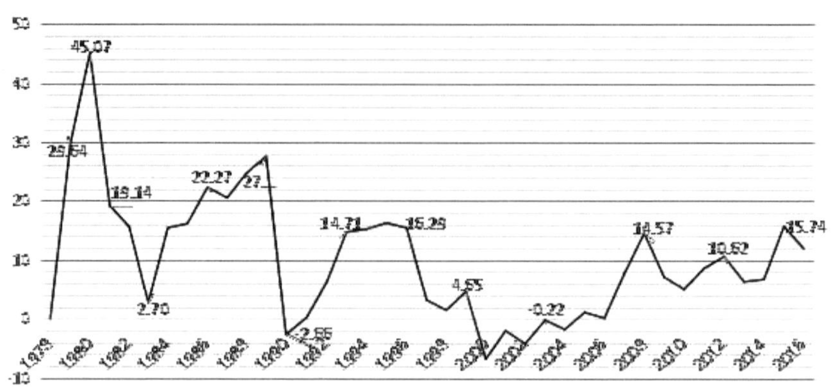


**图 2 1978—2016 年民事案件增长率变化折线图(单位:百分比)**

从上述图表中不难发现,自改革开放以来,我国民事诉讼案件总体上呈现快速增长的趋势,与 1978 年 30 余万件的民事案件相比,2016 年的 1076 万件民事案件为前者的近 36 倍,从绝对数量来看,增长态势相当显著。增长率虽然偶有几年为负值,但绝大多数的年份为正增长,年平均增长率多达 10.36%。其中,增长率达到两位数的年份有 18 年,这意味着有近一半的年份(48.65%)民事案件有着两位数的增长率,增长的绝对值与增长率看起来都相当庞大。

但同时,我国这一时期的民事案件数量增长并非为线性,波动幅度颇为显著,这在增长率的图表中表现得更为明显。根据民事案件的变化态势,我们可将其划分为以下几个阶段:(1)快速增长阶段(1978—1996 年)。改革开放初期,我国司法体系百废待兴,在此阶段经历了法院重建、立法发展等重大变革,公民通过诉讼解决纠纷的方式也开始逐步出现并被广泛接纳,这一阶段的总体特征为民事案件的迅速增长,除却 1990 年 −2.66% 的负增长率外,其他年份的增长率为正增长,且有占比 77.78% 的年份增长率达到两位数,峰值年份的增长率甚至达到了 45.07%。(2)相对稳定阶段(1997—2006 年)。民事案件数量在这一阶段进入较为平缓阶段,其中 2000—2004 年甚至连续 5 年出现负增长的情形。即便在正增长的年份,增长率均未超过 5%,呈现出相对稳定的案件数量变化情形。(3)再增长阶段(2007—2016 年)。经历了近 10 年的稳定期后,我国民事案件数量再次进入了快速增长的阶段,与上述两个阶段相比,此阶段的增长率无一年出现负增长的情形,平均增长率高达 9.44%,特别是 2015 年的增长率已经再次达到 1996 年的增长水平,增长率达到 15.74%,呈现出民事案件的第二个案件增长高峰期。

总体来看,我国民事案件数量经历了毋庸置疑的增长,就增长速率而言,在改革开放初期呈现快速的增长态势,随后经历了近十年的平缓期,在近十年再次步入了高速增长的轨道中。但同时,我国的法官数量也在不断上升,法官的工作负荷的变化情况是判断"案多人少"的另一显性标准。

(二)法官办案负荷的变化情况

1978 年十一届三中全会之后,我国司法系统开始了重建与机构调整,在这一时期,中央的口号为"调集足够数量的优秀干部充实司法部门",在这一政策号召之下,从 1981 年开始,"扩大政法队伍,增编进人"已经成为各级组织、人事、编制部门的重要工作。[①] 在这一政策指引下,法院编制数量从 1978 年的 5.9 万人,增长至 1982 年的 13.4 万人,[②]增长幅度十分显著。而中央的扩编趋势随后一直延续,虽然中间出现,政法编制精简的时间段,但总体上政法专编持续扩充,直至 2008 年,我国法院编制总额已经达到 32.7 万。[③] 截止到 2013 年,在法院编制中,真正属于法官的人员为 19.6 万名。虽然其中的民事法官数量难以准确计数,但从实践情况来看,民事法官人数基本上占所有法官人数的最大比例,为 60%至 70%的比例,如果按照 60%的保守比例估算,我国民事法官数量在 2013 年也达到了近 12 万的总数,仅就数字而言,民事法官数量颇为庞大,与同年民事案件数量相除,得到该年份民事法官办案量约为 66.17 件的平均值,单纯从总体平均办案量而言,其似乎并未达到所谓的"案多人少"的困境。但笔者这一估算相当之粗略,不仅没有区分一线法官数量与院长、副院长等领导层相差悬殊的办案负荷,也没有区分不同层级法院的办案负荷,导致办案负荷最为显著的基层法院的一线办案法官的数据"被平均",所得出的结果仅具备简单的数值意义,并不能轻易说明法官办案的真实情况。

2014 年中央深改组会议通过的《关于司法体制改革若干问题框架意见》和《上海市司法改革试点工作方案》,标志着我国法官员额试点工作的正式施行。

---

① 刘忠:《规模与内部治理——中国法院编制变迁三十年(1978—2008)》,载《法制与社会发展》2012 年第 5 期。

② 《江华传》编审委员会:《江华传》,中共党史出版社 2007 年版,第 439 页。

③ 2008 年时任最高人民法院院长肖扬:《新年献词》,载《人民法院报》2008 年 1 月 1 日第 01 版。

截止到 2017 年 6 月,法官员额制改革在全国法院已经得到了全面落实,全国法院共遴选产生 120138 名员额法官。① 员额制改革所带来的直接结果为法官人数的大幅减少,根据改革要求,各地法院在中央政法专编 39%的比例内确立法官员额,使得全国法官人数约减少 40%。而通过上文对民事案件的数量描述发现,2014 年之后,我国法院经历了再一次的案件数量迅速增长期,以 12 万名员额法官来审视,其中民事法官按照 60%的比例计算约为 72000 名,根据上文所考察的民事案件总量,我们可估算出当年民事法官人均办案量为 149.5 件。此外,法官办案负荷的增加也可以从最高法院工作报告中窥见端倪,最高法院上任院长王胜俊 2012 年和 2013 年的报告中,"案多人少"被认为是"基层基础工作面临的困难"。而在现任最高法院院长周强 2015 年的报告中,其表述不仅未被限定范围,而且愈趋严峻:案件数量从"持续增长"发展为"持续快速增长";"案多人少、人员流失"的句子前删去了"部分法院"的表述。全国法院平均办案数值及官方所发布的工作报告可以反映出,法官人数减少与案件数量的骤增令我国法官工作负荷受到了前所未有的挑战。

基于上文对我国民事法官数量的大体描述,我们可以看到,实际上自改革开放以来我国民事法官的数量是在逐渐增长的,中央政法专编总体呈现扩充趋势。直到法官员额制改革之后,民事入额法官数量被压缩,这无疑会加大员额法官的工作量,特别是在员额制改革前后经历的民事案件数量突增期,更令我国民事法官的办案负荷进入了一个新的考验期。以江苏江阴法院为例,从其试点之后的审判质效数据来看,与去年同一时间段相比,其分别增长 13.96%和 9.34%。以员额法官为核心组成审判团队后,其中有 6 个团队结案 700 多件,有 2 个团队结案甚至超过 800 件。另一家员额制试点法院为贵州遵义汇川区法院,员额制改革让法官的数量减少了 48 名,30 人的法官队伍与其他人员组成团队共同办案,平均下来每个法官所带的团队办案 253.26 件,是贵州全省法官人均办案量的 5 倍。② 在员额制试点地区之一的海南省法院,法官助理和书记员编制严重不足,

① 靳昊、李京:《我国法官员额制改革全面完成》,载《光明日报》2017 年 7 月 4 日第 04 版。

② 李阳:《七家试点法院的司改答卷——来自司法体制改革研讨会的报道》,载《人民法院报》2015 年 12 月 5 日第 2 版。

案增人减的矛盾需要引入政府雇员制来调整法官队伍结构。[①] 在员额制改革全面完成后,根据最高人民法院所公布的数据,2017 年上半年,全国法院 12 万名法官审结 888.7 万件案件,平均每个法官半年审结 74 件案件,全年预计审结 150 多件案件。这意味着,全国法官平均办案数量为 2008 年的近 3 倍。[②]

(三)"案多人少"命题的实践界定

结合前文对我国民事案件及法官办案负荷的数据考察,我们可以作出这样的判断——"案多人少"命题对我国绝大多数法院是成立的,且这一司法现象给司法审判带来了实质性的影响。具体而言,笔者做出该命题的判断依据主要为:

首先,自改革开放以来近三十年的时间轴内,我国民事案件绝对数量及增长率一直大幅度上升,虽然该数据经历了短暂时间的平缓期,但在近十年再次呈现出快速增长的态势,特别是在实施"立案登记制"及法官员额制改革的 2015 年及 2016 年,不少地区的民事案件数量已经达到近年来的峰值状态。毋庸置疑,我国的民事案件数量水平已经达到相当之庞大的数字。

其次,从法官工作负荷来看,法官群体所面临的审案压力无疑愈发巨大。这可以从上文的估算以及近年来的媒体报道中窥见一二,年均办案量破千的"明星办案法官"也折射出当下绝大多数法官群体所面临的近乎不可能完成的工作负荷。[③] 虽然在民事案件绝对数量上升的同时,法官人员编制也在扩大,但似乎所带来的缓解效果并不显著。可以看到,相较于民事案件的快速增长,以法官人数为代表的我国民事司法资源呈现出捉襟见肘的窘态。

① 刘麦:《海南省人大到省高院调研 关注司法改革为司改助力》,《南海网》2015 年 12 月 4 日海口电,http://www.hinews.cn/news/system/2015/12/04/017979919.shtml?wscckey=e9df1d52f13b47da_1490998192,访问日期:2018 年 4 月 20 日。

② 汤琪:《最高法:法官平均办案数量提升至 2008 年的近 3 倍》,《中国新闻网》2017 年 8 月 1 日北京电,http://www.chinanews.com/gn/2017/08-01/8292304.shtml,访问日期:2018 年 4 月 20 日。

③ 例如,2009 年,浙江省义乌市人民法院 26 岁的女法官胡芳芬年度办案 798 件,2009 年 3 月,一名法官当天的开庭达 35 个。2009 年,东莞市第一人民法院全院一线办案法官 101 人,法官人均结案 418 件。其中,该院刘晓宇法官共审结案件 1658 件,而卢建文法官作为"办案冠军"共办执行案件 1924 件,平均每天结案 5.2 件。详见报道:李莉、余建华:《内外兼修应对诉讼"井喷"——对浙江金华两级法院加强管理应对案多人少的调查》,载《人民法院报》2010 年 6 月 3 日第 05 版;《人均结案 418 件 "千案户"与日俱增 多数法官健康堪忧——东莞法院"案多人少"问题突出》,载《人民法院报》2010 年 3 月 7 日第 03 版。

最后,民事案件的绝对数量增长以及民事法官办案负荷的加大,已经对我国民事司法产生了实质影响。我国愈发突出的"人案矛盾"的实践表现在:在我国当下法院系统中,除了极个别地区的法院外,基本上都在不同程度上出现法官加班的现象。民事案件数量水平已经令法院系统的审判精力基本耗尽,使得很多民事法官群体无法在正常工作时间内完成审判工作,只能无奈地借助于加班等方式完成工作,而一旦民事案件再次增长,则极有可能连这一非常规方式也无法再作出应对,不得不说这是一种危险的讯号。且相较于以往,越来越多的案件无法在法定期限内及时审结完成,这表明我国民事司法已经进入全面化的人案矛盾突出的时期。

可见,"案多人少"命题放置在我国当下的实践语境中无疑是成立的,且该命题已经开始影响正常的审判工作,民事审判与司法资源之间的矛盾变得愈发激化。而解决我国"案多人少"命题的关键之处在于寻找涌入法院的案件数量增长背后的原因,进而对民事数量这一增长变化是否还有进一步扩大的趋势予以预测分析,以提出更好的应对机制。诚然,与案件数量增长相关的因素可谓是多方面共同作用的产物,但在笔者看来,造成这一现象的一项关键诱因在于将所出现的纠纷未通过有效的多元途径予以化解,致使法院成为解决纠纷的最主要的主体,有关这一原因的解析将在下文作具体阐释。

## 二、"案多人少"的重要促因:传统纠纷解决方式的式微

### (一)以情理为基础的传统纠纷解决模式

在我国传统法律文化中,以儒家伦理为核心的中国传统文化含摄着极为丰富的伦理观念和习惯在"礼之用,和为贵"等理念之下,促成了国人对于纠纷的处理方式主要以调和的方式为主,尽量避免其冲突化。"'礼'的概念充分体现了中国封建社会中法的含义",①在"礼"的倡导之下,对于矛盾的解释多借助于道德规范、礼数规范下的和解机制,这使得调解在我国一直有着广泛的适用面,民间解决争端,最先考虑"情",其次是"礼",然后是"理",最后才诉诸"法"。② 不仅如

① [美]R.M.昂格尔:《现代社会中的法律》,吴玉章、周汉华译,译林出版社 2001 年版,第 88 页。

② [法]勒内·达维德著:《当代主要法律体系》,漆竹生译,上海译文出版社 1984 年版,第 486 页。

此,中国传统文化还信奉“以讼为耻”的观念,甚至统治者或家族势力也主张尽力避免用诉讼手段解决冲突。①

改革开放之后,我国社会逐渐向法治社会轨道迈进。在中国传统社会中似乎与普通公众相隔甚远的法律,开始逐渐步入人们的社会生活。法律现代化是社会现代化中最为核心的内容之一,在这样一种背景之下,我们还是可以看到现代化法律与我国传统文化之间的冲突,或称之为差异,可以说,我国传统模式下对诉讼讳莫如深的状态一直延续到我国的近现代生活中,以情理取向的行为模式使得传统的纠纷解决过程主要立足于恢复或调整纠纷双方的关系,而非从一般规范来判断某一件事情的是非曲直。②

这一方面体现为即便是在诉讼、仲裁、调解等第三方主导型纠纷解决机制高度发达的当下,个体实践通过自决来解决人机冲突依然在日常生活中起到了较为普遍的作用。例如,曾有学者通过对北京市区 1124 名居民调查发现,有 43% 的市民在面临纠纷时首选自我解决,而选择求助于第三方的比例为 36%。③ 而这一乐于选择自行解决纠纷的倾向在其他学者的研究中也能得到对照。但从特征与解决方面考量,纠纷双方选择自决机制存在非规范性、非理性性等特征,易将纠纷解决过程演变为复杂的事件,特别是对处于弱势的当事人而言,自决机制易使其陷入不利状态,且其履行完全依赖于道德层面的束缚,也令纠纷当事人的利益实现途径困难重重,诸多自决机制的自身缺陷使得诉诸第三方主导下的纠纷解决显得更具有可选择的优势。

另一方面,新中国成立之后纠纷解决机制中的多元化机构设立,特别注重民间调解方式在解决纠纷中的运用,也是我国传统文化中对纠纷解决方式选择喜好的体现之一。在诸多民间纠纷解决机制中,最为典型的为人民调解委员会,我国人民调解委员会被定义为调解民间纠纷的群众性组织,作为居民自治组织下属的委员会而开展活动,在城市中为居民委员会,在农村中为村民委员会,是我国在乡土秩序基本瓦解基础上负责民间纠纷自治化解的基本形式。在 20 世纪

---

① 费孝通:《乡土中国》,北京大学出版社 2012 年版,第 66~67 页。

② [德]托马斯·莱赛尔:《法社会学导论》(第四版),高旭军等译,上海人民出版社 2008 年版,第 256~257 页。

③ [美]麦宜生:《市民生活中的法律》,王平译,载郭星华、陆益龙等:《法律与社会——社会学和法学的视角》,中国人民大学出版社 2004 年版,第 92~93 页。

50年代设立之初,它被认为是固有法以来中国文化传统与中国社会主义相结合的精华,被赋予了诸多褒奖之词。从运行情况来看,虽然人民调解委员会的主要功能为解决纠纷,但也会处理一些其他事务。在地区和单位产生了纠纷的场合,以自愿原则予以调解性的解决,其意义不但停留在对个别纠纷的解决上,而且具有宣传、教育和防止犯罪等多重意义;也通过与某一时期的中心政策相关联而解决纠纷作为宣传与教育的机会,起到一种使基层(群众)组织化和动员起来的作用。[①] 在1980年,《人民调解委员会暂行通则》颁布,1982年宪法中人民调解被规定为法定的法律制度,同年,《民事诉讼法(试行)》中也对其性质作了法律上的定义,这标志着人民调解委员会制度在宪法及法律层面得到了真正意义上的确立,而这一制度也在这一时期得到了最大程度的发展。有数据显示,1985年至1992年间,调解委员会处理的案件数量为同一时间段法院受理案件的5倍,且成功率高达91.6%。[②]

(二)传统纠纷解决机制的实践弱化

虽然在很长一段时间内,我国以注重情理的传统纠纷解决机制在实践中发挥了极为重要的价值,但近年来,这一机制呈现出逐渐式微的样态。笔者查阅了《中国统计年鉴》中有关人民调解委员会的情况,从表2所统计的数据来看,人民调解委员会作为民间调解组织在20世纪80年代至21世纪初经历了非常快速的发展,1996年,当时的人民调解委员会及调解人员的数量都达到历史最高水平,但即便是在人民调解委员会的范围不断扩大的几年,其所处理的民间纠纷数量却呈现逐年下降的趋势。在2000年以后,人民调解委员会的数量与调解人员数量都进入压缩的状态,在2015年人民调解委员会及调解人员的数量都达到了历史最低水平,这同法院所受理案件日益增多的趋势呈现相逆的态势,但所处理的民间纠纷数量反而有所上升。笔者猜测,处理纠纷数量上升的原因在于近年强调的"大调解"及司法对人民调解的指导,并与诉讼机制进行了衔接,因而这一统计数字中包含了部分已经进入司法程序的案件,但不可否认的是,人民调解委员会在处理纠纷的过程中所起到的作用与所在的地位难以再次回到原来的水平,"以道德和情感色彩浓厚的传统人民调解作为一种国家治理方式与以法律为

① [日]高见泽磨:《现代中国的纠纷与法》,何勤华、李秀清、曲阳译,法律出版社2003年版,第58~59页。

② 蒋月:《人民调解制度的理论与实践》,群众出版社1999年版,第1~2页。

基准的审判方式相比发生了功能的弱化”,①而越来越多的纠纷当事人倾向于选择司法作为解决纠纷的手段。

**表 2 1982—2015 年我国人民调解委员会调解工作情况统计表**

| 年份 | 人民调解委员会数量(单位:万个) | 调解人员(单位:万名) | 调解民间纠纷(单位:万件) |
|---|---|---|---|
| 1982 | 86 | 533.9 | 816.6 |
| 1986 | 95.8 | 608.7 | 730.7 |
| 1990 | 102.1 | 625.6 | 740.9 |
| 1996 | 100.2 | 1035.4 | 580.2 |
| 2000 | 96.4 | 844.5 | 503.1 |
| 2005 | 84.7 | 509.7 | 448.7 |
| 2010 | 81.8 | 466.9 | 841.8 |
| 2015 | 79.8 | 391.1 | 933.1 |

不仅是人民调解委员会,我国很多原本承担起纠纷处理的单位组织,也随着经济体制的改革与社会变迁而逐渐被司法取代,诉讼在纠纷解决方面的应用与其他解决纠纷机制呈现反比,“司法诉讼的管辖权和实际作用越大,非诉讼程序的作用就会相对减弱乃至萎缩”。② 例如,传统的乡土社会主要依靠长老政治和村规民约来治理,但中国的现代化建设导致了村庄历史的断裂,人民公社制度不复存在,基层司法建设对村民自治模式与纠纷处理方式产生了深刻的影响;再比如,在我国经济体制改革前,国营企业和相当部分的集体企业所发生的纠纷,主要是在企业的主管部门或一些行政机关中予以解决,而随着这些部门、机关在改革中的更迭,其所承担的对本单位所出现的纠纷的处理职能随之消弭;类似的,在农村施行生产责任制时期,农村基层干部对本集体内部所出现的矛盾纠纷可以起到一定程度的化解作用,村干部也具有较高的威信力,经济体制改革之下,

① 宋明:《人民调解纠纷解决机制的法社会学研究》,中国政法大学出版社 2013 年版,第 70 页。

② 江伟主编:《民事诉讼法专论》,中国人民大学出版社 2005 年版,第 5 页。

在我国存续已久的集体式组织不断被更小的单元组织所取代,在纠纷解决的处理能力方面也显得越发疲力,而原有纠纷解决路径趋于弱化,使得法院在此时发挥了更为关键的纠纷解决功能。

从以上几个有关非诉讼纠纷解决制度的梳理之中,不难发现,原有的体现集体主义至上的各种组织样态,随着经济体制的改革而逐渐被瓦解,这直接影响了公民在发生纠纷时所面临的选择判断。人员流动的加剧与社会分化的形成,致使公民个人对曾经所依附的单位组织的归属感降低,曾经的"熟人社会"开始逐渐被"陌生人社会"所替代。曾有的对诉讼的对立性所排斥的心理也随之发生微妙的变化,公众不再将诉讼视为打破人与人之间和谐关系的负面事务,反而将其视为积极处理争议纠纷的一项制度。一方面,原存在于单位组织中承担纠纷解决的机构组织或随着改革而不复存在,或因公民集体主义日渐式微而趋于弱化,另一方面,社会公众行为模式的变化也使得曾经对诉讼行为排斥的心理产生了微妙的改变,这些因素都使得法院承担起了义不容辞的纠纷解决功能,也带来了大量的民事纠纷涌入法院的直接后果。

基于以上分析可见,随着社会结构的更迭以及公民观念的改变,曾在纠纷解决方面发挥重要作用的民间非诉讼调解方式似乎逐渐成为过去式。但从应对法院繁重的工作负荷而言,将纠纷矛盾在诉前予以化解似乎成为解决"案多人少"问题的有效之策,下文将以"枫桥经验"作为观察样本,以试图审视该成熟经验对解决我国这一司法痼疾的有益之处。

## 三、"枫桥经验"中纠纷化解机制的解读

肇始于20世纪60年代浙江省诸暨市枫桥镇的"枫桥经验",最初的试点内容为对"四类分子"的改造工作,其所形成的"坚持矛盾不上交,就地解决"的实践运行模式得到了中央层面的充分肯定。随着改革开放,"枫桥经验"也在不断被赋予新的时代内涵,成为全国社会治安综合治理的典范。经过数年的实践探索,"枫桥经验"将"依靠群众化解社会矛盾"作为主线,创立多方协同解决矛盾纠纷的工作机制,进而通过源头预防及前端治理的方式,将基层矛盾纠纷予以最大程度上的化解,这在我国当下"案多人少"的背景下更具研究裨益和实践价值。

### (一)"枫桥经验"中多元结构的纠纷预防及处理机制

从操作层面而言,"枫桥经验"在纠纷解决机制方面着重于以下几个部分的探索:

首先,以矛盾预防为中心的事前工作机制。将矛盾纠纷的处理前置、实现以预防为主的工作机制是“枫桥经验”的一项关键要点。在枫桥镇综合治理工作委员会的宏观指导下,其通过在各村、企业单位内设置综合治理工作组的形式,搭构治安信息网络平台,实现对各类矛盾尽早发现、尽早排解,并形成了“预警在先、矛盾问题早消化;教育在先、重点对象早转化;控制在先,敏感时期早防范;工作在先,矛盾纠纷早处理”的“四先四早”的工作机制。① 不同于司法解决纠纷的相对被动性,各基层单位所设立的工作小组通过定期摸查本区域的矛盾情况,及时掌握可能引发纠纷的社会矛盾,发现现已存在、尚未有效处理的纠纷,汇总上报至综合治理中心,并协同纠纷解决部门作出有效应对;通过上述工作机制可以更为主动地了解、发现可能存在的纠纷,将矛盾纠纷予以前置化解决,能够起到一定的纠纷源头治理的效果。

其次,构建多元化社会矛盾化解机制。在纠纷矛盾处理机制方面,“枫桥经验”将人民调解、行政调解、司法调解多种方式并举,形成“大调解”格局。相较于其他地区以法院为主导的调解机制,“枫桥经验”将人民调解的作用予以最大限度的扩大,调解委员会与人民调解员的人数和规模都不容小觑。据统计,枫桥镇成立了 59 个调解委员会,调解员多达 391 名,基本形成了覆盖村、镇、企业的调解网络。② 在发生矛盾纠纷后,以人民调解制度作为首先介入的主体,调解员多由该单位有经验、有声望的人员担任,通过及时快速地回应纠纷双方的矛盾争议,进而实现非诉讼方式的纠纷处理。在人民调解未果后,纠纷才由行政调解及司法调解的方式进行解决,且在行政调解及诉讼过程中依然体现司法与人民调解相结合的特征。例如,枫桥镇派出所设立的“老杨调解中心”,便通过聘用已退休的警员及司法助理员从事调解工作,获得了相当的成效:自该调解中心建成以来,每年调解近百起案件,调解成功率高达 97%~98%。③ 此外,随着互联网的普及,诸暨法院还开始探索“在线法院调解平台”,该平台充分借助互联网的优势,将调解从线下搬到线上,提供了可即时获取的解纷渠道和解纷资源,低成本、

---

① 吴锦良:《“枫桥经验”演进与基层治理创新》,载《浙江社会科学》2010 年第 7 期。

② 杨燮蛟、劳纯丽:《大数据时代发展“枫桥经验”的探索》,载《浙江工业大学学报(社会科学版)》2017 年第 4 期。

③ 卢芳霞:《“枫桥经验”:成效、困惑与转型——基于社会管理现代化的分析视角》,载《浙江社会科学》2013 年第 11 期。

高效率地解决矛盾纠纷。

(二)"枫桥经验"成效与困境的再审视

基于上文对"枫桥经验"的考察内容可见,"枫桥经验"纠纷处理机制的设计之初,便通过充分发动基层组织的力量的方式,将所管辖区域尽可能地细分,再通过走访等方式及时收集信息,尽早地发现矛盾并及时处理,从这一意义上讲,"枫桥经验"呈现出较为浓厚的基层治理特征,遍布各村、企业的治理小组类似于我国传统社会中的村民自治组织,尽管在机构设立及自发性层面有所差异,但均可以对所在区域的尚处"萌芽阶段"的纠纷矛盾予以处理,在纠纷的源头治理方面体现其积极意义。在纠纷的处理机制方面,"枫桥经验"所欲强化的"大调解"机制,将实践中日渐式微的人民调解作用放置于首位,枫桥镇将人民调解程序作为司法必经的前置程序,通过这一带有强制色彩的制度安排,突出了非司法主导下的纠纷解决机制,并可以在一定程度上实现案件分流,进而减缓法院的审判压力,及时有效地化解纠纷。

然而,"枫桥经验"在实践运行过程中也遇到一些非预期的困境。一方面,遍布各村、企业的调解机构及数量庞大的调解员依赖于政府财政支持,而过于细化的综合治理机构的运行,消耗了政府相当的人力与财力资源,这使得当地政府在基层组织治理及处理纠纷方面要投入较其他地区更多的资源;另一方面,在枫桥镇的纠纷处理过程中,由于过于强调矛盾的就地解决,将群众信访率、满意率等数据与干部考核直接挂钩,反而令当地居民以此作为施压工具进而实现自己的利益诉求。据统计,近年来,枫桥镇、诸暨市的信访率在全省排名中靠前。[①] 这便可能与过于强调矛盾化解而造成的居民"好诉"现象相关。

可见,"枫桥经验"的理想构图中将矛盾纠纷尽可能地通过基层社会治理机构、民间调解组织予以化解,通过强调非司法路径的纠纷解决作用,进而能够将一定数量上的纠纷在源头予以化解,减少了纠纷转为诉讼的实践可能,对缓解法院案件压力具有一定的积极作用。但"枫桥经验"也带有鲜明的地区烙印,这一主要以农村人口为组成单位的基层矛盾化解机制是否具有普适性值得深思,且过于强化通过化解矛盾的方式维持管理秩序,可能会带来非预期的纠纷反弹效果。下文将基于对"枫桥经验"的观察与反思,提出对缓解当下司法资源紧张现

---

① 卢芳霞:《"枫桥经验":成效、困惑与转型——基于社会管理现代化的分析视角》,载《浙江社会科学》2013 年第 11 期。

状的应对之策。

## 四、"枫桥经验"对破解"案多人少"的启示

诚如前文所述,"枫桥经验"借助精细化的组织机构安排,将矛盾纠纷及时发现与处理,并主要通过非诉讼的方式予以化解,更为契合我国传统纠纷处理的理念,也在一定程度上缓解了当地的审判压力,为解决当下"案多人少"问题提供了参考范本。因而,如何从这一模板中提取普适性的经验则是我们应当重点关注的内容,下文将基于对"枫桥经验"的观察,对我国未来破解"案多人少"命题的可能出路予以探讨。

### (一)非司法路径纠纷化解机制的发展契机

从上文有关我国传统社会下纠纷解决机制的分析中不难发现,我国曾经存续已久的民间调解等非诉讼方式解决纠纷的路径随着社会的变革而悄然发生变化,适用的范围及频率都有所降低,较之于司法解决纠纷的路径而言,似乎愈发显得疲软,各纠纷解决方式间缺乏有效衔接的机制,且非诉讼纠纷解决机制权威性不足、人员配置不合理,这就导致更多的纠纷转而由司法方式解决。可见,改变当下以司法为主导的单一性纠纷解决模式无疑可以缓解司法审判压力,"枫桥经验"也为我们提供了以非司法路径化解矛盾纠纷的实践范本。

事实上,我国法院体系近年来已经开始探索与构建多元化纠纷解决机制。随着最高人民法院相继出台《关于建立健全诉讼与非诉讼相衔接的矛盾纠纷解决机制的若干意见》《关于扩大诉讼与非诉讼相衔接的矛盾纠纷解决机制改革试点总体方案》等政策文件,将包括调解在内的纠纷解决机制予以扩大化适用,法院通过引领作用,促进非诉讼纠纷解决方式所发挥的实践效果。对于法官本身而言,调解程序贯穿着立案、调查、审理的全程,调解率的高低也在潜移默化之中成为法院质效考评的一项参考项目。但这一强调调解的诉讼模式有着明显的司法主导特征,从当下法院的实践运行情况来看,在诸多纠纷解决方式之中,司法可谓发挥了决定性的功能与效用。不仅不少法院通过设立专门的调解中心来负责司法调解以及人民调解的对接工作,从时间范围上,也囊括了诉前调解、诉中调解、执行调解等各个方面。在部分法院的做法中,司法的主导功能体现得淋漓尽致,通过在矛盾纠纷较多的公安局交警大队、信访和群众工作局等行政机关设立巡回法庭,进而协调指导相关的调解工作,依照相关规定确认调解协议的法律效力,并委托特邀调解组织、特邀调解员对民商事纠纷予以立案前的调解。法院

还通过整合、组织各民间调解机构的工作,进而起到对纠纷分流的效果。正如学者对调解机制的兴起所归纳的:"这种借助于对有关'调解'的话语资源的利用来帮助扩充制度资源,实际上正是中国目前用以应对'案多人少'之现状的主要做法。"①

但在笔者看来,这一基于司法为主导的多元纠纷解决体系的构建之路可能与预期效果有一定的背离。原因在于:一方面,"调解型"审判模式与"判决型"审判模式有着相当大的差异,前者因强调案件实体结果的公正,法官会选取更为积极的调查活动,追求当事人合意的调解过程,这与我国民事程序结构中要求法官保持中立的原则可能相悖离。② 另一方面,从实际办案情况来看,以调解方式结案并不一定意味着法官的工作量会得到成倍的降低,调解过程中法官精力的投入度并非会因非判决模式而带来有效改观,甚至贯穿诉讼全程的调解程序要求反而增加了法官的工作负荷。从这一角度而言,我国应当重新审视当下以法院为主导的多元纠纷解决制度。

对比之下,以"枫桥经验"为代表的试点,再一次将非诉讼纠纷解决机制的优势予以呈现。事实上,理论界有关替代性纠纷解决机制的讨论早在数年前便成为重要议题,这一以确立当事人合意、恢复社会关系为主要内容的非诉讼调解方式,相较于民事司法程序而言,更具主动性及互动关系,亦能带来源头治理纠纷的成效。对于案件事实相对清晰、争议不大的民事案件,以人民调解委员会为代表的社会纠纷解决主体更具优势,由于着重于情理说明,调解员又往往具备一定的社会权威,因而调解结果更易获得纠纷主体的认可,更能实现纠纷的一次性化解,在某种程度上体现出较之诉讼途径的优势。可以说,在当下法院不堪重负的背景下,这一强化非诉讼方式解决纠纷的模式更具实践意义,无论从纠纷的处理结果层面或是对诉讼案件的分离情况而言,都呈现出相当的适用价值。褪去法院在纠纷解决机制中的主导且单一的色彩,强化非诉讼的调解机制的作用,似乎成为应对当下"案多人少"命题的有效之径。

### (二)借鉴"枫桥经验"可能面临的挑战

尽管上文已充分论证及肯定了"枫桥经验"对解决我国司法实践命题的有益

---

① 尤陈俊:《"案多人少"的应对之道:清代、民国与当代的比较研究》,载《法商研究》2013 年第 3 期。

② 王亚新:《社会变革中的民事诉讼》,北京大学出版社 2014 年版,第 14～16 页。

之处,但也不应忽视这一试点模式在借鉴与适用中可能面临的诸多挑战。

首要应当破解的难题就是该模式如何适应当下转向“陌生人社会”的组织结构。“枫桥经验”的良好运转很大程度上得益于基层村镇中相对稳固的架构,对于居住在较小活动范围内的公民而言,这一类传统纠纷解决模式有利于纠纷当事人之间社会关系的修复,也是相较于具有公权强制色彩的判决更易得到公民接受的纠纷解决模式。但这一模式显然不具备“放之四海而皆准”的普遍推动力,民事纠纷不再仅限于特定范围内的当事人之间,在跨区域甚至跨国界的民事活动中,不再以维系社会关系以达到当事人合意为主要目的,而是更追求规则的准确性与可预测性。从这一层面而言,“枫桥经验”似乎更加适合应用于家事纠纷等具有身份标识的领域。无论在城镇还是乡村,都设置了包括街道办事处、居委会、村委会等非诉讼纠纷解决组织,家事类纠纷易被基层组织所察觉,并以安抚、疏导纠纷当事人的情绪为主,相较于带有国家强制力的司法调解方式,更易被当事人接受,也更易起到定分止争的效果。

其次,“枫桥经验”之所以能够成为全国范围内的优秀典范,与其自上而下以纠纷解决作为主要治理模式的设置有关,但除却试点的示范效应,这一精细化、大规模的调解组织可能在实践落实方面面临着不小的挑战。根据《人民调解法》的规定,人民调解委员会为该区域的县级以上人民政府设立的,对其提供财政经费保障,而大规模地设立人民调解委员会无疑需要消耗政府资源,在“枫桥经验”中,建立综合治理中心、聘用调解人员为当地财政带来了不小的负担,在一定程度上影响了公共资源的投入,这反而会带来一定的纠纷隐患。可以说,过于精细化的组织设置反而会带来财政负担过重等负面影响,我们不宜一味追求调解机构的规模之大、人员数量之多,而应结合当地实际情况量力而行。在调解员的选任上,我们也应优先选择社会经验丰富、调解能力突出的人员,以尽可能发挥其职能价值。

最后,“枫桥经验”能否得以全面推广,与整体的社会管理模式密切相关。在“枫桥经验”中,尽管强调“社会协同、公众参与”的组织特征,但从实践效果而言,这些替代性纠纷解决机构事实上还是带有相当的公权色彩,例如,上文所提及的“老杨调解中心”便是在派出所设立的聘用已退休民警的调解机构。这些与体制有着若有若无关联的调解机构,与所预想中的社会组织还是有一定的区别的,所推进的“民间调解”事实上呈现出与社会组织的剥离性。如何改变以行政管理作为社会主要管理手段的模式,事实上也成为影响非诉讼纠纷解决机制发展的主要因素。值得欣慰的是,近年来有关社会管理由单一模式转为综合模式的呼吁和反思,也为发展社会管理模式提供了契机。基于宏观层面的社会管理制度的创新,才能从根本意义上实现非诉讼纠纷解决机制的价值,进而构建多主体参与、多方式结合的纠纷化解机制,避免诉讼途径成为解决纠纷的单一手段,这对缓解当下紧张的法院"人案矛盾"有着极为重要的实践价值。

# “枫桥经验”引领下民事检察和解机制研究

赵煜亮*

**摘要**:民事检察和解机制作为检察机关坚持和发展“枫桥经验”的有益探索,在司法实践中取得了较好的成效,但依然存在融入现代社会治理体系程度不高、现行有效法律规则供给严重不足、检察官素质不完全适应工作需求的问题。完善民事检察和解机制,需要以新时代“枫桥经验”为指引,遵循整体性、系统性和协同性的思路,秉持共赢多赢、谦抑审慎、客观中立的司法理念,并从明确性质定位、强化顶层设计、健全配套性措施等方面予以发展完善。

**关键词**:民事检察和解;枫桥经验;司法理念;路径设计

2018 年是毛泽东同志批示学习推广“枫桥经验”55 周年,是习近平总书记指示坚持发展“枫桥经验”15 周年。最高人民检察院今年明确提出,要运用新时代“枫桥经验”,加强检察环节预防和化解社会矛盾机制建设。民事检察和解是检察机关坚持和发展“枫桥经验”形成的工作机制,新时代背景下,如何创新运用“枫桥经验”来予以完善发展,以更好地发挥在化解社会矛盾和服务创新社会治理中的作用,这是当前检察机关亟须探索研究的一个重要理论研究命题和司法实践课题。

## 一、“枫桥经验”指引下民事检察和解机制发展的现状考察

“枫桥经验”创建于 1963 年,其要旨是怎样妥善处理社会治安综合治理问题,主要内容为“发动和依靠群众,坚持矛盾不上交,就地解决;实现捕人少,效果好”。可以说,“枫桥经验”是从我国基本国情出发,在非正式法律制度中探索出了一条以非诉方式平息社会纠纷的治理之道,是中国本土探索化解基层社会矛

* 作者系山东省青岛市人民检察院检察员、四级高级检察官,法学硕士。

盾并取得成功的一面旗帜。① 历经近半个世纪的创新发展,"枫桥经验"始终坚持以人为本的发展理念、坚持预防和化解矛盾、坚持法治思维解决问题,为化解矛盾和推进社会治理提供了模式选择。近年来,检察机关适应社会主要矛盾变化,积极拓展"枫桥经验"在法治现代化和检察工作发展过程中的价值,不断探索检察环节预防和化解社会矛盾的新方式,形成了民事检察和解这一检察产品。在此,结合司法实践,我们重点探讨民事检察和解机制运行现状和存在的突出问题。

(一)民事检察和解机制的运行特点

一是基本规则已经确立。近年来,最高人民检察院落实"枫桥经验"的要求,先后印发了一系列司法文件,提出了民事检察和解这一预防和化解矛盾的新机制,如2010年8月印发的《最高人民检察院关于加强和改进民事行政检察工作的决定》提出,对当事人双方有和解意愿、符合和解条件的,积极引导和促使当事人达成和解,配合人民法院及相关部门做好有关工作。2011年1月,最高人民检察院民事行政检察厅印发的《关于民事行政申诉案件和解的指导意见(试行)》提出,对有和解条件的民事行政申诉案件,民事行政检察部门要积极引导、促成当事人达成和解。2013年3月印发的《最高人民检察院关于深入推进民事行政检察工作科学发展的意见》提出,对于当事人有和解意愿且具备和解条件的,可以引导当事人和解,但应注意与生效裁判执行工作的衔接。同时,最高人民检察院司法解释也对民事检察和解予以规范和细化,如2001年10月施行的《人民检察院民事行政抗诉案件办案规则》第22条规定,当事人可在申请监督过程中自行和解。2011年3月最高人民法院、最高人民检察院的《关于对民事审判活动与行政诉讼实行法律监督的若干意见(试行)》第12条规定对当事人双方有和解意愿、符合和解条件的,可以建议当事人自行和解。2013年11月施行的《人民检察院民事诉讼监督规则(试行)》第55条、第75条规定,当事人有和解意愿的,人民检察院可以建议当事人自行和解。对当事人达成和解协议,应当终结审查。可以看出,上述司法文件和司法解释对民事检察和解作了相应规定,并且处于不断探索完善当中。

二是地方探索持续推进。地方各级检察机关以最高人民检察院出台的司法文件和司法解释为指引,在民事检察和解的法律规则不健全的背景下,结合地域

① 钱昌夫:《"检调对接"的理性思考》,载《河北法学》2011年第8期。

实际,强化创新突破,相继探索出台了一批规范性意见,为民事检察和解机制立法积累了丰富经验。据笔者通过互联网和全国检察机关局域网搜索,地方省、市、县(区)三级检察机关都有出台民事检察和解规范性意见的例子,如福建省人民检察院《关于开展民事行政申诉案件检察和解工作的意见》、甘肃省人民检察院《关于民事行政申诉案件检察和解工作的若干规定(试行)》、四川省成都市人民检察院《关于办理民事和解案件的工作规定(试行)》、北京市朝阳区人民检察院《关于民事检察和解工作的规定(试行)》、上海市宝山区人民检察院《关于民事行政申诉案件检察和解工作规定》、山东省青岛市人民检察院《关于民事诉讼监督案件实行检察和解的规定》、江西省永新县人民检察院《民事检察和解工作实施条例》等。综合上述民事检察和解的规范性意见,可以看出,地方探索不仅明确了民事检察和解的适用原则,还细化了适用条件和案件范围,规范了运行程序,对和解协议的效力进行了初步有益的探索等,为民事检察和解提供了直接依据,这在一定程度上弥补了现行法律规则供给不足的问题。同时,福建、山东、四川等省级人大常委会从创新社会治理的角度出发,先后出台了多元化解纠纷条例等地方性法规,在检调对接、效力保障等方面对检察机关开展民事检察和解予以监督和支持,这也在很大程度上促进了民事检察和解机制的发展完善和有效开展。

三是机制成效充分体现。据统计,2017 年全国检察机关共受理民事行政生效裁判、调解书监督案件 55221 件,其中,不支持监督申请 31151 件,同比增长 24.8%。对于不支持监督申请的案件,如果置之不理,可能引发涉检信访或新的矛盾,在此检察机关要做大量的释法说理及息诉罢访工作,耗费大量的人力物力。当前检察机关在办理民事诉讼监督案件中,抗诉、检察建议、不支持监督申请决定、终结审查等结案方式已不能满足人民群众的多元化司法需求,各地检察机关要从最终解决案件争议和化解矛盾出发,通过运用民事检察和解等工作机制,最大限度地实现案结事了人和,以满足人民群众在每一个案件中都感受到公平正义的需要。笔者通过搜索得知,近年来全国各地检察机关积极开展民事检察和解工作,取得了较好的成效。据统计,2005 年至 2007 年,江苏省苏州地区检察机关采用民事和解方式结案 80 件;2007 年江苏省徐州、泰州、南通、无锡、常州、南京等六地检察机关民事和解结案共有 168 件。绝大多数和解案件当事人均在签收和解协议之日全部履行到位,无一反悔。① 江苏省无锡市两级检察机关民事行政检察部门 2008 至 2012 年采用民事检察和解方式结案的案件有 418 件,占受理申诉案件数的 25%。② 安徽省怀远县检察院对 2011 年至 2013 年受理的 178 件各类民行申诉案,有 107 件促成和解结案,和解结案率占受理案件总数的 60%以上。③ 重庆市检察院第二分院在 2012 年至 2013 年共促成 98 件民事申诉案件和解或调解结案。④ 山东省青岛市检察院自 2009 年至 2017 年探索开展民事检察和解工作以来,共和解结案案件 167 件。2013 年甘肃省检察机关以民事检察和解结案的案件为 138 件,2014 年为 144 件。⑤ 四川省检察机关 2017 年共促成 214 件民事诉讼监督案件当事人息诉罢访,其中检察环节和解 45 件。2016 年,全国检察机关共成功息诉和解民事行政检察监督案件 6612 件。

(二)司法实践中存在的主要问题

一是宏观层面上,融入现代社会治理体系程度不高。首先,在多元化纠纷解决机制中地位层次不高。与民事调解、人民调解、行政调解等相比,其缺少基本法及部门法层面的规定,甚至与刑事和解相比也存在差距。对该机制的研究探讨也不够充分,笔者从中国知网上搜索的大多数涉及民事检察和解的论文都是检察机关人员撰写的,很少有专家学者去研究探讨该机制。其次,现代社会治理尤其是在“枫桥经验”要求的自治、法治和德治相融合方面存在不足。民事检察和解应是一个自治、法治和德治相融合的过程,但在自治方面,检察官引导案件当事人达成和解的能力存在不足,难以弥合双方分歧。在法治层面,法律规则供给严重不足,这在下文中具体论述。在德治方面,其没有与乡土社会及现代社会的公共道德、习俗、情理等社会规范相融合,与法治结合形成基层社会治理的合力。最后,现代社会治理要求的共建共治共享机制严重缺失。在民事检察和解中,其对社会各方面力量的参与及共治方面缺少制度性引领和具体方式创新。如在民事检察和解协议效力确认与法院司法确认、强制执行等工作衔接方面,囿

---

① 王水明、郑文:《民事检察和解制度探析》,载《法治研究》2009 年第 5 期。

② 方静:《民事检察和解的正当性及制度完善》,苏州大学 2013 年硕士学位论文。

③ 顾连堂:《多措并举开展民事和解》,载《检察日报》2013 年 12 月 4 日第 12 版。

④ 沈义、付泽:《重庆检察院第二分院:民事申诉案件和解调解效果好》,http://www.jcrb.com/procuratorate/jckx/201311/t20131112_1246308.html,访问日期:2018 年 8 月 9 日。

⑤ 陈冰如、赵辉、徐强:《民事检察和解工作机制探究》,载《山西省政法干部管理学院学报》2017 年第 1 期。

于现行法律规定的制约,在这方面探索突破不多,具体方式缺乏灵活性,导致民事检察和解协议效力难以得到保障。还如,在检察和解过程中,可能因司法工作成本等问题,邀请律师、心理咨询师、当事人所在的居委会、村委会、人民调解委员会共同参与程度不高,单纯依靠检察机关自身努力,这属于一种社会治理中的单向管理,而不是共同参与管理,没有契合现代社会治理的要求。

二是中观层面上,现行有效法律规则供给严重不足。脱胎于司法实践的民事检察和解机制先天不足,法律适用规则不健全问题较为突出。作为顶层法律制度设计的《民事诉讼法》《人民检察院组织法》,没有就民事检察和解作出规定,这也反映了对民事检察和解理论研究上的不足。作为最高人民检察院与最高人民法院会签的《关于对民事审判活动与行政诉讼实行法律监督的若干意见(试行)》,对民事检察和解规定较为简单。同时,作为保障和规范人民检察院依法履行民事检察职责的《人民检察院民事诉讼监督规则(试行)》是最高人民检察院单方的司法解释,法律位阶较低,对民事检察和解只有两条引导式规定,对民事检察和解协议的效力、与生效裁判执行工作的衔接及救济途径等没有作出具体规定。可以看出,当前民事检察和解的最大阻碍就是缺乏具体明确的法律规则,如民事检察和解的适用范围、运行程序、结案方式、法律效力及法律救济等。尤其是法律效力问题,因无明确的法律规定,和解协议效力不确定且得不到有效保障,严重影响办案效果,难以赢得当事人对民事检察和解的认同和信任,甚至会进一步强化当事人对立对抗的情绪。从某种程度上讲,若民事检察和解不能彻底解决纠纷,反而会引起新的纠纷,这与该机制的设计目的是相悖的。

三是微观层面上,检察官素质不完全适应工作需求。民事检察和解工作在检察官的主持下开展,因此,检察官的素质显得尤为关键。当前大多数民事诉讼监督案件历经法院一审、二审、再审,甚至已经进入强制执行环节,当事人意见分歧较大、对立对抗情绪严重,达成和解的意愿较低。但是,在司法实践中,一些民事诉讼申请监督案件,经检察机关受理审查后发现原审法院裁判存在瑕疵,但不符合抗诉条件。此情况则更需要运用民事检察和解等机制来化解当事人矛盾纠纷并达到息诉罢访的目的,但当前检察官做好群众工作的能力及专业化素质不适应人民群众日益增长的司法需求。大多数检察官未接受过系统的普通心理学、化解矛盾技巧等专业化培训,欠缺检察和解的经验和工作技巧,在检察和解的过程中难以及时掌控和把握双方当事人的情绪心理、和解意愿等信息,在组织引导和解的过程中很难发挥主动性。民事检察和解过程中需要检察官做大量的释法说理、劝导让步等工作,耗时较长但不一定能达成和解。同时,在现行的检察机关民事行政检察工作绩效考核模式下,对民事检察和解工作仅仅是鼓励性的,未能纳入定量考核,对检察官而言,没有一定的办案业绩评价保障,就会导致办案积极性不高、办案成就低、工作动力小,检察官宁愿对所办案件作出其他监督决定也不愿意和解,这在一定程度上影响了民事检察和解的有序开展。

## 二、新时代"枫桥经验"指引下民事检察和解应遵循的司法理念

55 年来,"枫桥经验"历久弥新、久盛不衰,在时代变革中坚持创新发展。进入新时代,"枫桥经验"的内涵更为丰富,影响更加深远,其政治优势是把党的领导贯穿于基层社会治理的全过程和各方面,根本理念是充分体现以人民为中心的发展思想,核心内涵是坚持自治、法治、德治有机融合,价值精髓是构建共建共治共享的基层治理格局,根本归宿是保持基层社会和谐稳定而又充满活力。① 作为坚持和发展"枫桥经验"而形成的民事检察和解机制,适应新时代"枫桥经验"内涵发展要求,应重新审视民事检察和解工作中遵循的司法理念问题。

### (一)遵循共赢多赢理念

新时代"枫桥经验"的价值精髓是构建共建共治共享的基层治理格局,体现在民事检察和解中,就是坚持化解矛盾这一共同目标,遵循当事人、检察机关、审判机关及第三方共同参与的理念,最终共同享有"案结事了人和"的治理成果。通过民事检察和解,我们可以尽快解决法院生效裁判所涉的民事纠纷,践行法的公正、效率、和谐价值,寻求推进和规范检察权行使与法院生效裁判既判力、当事人权利处分的"平衡点"。首先,民事检察和解产生于当事人申请检察监督阶段,必然受到检察机关的监督,但同时检察机关基于民法上的意思自治原则,尊重当事人选择纠纷的方式,尊重当事人处分自己的权利,但当事人处分权利不能违反法律和行政法规的强制性规定,否则,检察机关将依法审查,提出不同于民事检察和解的审查处理意见。其次,当事人达成民事检察和解协议不可避免地同法院生效裁判发生冲突,一种是当事人通过协商和解方式确认各自权利义务的形态,另一种是通过国家强制力保护的形式确认权利义务的形态。但从最终解决

① 陈一新:《中政委下半年聚焦十大抓手》,https://www.cnhubei.com/xwzt/2012/cfqy/tpqh/201807/t4143349.shtml,访问日期:2018 年 8 月 30 日。

民事纠纷目的出发,民事检察和解协议并不是改变或者否定法院生效裁判,而是当事人在申请检察阶段调整各自权利义务,在和解协议不履行的情况下仍可就原审裁判申请法院强制执行。再次,着眼于建设开放共治的多元化监督体系要求,在推进民事检察和解尤其是落实和解协议效力方面,检察机关要由单打独斗向合力监督转变,加强同审判机关的协同合作,建立良性的积极协调的工作关系,进而加强民事检察和解与法院裁判执行工作的衔接,借助司法确认确定和解协议效力,达到民事检察和解的目的。最后,民事案件无论进入审判环节还是检察监督环节,审判机关和检察机关都面临着共同的司法目标,即解决民事纠纷、维护司法权威和推进法律正确统一实施。而民事检察和解这一化解矛盾机制的出现,在尊重法院生效裁判既判力和检察监督权的前提下,形成了更易为双方当事人接受的权利义务形态,既节约了司法资源,又减少了当事人的讼累,也降低了社会治理成本,实现了司法活动的目标和法的秩序价值,从而使当事人、检察机关和审判机关实现了共赢多赢的效果。

(二)遵循谦抑审慎理念

"枫桥经验"诞生之初的内容包括"捕人少,治安好",体现在刑法上就是谦抑理念,具体到民事检察和解就是谦抑审慎理念。所谓谦抑审慎理念,是指审慎把握考量司法办案方式,动态平衡当事人利益得失,正确估量负面产出,努力以较小成本取得较好效果。在民事检察和解中,要求检察机关办理符合和解条件的民事诉讼监督案件时,不仅要依法审慎、谦抑平和,更要尊重当事人意愿、酌情酌理,把司法理性与司法温情相融合,通过和解方式在较短的时间内快速解决争议。从某种程度上讲,民事检察和解与"枫桥经验"倡导的"和为贵"传统思想相吻合,是法的和谐价值的创新。遵循谦抑审慎理念,首先,民事检察和解启动方式要适当,要充分尊重当事人意愿,检察机关居中引导,坚持从和不损权利,不能以检察权压制当事人权利,不得迫使当事人进行和解,更不能滥用检察权造成对当事人合法权益的不当侵害。若一方当事人不愿接受和解,则检察机关应结束和解工作,严格按民事诉讼监督程序及时做出审查决定。检察机关应采取灵活多样的方法,最大限度地避免调处工作陷入僵局,或者因过分讨价还价使谈判工作不适当地拖延,从而违背调处的初衷。[①] 其次,民事检察和解适应的范围要适当,要维护法律权威而不失严格标准,不能超越民事检察和解范围而和解,要正

① 傅国云、胡卫丽:《民事检察和解的适用与程序设计》,载《人民检察》2013 年第 7 期。

确考量和解方式方法，与和解目的相适应性，防止一方当事人对检察和解权利的滥用及侵害对方当事人合法权益情况的发生。最后，民事检察和解的效力要得到法治保障，检察机关在督促当事人即时履行民事和解协议的同时，要与法院建立共治共享合作机制，根据具体情况适时启动与法院裁判执行工作的衔接机制，通过再审调解、执行和解等司法确认方式，以此来实现和保障民事检察和解协议的效力，并尽可能地维护法院生效裁判的既判力。

(三)遵循客观中立理念

新时代“枫桥经验”的核心内涵是坚持自治、法治、德治的有机融合，在民事检察和解中，首要问题就是坚持群众自治，尊重当事人的处分权，这要求检察机关恪守检察职业道德，公正无私地行使检察权，平等地对待民事诉讼监督案件双方的当事人，不得偏袒任何一方当事人。在此，检察机关的客观中立性体现得淋漓尽致，所谓检察机关的客观中立性，其内涵包括秉持客观公正的立场、追求司法公正、注重程序公正等。遵循客观中立理念，首先，体现自治基础，尊重当事人的主体地位和处分权。检察和解中，检察机关依法引导双方当事人行使处分权，进而达成和解协议；同时，要充分解读相关法律和政策规定，客观地告知当事人关于达成和解协议中的权利义务和风险，适时阐明和解的有利方面和不和解的后续麻烦，通过公开听证等方式尽可能地为双方当事人增加平等协商对话的机会，让双方当事人感受到检察机关办案的中立立场和公正态度。其次，坚持以法治为保障，具体就是追求司法公正。检察机关要发挥好“法律守护人”的角色作用，认真审查民事检察和解协议，真正维护双方当事人的合法权益，使和解协议不能侵害国家利益、社会公共利益或他人合法权益，并和法院裁判执行工作衔接以确保和解协议的效力，真正维护司法公正和法律权威。最后，注重以德治相引领。检察机关要把握人民群众在新时代的新需求，创新群众工作方式方法，注重运用协商、契约、道德、习俗等社会内生机制，视情引入律师、乡镇公共法律服务站、人民调解委员会等第三方调解资源，最大限度地达到程序上的公正，从而引导当事人运用法治思维和法治方式来思考和解决涉及切身利益的问题，使矛盾化解工作在法律轨道和法律程序上开展。

## 三、创新运用新时代“枫桥经验”完善民事检察和解机制的路径设计

与时俱进是“枫桥经验”的鲜明时代特征，总结推广新时代的“枫桥经验”就

要适应社会主要的矛盾变化并不断赋予新的内涵。迈入新时代,"枫桥经验"得到了提升,基本理念从以维稳为重点到以人民为中心转变,基本定位从预防化解矛盾向基层社会治理转变,基本路径从群防群治向构建自治、法治、德治相结合的基层社会治理模式转变,基本目标从"小治安"向"大平安"转变。[①] "枫桥经验"与时俱进、创新发展的时代精神为完善民事检察和解机制提供了新的方向和路径指引,民事检察和解机制契合了"枫桥经验"的基本理念、基本定位和基本路径等要求,在新时代背景下需要紧跟社会主要矛盾变化和检察权的运行模式变革,大胆探索创新,坚持在法治化轨道上探索、完善和发展。

(一)明确性质定位

作为一种替代性的争议解决机制,民事检察和解机制的性质定位问题直接影响着其效力这一核心问题,目前理论界一直存在争议。因此,民事检察和解机制首先要解决性质定位问题,坚持在理论和实践之间适中完善发展。笔者认为,民事检察和解性质应定位为具有司法程序意义的私法行为。具体而言:首先,民事检察和解产生于当事人申请检察监督阶段,检察机关坚持自愿合法、和解优先、有限监督原则,引导双方当事人自由处分权利、自愿达成和解协议,这属于一种程序上的协议,这是检察权介入的结果,同时也产生了检察机关终结审查当事人申请检察监督案件的结果,具有明显的司法程序意义。其次,从民法上的意思自治原则出发,民事检察和解是一种典型的私法行为。民法的意思自治是指民事主体在从事民事活动时,以自己的真实意思表示来充分表达自己的意愿,根据自己的意愿来设立、变更和终止民事法律关系。[②] 民事检察和解充分体现了当事人的意志自由,在法律框架内调整权利义务,进而达成和解,解决纠纷。但民事检察和解的前提是已经形成法院生效裁判,而法院生效裁判具有既判力,非经法定程序不得撤销和变更,故有人质疑民事检察和解可能损害法院生效裁判的权威和既判力。但是,民事检察和解是当事人在申请检察监督阶段通过协议的方式对权利义务进行变更,属于当事人在接受法院生效裁判的基础上,对生效裁判所确定的权利义务在一定范围内的一种再分配,但这不是否定法院生效裁判,而是当事人不依赖国家强制执行力而通过和解方式实现权利义务的一种自由处分。民事检察和解效力虽不具有可诉性,但能通过当事人即时履行或分期履行

---

① 刘树枝:《新时代"枫桥经验"基本内涵研究》,载《社会治理》2018 年第 4 期。

② 马俊驹、余延满:《民法总论》,法制出版社 2005 年版,第 59 页。

的方式来实现,这具有明显的私法行为性质。从这个角度出发,民事检察和解类似于执行和解,其正当性的法理依据都来源于民法上的意思自治原则。因此,有学者认为,既然当事人可以在执行程序中将法院的生效裁判置于一边,对权利义务达成新的安排,那么当事人在检察机关的主持、协调下达成申诉中的和解同样具有正当性和合理性。①

(二)强化顶层设计

一是完善基本规则。新时代"枫桥经验"强调自治、法治、德治的有机融合,在此首先要以法治为保障。对民事检察和解而言,首要解决的是完善法律规则的问题。虽然最高人民检察院的司法文件、司法解释均有所规定,但未形成体系化、制度化。在当前全国人大及其常委会对《民事诉讼法》没有修改规划的前提下,笔者建议以今年全国人大常委会听取和审议最高人民检察院关于民事审判和执行监督工作专项报告为契机,总结司法实践经验,适时修改《人民检察院民事诉讼监督规则(试行)》,借鉴其第五章第二节"公开听证"的体例,设立"民事检察和解"专节,将民事检察和解作为案件审查的一个环节,明确其遵循的基本原则、适用范围、运行程序、结案方式、法律效力及法律救济等内容,形成系统完备、科学规范、运行有效的法律规则体系。

二是限制适用范围。新时代"枫桥经验"运用到检察工作之中,就要聚焦案件依法审慎、谦抑地适用,链接到民事检察和解就需要在适应空间或范围上有所限制。总体而言,其适用于生效裁判存在瑕疵但不符合抗诉条件的案件、生效裁判存在错误符合抗诉条件但涉及当事人私权处分范畴的案件等②。结合司法实践,笔者建议对有下列情形之一且不涉及国家利益、社会公共利益或他人合法权益的案件可以进行检察和解:(1)发生在家庭成员或者亲属之间的民事纠纷,经过劝解,当事人能够尽释前嫌,有和解希望的;(2)案件存在瑕疵但不符合监督条件的;(3)生效裁判、调解书及执行裁定、决定确有错误,但对当事人的权利义务影响不大,进行监督预期效果不明显的;(4)原生效裁判并无不当,但有新证据足以推翻原审判决,且当事人对新证据无异议的;(5)双方当事人均具有和解意愿的等。

① 汤维建:《司法性质的特殊救济手段》,载《检察日报》2007年8月23日第3版。

② 李凯、涂征、金朝榜、郑睿:《民事检察和解制度的困境与出路》,载《中国检察学研究会民事行政检察委员会第六届年会论文集》。

三是规范具体程序。新时代"枫桥经验"强调以积极的行为模式来化解矛盾,因此在民事检察和解程序设计上要以化解矛盾为核心。具体而言,首先,判断和解基础。对案件全面分析,确定是否属于民事检察和解范围,综合当事人诉求、情绪对立程度、真实的最低利益需求等要素,考量和解的可能性和方式方法。其次,促成和解意向。抓住案件深层次矛盾所在,通过释法说理、说服劝导,引导当事人抛开情感因素和思维定式,换位思考,考量利益得失和社会人际关系,缓解对立情绪,增强和解意向。再次,引导自行和解。体察当事人的诉求和情绪,根据各自个性特点有针对性地交谈,引导当事人在分清是非、考量得失等基础上找到利益平衡的"最大公约数",必要时引入律师等第三方配合和解;或由检察机关综合当事人意愿居中提出和解参考方案,引导当事人达成和解。在此,我们应注意和解协议内容问题。当前检察机关所应用的《和解协议书》样本内容较为简单,笔者建议增加履行期限、地点和方式及法律后果等内容。最后,督促履行和解。检察机关要审查当事人签订的和解协议,确保协议内容合法,并根据具体情况督促当事人即时履行或附限期履行,并视情况通过终结审查、建议法院再审调解或执行终结等方式结案。

四是完善和解协议效力。新时代"枫桥经验"注重定纷止争、案结事了人和,因此,民事检察和解更要注重办案结果的确定性、合法性,从而树立检察权威。一般认为,民事检察和解协议作为一种无名的民事合同,其效力不同于法院的生效裁判,不能直接申请强制执行。为确保民事检察和解的效果,一般要求和解协议要即时履行。但司法实践中存在拖延履行甚至拒绝履行的情况,在此探讨和解协议效力问题显得尤为重要。总结司法实务经验,一方面,对能够即时履行完毕的,予以终结审查,若案件已被强制执行,则建议法院执行终结;或由检察机关以再审检察建议的方式启动再审程序,法院以调解书的方式确认和解协议效力,即通常所说的司法确认模式。另一方面,在当事人拖延履行甚至拒绝履行和解协议的情况下,建议检察机关加强与法院执行工作的衔接,就民事诉讼监督案件中当事人达成和解协议的情况进行沟通,具体而言:首先,对于没有进入执行程序的,也就是生效裁判的执行权利人没有向法院申请执行,当事人就向检察机关申诉的,检察机关应在当事人之间达成和解协议后,通知相关法院,以确保产生执行时效中断的效力,保护生效裁判执行权利人的利益。其次,已进行执行程序的,又可分为几种情形:第一,对于法院已采取查封、扣押、冻结等执行措施的,不宜建议执行法院解除或暂缓执行,以防止债务人一方转移、隐匿财产,但对于处分执行标的,可视情况建议暂缓执行;第二,对于法院已部分或全部执行完毕的裁判,不宜再就执行完毕的内容进行检察和解;第三,和解协议履行完毕的,建议法院终结执行程序。[①] 另外,在上述情况下若仍符合检察监督条件,在检察机关终结审查后能否再次启动监督则值得研究。因民事检察和解协议是案件双方当事人自愿达成的,除非有违反法律和行政法规强制性效力规定的情形,一般不启动后续救济程序,否则与民事检察和解目的相悖。

(三)健全综合配套性措施

一是推行律师代理申诉及引入第三方参与和解。新时代"枫桥经验"的核心内涵之一就是"发动和依靠群众",即强调社会各方面力量的参与及共治。首先,根据最高人民法院、最高人民检察院、司法部联合印发的《关于逐步实行律师代理申诉制度的意见》,建议对当事人申请监督的民事诉讼案件,逐步推行由律师代理或申请法律援助制度,保障当事人依法行使申诉权利,这样律师可以更加理性善意地为当事人考虑利弊得失,为检察和解打下坚实的基础。其次,参照最高人民法院、司法部印发的《关于开展律师调解试点工作的意见》,建议建立律师和解制度,在检察机关 12309 检察服务中心设立律师和解工作室,建立相关的保障机制,积极引导律师参与民事诉讼监督案件的和解工作。另可会同当事人所在村委或社区居委会、乡镇公共法律服务站、人民调解委员会等第三方调解资源,借助"乡土社会"的关系情结,依据公共道德、习俗、情理等社会规范,通过劝和、讲法、说理等方式对适宜和解的案件促成和解,这也符合基层社会治理的要求。对一些重大有影响的案件,可通过人大代表、政协委员、社会工作师、心理咨询师等第三方介入,通过社情及心理疏导等机制引导当事人依法和解。

二是完善风险告知、公开听证和效果跟踪评估。为推进民事检察和解,需要增强相关措施的关联性和耦合性。首先,检察机关审查民事诉讼监督案件,若当事人有和解意愿且选择和解,要告知当事人将对抗诉权利的放弃及和解协议不履行带来的风险等,确保当事人知情,避免因和解引发新的矛盾。其次,和解过程中通过公开听证为当事人搭建沟通协商平台,进一步明晰案件是否存在和解的基础,进而决定是否开展和解工作,如山东省青岛市检察院出台《民事行政诉讼监督案件公开听证实施办法》,要求检察官公开听证,把询问当事人是否有和

① 刘辉:《民事检察和解的正当性基础及制度构建》,载《国家检察官学院学报》2009 年第 4 期。

解意愿作为必经环节。最后,案件和解结案后,组织当事人填写和解案件评价表,并通过案件回访了解当事人对案件结果的意见,以彻底消除纠纷和隐患,防范涉检上访事件发生。建立工作台账,对办理的民事检察和解案件质量、效率和效果严格评估,分析得失、总结经验,真正做到和解让群众参与、成效让群众评判、成果让群众共享。

三是强化检察官素能培训及绩效考核保障。民事检察和解是兼容法、理、情、德为一体的综合能力和艺术,民事检察和解要上台阶,检察官的素质是关键。[①] 加强对检察官的素能培训,不仅要提升专业化办案素质,还需要提升群众工作能力,对此要加强对心理学、非诉纠纷解决理论及化解矛盾技巧等方面的培训,使检察官学习并真正内化、吸收、运用尊重、热情、真诚、共情及积极关注等普通心理学咨询技术,与当事人之间建立良好的沟通关系。最终通过学会运用群众语言,分析群众心理,妥善应对群众诉求,尽力解开群众心结,提高社会治理和矛盾化解能力。同时,遵循民事检察和解规律,完善业务考核科学激励机制,明确规定提高民事检察和解在民事检察考核中的权重,如规定在办理民事诉讼监督案件中达成和解结案则比抗诉案件一倍得分等措施,激发检察官办理民事检察和解案件的积极性、主动性、创造性,集中力量办理一批高质量案件。

总之,完善和发展民事检察和解机制任重而道远,但作为检察机关践行新时代"枫桥经验"形成的检察产品,它契合党中央提出的以人民为中心的发展思想和现代社会治理理念。相信该项机制将在我国法治土壤上茁壮成长、蓬勃发展,为全面推进依法治国实践贡献检察的智慧和力量。

---

① 郭宗才、张国忠、黄蓓:《民事检察和解研究》,载《政治与法律》2011 年第 1 期。

# “枫桥经验”视野下被害人影响陈述制度之实务检视与完善建议

姚　舟[*]　沈　威[**]

**摘要**:作为一项维护被害人权益及人格尊严的重要诉讼制度,被害人影响陈述制度在修复性司法理念兴起的当下,得到了理论界和实务界的广泛关注。然而,检视其制度实效,仍然存在规则设置简陋、诱发二次对抗、量刑功能不彰等突出问题。本文通过搜集数据与案例、开展问卷调查,剖析了产生上述问题的诉讼模式和诉讼目的等深层次根源。结合枫桥经验中“人本主义”“沟通说理”与“化解矛盾”三大理念,我们应当从完善规则设置、检法充分作为等角度探讨其完善进路。

**关键词**:被害人参与;影响陈述;枫桥经验;实务检视

## 一、导言

依照 Packer 教授提出的刑事诉讼模式理论,在传统的“犯罪控制”型诉讼模式和“正当程序”型诉讼模式下,[①]被害人唯一有价值的就是他关于案件事实的证言,至于他的对于被告人的意见,对于自己所受侵犯的感觉和看法,都被认为“仅仅是在不停抱怨被告人的刑度有多轻,是一种毫无诉讼价值的复仇之举”。传统的犯罪学理论更是认为,以民事赔偿的方式补偿被害人,已经是

---

* 作者系福建省莆田市人民检察院举报中心专职副主任兼莆田市涵江区人民检察院副检察长,一级检察官。

** 作者系福建省莆田市城厢区人民检察院副检察长。

① Herbert L. Packer, *The Limit of The Criminal Sanction*, 1st ed. Stanford: Stanford university press, 1968, pp.149-153.

弥补其伤痛最适当的方式了,刑罚的主要目的是惩戒犯罪者,被害人的任何情绪或者情感,只会被认定为是因为受到伤害而想要报复犯罪者的想法,是不理性和不客观的,根本不应该是法官在认定刑期时应予以考虑的,而应被逐出庭审。①

在这个大趋势下,最值得探讨的就是在普通法系中被称为"被害人影响陈述"(victim impact statement)的诉讼制度。依照该制度,被害人除了在庭审中出具有关案件事实的证言性陈述外,还可以就犯罪行为对其身体、经济和精神上的影响及其对被告人量刑的建议向法院做书面或口头之陈述。② 这就进一步赋予了被害人充分参与刑事司法的机会,强化了被害人用自己的语言描述所遭受到的身体、物质等有形损害以及诸如精神、心理损伤等无形伤害的权利,使得这些犯罪影响在法庭上更为直观地得以展现,彰显出国家对被害人个体的特别尊重和关爱。我国虽然没有专章专设的被害人影响陈述制度,但从现有法律文本及法务实践上看,被害人在法庭调查、附带民事诉讼等环节均有大量的陈述机会,这其中固然有其作为证人的证言性陈述,但亦有发表量刑建议、阐述所思所想的意见性陈述,而后者实际上就是被害人影响陈述,这是一个不可忽视的实务问题。

21世纪以来,被害人影响陈述制度在修复性司法理念的指引下又有了新的发展,从纯粹保护被害人利益进一步升华为"通过陈述促使被告人理解其行为的性质和对被害人以及社会的伤害,在实现被害人与被告人在法庭上的信息沟通的基础上,尽可能的实现两者的谅解和受损社会关系的修复"。③ 这一制度演进方向与"枫桥经验"中"依靠群众,以说理斗争的形式把绝大多数四类分子就地改造"的修复性司法的理念是高度契合的。笔者认为,"枫桥经验"的多元化、修复性的治理模式并非局限于犯罪预防或者审查起诉环节,当案件因为其性质的特殊性和罪名的法定刑限制而不得不进入审判环节后,"枫桥经验"仍然能够为相关诉讼制度在修复社会关系问题上实现功用最大化提供基础理念性的指导。而

① See Kyron Huigens, *punishment and crime*: *On Commonplace Punishment Theory*, 2005 U. CHI. LEGAL F. 437,441(2005).

② 康黎:《英美法系国家量刑程序中的"被害人影响陈述"制度介评》,载《环球法律评论》2010年第6期。

③ 谬爱丽:《美国的被害人影响性陈述制度研究》,载《法律适用》2012年第4期。

这期间,被害人陈述的相关制度涉及涉案当事人(或近亲属)的直接对话、交流以及意见表达,无疑是最能影响社会关系修复的一个环节。如何在“枫桥经验”指引下对这一重要制度加以修复完善,将是刑事审判工作贯彻“枫桥经验”理念充分与否的直接体现。在谈及完善之前,首先让我们对我国目前的被害人庭审陈述的法务现状做一个检视。

## 二、我国被害人庭审陈述之现状

(一)文本现状

在我国 1979 年颁布实施的《刑事诉讼法》中已经可见有关被害人庭审陈述的相关规定,其第 118 条规定:“法庭调查后,应当由公诉人发言,被害人发言,然后由被告人陈述和辩护,辩护人进行辩护,并且可以互相辩论。”1996 年颁布实施的《刑事诉讼法》第 82 条明确规定:“本法下列用语的含意是……(二)‘当事人’是指被害人、自诉人、犯罪嫌疑人、被告人……”这直接赋予了被害人参与庭审、发表陈述意见的权利。2010 年 9 月由两高三部联合印发的《关于规范量刑程序若干问题的意见(试行)》(简称《量刑程序意见》)的第 4 条和第 14 条规定了被害人陈述量刑意见并说明理由的权利和行使顺序;第 16 条更是要求审判人员必须在裁判文书中对被害人的陈述意见做出明确的回应。

有关被害人陈述权利的最新规定是 2012 年颁布实施的《新刑事诉讼法》及最高人民法院关于执行《中华人民共和国刑事诉讼法》的司法解释(以下简称《解释》)。其中,《解释》的第 197 条、第 198 等条款不但规定了被害人可以就起诉书指控的犯罪事实进行陈述,而且可以就犯罪事实对被告人进行补充发问并参加庭审辩论;第 230 条则明显参考了《量刑程序意见》,设置了包括被害人在内的一切当事人对量刑提出意见并说明理由的权利义务。

纵观上述法律规定,笔者认为,我国的被害人庭审陈述制度在目前文本设置上还存在很大问题:

从上述文本上看,《解释》第 197 条规定的“就起诉书指控的犯罪事实分别陈述”,这里陈述的主体限定为“被害人”而不包括其诉讼代理人,陈述的内容又限定为“犯罪事实”。由此可见,这里的陈述实际上是要求被害人依照证人的模式,将其所经历的犯罪事实以证言的形式对法庭进行陈述,相当于证人当庭作证,与本文谈及的“被害人影响陈述”属于不同的诉讼制度,不在本文讨论的范围内。而第 230 条规定的量刑建议虽然属于被害人影响陈述的重要内容,但诚如学者所言,被害人影响陈述与被害人量刑意见是本与末的关系,以被害人所陈述的犯罪行为之负面影响为基础,从而提供法庭更为全面和充分的量刑信息,被害人此时方能基于此提出有理有据的求刑意见。可以说,被害人的量刑意见是从被害人影响陈述中自然延伸而成的,二者密切相关,不能分离。①

故此,我国目前法律文本设定的被害人陈述制度是相当片面和碎片化的,延伸而论,仍然带有十分明显的将被害人"工具化"的立法倾向。第 197 条的陈述事实是为了事实审判的明晰化而设置,第 230 条的量刑建议是为了量刑裁处的精确化而设置,就是没有为被害人权利的维护和利益诉求的充分表达而设置的条款,从这一点来说,现有的文本设置与本文一开头言及的被害人权利维护和司法关系修复的现代法律发展趋势显然是无法匹配的。

(二)实务现状

与法律文本相比,被害人庭审陈述的实务现状则更能体现这一制度在目前我国刑事诉讼程序中的尴尬。

1.制度独立严重不足

《刑事诉讼法》第 182 条虽然明确规定,人民法院确定开庭日期后,应当传唤当事人,通知辩护人、诉讼代理人等,传票和通知书至迟在开庭三日以前送达,或者在开庭三日前先期公布案由等项。然而,实际情况是,但凡经人民法院询问确认被害人不准备对被告人提出附带民事诉状,则庭审前法院不会通知受害人开庭时间(除非需要被害人作为证人出庭),判决书也不会送达被害人,被害人只能主动向法院了解案件的审理及判决情况。

在这种实务状况下,被害人出席法庭发表影响性陈述就完全取决于附带民事诉状提起的情况。从笔者收集的所在两区 2015—2017 年度被害人出庭情况上可见(见表 1),近三年来,两个区仅有两起案件中的被害人系在没有提出刑事附带民事诉状的情况下主动要求出席庭审发表陈述意见。可以说,对于没有提起附带民事诉状的被害人而言,一方面,他们缺乏出席法庭发表影响性陈述的足够动力,另一方面,由于法院对此类被害人的庭审信息公开程度不足,导致他们也缺乏参加庭审的充分渠道。

---

① 张吉喜:《论被害人影响陈述制度》,载《法商研究》2015 年第 3 期。

表 1　我市近三年被害人出庭情况

| 项　目 | 刑事案件开庭审理(件)数 | 提起附带民事诉讼人数 | 被害人出庭人数(提起附带民事诉讼者/未提起附带民事诉讼者) | 出庭被害人发表从轻量刑建议 |
|---|---|---|---|---|
| 2015 年 | 2087 | 182 人 | 152 人/1 人 | 3 人 |
| 2016 年 | 2376 | 199 人 | 171 人/0 人 | 2 人 |
| 2017 年 | 2257 | 164 人 | 133 人/1 人 | 4 人 |

上述制度依附性过强的局面导致被害人参与庭审的环节几乎完全围绕着经济性议题展开,双方就赔偿的项目、额度、依据等内容展开充分的举证质证及辩论,但对于犯罪行为对被害人身体和物质上造成的无法量化的损害则无人问津。尤其是《解释》第 138 条明确规定,被害人对于精神损害是无法提起刑事附带民事诉状的,这就意味着被害人完全没有在该环节提及自己精神、心理受到无形损伤的必要,因为这方面的诉说对其获得充足的经济赔偿毫无用处。正如学者所言,赋予被害人最后陈述权,让其在法庭辩论终结时表达自己的情绪或痛苦,使其感受到自己在刑事诉讼中的价值和尊严,从而体现对被害人的尊重,以及让权力尊重权利之司法理念。而事实是,被害人影响陈述在我国的庭审实务中被矮化为被害人的刑事附带民事诉讼环节中微不足道的一部分,原本体现被害人人格尊严、彰显司法关怀、恢复社会关系的重要功用也被经济利益诉求完全覆盖,丧失了其作为诉讼制度独立存在的必要性。① 可以说,我国现有的刑事庭审事实上没有提供被害人影响陈述制度充分展开的空间。

2.双方矛盾二次激化

被害人影响陈述制度原本的功能之一是能够为被害人与被告人提供沟通交流的机会,让被告人更深刻地认识到其侵害行为的性质以及给被害人和社会造成的伤害,有利于更好地实现双方的调解以及被告人的自身修复。② 然而,实务中需要面对的一个现实是,在诉前阶段已经与被告人达成赔偿协议,愿意谅解被

① 谢朝阳:《刑事诉讼中被害人最后陈述制度构建研究》,载《重庆科技学院学报》2017 年第 10 期。

② 胡亚金:《刑事被害人出庭发言权之保障与立法完善》,载《人民检察》2008 年第4 期。

告人的被害人几乎都因为不提起附带民事诉讼而不会再次出庭陈述,而所有出庭进行陈述的被害人,或由于被告人在诉前阶段根本就没有提出和解意向而感到自己被侮辱和忽视,或在诉前阶段与被告人或其家属多次协商后仍然无法达成谅解协议而更为愤怒,故而提起了附带民事诉讼并参与到庭审中来。一边是愤怒的被害人,一边是赔不起的被告人,这使得被害人影响陈述本身就是在强烈的负面情绪笼罩下展开的。

同时,需要注意的是,从起诉到开庭期间,案件本身处于一个检法两方案件交接的空白期。对于检察机关而言,被害人提起附带民事诉状参与庭审,说明审查起诉阶段组织的刑事和解没能成功,加之案件已经起诉至法院,往往公诉人已经丧失了再行组织和解和沟通的工作动力及程序职能。对于法院主审法官而言,一般在庭审之前不会过多接触被害人或被告人,防止过早接触实质性证据形成思维定式,从而导致庭审虚无化,包括起诉书的送达和庭审信息的告知也一般由书记员完成,直到庭审当天的刑事附带民事审理环节,主审法官才会向被告人和被害人双方征求是否有进一步组织调解的意向。由此,在上述空白期内,缺乏有权机关组织被告人和被害人双方进行进一步的和解及沟通。

上述两个条件相互结合发生作用之下,被害人影响陈述环节往往成为心存不满的被害人一味宣泄愤怒的场所,而被告人在诉前希望达成谅解的愿望破灭,庭审又遭到被害人强烈攻击,这种情况往往也会激发其逆反心理,变得更为强硬,或即使承认罪行也拒绝对被害人表达同情心理和悔恨之意。如此恶性循环之下,庭审陈述环节反而成为二次激化两方矛盾的场所,这与制度的功能预设背道而驰。部分对该现象深度观察的学者就尖锐地指出:与预想不同,被害人的影响性陈述激化双方矛盾的概率是很大的,看似赋予被害人权利、尊重其人格的这一环节,反而有可能进一步强化世人认为被害人是非理性的、愤怒的、极端的刻板印象,造成对其人格尊严的再一次侮辱和贬损。①

根据笔者对本区内近三年被害人参与庭审并发表陈述意见情况的统计显示(表 1),被害人当庭发表反转影响陈述(reverse victim impact statement)表示对被告人的谅解并建议法院从轻处罚的案件数量极为稀少,而且全部集中在被告人处于非羁押状态的案件中,促成反转影响陈述的主体均为社区组织或双方自

① 谢如媛:《犯罪被害人陈述制度之成效——从英国实证研究成果出发》,载《法学新论》2011 年第 3 期。

主达成和解，缺乏检察院、法院等有权机关有组织的参与和介入，这是十分值得重视的一个实务现象。

3.量刑建议功效不彰

正如美国刑事被害人特别工作组在其 1982 年年终报告中所称："在不了解犯罪行为究竟对被害人造成何种影响的情况下，即使是最优秀的法官也不能准确地判断被告人应受到何种惩罚。"[①]故而建议量刑，提高量刑裁处的精确程度一直是被害人影响陈述的主要功能之一。我国的庭审实务中，被害人在做庭审陈述时也经常会发表对被告人的量刑建议，但从施行效果上看，对最终的量刑影响极为有限。造成该实务局面的原因有二。

一方面，由上文中的法律文本考察部分可见，我国目前对被害人影响陈述的文本规定十分有限，对陈述的主体、形式、内容等都没有统一和细致的规定，这导致被害人在陈述发表量刑建议时缺乏文本的概括性指引。很多量刑主张不仅粗糙而且缺乏规范，往往是"要求法官重判""严惩""建议立即死刑"等完全不值得参考的概括性建议，自然对法官最后的量刑裁定影响有限。

另一方面，主审法官对被害人陈述中的量刑建议存在天然排斥。笔者对所在的两个县区承担刑事审判职能的共计 32 名法官进行了问卷和面谈相结合的调查，[②]其中 27 名(84.4%)法官表示被害人陈述量刑建议对其最后量刑有影响，3 名(9.4%)法官表示没有影响，2 名(6.3%)认为不好说。在回答"被害人陈述的量刑建议是否理性并具有参考价值"时，8 名(25%)法官选择"不理性，不具有参考价值"，15 名(46.9%)法官认为"较为不理性，参考价值较低"，9 名(28.1%)法官认为"部分理性，可以部分参考"，无人选择"十分理性，应作必要参考"。在回答"你认为被害人陈述量刑建议的最大作用"(不定项)时，30 人选择了"为被害人宣泄情绪提供渠道"，28 人选择了"获知被害人求刑底线，做好判决信访风险预警"，仅 3 人选择了"提供与公诉方量刑建议类似的精确量刑参考"。在交谈的过程中，不少法官表示：量刑的主要依据还是来自于在案证据材料，结合公诉方提出的量刑建议加以权衡已然充足，被害人的影响性陈述并非必然考虑的要素。部分法官还认为，不少被害人的影响性陈述存在明显的夸大、臆想，

---

① President's Task Force on Victim of Crime, Final Report, at 76-77 (1982).

② 需要说明的是，上述 32 人的法官人数中，包括了员额法官和辅助法官，涵盖了刑庭、生态庭、少年庭、交通庭等所有涉及刑事案件办理庭室的审判人员。

相比于较为客观的在案证据材料,非理性成分较大,不仅不是可靠的量刑考虑要素,反而是需要警惕和甄别的声音。对于大部分受访的基层法官而言,被害人陈述的量刑建议最大的功用在于让法官明白他们对量刑的期待、坚决程度和情绪状态,进而有效评估最终判决可能导致的信访风险,做好相关的应对预案。这与被害人影响性陈述制度期望达成的量刑辅助功效相距甚远。

## 三、我国被害人影响陈述制度的深层分析

造成被害人影响陈述制度在我国庭审实务中功能不彰的要素有很多,但在这些表层要素的背后,笔者认为有更为深层次的根源性原因在发生作用。

(一)强职权主义模式本能地抗拒被害人参与诉讼

自 1996 年我国《刑事诉讼法》将打击犯罪和维护人权设定为立法主旨,刑事诉讼过程中如何保证犯罪嫌疑人之合法权益不受侵害一直是学界研究的重点、实务界司法之目标,以至于对同属诉讼参与人的被害人的权益没有施予充足的关注,一度使得我国的刑事被害人常常被比喻成“黑暗中独自哭泣的人,持续性地遭受冷落和二次伤害”。[①] 近年来,受到肇始于 20 世纪 80 年代欧美国家的被害人权利运动的影响,我国越发重视对被害人权益的维护。如为加强对被害人经济利益的救济和补偿,六部门于 2015 年 12 月颁布实施了《关于建立完善国家司法救助制度的意见(试行)》;又如四部门于 2013 年 10 月颁布实施了《关于依法惩治性侵害未成年人犯罪的意见》,里面设定了大量保护被性侵的未成年被害人的权益免遭次生性伤害的相关特别程序及条款。

显而易见的是,上述做法及实务措施多着墨于保护被害人免遭侵害或补偿其经济利益,对于鼓励或设置被害人居于诉讼主体地位,主动积极地参与到诉讼活动的相关机制则鲜少问津。从上文列举的法律文本看,其不但条款稀少得可怜,而且带有明显工具化的倾向,或是成为查清事实的工具,或是成为精准量刑的借助。依照上述条款,被害人在庭审中承担的角色并不比证人重要多少,主体地位严重缺乏。

笔者认为,立法是对实务需求的直接反映。之所以我国立法和相关措施在被害人权利维护一项上呈现出“重补偿保护,轻鼓励参与”的失衡局面,根源还是

---

① 卢金增、王艳艳:《救助“黑暗中独自哭泣的人”》,载《检察日报》2013 年 11 月 20 日第 2 版。

现有的诉讼模式。依照学界主流观点，我国目前仍是强职权主义的刑事诉讼模式，审判程序由职业司法官完全主导证据调查的证据种类、范围、顺序以及方法，审判的进程完全不需要当事人推进。[①] 这种诉讼模式存在着对被害人参与的三大不利要素。

首先是职权主义模式下的控辩审等腰三角诉讼结构排斥被害人过多参与。在该等腰三角结构之下，法院居中心主持审判，突出控辩双方的均衡对抗，趋向裁判实质化，彰显对犯罪嫌疑人、被告人合法权益的有效保护及对法律事实的有效查清。[②] 此时一旦加入被害人一方，“对被告人和辩方而言，意味着可能因为防御对象扩大，崩解控辩双方之有效平衡”。[③] 对于公诉人而言，也并非都是收获友军的喜悦。因为被害人是作为独立主体的身份参加诉讼，其包括犯罪事实、罪种、赔偿、量刑等诉求可能与公诉人完全相异，一旦发生冲突，将大大降低公诉人的指控力度，削弱指控效果，甚至有可能陷公诉人于两面受敌的窘境。从维护等腰三角诉讼构造之稳定的角度出发，职权主义显然是不欢迎被害人过于主动地参与诉讼的。

其次是职业司法官掌控庭审程序的模式排斥被害人过多参与。职权主义诉讼模式下，法官主导和全面控制庭审的各项程序是否启动、何时启动，推进节奏，从而确保其实现召开庭审所需达成的目标。所以当被害人作为证人进行陈述时，其作为法官实现查清事实真相这一庭审目标的工具性身份，无疑是受到法官欢迎的，而其一旦作为一名参审主体，发表带有自己参审目标的影响性陈述，就可能成为一个给法官的上述控制权和所追求的庭审目标带来不稳定影响的变量，本能地为法官所排斥。而且需要注意的是，按照达马斯卡教授的观点，在职权主义诉讼模式下，庭审诉讼的控制权还被分享给一位专门的官方发起人(promoter)——政府律师或检察官……他们与法官的区别仅仅是庭审职能分工之不同。[④] 作为庭审控制权分享者的公诉人，如上所述，始终担忧被害人过于独

---

① 施鹏鹏:《为职权主义辩护》,载《中国法学》2014 年第 2 期。

② 荣晓红:《论我国刑事诉讼制度的完善——以我国刑事诉讼构造为视角》,载《时代法学》2014 年第 5 期。

③ 王容溥:《犯罪被害人诉讼参加制度之导入方向——日本诉讼构造考量之启示》,载《检察新论》2014 年第 1 期。

④ [美]M.R.达马斯卡:《司法和国家权力的多种面孔》,郑戈译,中国政法大学出版社 2015 年版,第 202 页。

立,甚至与其迥异的陈述主张会削弱其指控力度,庭审实务中并不鲜见的公诉人回头斥责、劝说坐在其背后的被害人及其代理人,甚至与其发生争执和辩论的现象则进一步验证了公诉人的担忧。可以说,现实中的一个实际情况就是,无论法官还是公诉人,都不欢迎被害人在案件事实之外陈述太多。

最后是职业司法人的理性主义观念排斥被害人参与诉讼。职权主义诉讼模式下,公民参审的程度相较当事人主义模式明显要低,我国尽管施行了人民陪审员制度,由人民陪审员与职业法官一起组成合议庭,但由于不熟悉法律,他们不得不听从职业法官向他们就法律适用和程序运作等问题所作的指示,对法庭有关定罪量刑的裁决只能发挥极小的影响力。[①] 而在主导庭审的职业司法人心中往往秉持着一种理性主义观念,认为所有参与主体都应该遵行理性的庭审行为模式:法官应摒除预设、居中裁判;公诉人尽管力主定罪,但也应保持检察官的客观义务,不可过度指控;辩护人虽需维护被告人权益,但也应具有独立的辩护立场,利用辩护意见帮助法庭实现事实真相的明晰。这种"理性人"的角色预设同样被套用于被害人之上,"职业司法官往往以'正常的'被害人之刻板印象作为衡量其陈述可采性的标准,亦即,一旦被害人的反应稍微超出这种刻板标准,则会立刻被认为是夸张的、不合逻辑的,甚至是不可信的,从而遭到刻意的忽略"。[②] 然而,被害人影响陈述制度设置的功用就在于让被害人说出犯罪行为对自己造成的种种伤痛和负面影响,表达自己的真实情绪和感性期待,很难做到完全的客观和理性,尤其是在犯罪行为造成重大损害的场合,更是如此。故而,职业司法官对于被害人影响陈述的怀疑,甚至刻意回避,是与生俱来的,这进一步影响了被害人参与诉讼的动力和效果。

(二)诉讼目标一味追求"发现真相",忽视"纠纷解决"

我国《刑事诉讼法》及相关法律规定中多次明确主张将"查明"作为诉讼活动的主要目标,强调诉讼活动的组织者和参与者一定要查明案情。如我国《刑事诉讼法》的任务是"保证准确、及时地查明犯罪事实"(第 2 条);"公安机关提请批准

① 刘广三:《犯罪控制视野下的刑事审判模式、功能与法官的态度》,载《中外法学》2006 年第 4 期。

② Edna .Erez, *Integrating a Victim Perspective n Criminal Justice Through Victim Impact Statement*, in Interating a Victim Perspective Within Criminal Justice 171 (Adam Crawford& JO Goodey eds,2000).

逮捕书、人民检察院起诉书、人民法院判决书，必须忠于事实真相”(第51条)；人民法院的判决要根据“已经查明的事实、证据和有关的法律规定作出”(第195条)；等等。[①] 在这种刑事诉讼一元目的论的指导下，追求案件的实体真实成为刑事诉讼的唯一目标，程序正当性与合法性、社会矛盾及纠纷的平复解决等诉讼目标被持续边缘化，这也是我国刑事司法领域“重实体轻程序”“重打击轻恢复”局面的由来。[②] 20世纪90年代中期以来，重视程序、保护人权的诉讼目标开始得到重视和强调，解决纠纷、恢复关系的诉讼目标仍然缺乏足够的重视和资源投射。可以说，达马斯卡教授所描绘的“审判并不意味着必须解决有争议的事务和相关纠纷，这一观点在以追求事实真相为根本目标的政策实施型诉讼模式下，无论是法律人还是外行人士，都能够非常自然接受”[③]现象，在我国刑事诉讼实务中仍然是主流，这对被害人影响性陈述产生了以下不良效果。

首先，易导致职业司法官对被害人的工具化态度。在这种态度之下，被害人对职业司法官而言只是实现其“发现真相”诉讼目标的工具而已，检察官需要他陈述指控性证言，辅助其实现将被告人定罪处罚之目的，法官则需要他如实供述其所经历的犯罪要素，辅助其查清事实真相，除此之外，即使被害人认为十分重要和有关联的内容，如其所受创伤、内心煎熬等，对职业司法官而言，这于发现真相并无裨益，超出了一个“合格”工具应具有的功能而被公然或暗暗地忽视。就如台湾地区的刘海伦检察官所言：“作为一个案件信息的提供者，被害人是受欢迎的；但作为一个痛苦的陈述者，他就没那么招人喜欢了。”[④]

其次，易导致被害人影响陈述难以被采信。我国目前的证据规则大多围绕着发现真相之目的创设，尤其是证据关联、合法、客观之三性，辅以证据印证主义原则，是确保依靠证据发现真相之关键。但若以此标准来衡量被害人影响陈述，由于其系当庭作出，合法性固然有保障，但关联性和客观性则很成问题。与案件事实有关的内容，在被害人作为证人时已经作出，影响陈述完全系被害人就犯罪

① 陈光中、李章仙：《论庭审模式与查明案件事实真相度》，载《法学杂志》2017年第6期。

② 高通：《我国法官庭外调查权的存废与适用》，载《山东警察学院学报》2013年第4期。

③ [美]M.R.达马斯卡：《司法和国家权力的多种面孔》，郑戈译，中国政法大学出版社2015年版，第131～144页。

④ 刘海伦：《被害者陈述之初探——以苏格兰法制及美国判例为例》，载《检察新论》2014年第1期。

行为对自身伤害所做的描述,很难说具有直接的关联性;影响陈述作为被害人的一种看法与感知,在客观性方面存在先天不足,加之即使是已经实施被害人影响陈述制度很久的法务先进国家对于陈述者是否应提供证据对陈述加以证明、是否应接受交叉询问仍都存在一定的争议,①这就意味着被害人影响陈述很可能是一种缺乏证据印证并且不需要经过交叉询问加以验证的证据,而"经过严格司法训练的职业司法人员,都会有意无意地避免采用那些'不受法律支配又未经检验'的证据"。② 可以说,在"发现真相"诉讼目标主导的证据规则下,影响陈述往往可采性不足。

最后,导致检察官、法官缺乏给被害人影响陈述注入正能量的动力。从诉前阶段开始,检察官就对刑事和解这种以解决纠纷为目标,但在工作量上远高于一般案件的审查办理(以查清事实为目标)的工作内容持有抵触心理,笔者所在的两个区检察院连续 3 年刑事和解件数为 51、86、72,同期件数占比仅为2.44%、3.62%、3.19%。在检察官组织和解后,对于未能达成者,检察官会十分乐意地回归为查清事实、发现真相的"主业",并在此基础上将案件起诉至法院,将这个烫手山芋甩入下一个诉讼阶段;对于达成者,一部分进行不起诉的末端处理,另一部分不得不进入庭审程序的案件中,由于绝大多数达成和解的被害人将不再提起附带民事诉状并参与庭审,则检察官视为自己已经完成"解决纠纷"的诉讼目标,很少考虑如何在庭审前加强与双方的接触和协商,通过在被害人陈述环节注入正能量来进一步完成"解决纠纷"的任务,毕竟,对于一个偏门的诉讼目标能完成至此,多数检察官认为已经履职到位了。而对于大多数接手案件的法官而言,即使要解决纠纷,也必须是在庭审查清事实之后。2013 年新颁布实施的《刑事诉讼法》虽然设置了庭前会议程序,并在《解释》第 184 条明确规定"被害人或者其法定代理人、近亲属提起附带民事诉讼的,可以参加庭前会议进行调解",给了法官庭前接触被告人和被害人、了解双方纠纷诉求和解决可能的机会,但对于大部分法官而言,"排非""申请证人出庭"等以追求事实真相和程序正当为目标

① 如《俄克拉荷马州刑事诉讼法》第 984.1 条规定,在量刑程序中,辩护律师不应当对被害人或其近亲属进行交叉询问;只有在被害人或其近亲属的陈述涉及案件事实时,才应当保障辩方的交叉询问权。而北达科他州和乔治亚州明确赋予了被告人无限制的、对被害人影响陈述进行交叉询问的权利。在英国,被害人应当回答与个人陈述相关的问题。加拿大最高法院认为,尽管被告人有对被害人进行交叉询问的权利,但是该权利受到了一定的限制。

② 谢如媛:《犯罪被害人陈述制度之成效》,载《法学新论》2011 年第 3 期。

的议题才应是庭前会议的主旨,能否实现调解等纠纷解决只是顺带为之。笔者所在的两个县区法院,近 3 年分别召开庭前会议 31、44、35 件,无一专门为调解纠纷而召开的,仅于 2015 年和 2017 年各有一起故意伤害案件在召开庭前会议期间,被告人为集中精力指摘侦查机关非法取证而与被害人达成谅解协议,其结果也仅是被害人撤回附带民事诉状后表示不再出庭。实务中的庭前会议对促进被害人和被告人双方的关系缓和,增进被害人影响陈述环节的正能量的作用几乎是可以忽略不计的。由此可见,由于一味以追求事实真相为诉讼目标而忽视了刑事诉讼对纠纷解决的功用,通过刑事和解或庭前会议等渠道消除被害人参加庭审的机会或想法,在多数检察官或法官看来已经可谓"尽力",让已经决定不参加庭审的被害人来进行影响陈述以求进一步缓解矛盾、修复关系,在他们看来既不必要,也不可能。这种行为模式筛选出来的被害人,无一例外是带着诉求难以实现的负能量进行影响陈述的,导致矛盾的二次激化也就不可避免了。

## 四、"枫桥经验"对于完善被害人影响陈述制度的指导意义

距离毛泽东同志批示"枫桥经验"已有 55 年的时间,这期间,"枫桥经验"经历了诞生、前进、发展、深化等阶段,并在集体智慧的推动下,通过从实践中来到实践中去的往返论证,得到了进一步的充实和升华,成为一座蕴含着和谐思想、法治思维、群众观点、科学发展、基层基础等许多科学理念的思想宝库。笔者认为,其对于解决被害人影响陈述制度功能不彰、弊端丛生的现状,至少具有以下三点指导意义。

### (一)用"以人为本"的精神排除偏见

纵观我国目前的被害人影响陈述制度,从启动和运行上看,其被矮化为附带民诉的附属,充斥着金钱和赔偿主题,只见对利益的重视而不见对人格的尊重;从被害人参与诉讼的地位上看,其一再被定义为查清事实或者合理量刑的工具,缺乏对其本身利益的关注和作为主体地位的肯定;从职业司法官对待其的态度上看,他们始终带着一种源自职业尊荣和专业知识的优越感,武断地打上"不理性""夸张"的偏见标签而不予认真对待。一个以维护人的尊严和权益为主旨的制度却充斥着对人的矮化和偏见,这种制度的功能又如何得以彰显?

与之形成鲜明对比的就是"枫桥经验"的人本主义精神。深入"枫桥经验"规模巨大的理论体系探究其核心内涵,笔者认为,其实质就是以人为本,就是尊重人、理解人、关爱人、教育人、提高人。纵观"枫桥经验"的发展轨迹,贯穿其始终

的是“以人为本”这条主线。[①] 在这个体系中，它关注的永远不是一时的利益和效益，关键的也不是那些掌握了话语权或专业知识的官僚和专才，作为核心的永远是普通的人民。只有充分相信人民，依靠人民，全面激发和充分发挥人民的创造力和积极性，放手让其在化解矛盾、恢复关系中施展自己的才智，工作制度的生机和活力才能得以保障。[②]

笔者认为，这种人本精神恰恰就是我国的被害人影响陈述制度所严重缺失的。以这种人本精神为的理论基础和价值取向，在制度构建上消除其中矮化和物化被害人的部分，在实务中纠正歧视和贬低被害人及其陈述的偏见，方能确保制度功效。放眼世界刑事诉讼范畴，无论是早已确立的英美法系素人陪审团制度，或日本、意大利等传统欧陆国家施行的人民裁判参审改革，呼唤民众参与诉讼是不争的诉讼制度发展趋势，这进一步说明了“枫桥经验”人本精神的价值正确以及对被害人影响陈述这一刑事诉讼制度的引导价值。

(二)通过“说理沟通”来防止矛盾激化

说理一直是“枫桥经验”中独具特色的内容，从一定意义上讲“枫桥经验”强调说理，可以看作是对我党“团结—批评—团结”的人民内部矛盾处理模式的进一步升华和精炼。即使“文革”期间，面对“打倒一切、全面内战”的极端混乱局面，党和毛泽东依然提倡“武斗斗皮肉，外焦里不熟；文斗摆事实、讲道理，以理服人”的矛盾处理原则。十一届三中全会以来，面对各种纷繁复杂的社会矛盾乃至社会冲突，党中央更是多次强调应运用枫桥经验中“说理斗争”及其类似的方式加以调解，在民主与法制的基础上，在“说理”的过程中通过博弈达到观点的交流、利益的平衡和关系的协调。[③]

这种通过说理、沟通化解矛盾的解决进路对于被害人影响陈述制度的完善是十分具有借鉴意义的。被害人影响陈述的一大功用就是将被害人受到犯罪侵害的影响和感受等信息充分地与被告人和职业司法官分享，促成前者感同身受，认罪悔罪；帮助后者全面了解，精准量刑。可以说，沟通和说理是被害人影响陈

---

① 史济锡:《创新“枫桥经验” 推进法治建设 构建和谐社会》,载《政策瞭望》2006 年第 9 期。

② 金伯中:《论“枫桥经验”的时代特征和人本特征》,载《浙江公安高等专科学校学报》2004 年第 5 期。

③ 张新华:《“枫桥经验”与社会治理创新》,载《重庆行政(公共论坛)》2017 年第 5 期。

述制度实现制度效用的前提。然而,通过上文分析可见,无论是被害人与被告人之间还是被害人与职业司法官之间,都存在严重的沟通不畅。笔者认为,应加大被害人影响陈述时的规范引导,鼓励已经谅解的被害人出庭发表陈述,将陈述真正变为沟通说理的场合,而非宣泄不满、激化矛盾的雷区;立法应改进职业司法官与被害人沟通的方式,以“执法者更要是普法者”的意识强化其用起诉书、判决书等文书公开回应、释法说理,稳定被害人情绪的效果。这些制度完善的方向和举措,都是被害人影响陈述制度可以从“枫桥经验”中汲取的宝贵财富。

(三)追求“矛盾化解”在诉讼目标体系上的权重增加

“枫桥经验”作为一种社会治理经验的总结和提炼,其所追求的终极目标是实现矛盾纠纷的化解和不上交。强调和推广“枫桥经验”,无疑对同样以纠纷解决为主要诉讼目标追求,却在“发现真相”铁幕下痛苦挣扎的被害人影响陈述制度而言是一丝照进黑箱的曙光。

学习“枫桥经验”的矛盾化解思维,就要求职业司法人员破除其诉讼目标体系上的唯真相论,认真地将纠纷的解决、矛盾的化解和关系的恢复作为不可忽视的诉讼目标,尤其在施行被害人影响陈述的过程中,不再一味重视被害人陈述的证明作用,而是考察其在化解被害人痛苦、促成双方和解上的功效如何,并给予适当引导;同时纠正查清事实是主业,化解纠纷只是顺手而为的“尽力”思想,即使在和解或者案件已然起诉的情况下,仍尽可能地实现检法两部门在庭审前衔接阶段的配合协作,为庭审上的被害人影响陈述营造一个降低敌对、配合聆听、互动平稳的庭审氛围。

## 五、枫桥经验视野下完善被害人影响陈述制度之建议

(一)被害人影响陈述制度的规则构建

从文本现状上看,我国现有的被害人影响陈述几乎没能形成制度性的规则,在启动、范围、内容、方式等关键问题上几乎空白一片,甚至连“给予被害人最后陈述机会”这种统摄性的规定都暂缺失。沿着上述“枫桥经验”“化解矛盾”“以人为本”“说理沟通”的思维进路,笔者认为被害人影响陈述制度应作下列规则细化。

首先是制度的适用案件范围。笔者的建议是“文本不限范围,实务重点对待”,亦即,在法律规定中对被害人影响陈述的适用案件范围不作出限制,体现平等对待一切被害人的人本精神,并且确保所有的案件都有机会获得被害人陈述

的量刑建议辅助。但在实务中,我们应更关注暴力犯罪、性犯罪、财产犯罪等被害人权益受损最为严重、双方矛盾最为激化的案件类型,从而合理分配优先的司法资源,贯彻化解纠纷的制度主旨。尤其是对因犯罪行为受到严重精神损害的被害人,由于其通过附带民事诉讼获得补偿的力度往往不足,而包括被告人在内的其他主体对于精神受损的影响和危害又往往无法有一个直观的认识,这种情况下更需要加强引导被害人在陈述环节的表现,具象化其所思所想,强化双方的沟通和理解,践行"枫桥经验"以说理化解纠纷矛盾的主旨内涵。

其次是陈述的内容。典型的被害人影响陈述在内容上包括犯罪对被害人身体、经济和精神方面产生的影响以及与此相关的其他信息。如身体伤害的治疗时长和延展治疗方案,生理机能损伤对生活工作学习的负面影响,心理健康和人际关系因为犯罪行为受到无形改变,等等。值得参考的是,苏格兰政府在其官方施行的被害人陈述计划(victim statement scheme)中直接列明了陈述提纲范本:(1)现在会感到更害怕吗;(2)身体上的伤害现在是否还遗留着;(3)是否会感到忧愁、无助和丧失自信,频率多高;(4)是否遭受直接金钱上的损害或无法工作;(5)社交生活及个人关系是否因此受到影响。[①] 此外,笔者认为,从化解矛盾的角度出发,被害人还可以就庭前双方的谅解协商过程以及受赔偿情况进行陈述,对于案发后始终被采取拘留强制措施的被告人而言,让其了解到自己家人或亲属为了化解矛盾所付出的努力以及被害人因此表达出的谅解善意,这对其认识错误、深刻反省,达成双方内心深处真正和解是大有裨益的。

再次是陈述的交流。陈述之后被告人可否回应?如何回应?在施行被害人陈述制度已久的先进各国均莫衷一是。从"枫桥经验""沟通说理"的角度出发,应给与被告人回应沟通的权利,防止陈述沦为被害人的自说自话;从"矛盾化解"的角度出发,回应应有限度,防止陈述环节成为新的辩论场,激化矛盾。基于此,笔者建议在被害人陈述完毕以后,应允许被告人对陈述发表质证意见,但必须禁止辩方就陈述进行交叉询问。理由在于,交叉询问历来是庭审攻击性最强的一个环节,很多交叉询问的目的在于摧毁被询问对象的心理防线和司法信用,一旦在陈述环节也允许交叉询问,无疑将使得原本出庭陈述积极性就不高的被害人更加望而却步,而经历了交叉询问的被害人很有可能会遭受到二次伤害,使得被害人影响陈述满足

---

① *Victim Statement Scheme*, *available at* http://www.scotland.gov.uk/publication/2008/12/24104530,访问时间:2018 年 3 月 19 日。

被害人心理需求和提升被害人对司法裁判认同感等价值难以实现。美国联邦最高法院就多次强调,禁止被告人在量刑程序中交叉询问被害人,这不会侵犯被告人的正当程序权利,因为被告人在整个庭审都有充分的机会进行回应。①

最后是陈述的禁止。从人本主义的角度出发,被害人影响陈述成为一个独立制度的目的就在于打破被害人长期作为查清犯罪事实"工具"的现象,所以,如果被害人在陈述中还是纠结于陈述案件事实,那么陈述就失去了意义。所以,笔者建议,应要求陈述中不得含有关于犯罪发生、经过中的情节、细节等案件事实的内容。这些内容应在被害人作为证人提供当庭证言时提供,而非在影响陈述环节提供。此外,从化解矛盾的角度出发,那些侮辱性的语句,对于被告人品格的随意论断,犯罪行为对被害人及其关系人以外的其他主体的影响,行为的社会评价和效果等,都应禁止出现于陈述之中。这些内容皆非被害人亲身体验,极其容易刻意臆造或者在被害人不知觉的情况下被无限夸大,容易激化双方矛盾,违背制度初衷。

(二)检察机关应在庭审前衔接阶段加强陈述引导工作

依照上述规则构建起来的被害人影响陈述制度对检察机关提出了更高的工作要求。例如,检察官必须要加强对陈述内容的引导,确保陈述能反映被害人的真实状况和真实心声,减少无原则的臆测和夸张,并在此基础上尝试双方的说理沟通和矛盾化解,越是矛盾较大的重点案件,越是被害人缺乏职业代理人的案件,这种需求就越强烈。这对于以往习惯于简单听取被害人意见,甚至仅仅是告知被害人可以提起附民诉状而不与其过多接触的检察官而言,无疑是职能的延展和提升。

而更为关键的是,在检察院起诉后,法院开庭前的这段衔接空白期内,检察官应继续保持与被害人的沟通。对于已经成功达成和解而放弃提起附民诉状的被害人,检察官应积极鼓励被害人参与庭审,在陈述阶段更好地叙述和解过程、表达和解意愿,达成关系的真实修复;对于没能达成和解的被害人,检察官也不能有"已尽力"的错误思想,而应在衔接阶段继续组织社会力量参与到矛盾化解中,尽量消解被害人参与陈述时的负面情绪,并引导和说服被害人以更为理性的态度组织陈述内容,减少陈述环节的负能量累积,让法庭、被告人、旁听群众在陈述阶段听到被害人更为真实的感受、更为理性的诉求和更为妥适的(量刑)建议。

---

① See Williams v. People of State of N .Y .337 U .S.241,246 (1949).

笔者期待着，在检察机关的努力之下，类似宋晓明故意伤害案中，被害人母亲梁建红当庭建议法庭对被告人从轻处罚的“反转影响陈述”的正能量现象能越来越多地出现在我国的法庭之上。

（三）法院应在法律文书中对被害人陈述进行回应和释明

虽然《量刑程序意见》第16条明确规定了审判人员在裁判文书中应对被害人的陈述意见做出明确回应的职责，但在司法实践中，法官在判决书等法律文书中公开回应被害人诉求及量刑建议并进行心证说明的情况仍然是极为罕见的。如上文所述，这其实也是对“枫桥经验”中“沟通说理”精神的悖反。这种对被害人诉求有意无意的忽视，浅层面，将导致被害人缺乏参与诉讼发表陈述的积极性和动力；深层面，将在被害人心中种下“被忽视”“被遗忘”的种子，累积负面情绪，增大矛盾激化的概率。正如学者所言，大量刑事法律文书忽视对被害人量刑意见的论证和回应，使得法官量刑说刑说理难以让人心服口服。[①]

笔者建议法官在法律文书的裁判说理部分，尤其是量刑说理部分，有针对性地对被害人影响陈述的内容进行总结和分析，展示犯罪行为对被害人的真实影响，并认真解释这些影响对于法官在决定量刑时是如何发挥作用的，以及最终量刑是基于包括上述影响在内的哪些要素确定的，为何被害人的量刑建议不被采纳或部分采纳，等等。唯有如此，才能使得被害人真切地感受到参与影响陈述的意义所在，体会到司法部门与其交流、说理的诚意，达到缓解矛盾的制度效用。

① 焦悦勤：《刑事判决书量刑说理现状调查及改革路径研究》，载《河北法学》2016年第6期。

民事法律专论

# 民事举证责任分配不当:原因剖析与解决路径

## ——以最高人民法院209个民事案例为样本

丁义平*

**摘要:**司法实践中民事案件的举证责任分配不当现象较为普遍,且实质损害了裁判公正,其原因在于法官对案件基本事实、初步举证责任、反驳证据是否使要件事实陷入真伪不明、消极事实举证责任及对实体法举证规则界定不当。为解决该问题,应当细化实体法举证责任分配,在指导性案例中加强对举证责任分配法定要素界定之论证,规范举证责任分配法定要素界定之自由心证路径,构建举证责任分配"六步法"。

**关键词:**举证责任分配不当;法定要素界定;心证路径;六步法

作为"民事诉讼的脊梁"①,举证责任,也称证明责任,举证证明责任②,是指"证明主体依据法定职权或举证负担在诉讼证明上应承担的相应责任"③。相应责任就是,应当由当事人对其主张的事实提供证据并予以证明,若诉讼终结时根据全案证据仍不能判明当事人主张的事实真伪,则由该当事人承担不

---

* 作者系北京大成(深圳)律师事务所律师,法学硕士。

① 李浩:《民事证明责任研究》,法律出版社2003年版,修订版序言第1页。

② 《最高人民法院关于适用〈中华人民共和国民事诉讼法〉的解释》(以下简称《民诉法解释》)第90条和第91条首次明确提出了"举证证明责任"这一概念,而"举证责任"首次出现于2001年颁布的《最高人民法院关于民事诉讼证据的若干规定》第2条。

③ 毕玉谦:《证据法要义》,法律出版社2003年版,第364页。

利的诉讼后果。[①] 而举证责任分配，则是法官按照法律规定或有关法律原则，在当事人之间依法公平地分配举证责任。因此，举证责任分配是否妥当与案件结果密切相关，正确分配举证责任能促进个案公平，推动社会正义。鉴于最高人民法院（以下简称"最高法院"）的司法裁判在一定程度上反映着中国法律实施的价值走向，[②]因此，以最高法院的民事案例为样本进行研究就显得极有必要。

## 一、现状检视："举证责任分配不当"普遍存在且影响裁判公正

我国民事诉讼领域的"举证责任分配不当"现状如何？本文通过对我国最高法院 209 个民事案例的考察，发现我国民事"举证责任分配不当"现象并不少见，其在全国各省法院均不同程度地存在，兹分述如下。

第一，从地域分布来说，当事人以原审"举证责任分配不当"为由提起上诉或申请再审的案例遍及全国各高级人民法院[③]。截止到 2018 年 9 月 5 日，笔者以"举证责任分配不当、举证责任分配失当、举证责任分配错误、举证责任分配有误、举证证明责任分配不当"为关键词，在"中国裁判文书网"共检索到 209 个民事案例，通过对该 209 个案例的逐一分析，发现该 209 个案例地域分布遍及全国各省、市及自治区。除实质上属于"举证责任分配不当"，但裁判文书"本院认为"部分却未明确表述为"举证责任分配不当"的部分案例外，[④]仅以裁判文书中"本院认为"部分明确认定存在"举证责任分配不当"之 44 个案例为例，就广泛分布于全国 21 个省、市及自治区高级人民法院。（如表 1 所示）

---

① 张永泉：《民事诉讼证据原理研究》，厦门大学出版社 2005 年版，第 160 页。

② 丁义平：《通向再审之路——最高人民法院民商事再审疑难实务》，法律出版社 2018 年版，崔建远序第 1 页。

③ 详见附表《举证责任分配不当案例一览表》。

④ 该 209 个案例中，部分案例的当事人以"举证责任分配不当"为由申请再审或提起上诉，最高法院实际上也因存在举证责任分配不当而发回重审或改判，但由于这些裁判文书"本院认为"部分并未明确表述为"举证责任分配不当"，故本文未将其统计入内。

表 1 举证责任分配不当之省级法院分布情况统计表

| 序号 | 原审法院 | 数量(个) | 序号 | 原审法院 | 数量(个) |
| --- | --- | --- | --- | --- | --- |
| 1 | 山西省高级人民法院 | 6 | 12 | 内蒙古自治区高级法院 | 1 |
| 2 | 山东省高级人民法院 | 5 | 13 | 北京市高级人民法院 | 1 |
| 3 | 新疆维吾尔自治区高级法院 | 3 | 14 | 上海市高级人民法院 | 1 |
| 4 | 广东省高级人民法院 | 3 | 15 | 天津市高级人民法院 | 1 |
| 5 | 辽宁省高级人民法院 | 3 | 16 | 重庆市高级人民法院 | 1 |
| 6 | 福建省高级人民法院 | 3 | 17 | 甘肃省高级人民法院 | 1 |
| 7 | 陕西省高级人民法院 | 3 | 18 | 江苏省高级人民法院 | 1 |
| 8 | 四川省高级人民法院 | 2 | 19 | 江西省高级人民法院 | 1 |
| 9 | 吉林省高级人民法院 | 2 | 20 | 宁夏回族自治区高级人民法院 | 1 |
| 10 | 黑龙江省高级人民法院 | 2 | 21 | 青海省高级人民法院 | 1 |
| 11 | 安徽省高级人民法院 | 2 | | | |

第二,从被认定存在“举证责任分配不当”的案例所占比来看,该 209 个案例中,有 44 篇裁判文书中的“本院认为”部分明确认定原判存在“举证责任分配不当”,占比约 21.05%,该比例与最高法院再审①或二审改判率相当。其余 165 个案例,最高法院认定不存在“举证责任分配不当”(如图 1 所示)。此外,在该 209 个案例中,以“举证责任分配不当”为由申请再审案例有 176 个,二审案例有 33 个,被认定存在“举证责任分配不当”的再审和二审案例分别为 31 个和 13 个。在最高法院的司法实践中,该比例是比较高的②。

第三,从案件结果来看,因存在“举证责任分配不当”而被发回重审、指令再审或直接改判③的比例极高。在 44 个存在举证不当之民事案例中,实质上改变了原审处理结果的案例高达 40 个,占比高达 90.9%。其中 14 个案例以“举证责

① 据笔者考证,民事再审改判率在 20%左右,详见丁义平:《通向再审之路——最高人民法院民商事再审疑难实务》,法律出版社 2018 年版,第 84 页。

② 以举证责任分配不当为由申请再审为例,在 176 个申请案例中,被认定存在举证责任分配不当之案例为 31 个,占比为 17.6%。

③ 为表述方便,本文后续凡是涉及“发回重审和改判比率”的,统一以“发改率”定义。

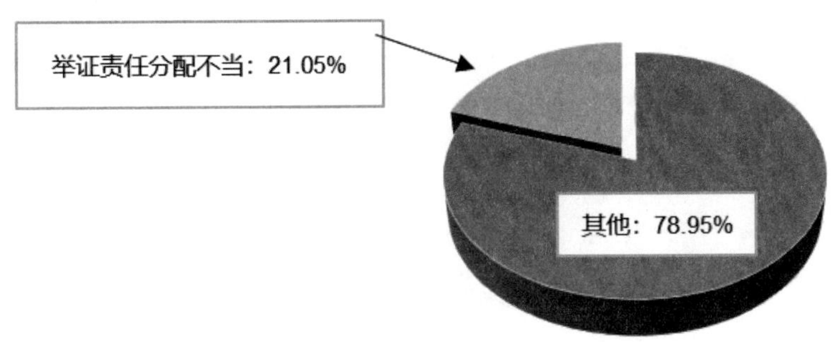


**图 1　209 个案例中存在举证责任分配不当案例比例**

任分配不当"[①]为由裁定再审，5 个案例被撤销原判，发回重审，21 个案例被撤销原判并直接改判。据笔者前述统计，在认定存有举证责任分配不当的案例中，除 3 个案例[②]由于案件结果可归属于法官自由裁量权范畴而维持原判外，其余均予以纠正（如图 2 所示）。由此可见，在最高法院的司法实践中，一旦原判决被认定的"举证责任分配不当"，发回重审、指令再审或直接改判的概率极高，"举证责任分配不当"与案件实体结果具有重大的直接关联。

第四，从与民事案由的关联度来看，"举证责任分配不当"在不同案由的案件中广泛分布。从图 3 可知，"举证责任分配不当"案件之民事案由分布极为广泛。44 个被认定存在"举证责任分配不当"的案例中，涉及合同纠纷、股权转让纠纷、债权人代位权纠纷、股东知情权纠纷、执行异议之诉、不当得利纠纷、知识产权纠纷及破产清算纠纷等，但以合同纠纷为主。而合同纠纷遍及建设工程施工合同纠纷、借款合同纠纷、货物运输合同纠纷、股权转让合同纠纷、保证合同纠纷、房屋买卖合同纠纷等众多民事案件案由类型，基本覆盖了民商事审判领域，覆盖面广。

第五，从是否构成"法律适用错误"的角度来看，"举证责任分配不当"并不必然直接等同于"法律适用错误"。该 44 个案例中，当事人均以"举证责任分配不

① 学术界对举证责任分配不当是否应归属于《民事诉讼法》第 200 条第 6 项"适用法律确有错误"存有争议，有人认为应将其增加为新的法定再审事由。详见刘生亮、任莉志：《审判瑕疵与司法错误的界定——基于民事再审审查与再审异化的实证分析》，载贺荣主编：《深化司法改革与行政审判实践研究》（上），人民法院出版社 2017 年版。

② 另有附表第 24 号案例，由于申请人宝德公司系侵权方，认定举证责任分配不当也不能改变其侵权事实，故驳回其再审申请。

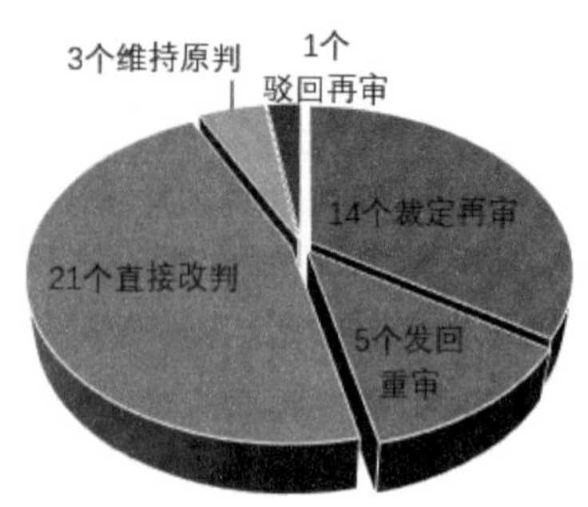


**图 2 举证责任分配不当案例审理结果**

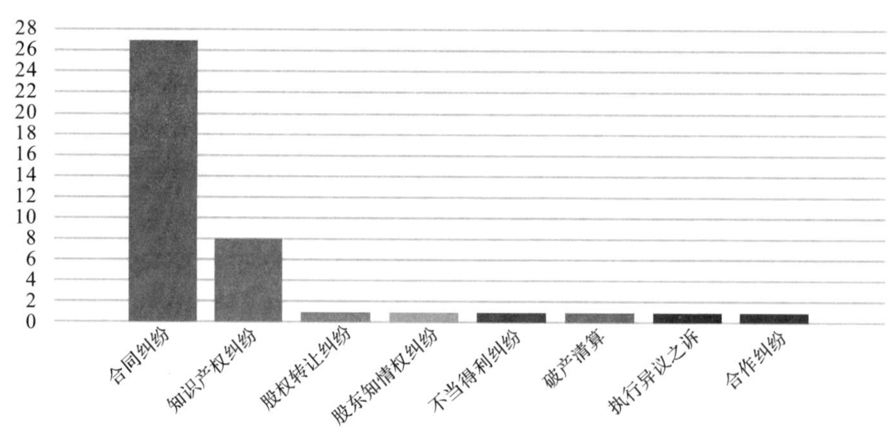


**图 3 举证责任分配不当案件民事案由分布**

当”提起上诉或申请再审,最高法院对此存在三种做法:一是认定存有“举证责任分配不当”,但因裁判结果正确,根据《民诉法解释》第 407 条之规定,定性为适用法律存在瑕疵,但不属于适用法律确有错误之情形。二是认定存有“举证责任分配不当”,导致事实不清,实体裁判结果不正确,归属于基本事实缺乏证据证明。三是认定存有“举证责任分配不当”,导致事实不清,实体裁判结果不正确,归属于认定事实不清,适用法律错误。

综上,通过检视最高法院民事案例之现状,可以发现,在我国司法实践中,“举证责任分配不当”已经遍及全国各高级人民法院,其涉及的民事案件案由极为广泛,最高法院对存在“举证责任分配不当”之案例发改率极高,“举证责任分配不当”正在严重影响着案件结果裁判之公正性。

## 二、原因剖析:举证责任分配法定要素界定失当

在民事诉讼中,法官必须准确识别案件的基本事实,评判当事人所举证据对其主张的事实是否达到了民事证明标准①。如果正反方面证据皆举,但待证事实仍处于真伪不明状态②,则应由承担证明责任的一方承担责任,进而作出裁判。

原则上,举证责任分配标准是法定的,而不是酌定的,应依据法律规则来分配,而不是依照法官个人的自由意志来分配。但毋庸置疑,在具体案件中,举证责任又必须由法官根据对法律规范的理解来“分配”。法官对案件要件事实、初步举证责任、反驳证据的证明程度、消极事实举证责任等举证责任分配所涉及的法定要素界定是否妥当,将对举证责任分配是否妥当起到决定性作用。

(一)对案件基本事实界定失当

所谓基本事实,其是与间接事实或次要事实、辅助事实相关联之概念,其是用于判断民事主体权利义务发生、变更或消灭之法律效果的直接必要事实。在民事诉讼理论中,决定法律关系性质或者当事人权利义务内容等的事实,属于基本事实。③ 我国《民诉法解释》第335条规定,基本事实是指对原判决、裁定的结果有实质影响、用以确定当事人的主体资格、案件性质、具体权利义务和民事责任等主要内容所依据的事实。正如张卫平教授所言:“证明责任分配运用是与实体法的法律要件密切联系在一起的,是以特定的法律要件事实为前提。对于某一特定权利或法律关系,如果不清楚权利发生、权利消灭、权利妨碍的要件事实是什么,也就无法分配证明责任。”④

① 根据《民诉法解释》第108条、第109条等规定,该标准可能是高度盖然性,也可能是排除合理怀疑,抑或盖然性占优。

② 在当代德国学者的著作中,“真伪不明”可以是指生活事实因证据短缺而无法认定,也可以是指要件事实存在无法克服的不可解释性。参见[德]汉斯·普维庭:《现代证明责任问题》,吴越译,法律出版社2006年版,第9、25、50页。我国《民诉法解释》第108条明确提出了待证事实有可能存在真伪不明的情形。

③ 江伟、肖建国主编:《民事诉讼法》,中国人民大学出版社2015年版,第338页。

④ 张卫平:《民事证据法》,法律出版社2017年版,第298页。

在赵星如与新疆鸿远投资有限公司民间借贷纠纷案[①]中,原审法院对"鸿远公司是否已经分红"这一基本事实界定失当,致使原审判决认为赵星如应提交鸿远公司有利润分红而不分红、阻却付款条件成就的证据,而事实上赵星如对鸿远公司为何未进行利润分配的证据也并不掌控,属于举证责任分配失当。

本案中,赵星如承诺"以鸿远公司的分红偿还借款",故鸿远公司是否已经分红应属本案基本事实,而原审法院却以鸿远公司为何没有进行分红而定为基本事实,并由赵星承担举证不能的后果,完全混淆了基本事实和次要事实的区分,致使案件判决结果错误。

在北京鸿浩天元新技术开发有限公司与青岛鲁建冷暖设备工程有限公司不当得利纠纷案[②]中,最高法院认为原审法院对"是否签订合同问题上的交易习惯"这一基本事实认定不当,致使举证责任分配失当。

该案中,鲁建公司主张其与天元公司就所涉烟台港动力公司的 2 台设备存在口头合同,天元公司主张不存在任何合同关系。而在送货问题上的交易习惯是,按照鲁建公司指示,天元公司送货到客户,但在是否签订合同问题上的交易习惯是应当签订书面合同。故本案基本事实应为购买设备是否签订合同的交易习惯,而天元公司的供货行为与双方合同约定的交易惯例是否一致应为本案的次要事实。原判决以"天元公司的供货行为与双方合同约定的交易惯例一致"即次要事实具有证据证明为由,进而认定本案的主要事实即"是否签订合同问题上的交易习惯"也具有证据证明,属于举证证明责任分配不当,导致认定事实错误。

(二)对初步举证责任是否完成界定失当

所谓初步举证责任,根据"谁主张、谁举证"的基本原则,一方当事人向法院提出诉讼请求,应有证明其诉讼请求之基础证据,且该等证据应比较接近高度盖然性的标准,即如果对方当事人无法提供证据反驳,该初步证据应可以让法官内心确信该当事人所主张之要件事实存在,不至于届时法官以其没有完成初步举证责任而败诉。如果一方当事人已经完成了初步举证责任,则行为意义上的举

① 详见最高人民法院(2016)最高法民终 241 号民事判决书。

② 详见最高人民法院(2017)最高法民再 42 号民事判决书。

证责任转移[①]至对方当事人，应由对方当事人提供相应证据予以反驳[②]；如果对方当事人未能提交证据充分反证，则该当事人已经完成举证责任，应由对方当事人承担举证不能之后果。

在日照港集团物流有限公司与启东新世界进出口贸易有限公司买卖抵押合同纠纷案[③]中，最高法院认为，启东新世界公司未能完成初步举证责任，原审法院界定不当。

最高法院认为，为证明供货事实所进行的证明活动即为本证，应达到《民诉法解释》第108条所要求的“高度可能性”的程度，才能被视为完成举证证明责任。但本案中，启东新世界公司仅凭增值税发票和《企业间往来询证函》主张已经供货，并未完成举证证明责任。一审法院在举证证明责任分配和证明标准适用上均有不当。

而在梁吉德与宁夏荣达房地产开发有限公司合同纠纷案[④]中，最高法院认为，荣达公司尚未尽到举证证明责任，原审判决将本案诉争垫付款的举证证明责任分配给梁吉德，确有不当。

最高法院认为，原判决既已查明王巧云与金岩公司的劳动关系已于2015年2月27日解除，王巧云并非金岩公司的主管会计；王巧云领取荣达公司的工资；金岩公司印章由荣达公司和王巧云共同保管使用等，据此应当认定有关王巧云代表金岩公司并加盖金岩公司印章的荣达公司垫付款票据所记载的款项这一基本事实，而原判决却将本案诉争垫付款的举证证明责任分配给被告梁吉德是不妥当的。

当事人是否完成了初步举证责任，与应否发生行为意义上的举证责任转移和举证责任分配密切关联。而衡量是否完成了初步举证责任，应从以下两方面考察。

---

① 举证责任转换(转移)颇有争议，学术界的主流观点认为，结果意义上的举证责任具有不可转换性。但在最高法院的判例中，不乏未有严格区分行为意义和结果意义举证责任的案例。比如最高人民法院(2017)最高法民再284号、(2017)最高法民申1997号和1998号、(2016)最高法民再2号、(2016)最高法民再55号、(2016)最高法民终553号、(2014)民申字第148号等。

② 详见《中华人民共和国民事诉讼法》第64条第1款之规定。

③ 详见最高人民法院(2016)最高法民终114号民事判决书。

④ 详见最高人民法院(2017)最高法民终660号民事裁定书。

1.从结果意义上的举证责任来看,所举证据应使待证事实至少达到了盖然性占优,甚至是高度盖然性,在不同类型案件中适用不同的标准。比如,有的案件存在对方当事人自认①或出现免证的事实②。

2.就行为意义上的举证责任而言,应已经按照诚实信用原则积极举证甚至是穷尽举证,不存在怠于举证之情形。这可结合距离证据远近③、举证难易程度及举证能力等综合判断,如有关证据保存在有关机构,则其应依法申请法院调取该证据④。

在崔孝娥与山东世纪利华能源有限公司追偿权纠纷案⑤中,最高法院就明确根据当事人距离证据的远近来确定证明责任的分配。

最高法院认为,利华公司提供了华青公司注册资金情况明细表作为证据,该证据表明:崔孝娥、李润分别向华青公司出资 1100 万元、900 万元,公司成立后短时间内(华青公司成立时间为 2011 年 3 月 1 日,款项转出时间为 2011 年 3 月 3 日),华青公司即将与出资数额一致的款项分三次转入日照国能电力燃料有限公司和日照开发区汇贤经贸有限公司账户。利华公司作为华青公司的债权人,已对华青公司股东存在抽逃出资行为产生合理怀疑并提供了证据。一、二审法院根据证据距离理论和《最高人民法院关于适用〈中华人民共和国公司法〉若干问题的规定(三)》第 20 条之规定,判令由崔孝娥对其不存在抽逃出资行为负举证责任,并无不当。

在菏泽市牡丹区农村信用合作联社、山东日照银丰房地产开发有限公司、菏

---

① 详见《民诉法解释》第 92 条。

② 也称司法认知,详见《民诉法解释》第 93 条。

③ 在现有法律框架下,距离证据远近理论仅为一个兜底性质的规则起补充作用,尤其是在对非要件法律事实的认定缺乏明确法律规制的情况下,起到填补法律空白和漏洞之作用。就其概念而言,汤维建教授认为,"证据距离是指在有可能负担举证责任的双方当事人之间,哪一方距离证据的源泉更近一些,哪一方应当负担该举证责任"。参见汤维建:《论民事诉讼中的举证责任倒置》,载《法律适用》2002 年第 6 期。

④ 《民诉法解释》第 94 条规定:"当事人及其诉讼代理人因客观原因不能自行收集的证据包括:(一)证据由国家有关部门保存,当事人及其诉讼代理人无权查阅调取的;(二)涉及国家秘密、商业秘密或者个人隐私的;(三)当事人及其诉讼代理人因客观原因不能自行收集的其他证据。"

⑤ 详见最高人民法院(2015)民申字第 1755 号民事裁定书。

泽市牡丹区银鹰开发总公司与日照天通旅游度假开发有限公司合同纠纷案[①]中，最高法院也明确根据当事人距离证据的远近来确定证明责任分配。

最高法院认为，对三申请人主张的土地开发及楼盘销售必然存在相应税费应当扣除成本的问题，鉴于信用联社及银丰公司系违约方，而成本分担问题在协议中没有明确约定，且信用联社在签订 8.19 协议后又实际控制和运营银丰公司，应当掌握该公司财务资料却不能提供充分的证据。此种情形下，原审法院将成本问题的举证证明责任分配给信用联社，并判令其承担举证不能的法律后果，并无不当。

（三）对反驳证据是否足以让本证所证明事实陷入真伪不明界定不当

本证是指在民事诉讼中负有证明责任的一方当事人提出的、用于证明自己所主张的事实真实的证据。反证是指没有证明责任的一方当事人所提出的、用于证明对方主张的事实不真实的证据[②]。在民事诉讼中，对待证事实负有举证证明责任的当事人所进行的本证，需要使法官的内心确信达到高度可能性的程度。而反证只需要达到动摇法官对本证所主张事实的内心确信程度，使其陷入真伪不明状态即可。此时，如本证未能针对反证进一步举证证明，则本证并未取得证明优势，本证拟证明的事实就不成立。

在朱正等与张珍民间借贷纠纷案[③]中，最高法院认为，朱正提交的反驳证据已经使本证事实陷入了真伪不明的状态，原审法院仅凭张珍的单方陈述就认定，该款项属于朱乾游和张珍的其他经济往来，显属举证责任分配不当。

该案中，出借人张珍向朱正之子朱乾游的账户已汇款，借款人朱正、朱峰出具了借到张珍现金 200 万元整的借条。对该笔 200 万元是否已经归还，应当由借款人朱正、朱峰承担反证责任。现借款人朱正、朱峰提交了 842.2 万元的还款凭证，此刻出借人张珍没有提交任何证据否认借款人朱正、朱峰已经归还借款的事实，仅是认为其与朱乾游之间存在其他的往来款项，属于其他的法律关系，却未能提交任何证据。该反驳证据已经使本证事实陷入了真伪不明。这应由出借人张珍对其和朱乾游存在其他经济往来这一事实继续承担举证责任，而原审法院实际上对真伪不明界定不清，对出借人后续提供的反驳证据之证明力界定不

① 详见最高人民法院（2016）最高法民申 979 号民事裁定书。

② 张卫平：《民事诉讼法》，法律出版社 2016 年版，第 218 页。

③ 详见最高人民法院（2016）最高法民申 3784 号民事裁定书。

当,致使举证责任分配不当。

(四)对消极事实举证责任界定失当

消极事实是一种否定事实或不存在的事实,[①]与积极事实互为正反。一般而言,消极事实并不存在或不以显性的方式存在,由于其通常并未发生,相比积极事实而言,本身是无法直接证明的,但某些时候可以间接证明。[②] 因此,基于消极事实的证明难度,其举证责任的分配通常就决定了诉讼的胜负结果。一般而言,主张消极事实一方无法举证,而否认消极事实一方更容易举证,且对消极事实的抗辩,则会成为认定消极事实主张是否成立的直接证据。故一般情况下,将查明消极事实的举证责任分配给主张消极事实一方的确有些强人所难,可归属于"举证责任分配不当"。

比如,在布莱恩·爱德华·米恩与徐永平、李淑英委托合同纠纷案[③]中,最高法院认为,原审法院以米恩不能证明其委托徐永平设立的公司名称不是长春天地人公司且其没有委托徐永平作为名义投资人为由判令米恩承担不利后果,实质系要求米恩就消极事实举证,举证责任分配有误。

而在朱占华与成都金睿国都置业有限公司民间借贷纠纷案[④]中,最高法院认为,一审法院要求出借人完成"借款尚未归还"这一消极事实的举证,属于举证责任分配不当。

但在某些特定个案中,如果消极事实为要件事实而成为待证事实,那么,主张消极事实的当事人仍应就此负举证责任。[⑤] 若当事人主张的消极事实存在举证困难,且此种困难并非立法者有意为之(立法预设),裁判者也无正当理由支撑使该负举证责任的当事人遭受过于苛刻之对待,基于武器平等、证据接近、诚实信用、协力义务等原则,实有必要考虑适用举证责任减轻的方式加以缓和。[⑥] 正如有学者提出的,举证责任减轻的方式可为举证责任倒置、举证责任转换、表见

---

① 杨剑、窦玉梅:《论消极要件事实的证明》,载《法律适用》2007 年第 7 期。

② 陈贤贵:《论消极事实的举证证明责任——以〈民诉法解释〉第 91 条为中心》,载《当代法学》2017 年第 5 期。

③ 详见最高人民法院(2017)最高法民申 1137 号民事裁定书。

④ 详见最高人民法院(2014)民一终字第 229 号民事判决书。

⑤ 骆永家:《民事举证责任论》,商务印书馆股份有限公司 1995 年版,第 72 页。

⑥ 姜世明:《举证责任与证明度》,新学林出版社股份有限公司 2008 年版,第 24 页。

证明、证明度降低、强化相对人的具体化义务及事案解明义务等。[①] 若豁免主张消极事实方的举证责任，也应属举证责任分配不当。

比如，在吴延波与陈文杰不当得利纠纷案[②]中，最高法院就对主张消极事实方的举证责任予以了减轻，并通过举证责任转换的方式较好地解决了消极事实举证责任分配之问题。

该案中，鉴于陈文杰关于吴延波获利无合法依据之主张，系对消极事实之主张，而消极事实通常无法直接予以证明，但通过本案陈文杰所提交的其他资料可认定其已经完成了不当得利基础事实的举证责任，吴延波未能提供合法占有陈文华所汇款项之证据，应承担举证不能之后果。

（五）对因实体法规定的举证责任界定失当

部分案件中，当事人的举证责任来源于实体法或相应司法解释的直接规定。《最高人民法院关于民事诉讼证据的若干规定》（以下简称《证据规定》）第 4、5、6 条即属于实体法举证规范。如法官未能按照该实体法举证分配规则准确界定该举证责任，则会导致分配举证责任的错误。

在西安恩哲斯信息技术有限公司与西安心途网络科技有限公司技术开发合同纠纷案[③]中，最高法院认为，根据实体法规定，心途公司负有检验、验收义务却怠于验收，应由其承担软件不符合约定之证明责任。

根据《合同法》第 157 条及 158 条之规定，当事人应当在约定检验期内及时检验，如在检验期内不检验或怠于将检验结果告知的，视为质量符合规定。这是合同法对负有检验义务一方的心途公司所规定的举证责任。而原一、二审法院置实体法规定于不顾，将软件是否不符合约定之举证责任交由恩哲斯公司，并以恩哲斯公司应当承担举证不能的不利后果为由认定软件不符合约定，存在举证责任分配错误。

## 三、解决路径：宏观、中观及微观层面的协同推进

自《民诉法解释》第 90 条和第 91 条出台后，民事举证责任分配一般规则已

① 陈贤贵：《论消极事实的举证证明责任——以〈民诉法解释〉第 91 条为中心》，载《当代法学》2017 年第 5 期。

② 详见最高人民法院（2017）最高法民申 1854 号民事裁定书。类似案例还有（2016）最高法民终 223 号民事裁定书。

③ 详见最高人民法院（2017）最高法民申 2829 号民事裁定书。

经确立,理想状态下各种案件类型的举证责任分配问题均应根据一般规则进行识别,实践中,举证责任分配不当之案例照理应该罕见了。但笔者通过对最高法院涉及“举证责任分配不当”二审及再审案例之考察,依然发现司法实践中对初步举证责任是否完成、对反证是否达到了动摇本证的确信度、对消极事实如何分配举证责任以及对实体法规定举证责任如何界定依然存在模糊甚至混乱之情形,致使虽有规则指引,举证责任分配错误却依然存在。这是因为,对涉及举证责任分配之相关概念的认定均需要法官根据个人阅历和社会经验,通过自由心证演绎后确定。但囿于司法裁判者的个体经验和逻辑推理能力之差异,如无较为规范之参照系数及路径,“举证责任分配不当”就不可避免。为此,笔者认为,为减少司法实践中的“举证责任分配不当”,可供选择之解决路径如下。

第一,宏观层面之一,就实体法规范而言,应在后续实体法及配套司法解释中进一步细化具体民事纠纷的举证责任分配规则。尽管我国部分地方法院[①]在出台的审判指导意见中对部分案件中当事人的初步举证责任进行了界定,但从立法层面来看,无论是现行《民事诉讼法》还是《关于民事诉讼证据的若干规定》,抑或《民诉法解释》均未明确清晰地界定初步举证责任、消极事实等概念[②],即前述法定要素之界定标准仅存在于民事诉讼法理论及学术界。而学术理论界所谓见仁见智,争论差异较大,审判一线的法官只能结合各自的司法认知及经验形成心证,这必然会造成认定差异,故而“举证责任分配失当”在所难免。因此,我国应在实体法及配套司法解释中进一步细化当事人初步举证责任和另一方反驳证据证明尺度,案件中的消极事实如何认定及如何举证等。就程序法而言,尤其是在最高法院即将于 2018 年年底出台的《关于民事诉讼证据的解释》[③]中,应规范民事诉讼领域常见案件类型之初步举证责任、消极事实举证责任等词汇的概念、应包含之构成要素,从而避免前述概念模糊不清,进而导致审判人员的认定偏差。

① 比如,江苏省高级人民法院《关于审理适用公司法案件若干问题的意见(试行)》第 48 条就对案涉当事人的初步举证责任进行了界定。

② 虽然在个别实体法的司法解释中,最高法院对当事人的初步举证责任有界定,比如最高人民法院《关于审理侵犯专利权纠纷案件应用法律若干问题的解释(二)》第 27 条及《关于审理劳动争议适用法律若干问题的解释(三)》第 9 条,实际上均对当事人的初步举证责任进行了规定,但依然并未直接使用初步举证责任这一概念。

③ 根据《最高人民法院 2018 年度司法解释立项计划》之规定,《关于民事诉讼证据的解释》将于 2018 年年底出台。

第二，宏观层面之二，对非常见型案例，在指导性案例中应加强对举证责任分配法定要素界定之论证。根据《最高人民法院关于案例指导工作的规定》①，指导性案例是指最高法院确定并统一发布，对审判工作具有普遍指导作用，供全国各级法院审判类似案件时参照的案例。截止到2018年9月1日，最高法院已陆续发布了18批96件指导性案例，其中民商事案例58件。现行指导性案例由标题、关键词、裁判要点、相关法条、基本案情、裁判结果、裁判理由以及包括生效裁判审判人员姓名的附注等组成，尚缺乏对案件基本事实、初步举证责任、反驳证据证明力、消极事实及实体法举证规定等影响举证责任分配的法定要素的分析及认证，故该等指导性案例对类似案件之举证责任分配尚缺乏指导性作用。鉴于最高法院公布的指导性案例对类似案件具有“应当按照”的约束力，如能在后续指导性案例的内容结构上增加举证责任分配认定，对案件基本事实、初步举证责任、反驳证据证明力等进行详细分析认证，并将该类案件之举证责任分配及法官自由心证路径通过指导性案例予以公示，这会极大地减少审判人员对后续类似案件审判之“举证责任分配不当”。

第三，中观层面，应进一步规范举证责任分配法定要素界定之自由心证路径。因为自由心证的形成亦不是完全“自由”的，还需要符合相应的逻辑规则和经验法则。② 举证责任分配法定要素界定实际上是法官自由心证的一种外化表现。法官对要件基本事实、初步举证责任③、反驳证据证明力、消极事实等法定要素的界定都是基于自己的心证。自由心证路径越规范，举证责任分配就越适当。笔者通过对前述案例之考察，可知现行裁判文书尚缺乏对举证责任分配法

---

① 法发〔2010〕51号。

② 刘星海、魏冬灵、杨濉陌：《逻辑之旅：司法证明的理性建构》，载胡云腾主编：《法院改革与民商事审判问题研究——全国法院第29届学术讨论会获奖论文集》（上），人民法院出版社2018年版。

③ 以初步举证责任认定为例，截止到2018年9月1日，在“中国裁判文书网”共检索到了16个直接对当事人是否完成了初步举证责任进而分析论证的民事案例，这相对于最高法院每年审理的数以万计的案例而言，占比是极低的。这些案例的案号分别为：最高人民法院（2018）最高法民申353号、（2017）最高法民终55号、（2017）最高法民申3818号、（2017）最高法民申2477号、（2017）最高法民终5号、（2017）最高法民申196号、（2016）最高法民申3636号、（2016）最高法民申2795号、（2016）最高法民再18号、（2008）民申字第1054号、（2014）民申字第567号、（2014）民申字第1284号、（2014）民申字第1655号、（2014）民申字第1461号、（2015）民申字第2526号、（2016）最高法民申1599号。

定要素界定之心证外化显示。因此,我国应通过进一步强化庭审程序及裁判文书对举证责任分配的释法说理,进而对导致"举证责任分配不当"的诸如案件要件基本事实、初步举证责任、反驳证据证明力、消极事实等法定要素进行逻辑式阐述、解释、分析、归纳、推理和认证。我们通过对前述要素的充分争辩和演绎,进而推动自由心证认定更符合我国《民诉法解释》第 91 条确立的举证责任分配规则,更符合我国实体法有关举证责任分配之规定,从而减少审判实践中"举证责任分配不当"问题之发生。

第四,微观层面,应构建举证责任分配"六步法"。

第一步,准确界定要件事实。我们应以法律规范要件分类说为出发点,对原告诉讼请求所依据的法律规范基础进行检索,分析该法律规范的构成要件是属于法律关系的成立还是变更、消灭或者权利受到妨害,从而准确界定该案之要件事实。

第二步,查明实体法的举证规则。我国部分实体法及相应的司法解释明确规定了对部分民事纠纷的举证责任,且该等特别规定具有特定性和适用上的优先性。因此,我们应优先查明实体法对举证责任分配的特别规定。这些特别规定包括举证责任倒置①以及举证妨碍、表见证明和推定在内的其他法定举证责任减轻②情形,以防出现违反实体法举证分配规则之情形。

第三步,确定消极事实的举证责任。因消极事实通常无法直接予以证明,因此,在准确界定案件基本事实并查明实体法相关举证规则后,对于案件中出现的消极事实,在原告方穷尽举证能力的情况下,通过采取举证责任倒置、举证责任转换、证明妨害、表见证明、证明度降低、强化相对人的具体化义务等仍未查明事实的,应将消极事实的举证责任分配给被告。

第四步,界定初步举证责任。主张法律关系存在、变更、消灭或者权利受到妨害的当事人,应当对该法律关系存在、变更、消灭或者权利受到妨害的基本事实承担初步举证责任。该初步举证责任并非一定要达到高度盖然性或排除合理

---

① 主要体现在《最高人民法院关于民事诉讼证据的若干规定》第 4 条、第 6 条,《最高人民法院关于审理医疗损害责任纠纷案件适用法律若干问题的解释》第 10～12 条,《侵权责任法》第 66 条;等。

② 比如,《民诉法解释》第 112 条,《侵权责任法》第 58 条、《最高人民法院关于审理民间借贷案件适用法律若干问题的规定》第 17 条;等。

怀疑的标准,但应依据经验法则和逻辑推理、初步证据,法官在不排除其他可能性的情形下,得推论有该基本事实的存在。在对方没有提供足以使该初步证据所证明的事实陷入真伪不明时,该初步证据所证明的事实即达到了民诉法举证责任的证明标准。

第五步,界定反驳证据的证明力。根据《民诉法解释》第 90 条之规定,反驳对方诉讼请求所依据的事实,具有提供反驳证据的义务。反驳举证责任的证明力度较低,以是否将本证事实陷入真伪不明为界线。故主张法律关系变更、消灭或权利受到妨害时,在当事人完成初步举证责任后,行为意义上的举证责任转换至另一方当事人。如对方当事人所举的反驳证据不足以将法官心证程度拉回真伪不明状态[①],一方当事人之初步举证即达到证明标准[②],案件要件事实之真伪已明,应作出对其有利的裁判。

第六步,以结果公正平衡举证责任分配。如果严格适用法规语词会导致一个完全不合理的或荒谬的结果,那么就应当准许法院将横平法的例外植入该法律规则之中。[③] 如严格按照《民诉法解释》第 90 条及第 91 条之举证责任分配的一般规则及现行实体法关于权利要件的规定确定举证责任分配,在一些特殊的案件处理上可能导致个案失衡。然而,尽管《民诉法解释》未再明确规定保留特殊情形下由法官进行举证责任分配,但仍应允许此种情况下适当适用《证据规定》第 7 条之规定,以便维护实质正义。此外,我们还可通过举证责任交替转换、推定、初步举证责任适当降低、依职权调查取证及向最高法院请示批复等方式作出新的司法解释,对举证责任分配进行调整。

## 结　语

民事"举证责任分配不当"影响案件的正确裁判结果,危及公平正义。我国在不断完善实体法和程序法的关于举证责任分配及改进案例的指导制度,进而为实行举证责任分配的主体即司法审判人员进一步指明路径的同时,也

---

① 王亚新、陈杭平、刘君博:《中国民事诉讼法重点讲义》,高等教育出版社 2017 年版,第 104 页。

② 证明标准可分为高度盖然性标准(《民诉法解释》第 108 条)、排除合理怀疑标准(《民诉法解释》第 109 条)和盖然性占优标准(以《民事诉讼法》第 44 条为例)。

③ [美]E. 博登海默:《法理学——法律哲学与法律方法》,邓正来译,中国政法大学出版社 2004 年版,第 561 页。

不可忽视举证责任分配的主体即法官自身业务能力的建设。“盖天下之事，不难于立法，而难于法之必行。”①同理，不管举证责任分配规范如何完善，若没有法官真正认知并公正执行，从“举证责任分配不当”到“举证责任分配妥当”就存在着不可逾越的天堑。

**附:举证责任分配不当案例一览表**

| 序号 | 案号 | 纠纷类型 | 原审法院 | 结果 |
|---|---|---|---|---|
| 1 | (2018)最高法民终 34 号 | 合同纠纷 | 黑龙江省高级人民法院 | 发回重审 |
| 2 | (2017)最高法民申 4993② 号 | 侵害植物新品种权 | 山西省高级人民法院 | 指令再审 |
| 3 | (2017)最高法民申 1137 号 | 合同纠纷 | 辽宁省高级人民法院 | 指令再审 |
| 4 | (2017)最高法民再 42 号 | 不当得利纠纷 | 山东省高级人民法院 | 改判 |
| 5 | (2017)最高法民再 284 号 | 破产清算 | 江西省高级人民法院 | 发回重审 |
| 6 | (2017)最高法民申 2829 号 | 合同纠纷 | 陕西省高级人民法院 | 指令再审 |
| 7 | (2017)最高法民终 34 号 | 合同纠纷 | 四川省高级人民法院 | 维持 |
| 8 | (2017)最高法民再 431 号 | 合同纠纷 | 山东省高级人民法院 | 改判 |
| 9 | (2017)最高法民申 2155 号 | 执行异议之诉 | 内蒙古自治区高级法院 | 指令再审 |
| 10 | (2017)最高法民终 5 号 | 建设工程合同纠纷 | 辽宁省高级人民法院 | 发回重审 |
| 11 | (2017)最高法民终 660 号 | 合同纠纷 | 宁夏回族自治区高级人民法院 | 发回重审 |
| 12 | (2017)最高法民再 91 号 | 合同纠纷 | 福建省高级人民法院 | 改判 |
| 13 | (2016)最高法民再 207 号 | 民间借贷纠纷 | 山东省高级人民法院 | 改判 |
| 14 | (2016)最高法民申 3784 号 | 民间借贷纠纷 | 安徽省高级人民法院 | 指令再审 |

① [明]张居正:《请稽查章奏随事考成以修实政疏》,载《张居正奏疏集》(上),华东师范大学出版社 2014 年版,第 94 页。

② 莱州永恒国槐研究所系列案还有 5 例,分别为最高人民法院(2017)最高法民申 4995 号、(2017)最高法民申 4999 号、(2017)最高法民申 5002 号、(2017)最高法民申 5006 号、(2017)最高法民申 3059 号,因裁判观点和结果均同,故未单独纳入表格。

续表

| 序号 | 案号 | 纠纷类型 | 原审法院 | 结果 |
|---|---|---|---|---|
| 15 | (2016)最高法民再18号 | 货物运输合同纠纷 | 上海市高级人民法院 | 改判 |
| 16 | (2016)最高法民终241号 | 民间借贷纠纷 | 新疆维吾尔自治区高级人民法院 | 改判 |
| 17 | (2016)最高法民申2655号 | 借款合同纠纷 | 新疆维吾尔自治区高级人民法院 | 指令再审 |
| 18 | (2016)最高法民终114号 | 抵押合同纠纷 | 山东省高级人民法院 | 改判 |
| 19 | (2016)最高法民再59号 | 货运代理合同纠纷 | 福建省高级人民法院 | 改判 |
| 20 | (2016)最高法民终799号 | 建设工程合同纠纷 | 黑龙江省高级人民法院 | 发回重审 |
| 21 | (2016)最高法民再2号 | 借款合同纠纷 | 广东省高级人民法院 | 改判 |
| 22 | (2016)最高法民终20号 | 股权转让纠纷 | 青海省高级人民法院 | 改判 |
| 23 | (2016)最高法民终40号 | 保证合同纠纷 | 吉林省高级人民法院 | 改判 |
| 24 | (2016)最高法民申797号 | 侵害外观专利纠纷 | 新疆维吾尔自治区高级人民法院 | 驳回再审 |
| 25 | (2016)最高法民申1109号 | 货物运输合同纠纷 | 福建省高级人民法院 | 驳回再审 |
| 26 | (2015)民提字第32号 | 民间借贷纠纷 | 江苏省高级人民法院 | 改判 |
| 27 | (2015)民二终字第53号 | 不良债权追偿纠纷 | 辽宁省高级人民法院 | 改判 |
| 28 | (2015)民申字第130号 | 民间借贷纠纷 | 山东省高级人民法院 | 指令再审 |
| 29 | (2015)民一终字第143号 | 合同纠纷 | 广东省高级人民法院 | 改判 |
| 30 | (2015)民提字第130号 | 房屋买卖合同纠纷 | 吉林省高级人民法院 | 改判 |
| 31 | (2015)民提字第156号 | 合作纠纷 | 甘肃省高级人民法院 | 改判 |
| 32 | (2015)民监字第21号 | 房屋买卖合同纠纷 | 广东省高级人民法院 | 指令再审 |
| 33 | (2014)民四终字第31号 | 债权人代位权纠纷 | 天津市高级人民法院 | 改判 |
| 34 | (2014)民申字第2136号 | 股东知情权纠纷 | 北京市高级人民法院 | 指令再审 |
| 35 | (2014)民一终字第229号 | 民间借贷纠纷 | 四川省高级人民法院 | 改判 |
| 36 | (2014)民申字第1369号 | 侵害专利权纠纷 | 陕西省高级人民法院 | 维持 |
| 37 | (2014)民抗字第5号 | 劳务合同纠纷 | 重庆市高级人民法院 | 改判 |
| 38 | (2014)民提字第81号 | 企业借贷纠纷 | 安徽省高级人民法院 | 改判 |
| 39 | (2012)民提字第3号 | 侵犯专利权纠纷 | 陕西省高级人民法院 | 改判 |

# 村(居)委会干预未成年人遭受家暴的实证研究

温州市中级人民法院课题组*

**摘要:**现行的诸多立法明确规定,当未成年人遭受家暴时,村(居)委会可以预防与制止家暴,实施保护未成年人身心健康等工作。然村(居)委会并非国家机关,存在缺乏应有权威等局限性,实践中常常令其陷入尴尬的境地。但"枫桥经验"强调现代社会的"基层治理、纠纷解决、治理向度"等三重启示,对于未成年人遭受家暴时由村(居)委会干预则明显具有正当性,可以更有力地保护未成年人权益。对于其中不足,我们既可通过精准把控村(居)委会的干预度来解决,也可借鉴域外先进立法经验来改良,如明确干预内容、厘清具体权利与义务,赋予村(居)委会享有监护报酬请求权,增设对未成年人的监护监督制度等,以更好地践行和发展新时代的"枫桥经验",不断实现基层社会治理的应有功能。

**关键词:**家庭暴力;未成年人保护;村(居)委会干预;监护制度

## 一、问题之提出

2014年7月,福建省仙游县9岁的未成年人林某乙遭其母亲林某甲长期施暴,林某乙住所地的梧店村民委员会以申请人的身份,向法院提起撤销林某甲监护权的诉讼。① 此乃未成年人遭受家暴的一个典型案例。依2013年青少年维权网公布的调查数据显示,我国84.4%的家暴受害者为未成年人。家暴预防与

* 课题组成员:杨际平,温州市中级人民法院党组成员、副院长;张元华,温州市中级人民法院法官、区域可持续发展法治研究中心兼职研究员、法学博士;李勃,温州大学硕士研究生、吴越社会工作事务所副秘书长;徐晨欣,西南政法大学硕士研究生。

① 参见(2014)仙民特字第01号民事判决书。

制止,直接影响到未成年人的成长发展,也关系到国家发展与社会稳定。因而,如何有效地处置家暴案件、保护未成年人的合法权益,已然成为新时代反家暴工作的核心。根据《反家暴法》第 4 条、第 7 条等相关规定,政府有关部门负有“反家暴”的职责,但家暴问题涉及情、理、法等诸多因素,并非有关部门简单介入即可彻底解决。“‘枫桥经验’的实践证明,在‘后乡土性’的基层社会中,这些具有乡土精英性质的基层社会自治力量参与地方自治无疑是合适之选。”①“依靠群众就地化解矛盾”的基层干预路径,体现出其独有的正当性。比如说,村(居)委会干预具有及时了解纠纷、有效解决矛盾、降低处置成本等诸多优点,但其并非国家机关,缺乏应有的权威性,其干预正当性的逻辑起点在何处?又该如何实现有效干预?本文以“枫桥经验”为视角,立足于现有的法律规范,在阐释村(居)委会干预之正当性的基础上,结合我国风土人情,借鉴国外先进经验,通过限制村(居)委会干预家暴的内容、度量等方式,解决基层群众组织在实践中可能存在的不足,有效构筑起未成年人遭受家暴的第一道防线,尽可能将家暴纠纷化解于萌芽状态,化解在基层一线,以实现基层社会治理的“和谐”与“秩序”。

## 二、村(居)委会干预家暴与保护未成年人之正当性分析

有学者认为,村(居)委会在履行干预家暴、保护未成年人的过程中,缺乏公权力机关权威②,无专门经费与人员③;也有学者认为,该干预制度是计划经济产物,与生活严重脱节、操作缺乏可行性,难以保证未成年人的权利,④那村(居)委会干预家暴、保护未成年人权益之正当性何在?笔者认为,预防与制止家暴、保护未成年人工作的展开,是一项系统性的纠纷解决工程,除了公权力干预外,同样需加强基层力量的介入与治理,这从“枫桥经验”中可以预见。“枫桥经验”发源于 20 世纪 60 年代,是成功改造教育“四类分子”的经验。⑤ 改革开放以来,

① 郭星华、任建通:《基层纠纷社会治理的探索——从“枫桥经验”引发的思考》,载《山东社会科学》2015 年第 1 期。

② 刘金霞:《建立我国监护的公权干预机制研究》,载《西部法学评论》2013 年第 4 期。

③ 亢志勇、何振忠:《我国监护制度的现状与完善》,载《黄河科技大学学报》2005 年第 7 期。

④ 林艳琴:《我国未成年人监护法律制度现状检讨与完善构想》,载《东南学术》2013 年第 2 期。

⑤ 赵义:《枫桥经验——中国农村治理样板》,浙江人民出版社 2008 年版,第 27 页。

其以“小事不出村、大事不出镇,矛盾不上交、就地解决”为样板,创造系列“化解矛盾在基层”的有效机制,①着力推进和深化基层社会治理。由此可见,以村(居)委会干预未成年人遭受家暴的路径具有正当性,是新时代“枫桥经验”的传承与拓展。

(一)有效提高家暴处置的工作效率

针对全面深化改革和经济社会发展的新情况、新问题,“枫桥经验”与时俱进,不但将维护社会稳定作为第一要务,而且坚持依靠群众、发动群众,抓早、抓小就地化解矛盾原则。② 这种基层治理方式具有尽早发现问题、适时介入问题、及时处置纠纷等方面的优势,而村(居)委会干预未成年人遭受家暴之路径则紧密结合乡土风俗习惯、当地文化传统,有效地融合“情、理、法”因素,实现家暴案件的高效处置。

未成年人遭受家暴,按其损害程度的不同,可以分为轻微伤、轻伤、重伤等;按其恢复时间的长短不同,可以分为短时间复原的身体伤害、永久性不可恢复的身体伤害。除此显性伤害外,其还可能存在一些隐性问题,如长期生活在家暴环境的未成年人极易形成不健全人格,严重者甚至产生 PTSD、躁郁症等心理疾病。为此,即时快速的干预路径显得尤为重要。正如青少年研究中心的数据显示(见图 1),2014 年共调查 697 起案件,而未成年人死亡的案件为 359 件,占 51.51%;身心伤害、严重伤害的 182 件,占 26.11%,包括极端方式杀害和虐待、过失致死;未成年人遗弃、贩卖、收养的 156 件,占 22.38%。一般而言,绝大多数家暴行为存在一种反复暴力的倾向,这是一个不断侵蚀未成年人身体、心理健康的过程,在此过程中,第三方机构或人员的快速、适时介入,至关重要。在掌握家暴信息、尽早介入的意义上,村(居)委会存在地域接近、信息通畅等先天优势,并且在未成年人遭受严重家暴时,村(居)委会拥有申请撤销施暴家长监护权的权利。故村(居)委会干预路径在及时处理意义上具有必要性,即方便未成年受害者就近求助,从而获得快速、有力的社会支持,同时具备有效降低纠纷解决成本等优势。

(二)积极顺应亲权向监护权的职能转换

正如上文所述,家暴案件属于“情、理、法”交融的复杂问题,横跨“情、理”亲

① 吴锦良:《“枫桥经验”演进与基层治理创新》,载《浙江社会科学》2010 年第 7 期。

② 法制日报赴浙江采访组:《跨越五十五载枫桥经验之树常青》,载《法制日报》2018 年 4 月 27 日第 1 版。

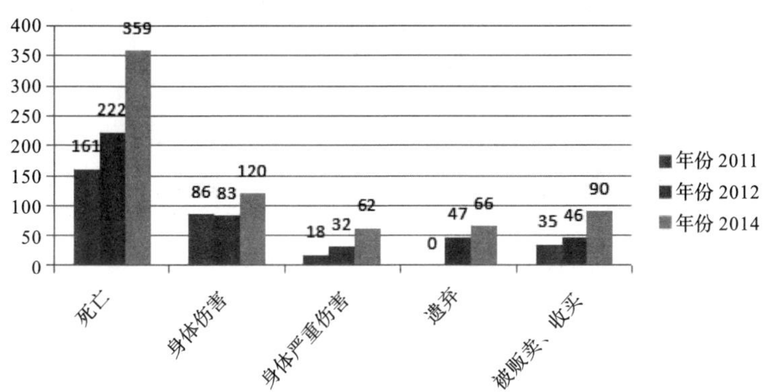


**图 1 未成年人被家暴后果图(资料来源:青少年维权网)**

属传统伦理,又可将"理、法"归类于涉监护权纠纷。"自治、法治、德治"相结合的"三治融合",是新时代"枫桥经验"的重要新内容。① 而未成年人遭受家暴的村(居)委会干预路径,正符合"三治融合"的内容,顺应亲权向监护权的职能转变,是推进基层社会治理体系和治理能力现代化的新探索。

我国历来重视亲权传统,然"国内司法权之所以远离亲权,其根源在于'积家以成国''国之本在家'身份本位传统观念仍以其历史惯性影响着社会制度的构建"。② 换言之,现有以监护权为核心构建的未成年人保障体系与以"身份本位"的民间习惯、传统观念存在落差、矛盾,"因监护制度贯彻、执行不力所致未成年人的人身、财产等权益受到侵害的现象屡见不鲜,甚至部分未成年人因此走上违法犯罪道路"。③ 由此可见,我国监护制度仍旧存在着完善的空间。虽说社会本位思想、福利社会理念所指向的公法、社会法试图补充原民法监护制度的不足,以公法、社会法形式规定公权力介入未成年人监护领域,④但这样的举措依旧无法完美地衔接亲权与监护权之间的职能交替与转换,两者缺乏相对缓冲、转接的

① 法制日报赴浙江采访组:《跨越五十五载枫桥经验之树常青》,载《法制日报》2018 年 4 月 27 日第 1 版。

② 陈云朝:《从"托孤"到"监护"——我国近代未成年人监护制度的转型》,载《华中科技大学学报(社会科学版)》2014 年第 3 期。

③ 刘金霞:《建立我国监护的公权干预机制研究》,载《西部法学评论》2013 年第 4 期。

④ 曹诗权:《未成年人监护制度演进规律与现实走向》,载《中华女子学院学报》2016 年第 2 期。

“枢纽”，难以在涉未成年人家暴的纠纷处置中实现亲权功能与规范作用的有效兼顾。而村(居)委会干预家暴、保护未成年人利益，恰好顺应亲权向监护权职的能转移，实现一种职能转的“中介”效果。一方面，村(居)委会可积极利用亲权文化，尊重“亲亲”“尊尊”等传统家庭观念；另一方面，可以顺应现实社会本位、福利国家思想，完善我国现阶段的未成年人保护制度等，更好地保护未成年人遭受家暴时的合法权益。

(三)贯彻实施法律规范的具体职能

党的十八届四中全会作出全面推进依法治国的重大战略决策，“三治融合”是“枫桥经验”的新内容，而法治则为“三治融合”的关键。① 无论桐乡的“三治”、余村的绿水青山，还是衢江调解、宁波化解医患纠纷，各地“枫桥经验”的新内涵都围绕法治因素展开。② 正如所言，“‘枫桥经验’若想继续保持长久的生命活力，需要注重对自身‘法治本土资源’的开掘”，③以“枫桥经验”为视角的村委会干预家暴路径，同样需要基层社会治理法治化的内容与保障，以切实贯彻实施现有法律规定的相关职能。

“家暴如何处置、未成年人如何保护”涉及诸多法律规范，除《未成年人保护法》(2013)、《关于依法处理监护人侵害未成年人权益行为若干问题的意见》(2015)、《反家庭暴力法》(2016)等法律规范外，现有超过 29 个省份先后制定了相关“预防与制止家庭暴力的方法”。为此，笔者抽取上述 22 个地方的相关规范作为样本，④以“涉村(居)委会防治家暴条文”为核心因素，进行量化与质化两个层面的统计分析。

1.量化分析(见表 1)。上述 22 个省(市、自治区)的地方性规范文件，均规定

---

① 法制日报赴浙江采访组:《创新发展新时代枫桥经验公安理应一马当先》，载《法制日报》2018 年 4 月 25 日第 1 版。

② 法制日报赴浙江采访组:《跨越五十五载枫桥经验之树常青》，载《法制日报》2018 年 4 月 27 日第 1 版。

③ 谌洪果:《“枫桥经验”与中国特色的法治生成模式》，载《法律科学》2009 年第 1 期。

④ 主要包括《浙江省预防和制止家庭暴力条例》《新疆维吾尔自治区预防和制止家庭暴力规定》《吉林省预防与制止家庭暴力条例》《重庆市预防与制止家庭暴力条例》《内蒙古自治区预防与制止家庭暴力条例》《河南省人民代表大会常委会关于预防与制止家庭暴力的决定》《青海省预防与制止家庭暴力条例》《海南省预防与制止家庭暴力规定》《贵州省人民代表大会关于预防与制止家庭暴力的决议》《广西壮族自治区人民代表大会常委会关于预防与制止家庭暴力的决议》《河北省预防与制止家庭暴力条例》等。

村(居)委会应在防治家暴案件的工作中发挥作用。为明确规范功能的向度,笔者以条文数量"10条"为度量单位分为三类:其一,10个省份的地方性规范文件所涉"村(居)委会防治家暴"条文数量小于或等于10条,占比为45.5%;其二,8个省份的地方性规范文件所涉"村(居)委会防治家暴"条文数量大于10条且小于或等于20条,占比为36.4%;其三,4个省份的地方性规范文件所涉"村(居)委会防治家暴"条文数量大于20条,占比为18.2%。由此观之,从相关规范性文件的完善来看,其与地域性没有太大关系,主要与相关职能部门或地方立法机关的工作积极性有关。

**表1　量化层面的统计图表(资料来源:笔者整理)**

| 范围(条) | 所占比重(%) | 个数 | 省份 |
| --- | --- | --- | --- |
| χ≤10 | 45.5 | 10 | 河南、辽宁、山东、安徽、山西、湖北、黑龙江、陕西、江西、湖南 |
| 10<χ≤20 | 36.4 | 8 | 浙江、新疆、重庆、青海、贵州、广西、宁夏、四川 |
| χ>20 | 18.2 | 4 | 吉林、内蒙古、海南、河北 |

2.质化分析(见图2)。纵观样本规范的具体内容,村(居)委会在防治家暴工作中表现出诸多功能,具体包括:帮助投诉、报警、调解纠纷;设立预防、制止家暴维护站、开展家庭创建宣传活动;帮助调查取证;不履行职责所应承担的相应责任;其他;等等。如《浙江省预防和制止家庭暴力条例》第10条规定,开展文明创建活动,宣传家庭暴力防范与自我保护的知识;《海南省预防与制止家庭暴力规定》第9条规定,受理家暴控告与救助请求,及时调查了解家庭纠纷;等等。结合我国《民法总则》第31条、《未成年人保护法》第53条、《反家暴法》第21条等规定的"村(居)委会可向人民法院申请撤销失责家长监护权制度",未成年人遭受家暴时,村(居)委会干预路径自上而下呈现出系统化、体系化的"雏形"。

由此可见,从量化层面而言,我国法律及大多数地方性规范文件或多或少均已规定了"未成年遭受家暴的村(居)委会干预路径";从质化层面而言,虽说我国干预路径尚有较大的完善空间,但村(居)委会干预方式明显具有法定职责的意义,贯彻实施法定职能同样属于干预路径之正当性范畴。

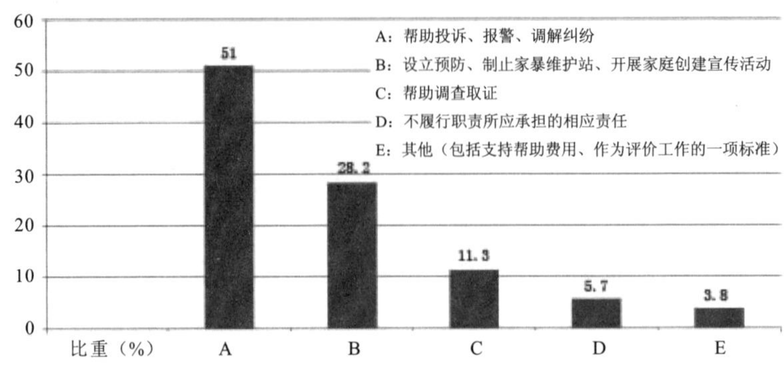


**图 2　质化层面的归纳图表(资料来源:笔者整理)**

## 三、村(居)委会干预家暴、保护未成年人之限度分析

村(居)委会干预家暴路径虽说具正当性,但也可能存在限度不当的风险。"枫桥经验"在新时代体现了新内容、新内涵,呈现出与时俱进的特征。在以"枫桥经验"视角论述村(居)委会干预正当性的同时,村(居)委会应时刻秉持"枫桥经验"的新时代理念,以谨慎介入亲子关系,不可过度干预,也不可过少干预,方可平衡未成年人、父母、社会三者之间的关系,保护家庭之整体和谐,保障未成年人合法权益等。

(一)现行法律之规定

我国法律规范对于"村(居)委会干预家暴"已初具雏形,笔者简单地将其核心规范予以汇总(见表 2),可见,村(居)委会在实践中干预未成年人遭受家暴时已经具有法律依据。典型的如《反家暴法》第 21 条规定,"监护人实施家庭暴力严重侵害被监护人合法权益的,村(居)委会可以向人民法院提出申请,依法撤销其监护人资格,另行指定监护人"。具体到司法实务,福建仙游案、南京幼女饿死案、河南郑州猪圈男孩案、江苏徐州案等案件,均有干预路径模式的体现,但这些案件也表明,村(居)委会可能偏离法律规范,过多或过少地干预,产生了诸多不利于未成年人成长的风险。一方面,过少干预容易导致未成年人继续长期遭遇身体暴力、虐待乃至牺牲生命;另一方面,动辄得咎,不考虑有无实际监护人,肆意撤销失责家长监护权的行为,导致未成年人实际处于无人监管之状态。故村(居)委会在实施制止家暴、保护未成年人工作方面,应当严守法律依据,把握干预度,做到合理得当,方可实现制裁施暴者与保护未成年人的利益平衡。即使存在没有法律依据，又不足以有效制止家暴的行为时，也应当依法及时寻求他途来保护未成年人的合法权益，切不可随意而为，任意扩大村(居)委会干预家暴的职能范围，影响到家庭、亲子等血缘关系的和睦氛围。

**表 2　部分核心规范汇总**

| 法律渊源 | 条款 | 干预内容 |
| --- | --- | --- |
| 《未成年人保护法》 | 第 22 条 | 预防和制止侵害未成年人合法权益的违法犯罪行为 |
| 《反家暴法》 | 第 8 条 | 积极配合协助家庭暴力预防工作的开展 |
| | 第 13 条 | 接受家庭暴力受害人及其法定代理人、近亲属有关家暴的投诉，反映或者求助并给予帮助、处理 |
| | 第 14 条 | 在工作中发现无民事行为能力人、限制民事行为能力人遭受或者疑似遭受家庭暴力的，及时向公安机关报案 |
| | 第 17 条 | 对收到告诫书的加害人、受害人进行查访，监督加害人不再实施家庭暴力 |
| | 第 22 条 | 对实施家庭暴力的加害人进行法治教育，必要时可以对加害人、受害人进行心理辅导 |
| | 第 23 条 | 可以代为申请人身保护令 |
| 《关于依法处理监护人侵害未成年人权益行为若干问题的意见》 | 第 6 条 | 发现未成年人受到监护侵害的，应当及时向公安机关报案或者举报 |
| | 第 11 条 | 未成年人身体受到严重伤害、面临严重人身安全威胁或者处于无人照料等危险状态的，对未成年人予以临时紧急庇护和短期生活照料 |
| | 第 33 条、第 37 条 | 提供建议 |

资料来源：笔者整理

(二)传统亲权之启示

不过，法律存在滞后、僵化、空白漏洞等固有局限，若完全依法而行实施干预，面临新问题、新情况时，则不利于家暴之制止、未成年人合法权益之维护。因此，除了依照法律、法规之外，村(居)委会干预之界限，还应受“积家以成国”“国之本在家"等身份本位传统的影响。如福建仙游案、河南郑州猪圈男孩案中,村(居)委会虽对家暴已有较多认知,可以成为国家发现监护侵害的"便捷通道",但是村(居)委会干预并不能发挥其应有的作用。何也?"除政府机关'不举不究'、人民法院'不告不理',还有监护权撤销程序等未成年人保护制度规定不具可操作性、存有漏洞。"[①]故村(居)委会在实施制止家暴、保护未成年人工作方面,"既顺应注重家庭法的伦理色彩与亲权传统,强调亲子关系的特殊性,本质上认可亲权是一种义务性的权利,同时限缩国家直接代行监护的空间",[②]也要更加凸显国家对于公民个人、村(居)委会的社会责任。此乃从人之本性、亲权功能、基层治理等契合我国传统文化之角度予以审视而言,往往可以起到防患于未然、事半功倍之效果。

(三)实践经验之探索

笔者以撤销家长监护权为关键词在中国裁判文书网上检索,获取截至2018年1月31日的相关案件共67个,其中长三角、珠三角、京津冀地区52个,中西部地区11个(见图3)。通过对上述案件的审理裁判,我国在未成年人安置、家暴与虐待等有效处理方面,积累了不少的可行性经验,尤其以福建仙游案、南京幼女饿死案件、河南郑州猪圈男孩案、江苏徐州案更为明显。比如,上海市徐汇区现已成立多个涉罪未成年人观护基地、儿童福利指导服务中心等社会救助机构,要继续通过政府购买服务、检察机关与社会机构联动等方式,有效解决场地、人员和经费等基础问题。[③] 温州法院、检察院也在未成年人遭受家暴的保护需求案件中不断尝试探索,积累相关经验。[④] 但是,由于每个家暴案件的发生原因、处理方案不可能千篇一律,往往呈现出多样性、复杂性,更应在严格依法的前

---

① 厦门大学法学院"未来海岸"课题组:《监护权撤销制度的实践与思考——基于福建仙游、江苏徐州的调研》,载《福建法学》2016年第4期。

② 熊金才、冯源:《论国家监护的补充连带责任——以亲权与监护的二元分立为视角》,载《中华女子学院学报》2014年第4期。

③ 季冬梅、赵争先、康相鹏:《论未成年人监护缺失的成因与对策——以徐汇区未成年人监护缺失案例为视角》,载《少年司法》2016年第5期。

④ 《温州反家暴经验为何会被最高法点赞》,http://zjnews.zjol.com.cn/system/2016/03/15/021065449.shtml,访问日期:2018年4月20日。《为未成年人司法保护撑起一片蓝天》,http://www.wzrb.com.cn/%25255C/article851517show.html,访问日期:2018年4月20日。

提下，尽可能做到程序上规范行使，实体处理上因案施策，注重案件的特殊性、独特性，形成可复制的理论化经验总结，更有效地保护好未成年人的利益等。

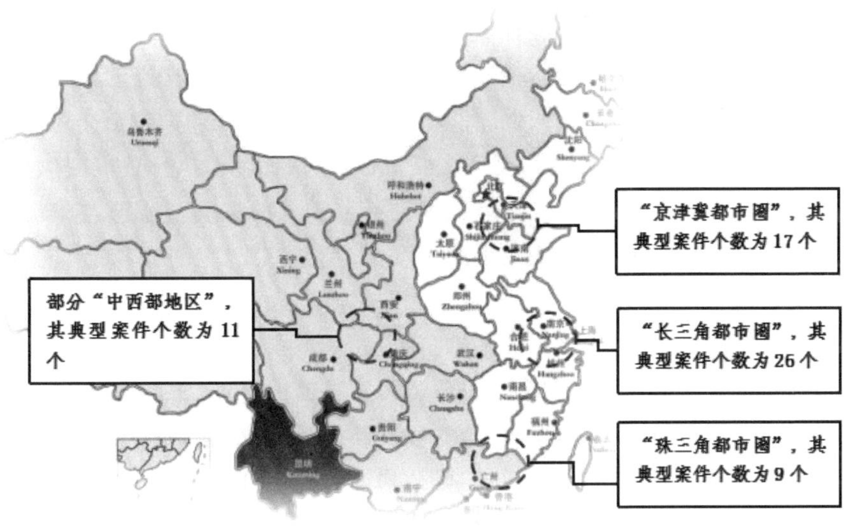


图3　撤销失职家长监护案件分布图(资料来源:笔者整理)

## 四、未成年人遭受家暴时村(居)委会干预制度之完善路径

"'枫桥经验'一方面强调防范社会矛盾的激化，体现政府主导特色；另一方面强调走群众路线和地方自治，体现民间主导特色。"[①]从"枫桥经验"视角来看，村(居)委会干预家暴制度的完善路径，即应是民间主导特色、基层主导特色的体现与巩固。格拉斯.C.诺斯(Douglass C.North)的"制度变迁理论"将制度完善构成分类为正式拘束、非正式拘束与制度实施三因素，[②]具有理论之科学性。为此，笔者结合我国现行法律规定及风土人情，以列明干预内容、赋予请求权、增设监督职能等作为具体考量因素，推动未成年人遭受家暴的制度变迁完善，实现

① 谌洪果:《"枫桥经验"与中国特色的法治生成模式》，载《法律科学》2009年第1期。

② [美]道格拉斯·诺斯:《理解经济变迁过程》，中国人民大学出版社2013年版，第6页。

“枫桥经验”在新时代下的践行拓展。

(一)明确干预内容,厘定具体权利义务

对于村(居)委会干预家暴而言,我国现有法律规定过于粗糙、操作性弱,多为宣示性条文,有必要借鉴他域经验列明干预内容,厘清具体的权利义务。如我国台湾地区的“家庭暴力防治法”第45条规定,“因家暴被剥夺监护权的家长可定期探望子女,但受严格限制,如禁止过夜会面交往,准时、安全交还子女并缴纳保证金等”,①禁止过夜会面交往之监督、收缴保证金由执行官贯彻执行。《西班牙民法典》第271条则规定了有关被委托监护人的权利,“监护人在获得司法授权后,可依法转让未成年人名下的不动产、商号或工厂、贵重物品,接受赠与、接受贷款或借款等合理地管理被监护人的财产的权利”。② 由此可见,村(居)委会干预制度不能止步于“宣示性”条文,还应该列明干预内容,理清权利义务关系,方便民众查阅法律、维护其合法权益,为实践提供更充分的立法指引。

其一,从正式拘束角度以观。一是同时采用“概括列举”与“负面清单”等方式列明干预内容。一方面,通过“概括列举”式列明村(居)委会干预的内容,如应开展文明创建活动、宣传家庭暴力防范与自我保护的知识、受理家庭暴力的投诉、对正在受理的家庭暴力及时处理、制止等;另一方面,为了解决列举不尽、节约司法资源等问题,针对村(居)委会干预的禁止事项也可采用“负面清单”式列明,为特定情形下干预家暴、保护措施执行提供更明确的立法指引。二是厘定干预的具体权利与义务。“厘定干预及教养手段的法律边界,对干预行为本身和干预行为外部监督评价起到双重规范作用。”③村(居)委会干预解决家庭暴力的,具有指引并教育、申请人身保护令等权利;同时负有及时调解家庭纠纷、化解矛盾,开展文明创建活动,协助配合公安机关与司法机关的调查工作,为经济困难的且无临时住所的家庭暴力受害者提供经济援助等义务。因村(居)委会不履行或怠于履行干预职责、侵害未成年人权益的,应当承担相应的法律责任。

其二,从非正式拘束角度以观。“随着现实社会本位、福利国家等思想影响,

① 林艳琴:《完善我国儿童监护人的监护职责》,载《预防青少年犯罪研究》2016年第3期。

② 潘灯、马琴译:《西班牙民法典》,中国政法大学出版社2013年版,第105~109页。

③ 季冬梅、赵争先、康相鹏:《论未成年人监护缺失的成因与对策——以徐汇区未成年人监护缺失案例为视角》,载《少年司法》2016年第5期。

亲权传统观念逐渐向自由主义、个体主义等过渡。国家公权积极立法,家庭自治监护之不足,成为提高未成年人和处于特殊状态的成年人的福利水平和人权保护水平的必然选择,也是村(居)委会干预家暴解决、未成年人保护的必然选择,恰好也是法律对私权保护的价值体现。"①相关家暴预防与制止法律制度的不完善,以及个人权利意识的不断扩张,在其他多种因素的耦合下,共同促成了未成年人遭受家暴时,通常会选择合理的时机向家庭之外的力量求助,如向同学、老师或亲友诉苦,紧急情形下也会向村(居)委会或派出所电话求救。正是他们这种看似"不合理"的途径与方式,极有可能打破"家丑不可外扬"的陋习与传统观,也使传统亲权意义上的子女必须保持对父母绝对服从的观念,得到了较大的矫正与合理回归。在这种家庭成员尤其是亲子之间的权利观、义务观尚未全面深入人心的国度里,这为村(居)委会获悉未成年人遭受家暴的情况并依法及时出手相救,提供了契机与可能。

(二)赋予相应的报酬请求权

村(居)委会是否能够从干预活动中获利,各国大致存在三种立法例:一为以苏联《婚姻家庭法典》为代表的无偿原则,视监护为纯社会事务;二为以日本、美国、西班牙为代表的有偿原则,视监护等干预活动为有偿的法律行为,但应受到严格限制;三为以德国、法国为代表的补偿原则,即一般不应索酬,但申请人请求后可给予补偿。② "我国现有法律历来没有采取有偿干预,但随着商品经济的发展、人们价值观念的变化,实行有偿干预已成为世界的一种趋势。"③这是一种时代发展的必然反映,有助于实施效率与干预效果的提升。

---

① 刘金霞:《建立我国监护的公权干预机制研究》,载《西部法学评论》2013 年第 4 期。

② 如《日本民法典》第 862 条规定,"家庭法院可以根据经济能力及其他情况,从被监护人的财产中,给予监护人以相当的报酬"。转引自曲昇霞:《未成年人民事审判的双轨制建构——以日本未成年人民事审判为借鉴》,载《学海》2014 年第 6 期。《西班牙民法典》第 217 条规定,"监护人在被监护人的财产允许的范围内有权获得报酬的权利"。参见潘灯、马琴译:《西班牙民法典》,中国政法大学出版社 2013 年版,第 98～104 页。《德国民法典》第 1836 条规定,"一般情况下无偿,但作为职业的、申请人执行多于十宗实务的、执行事务必要时间预计不少于每周 20 小时的,可提出报酬请求"。转引自尹志强:《未成年人监护制度中的监护人范围及监护类型》,载《华东政法大学学报》2016 年第 5 期。

③ 林艳琴:《我国未成年人监护法律制度现状检讨与完善构想》,载《东南学术》2013 年第 2 期。

其一,从正式拘束角度以观。一是提出报酬请求权的正当性。首先,基于权利义务相一致原则,村(居)委会履行干预家暴治理、保护未成年人等法定义务,若只负义务不享权利,违反权利义务相一致原则,容易导致村(居)委会怠于履行其义务,更不利于未成年人的保护、预防与制止家庭暴力。其次,提出报酬请求权是解决我国无人干预家暴、保护未成年人现状之需要。由于村(居)干预的是家务事、保护的是未成年人,保护的权益不仅是财产权,还有人身权,甚至需要对未成年人的成长负责,等等,此种干预责任大、风险多、义务重、利益少,受道德拘束强,且由于我国现在仍处于社会主义初级阶段,一味一厢情愿地强调无私奉献不符合我国目前的经济发展水平、人们的道德观念、社会责任观念,毋庸置疑,实行有偿干预,可以激发村(居)委会干预之积极性。正所谓有偿监护是民事法律关系的本质所决定的,是我国监护现状的需要,也是客观存在的。[①] 二是经费来源问题。村(居)委会的报酬来源,主要考虑以下三方面:第一,未成年人有财产的,依法从其财产中予以扣除。第二,未成年人没有财产的,可向原监护人要求偿付。第三,未成年人原监护人无支付能力的,由国家财政部门专门拨款作为监护人的报酬。三是经费标准问题。正如设立报酬请求权之原因有多种,收取报酬的标准考量的因素也诸多,村(居)委会干预之经费以何种方式收取,国家不宜制定统一的标准,而应参照各地经济发展水平、各案具体工作量,交由人民法院根据案情予以裁量。

其二,从非正式拘束角度以观。《反家暴法》第 4 条"各级人民政府应当对反家暴工作给予必要的经费保障"之规定,实为一种"宣示性条文",旨在引导村(居)委会在保护未成年人健康成长方面发挥积极作用。在"国家经费保障"引导村委会积极行使监护权的同时,我国还应将保护未成年人的考核指标纳入村(居)委会干部的日常工作考核机制中。对于村(居)委会在未成年人的保护发挥作用过程中以及事后的结果反馈,可以在村(居)委会的定期考核或者年度考核中向村(居)收集,或由其主动向所在乡镇(街道)反馈。在未成年人保护方面发挥较大作用的,各地政府可根据实际情况给予精神或者物质方面的奖励,并根据案例的典型程度以及影响范围,将该村(居)委会的做法作为试点经验向全国作为示例推广。各地政府也可根据现实情况对村(居)委会拨款补助,专款专用,进

① 叶承芳:《未成年人国家监护制度之反思与重构——以监护监督与代位监护机制设计为核心》,载《人民论坛》2013 年第 23 期。

一步完善未成年人的保护体系。反之，在此类案件的处理考核中被确定为不称职的，可根据后果给予降薪、通报批评、撤职等处分。此举意在将理论与实践行动相结合，进一步完善未成年人的保护体系，为其搭建更为健全的现实保护体制。

(三)增设对未成年人的监护监督职能

在监护法律关系中，监护权利缺乏监护监督，其权利人的监护行为就没有约束，更无法保护未成年人的利益。“在美国，家庭和父母是保护未成年人的最佳选择，所以在监护制度的立法方面主要明确了父母的监护责任和国家与社会的监护监督职责。”①《日本民法典》第 851 条规定:“监护监督人的职责包括监督监护人的事务，监护人缺任时，向法院请求选任新监护人等。”②《德国民法典》第 1799 条规定:“监督监护人的义务和权利，例如，注意监护人是否履行监护义务、向家庭法院报告监护人违反监护义务等内容。”③在村(居)委会干预未成年人遭受家暴的工作中，增设对未成年人的监护监督职责，使监护人做出的有关未成年人的人身与财产等决定，若有违背时，可由村(居)委会监督，以更加符合保护未成年人权益之目的。

其一，从正式拘束角度以观。一方面，增设对未成年人的监护监督职能的正当性。“村(居)委会虽非公权力机关，不具有公共管理职权，却不妨作为政府与被监护人之间的沟通组织，利用其最接近被监护人的优势对监护人进行监督。”④未成年人遭受家暴时，基层群众组织可利用其地缘优势，方便未成年家暴受害者就近求助，也利于村(居)委会及时开展干预工作，并获得快速、强有力的群众支持。另一方面，确定正当性后，需要明确村(居)委会作为监护监督人的法律职责。其主要包括:一是监督监护人在监护法律关系下的相关事务，如抚养、教育未成年人、审查是否妥善保管未成年人财产等。二是当未成年人处于监护不利或无人监护的情况下，及时向人民法院请求指定其他监护人。如未成年人遭受家暴时，及时干预撤销失责家长监护权，更换监护人。三

① 李大鹏:《未成年人监护权撤销制度研究》，大连海事大学 2015 年度硕士学位论文。

② 林艳琴:《我国未成年人监护法律制度现状检讨与完善构想》，载《东南学术》2013 年第 2 期。

③ 陈卫佐译注:《德国民法典》，法律出版社 2010 年版，第 458 页。

④ 但淑华、黄晶:《未成年人监护的实证考察与制度反思》，载《中华女子学院学报》2016 年第 2 期。

是在监护法律关系出现紧急情况和紧急事态时,要依法及时作出必要的反馈和有效处理。如解决家庭纠纷,缓解家人矛盾,支持未成年人的其他法定代理人起诉等。

其二,从非正式拘束角度以观。按照国家主义、福利国家等思想来说,国家公权担任对未成年人的监护监督人虽具广泛、严格、有权威等优势,但我国受制于"家丑不外扬""多一事不如少一事"等传统家庭伦理观念的影响,未成年人对家暴多采息事宁人的态度,不到万不得已往往忍气吞声,决不寻求行政、司法的救援。故,设立公权力为主导的对未成年人监护的监督机构的制度存有缝隙,如果有关单位和人员指向不明确或者范围太广,各方容易钻空子,产生不作为的"真空地带"。以传统文化、人们的行为准则等非正式约束角度来看,未成年人遭受严重家暴后,基层群众组织更有利于干预失责家长的监护权转移。此外,村(居)委会介入家暴案件,由于"熟人社会"的存在,更有利于其提早介入,及时掌握群众情况,必要时可以主动干预,这更能反映基层群众组织高度自治性、处理纠纷低成本等优点。为此,我们可以结合我国重视亲权传统、家庭伦理观念、国家鲜少介入家庭等国情,借鉴国外监护监督制度之有益经验,利用基层群众组织的固有优势,让村(居)委会获依靠得监督监护制度,更好地预防和制止家暴,切实保护未成年人合法权益。

## 五、小结

现阶段,我国既缺乏系统的未成年人保护制度,也没有一个保护未成年人强有力的综合性机构,虽说立法准许村(居)委会可以干预家暴处理,以预防与制止家暴、保护未成年人,家暴严重时甚至还可让村(居)委会干预撤销失责家长监护制度。但是,真正将该干预制度落到实处的案例少之又少。笔者认为,一方面,法律规定过于模糊,可操作性不强,多为"僵尸条款";另一方面,对未成年家暴受害者保护的实现,很大程度上依托于村(居)委会的责任心、道德心。众所周知,矛盾化解不能单靠形式性的制度规定,同样需要执法主体、主体职权、激励机制、经费保障、责任追究等一系列机制的构建。"枫桥经验"彰显出现代社会"基层治理、纠纷解决、治理向度"的三重启示。具体而言,未成年人遭受家暴的防治工作需要"基层治理",以"善治"理念解决"纠纷",唯如此才可能实现"和谐""秩序"的向度,这是村(居)委会干预路径的正当性所在,也是完善干预路径的思路来源。此外,从未成年人权益保护来看,虽说村(居)委会干预路径有诸多优势,但依然存在干预不当的风险，这也是本文之所以进行限度分析的原因。“枫桥经验”之“大事化小事”“矛盾不上交”等思想，饱含着与时俱进的特性，遵此理路，村（居）委会干预路径同样需要以“限度分析”为前提来不断完善，以更好地丰富和拓展“枫桥经验”的新时代内涵。

# 论我国家长监护资格证之设立*

黄　乐**

**摘要**：当下国家和社会越来越重视未成年人的保护和教育，我国应当设立家长监护资格证来完善对未成年人的保护体系。亲权与监护权存在较大的差异，合并保护模式存在着较大的弊端，我国具有单独设置亲权制度的必要。通过对域外监护权撤销制度的考察，我国监护权撤销制度具有规则适用模糊与事后保护有限的局限。从域外青少年事务管理机构的启示来看，立法应将监护权与亲权予以分离，设立专业的青少年事务管理机构，且将监护资格证纳入行政许可，才能完善我国的未成年人保护体系。

**关键词**：亲权；监护权；监护资格证；行政许可

## 一、引言

在现代社会中，国家、社会与公众越来越重视对未成年人的保护和教育，但就我国现状而言，仍有部分家长在养育子女期间存在不合理的行为。"虐待儿童""虐打儿童""饿死儿童"等事件经常出现在人们的眼前。针对此现状，笔者认为，监护权这样重要的权利，应该给它上一把锁，而打开这把锁的钥匙就是监护资格证，即只有取得监护资格证，才享有监护权。在父母获得监护资格证的前提下，我们才放心将孩子的监护权交给他们，才相信，在他们的教育下孩子能够茁壮成长，也有利于整个素质社会的形成，将父母监护资格的取得与自然生育分离开来都有其现实意义。

---

* 本文系2018年西南政法大学学生科研创新项目"家长监护资格证设立的研究"（项目编号：2018XZXS-214）的最终成果。

** 作者系西南政法大学法学院2016级本科生。

由于我国长期存在“虎毒不食子”等传统思想，我国对父母等采用信任主义，但也正是由于“棍棒底下出孝子”“老子打儿子天经地义”等传统的教育思想的影响，部分家长未尽到监护职责。2012 年，北京青少年法律援助与研究中心公布了《未成年人遭受家庭暴力案件调查分析与研究报告》，报告指出，通过调研，发现在 429 个案件中，85.31％的案件是父母施暴，其中亲生父母施暴的占 75.52％，继父母或养父母施暴的占 9.79％。从案件报道的施暴方式、结果、次数看，这些都是较为严重的家庭暴力或犯罪案件。从家暴持续时间看，17.72％的未成年人长期反复受到侵害，持续时间最长的达 14 年之久才被发现。① 2015 年 3 月，最高人民法院发布涉家庭暴力犯罪的五起典型案例中，就有一起故意杀人罪案件，未婚母亲遗弃女婴致死。② 根据最高人民法院《中国裁判文书网》统计，2014 年 1 月至 2015 年 5 月上网公布文书中，监护权纠纷民事裁判文书 382 份，涉及虐待罪的裁判文书 62 份，遗弃罪的裁判文书 195 份。③

从历史的维度考察，家庭被认为是相对的私域，国家权力在面对家庭生活时，往往保持最起码的尊重，无必要时不进行干涉。家庭如同一个缩小的国家，构成社会机构的基础单元，家庭事务的处理也具有私密性。在重“家庭主义”的传统之下，家族利益高于其他利益，重于其他利益，亲族联系重于其他一切联系。④ 家族作为熟人社会，重视礼治和道德教化，“每个人知礼是责任，社会假定每个人是知礼的，至少社会有责任要使每个人知礼”。因此，家庭争议常与情感、道德、身份等因素相互交织，“法不入家门”成为常理。⑤ 虽然我国在《未成年人保护法》《婚姻法》《民法总则》《儿童福利法》《防止虐待儿童相关法律》中规定了监护的相关问题，但其在司法实践中并不被广泛运用，仅流于形式。笔者认为，由于未成年人为限制民事行为能力人，不能完全辨认自己的行为，当受到虐待时

---

① 《未成年人遭受家庭暴力案件调查分析与研究报告》，http://www.law-lib.com/fzdt/newshtml/shjw/20121012131602.htm，访问日期：2018 年 5 月 10 日。

② 参见《最高人民法院发布涉家庭暴力犯罪典型案例》，载《人民法院报》2015 年 3 月 5 日第 3 版。

③ 参见《中国裁判文书网》，http://www.court.gov.cn/zgcpwsw/，访问日期：2018 年 5 月 10 日。

④ 沈奕斐：《个体家庭 iFamily：中国城市现代化进程中的个体、家庭与国家》，上海三联书店 2013 年版，第 22 页。

⑤ 费孝通：《乡土中国、生育制度、乡土重建》，商务印书馆 2011 年版，第 59 页。

一般无法主动发现并通过法律途径得到救助,主要通过警察、老师、邻居、亲戚等发现而被动地接受帮助,而在此时,受到虐待的未成年人已受到严重的损害,可能此种损害对未成年人的身体以及心灵已产生了无法挽回的伤害。法律对未成年人是事后保护,在得到真正保护前未成年人已受到了无法挽回的伤害,笔者认为,应当将亲权与监护权分离,设立相应的家长监护证制度,给予未成年人以事前保护的同时,也可以促进家长更好地成为一名合格的监护人,给予未成年人合格的保护与教育。

## 二、亲权与监护权分离的理论基础

史尚宽先生将亲权定义为"父母基于其身份,以未成年人子女的教养保护为目的之权利义务之集合"。① 家长监护资格证的前提是监护权与亲权的分离,父母的监护权不再自然取得,在生育子女之后,父母并不当然地取得子女的监护权,取得的仅仅是亲权。对于监护权这样重要的权利,我们给其加上一把锁,而打开这把锁的钥匙便是监护资格证。

### (一)亲权与监护权的区别差异

在大陆法系国家,大多都区分了亲权与监护权,亲权与监护权所保护的法益相似,但并不相同。亲权起源于传统民法,是建立在血缘关系之上的,基于父母特定的身份而产生的,父母对未成年子女当然享有的权利和义务,主要包括父母对未成年子女的人身、财产管理以及教育和保护的内容。监护权起源于古罗马法,早在《十二铜表法》中就有关于监护权的规定,监护权产生于法律的规定,主要是对无民事行为能力人与限制民事行为能力人设置的一种人身、财产管理。② 监护与亲权的区别在于:首先,性质不同。亲权确定的是父母与未成年子女的身份权,规定在婚姻家庭法中,而监护在我国立法体例上属身份权,但是是亲属法之外的身份权,是我国民法民事主体制度的组成部分。其次,产生原因不同。亲权关系因父母子女的特定身份自然产生,即父母与子女之间的特定身份自然产生,无须特别程序,而监护权不存在特定的身份关系,因此需经法律规定的程序才能产生。再次,权利主体不同。亲权的权利主体仅以父母为限,而监护权的权利人范围比较宽泛,可以为父母、监护机构、组织,等等。复次,权利内容与范围

① 史尚宽:《亲属法论》,中国政法大学出版社 2000 年版,第 658 页。
② 徐婧:《区分亲权与监护权的制度思考》,载《科教导刊》2010 年第 7 期。

不同。亲权的内容包括父母对其未成年子女的教养保护权,而监护权的权力内容窄于亲权。由于亲权的对象是限制行为能力人与无民事行为能力人,所以监护权在权力范围上却比亲权要宽。最后,立法原则不同。亲权的立法原则采取放任主义,而监护权的立法原则采取限制主义。

(二)亲权与监护权合一的弊端

在我国,并未区分亲权与监护权。我国的《民法通则》与《民法总则》规定了监护权,但未规定亲权,将亲权与监护权归为“监护权”。与此同时,监护制度规定得较为模糊,实际操作的细节难以体现。在我国亲权与监护权合一的制度下,存在以下问题:(1)父母作为监护人,与近亲属、组织、民政部门等监护人具有不同的角色,父母与未成年子女之间特殊的关系无法在法律中得到体现。与此同时,由于我国未将亲权单列,将父母由自由的亲权人作为受束缚的监护人,一味地强调保护权能,弱化了亲权中的教育权能,也不利于未成年人的成长。(2)社会组织不宜作为监护人,居民委员会、村民委员会和民政部门承担着繁重的社会工作,难以实现对无民事行为能力人、限制行为能力人的监护,并且需要消耗大量的人力成本、时间成本与金钱成本,各单位难以承担并付诸实际。与此同时,单位是一个抽象的概念,具体由哪个部门承担法律并无规定,可能产生各单位之间相互推诿的情形,也不能承担起具体的监护事务,这对未成年人的成长无疑是不利的。(3)我国未设立专门的监护监督制度,对监护人缺少约束机制。我国没有由公民组成的监督机构,“未成年人的父母所在单位”在现实中的情况十分复杂,且监督机构的职权范围狭小,往往为事后监督。其父母所在单位种类繁多,且其承担着不同程度的社会职责,难以进行有效监督且此种监督多为事后监督,已经给未成年人造成了难以挽回的影响。(4)将对未成年人的监护与对无民事行为能力与限制民事行为能力的精神病人的监护合为一体,从而对监护人的资格要求与职责要求不加以区分,在实践中,监护极易出现漏洞、瑕疵,并对未成年人被监护人的教育职责无法实现。父母与未成年子女本身有特定的身份关系,这表明了其照顾与保护的职责有别于其他监护类型,理应将其独立设定。

(三)我国单独设置亲权制度的必要

在亲权制度的构建上,世界各国大都以“子女最佳利益”作为立法原则。在此原则的基础上,世界上主要产生了三种立法模式:单独亲权制、共同亲权制、单独与共同亲权双轨制。① 单独亲权制，是指父母在离异时，可以由父母协商确定，也可以经由法院指定，从而确定由父母其中一方单方行使对未成年子女的权利义务。以20世纪70年代至80年代一些资本主义国家修订的立法为代表，例如，《德国民法典》第1671条。由于单方行使亲权，更有效率、更能实现子女的最佳利益，但这对子女健全的心理发展不利。共同亲权制，支撑其理论是：亲权被分为两个部分，法律亲权与人身亲权，是指父母离异后，对未成年子女的照顾由父母双方共同享有决定权，即亲权由其中一方承担。共同亲权与单独亲权相比，其特点在于离异的父母依然可以同时对其子女负责，并且可以共同决定子女。其利于子女与离婚后的双方父母保持某种形式与程度的联系，又可以减轻父母与子女间可能出现的失落感与压力，是符合子女利益的，但可能导致子女成为父母离婚后矛盾的催化剂，这也不利于子女在稳定的环境中学习与生活。单独亲权与共同亲权双轨制，是指离异的父母，在符合子女最佳利益的前提下，由法院来决定由父母双方共同行使或是单方单独行使亲权。其实这种双规制在具体个案中是最符合子女的最佳利益原则，20世纪80年代，部分资本主义国家都趋向于将此作为亲权的一种立法原则。单独亲权与共同亲权双轨制原则不但尊重了离婚父母的意志，又对未成年子女的利益做了必要的社会干预，无疑有利于达到把离婚对子女的损害减少到最低限度的目的，从而更能适应现实生活的需要。笔者认为，亲权不同于监护权，我国亲权制度的立法应当脱离于传统的监护制度而独立确定，以“子女最佳利益”为最高立法指导原则，在此原则下确定离婚亲权的归属，以父母一方单独亲权为主，父母双方亲权为辅的双轨制模型。

## 三、监护权撤销制度的比较分析

世界各国与地区对于亲权与监护权的分离与合一，没有一个统一的规定与标准。但是针对社会出现的监护问题，各国与地区的法律均规定了监护权撤销制度，根据是否需要穷尽其他的救济方式，各国与地区规定得更为细致。

### (一)域外监护权撤销制度的考察

《法国民法典》第378条、《意大利民法典》第330条、《日本民法典》第834条、我国澳门特区民法典第1769条等均规定只要父母的行为严重侵害或者危害未成年子女的人身财产权益，其对子女的监护权就可能被强制撤销，而《德国民

① 徐婧：《区分亲权与监护权的制度思考》，载《科教导刊》2010年第7期。

法典》第1666条、《瑞士民法典》第311条、我国台湾地区“民法典”第1090条、《越南婚姻家庭法》第41条等规定穷尽其他救济措施无效果时，或者不足以免除对未成年子女人身财产危险时，才能够撤销父或母对其未成年子女的监护权。[①]此类“不配”制度起源于罗马法，即继承失格，根绝《罗马法百科辞典》，其含义是“根据继承法，某人因为他对遗嘱人不敬的态度而不配从后者的遗嘱中获利，他将被剥夺先前给予的好处，通常由国库取回根据遗嘱已经被给予不配者的财产”。[②]

（二）我国监护权撤销制度的现状

我国法律也规定了监护权撤销制度，《民法总则》第36条规定：“监护人有下列情形之一的，人民法院根据有关个人或者组织的申请，撤销其监护人资格，安排必要的临时监护措施，并按照最有利于被监护人的原则依法制定监护人：（一）实施严重损害被监护人身心健康行为的；（二）怠于履行监护职责，或者无法履行监护职责并且拒绝监护职责部分或者全部委托给他人，导致被监护人处于危困状态的；（三）实施严重侵害被监护人合法权益的其他行为的。”本条规定的有关个人和组织包括：其他依法具有监护资格的人，居民委员会、村民委员会、学校、医疗机构、妇女联合会、残疾人联合会、未成年人保护组织、依法设立的老年人组织、民政部门等。前款规定的个人和民政部门以外的组织未及时向人民法院申请撤销监护人资格的，民政部门应当向人民法院申请。《民法总则》第38条规定了监护人撤销制度的恢复，“被监护人的父母或者子女被人民法院撤销监护人资格后，除对被监护人实施故意犯罪的外，确有悔改表现的，经其申请，人民法院可以在尊重被监护人真实意愿的前提下，请求恢复其监护人资格，人民法院指定的监护人与被监护人的监护关系同时终止。”

相较于国外各国的监护权撤销制度，我国在“法不入家门”等思想的影响下，法律仅规定了监护权撤销制度作为约束监护权的制度，以防止监护人滥用其监护权。但是，我国《民法总则》规定的监护权撤销制度仍存在一定的缺陷：(1)我国已经建立了监护权的撤销制度，但是在实际生活中，“有关个人和组织”真正为了未成年人的利益而提起诉讼的为少数，其原因之一是此单位与组织承担着社

① 张加林：《父母监护权撤销制度研究》，载《学术论坛》2010年第5期。

② 肖俊：《从罗马法到现代民法——以继承法中“不配”（继承失格）制度为中心的研究》，http://www.romanlaw.cn/subroma-179.htm，访问日期：2018年6月10日。

会职能,工作繁重且提起诉讼只能为其带来费用成本与麻烦,因此丧失了提起诉讼的积极性。(2)我国未建立未成年人保护专门机构,专门负责未成年人保护事务,在未成年人的家庭处于正常状态之下时,履行监督职责,在未成年人家庭处于异常状态之下时,履行照顾未成年人的职责,避免各监护单位相互推诿使未成年人长期处于无照顾状态,利于未成年人的教育与发展。此未成年人保护专门机构可以借鉴德国青少年事务局和家庭法院相互协调配合:在未成年人监护中,家庭法院全程干预监督,而青少年事务局则是国家监护、社会监护的实体性主体,代表国家承担监护的具体职责,不但在监护法院选定监护人时有建议权、同意权,而且在没有适宜的个体监护人的情况下,必须直接作为监护人,履行对未成年人的监护职责。[①] (3)监护权撤销的恢复规定较为模糊,对何种情况下不能恢复监护权的规定较为模糊,"确有悔改情形",对此没有具体的判断标准,主要依靠法官的判断,可能会出现同案不同判的情形,也可能对新形成的监护关系造成损害。(4)我国法律并未对父母因重要原因而申请撤销监护权,以及是否需要穷尽救济途径等问题进行规定,仅是作出较为模糊的规定,不利于在司法实践中适用。

## 四、我国监护资格证的设立必要

### (一)现有制度设计的局限

由于我国"家丑不可外扬"等传统思想的影响,家庭作为一个私人的领域,其内部事务具有非公开性,每个家庭都愿意秘密处理其内部私事。对于此种情况,法律对涉及家庭的事务尝尝采取事后措施,对严重违反社会秩序与伦理道德的行为进行规制,在没有达到触及伦理道德底线之时,并不采用法律的强制措施对家庭行为进行规制。其合理性在于:随着社会的发展,人们从传统的社会单位之外获得更多的资源,传统的宗族、家庭意识逐渐淡化,家庭个体逐渐凸显,并成为社会的基本单位。由于家庭事务大多涉及血缘、道德、伦理等关系,在处理家庭事务时,国家公权力的介入往往较为迟缓,由于国家公权力的介入会影响家庭关系,便不能像解决社会关系一般直接介入。在此种情况之下,法律通常采取事后措施,例如监护权撤销制度。但是在家庭中,受到虐待的未成年人特别是未满十

① 李超、毕荣博:《从未成年人保护看国家监护制度的构建》,载《青少年犯罪问题》2004年第4期。

二周岁的未成年人，其身体与心理缺乏判断与辨认事实的能力，通常无法主动寻求法律的帮助而长期受到虐待，其后，当法律真正介入之时，对未成年人的心灵已造成无法挽回的伤害，因此产生的不利影响是无法进行衡量的。笔者认为，应当将亲权与监护权分离，通过法律事前措施，预防发生虐童、遗弃等事件产生的无以挽回的后果。

（二）制度实施效果的有限

在我国现有制度下，作为事后措施的监护权撤销之制度并没有达到理想的效果，仍有部分家长及监护人未重视未成年人的监护。就在2018年，我国发生多起由于监护不当而导致幼童伤亡的事件。2018年4月9日，安徽省合肥市一砖窑厂的轿车内，一名4岁女孩和一名6岁男孩被发现闷死在其中；5月2日，广东省潮州市一名3岁女童被遗忘在幼儿园的面包车内，因窒息而死亡；7月17日晚，安徽省蚌埠市两名幼童不幸被闷死在车内，由于当天下午幼童的亲戚将车停在家门口，临走时未将车门关紧，但幼童玩爽时不小心将车门关紧而闷死；8月2日，河南省长垣县一名3岁幼童因幼儿园司机把孩子遗忘在校车里，导致幼童闷死；8月4日，河北唐山火车站站台，一名五六岁的儿童因玩耍不慎掉下站台。父母拥有对未成年人的监护权，却没有履行其监护职责，因将孩子留在车内并没有想到其产生的后果等细微原因，导致许多孩子丧生于此。在此种情况发生之后，法律的事后介入，仅能够对家长等监护人员进行惩罚，但却无法挽回孩子们的生命。笔者认为，应当设立监护资格证制度作为事前预防措施，并将监护资格证制度纳入行政许可由专门的青少年事务管理机构设置具体措施。监护资格证是监护人依法所需申领的证照，是在亲权与监护权分离的前提下，在准父母真正成为父母之前，经过专业机构一系列的培训，通过考试的方式，使准父母能够了解如何教育孩子、如何保护孩子、如何落实监督的义务等基础知识，通过对基础知识的考察来获得监护资格证，以起到预防父母滥用或怠于行使监护权，防止类似事件的再次发生，同时也能促进准父母知晓监护孩子的相关知识，促进父母更好地行使其监护职权，促进家庭更加和睦，促使未成年人更好地学习与发展。

## 五、我国监护资格证的制度设计

监护资格证是父母成为监护人依法所需申领的证照，以亲权与监护权相分离为前提。父母获得监护权不再是孩子一出生便具有，而需要通过监护资格的测试才能够获得孩子的监护权。监护资格证的目的在于促使准父母通过看书、学习等方式,了解如何教育孩子、如何保护孩子等基础知识,并在此基础上通过简单的测试,检测为人父母是否具备成为父母所应当具备的基础知识,例如对孩子的教育、保护、监护应当采取正确的方法而非暴力的虐待方式,从而减少虐待、闷死等虐童事件的发生。监护资格证作为一种事前监督的手段,通过教育使准父母获得监护的相关知识,了解错误监护所产生的后果,是给予社会的警示,减少父母错误监护而给孩子造成的损害,是国家对孩子的重视的表现。监护资格证制度应由专门的青少年事务处理机构予以制定实施。青少年事务作为社会公共事务管理的重要组成部分,理所当然地属于政府职能。但是,由于我国始终没有专门管理青少年事务的政府机构,与青少年发展相关的公共事务事实上被分解到许多政府部门,大致分散在 20 多个机构中。由于缺乏一个统一的协调沟通的专门性政府机构,这些政策在落实的过程中难免会出现交叉重复的现象,有时又会产生管理上的盲点,其决策缺乏应有的权威性与稳定性,对整个青少年事务的发展产生了一定的影响。[①] 而对于青少年问题,其他国家在相关制度涉及等问题上具有较强的借鉴意义。

### (一)域外青少年事务管理机构的启示

日本对于近年来出现的新情况,不断对自身的青少年制度进行创新,有综合性政策,也有与家庭、与学校教育、与就业单位、与整顿社会环境有关的实施政策等。与青少年政策相配套,日本政府也积极地进行青少年行政管理,其范围涉及青少年指导、发展、保护、纠正以及与青少年事务相关的 14 个行政机构的管理。

韩国青少年事务由政府文化观光部的青少年局管理,下设青少年支援课、青少年政策课、青少年修炼课,每个课 12 名工作人员。青少年局的主要职能是依照《青少年基本法》《青少年保护法》等法律宏观指导,较少直接组织大型活动,主要致力于推动全社会形成有利于青少年成长的良好环境,这是韩国青少年工作的特点。

挪威青少年事务国务部长委员会作为专门的综合性协调机构,确保具体职能部门在行政管理时的一致性,儿童与平等事务部、儿童事务监察官办公室、儿童、青年和家庭事务总局是具体协调实施青少年事务的各行政机构,负责议会和

---

① 吴青芳:《青少年事务服务体制的国际经验与启示》,载《当代青年研究》2013 年第 2 期。

中央政府的决策在地区的贯彻，保证郡、市的计划将青少年的利益考虑在内。

美国联邦政府有教育与劳工委员会管理青少年事务，并且早在 1889 年，美国芝加哥就建立了世界上第一个少年法院，足以体现其对青少年的重视。同时，在政府主导下，青年与社区发展局鼓励和吸纳政府相关部门及社会机构、基金等参与青少年工作，并积极整合各方面的社会资源，寻求与一些社会机构建立强有力的合作伙伴关系，共同投身于青少年事务，从而最大限度地发挥自身的优势，更好地服务青年和凝聚青年。①

德国设立青少年事务机构作为专司未成年人事务的行政管理部门，法律赋予其行政执法与监督权，以便国家机构在社会管理过程中对监护事务进行分层介入。青少年事务局分为：事务局领导部门，负责行政管理、儿童日间照管、普通性资助、社会工作服务等，为核心机构；青少年专业工作委员会致力于青少年专业工作的所有事物，尤其是针对年轻人和家庭所出现的问题提供咨询、为青少年专业工作的进一步发展提供建议、为自由型青少年专业工作提供资助。德国青少年事务局分工合理，每个机构都能依照其相应的职权从事工作，相互配合。与此同时，德国的青少年事务局和家庭法院职能相互协调配合：在未成年人监护中，家庭法院全程干预监督，而青少年事务局则是国家监护、社会监护的实体性主体，代表国家承担监护的具体职责，不但在监护法院选定监护人时有建议权、同意权，而且在没有适宜的个体监护人的情况下，必须直接作为监护人，履行对未成年人的监护责任。②

（二）设立青少年事务管理机构的必要

笔者认为，我国对青少年事务仅在立法方面有较少的保护，并且对于青少年事务的管理没有一个较为全面的专门机构，可以向外国特别是德国进行参照学习，建立专门的青少年事务管理机构，将其纳入我国行政体制以完善我国的行政体制。

当我国建立相应的机构，其社会效益在于：

第一，提高人们对青少年问题的重视，进行宣传。我国经济日益开放，众多

① 吴青芳：《青少年事务服务体制的国际经验与启示》，载《当代青年研究》2013 年第 2 期。

② 姚毅奇：《论国家对父母监护人资格的干预——以剥夺监护权第一案为例》，载《海峡法学》2015 年第 3 期。

的农村夫妻双双进城打工,留下年幼的孩子给年长的父母照顾。根据全国妇联、中华家庭研究会的中国人口问题研究讨论会透露,我国有1.2亿农民常年在城市务工经商,产生了近200万留守儿童,其中14岁以下占86.5%。处理青少年事务专门机构的建立,可以提高全社会对青少年的关注,并通过该机构的日常工作的处理,推动父母知道应当如何教育、监护孩子,促进孩子的健康成长,而避免留守儿童问题的扩大。

第二,处理青少年问题专业化,同时避免各机构相互推诿。面对青少年问题,我国除法院设有专门的少年法庭以处理青少年案件外,其他的青少年事务分布于20个机构,无法提高类型化的青少年事务的效率,与此同时,各机构之间的工作职责可能出现重复,面对复杂疑难的事务,会出现各机构相互推诿的情形。因此,专门机构能够促使各机构之间的工作专业化,推动青少年事务工作的顺利进行。

第三,发挥对青少年的监护与教育作用。在家庭能够合理使用监护权时,青少年事务管理机构对其进行监督;当家庭怠于行使或滥用监护权,青少年事务管理机构行使监护权。相较于社会组织、民政部门行使监护权,青少年事务管理机构行使监护权更为专业化,能够较好地对青少年进行监护与教育,促进青少年学习与发展。但是,由于以前没有专门的青少年事务管理机构,对于此制度仍需要借鉴外国相关制度,进行创新,并将青少年事务有关职权进行整合,重新分配,由此产生的人力资本以及资金相较于由此制度所产生的社会效益,是利大于弊的。笔者认为,应当借鉴外国的相关制度,建立青少年事务管理机构处理青少年相关事务,并将监护资格证制度纳入行政许可,以制定具体实施细则。

(三)监护资格证制度纳入行政许可的可能

我国《行政许可法》第12条规定:"下列事项可以设定行政许可:(一)直接涉及国家安全、公共安全、经济宏观调控、生态环境保护以及直接关系人身健康、生命财产安全等特定活动,需要按照法定条件予以批准的事项;(二)有限自然资源开发利用、公共资源配置以及直接关系公共利益的特定行业的市场准入等,需要赋予特定权利的事项;(三)提供公众服务并且直接关系公共利益的职业、行业,需要确定具备特殊信誉、特殊条件或者特殊技能等资格、资质的事项;(四)直接关系公共安全、人身健康、生命财产安全的重要设备、设施、产品、物品,需要按照技术标准、技术规范,通过检验、检测、检疫等方式进行审定的事项;(五)企业或者其他组织的设立等,需要确定主体资格的事项;(六)法律、行政法规规定可以设定行政许可的其他事项。”笔者认为，监护资格证作为政府下设青少年事务管理机构的职责，符合行政许可的相关规定，作为行政许可为宜。监护资格证宜为行政许可中的第三项“认可”，是指公民、法人或者其他组织为公众提供服务，所从事的职业和工作直接关系公共利益，因而国家要求从事这些职业的或行业的公民和组织具备特殊的资格和条件。在这一领域设定许可的是提高从业水平或者某种技能、信誉。家长及其他具有监护资格的人在监护时，缺乏相关的监护知识，对如何教育孩子、如何保护孩子等知识一无所知，导致其在从事监护这项职责时会出现许多漏洞，最终造成一个又一个悲剧的发生。

而这种“认可”具有以下特点：第一，这种许可事项限于为公众直接提供服务的特定职业和行业。第二，这些职业和行业直接关系公共利益。第三，从事这些职业或行业要具备特殊信誉、特殊条件或特殊技能，并且需要国家统一规定。第四，这类资格资质的授予，通过考试、考核方式确定。第五，资格资质与相对人的身份相联系，不能转让、不能继承。取得监护资格证的父母及其他监护人履行监护义务，监护确是为公众直接提供服务，基于法律规定的义务而对被监护人进行监护，维护青少年及其他被监护人的利益，保护被监护人的利益就是为公众直接提供服务。与此同时，监护这项职责关系公共利益，怠于行使或滥用监护权会给社会造成许多不利影响，更会对祖国未来的接班人造成难以计算的不利影响。行政许可中所说的公共利益并不是抽象的概念，而是广义的客观存在的与私人利益相对的，在利益指向性上与公众有关，并具有社会共享性的利益。[①] 从事监护需要具备特殊的条件，即明白如何监护、如何教育、明白监护的相关知识以便于更好地行使监护权。监护资格证的获取方式是通过考核，考核关于监护的相关基础知识，促使为人父母及其他监护人学习教育、保护被监护人的相关知识，以便于更好地行使监护权，保障青少年及其他被监护人能够更好地成长。综上，笔者认为，监护资格证符合行政许可中认可的相关特征，宜作为行政许可，具体规则应当由专门的青少年事务处理机构制定。[①]

监护权作为关乎被监护人特别是青少年的一项重要权利，任意给予监护人会造成监护人不重视此项权利并怠于行使或滥用监护权，严重危害被监护人的合法权益。鉴于实践中出现了较多的“虐童”等案件，仅撤销监护权这项事后措

---

① 黄万华：《从行政许可制度的公共功能角度谈行政许可范围的设定》，载《西南民族学院学报》2002 年第 3 期。

施不足以保护青少年的人身权利、财产权利,对于监护权在孩子出生时与亲权如“附赠”一般的合理性值得思考。监护资格证是由专门的青少年事务管理机构将监护资格证作为一项行政许可制度予以实施推行,以亲权与监护权的分离为前提,监护权的取得需要经过特定的考核才能获得,作为事前预防,使更多的家长及监护人了解作为监护人的职责,更好地行使监护权维护被监护人的合法权益,避免由于监护不当而导致的悲剧发生。

## 经济法研究

# 我国预算法律制度下司法预算保障的理想与现实

郭昌盛*

**摘要:**十八届三中全会以来,我国司法改革进入了新的历史阶段。本次司法改革试图通过一次革命性的改革,使司法机关尤其是法院彻底摆脱政府行政权的干扰。在诸多改革措施中,省以下法院、检察院人财物统一管理的举措备受关注。为此,学界展开了激烈的讨论来呼吁司法预算特别是法院预算独立于行政预算。司法预算独立旨在保障法院经费、维护司法公正,去除司法地方化、司法行政化的痼疾。然而,司法预算独立的制度设计不仅无法从根本上解决这些问题,而且与宪法、预算法确立的人民民主原则相冲突。司法预算独立最后很有可能演变为司法改革的夹生饭,进一步强化现存的法院系统行政化问题,损害司法公正。从我国预算实施的情况来看,只有提高法院院长在同级党委中的地位,增强法院在政府财政资金分配中的议价能力并激活现行预算法律制度中人大的审批权、监督权,才是解决司法经费不足、去除司法地方化、司法行政化的根本途径。

**关键词:**司法预算;省级统管;预算法;司法改革

## 一、问题的提出

自20世纪90年代以来,司法经费不足尤其是法院经费不足一直备受关注。

* 作者系北京大学法学院博士研究生。

为了解决司法经费不足的问题，法学界尤其是研究司法制度的学者们不断地提出解决司法经费不足问题的方案，历次司法改革也一直关注该问题的解决。然而，司法经费不足的问题至今也未能得到有效的解决。十八届三中全会决定"改革司法管理体制，推动省以下地方法院、检察院人财物统一管理，探索建立与行政区划适当分离的司法管辖制度，保证国家法律统一正确实施"(以下简称"省级统管")，由此，关于司法预算独立的探索重新进入法学研究者的视野。与此前不同的是，关于司法预算独立的建议不仅来自法理学界、宪法学界、各级法院，还有来自财税法学界的声音。但是，无论是研究司法制度的法理学、宪法学学者或各级法院法官，还是研究预算法的财税法学者，都认为司法预算独立是十八大以来司法改革的重要方向。由此产生的问题就是：司法预算是什么，包括哪些内容，司法预算所要追求的独立应该处于什么水平或者达到什么程度，司法预算独立要解决什么问题，司法预算独立所要解决的问题和司法预算的实际功能是否匹配，所谓的司法预算在现行法律制度框架下是如何进行的，只有将这一系列问题解释清楚，才能真正解决司法预算独立的合理性与合法性问题。

## 二、司法预算本身定位含糊不清

要推行司法预算的独立，首先要解决司法预算是什么的问题，包括司法预算、司法经费、政法经费之间是什么关系；司法预算是否仅仅是指法院的预算，包不包括公安机关、检察院的预算；司法预算是否仅仅是司法和预算的简单相加。为此，我们有必要从司法预算本身的定位来明确其内涵和外延，解决司法预算定位中存在的逻辑混乱问题。

### (一)司法预算从何而来

纵观我国《预算法》，其中没有一处提到过"司法预算"，即使是"政府预算"，也仅仅只有两处提到。同样，司法预算至今没有在我国法律、法规甚至规范性文件中找到出处。因此，"司法预算"的说法至今仅仅体现在研究者的相关学术研究文献中。与之相关的一个概念是"公安司法经费"，这一说法早在20世纪50年代就已经出现①，这一概念与后来官方文件中提到的政法经费是一致的。20

① 胡宗谦：《经费拨款中的几个问题》，载《财政》1958年第2期。

世纪90年代末，“司法预算独立”的说法开始出现①，遗憾的是，当时司法预算独立的提出者并没有就什么是司法预算给出明确的定义。但是，从当时学者们提出司法预算独立的语境来看，司法预算仅仅是指法院的经费，其独立的目的是解决司法权力地方化带来的种种弊端②。

然而，这一从产生时起就模糊不清的概念却被越来越多的研究者使用，以致于研究司法制度的学者几乎将司法经费等同于司法预算。有学者在论证司法预算独立的合理性和必要性时，对司法预算进行了语义分析，认为司法预算是指司法机关在预算年度内的财政收支计划③。但是，这一定义仍然未能揭示司法预算的实质内涵，仅仅是将司法机关和预算的一般定义进行简单相加而得出司法预算的定义。由于学界对司法的含义存在广义说和狭义说之分，④相应的，司法机关、司法预算也就不可避免地存在广义和狭义的区别。有趣的是，几乎所有研究司法预算的学者都将其定义为法院在预算年度内的财政资金收支计划。⑤

尽管学者们试图去解释司法预算的实质内涵，但却陷入了司法预算与司法经费纠缠不清的困境。另外，在官方的文件里出现频次较多的还有“政法经费”⑥。根据官方的表述，政法经费不仅包括了“法院的经费及其法官工资”，还

---

① 蒋惠岭：《司法权力地方化之利弊与改革》，载《人民司法》1998年第2期；蔡彦敏：《独立审判探源及其现实分析——寻求实现立法与现实的契合》，载《法学评论》1999年第2期；马俊驹、聂德宗：《当前我国司法制度存在的问题与改进对策》，载《法学评论》1998年第6期。

② 唐烈英、汪卫琴：《影响司法独立的相关因素》，载《西南民族学院学报（哲学社会科学版）》2001年第4期；贺卫方、萧瀚：《中国司法传统与今日司法改革》，载《中西法律传统》2001年第1期；刘会生：《人民法院管理体制改革的几点思考》，载《法学研究》2002年第3期。

③ 朱大旗、李帅：《法治视野下的司法预算模式建构》，载《中国社会科学》2016年第10期。

④ 广义说参见范愉主编：《司法制度概论》，中国人民大学出版社2004年版，第2页；狭义说参见武建敏：《司法理论与司法模式》，华夏出版社2006年版，第1页。

⑤ 顾培东：《中国司法改革的宏观思考》，载《法学研究》2000年第3期；张洪松：《司法预算中的府院关系：模式评估与路径选择》，载《四川大学学报（哲学社会科学版）》2014年第1期；周伟、田开友：《司法预算独立的实质、困境及出路》，载《经济与社会发展》2016年第2期；王春芳：《建立司法独立预算制度的构想》，载《财税与会计》2000年第8期。

⑥ 中共中央政治局《关于深化司法体制和工作机制改革若干问题的意见》（中发［2008］19号），中共中央办公厅、国务院办公厅《关于加强政法经费保障工作的意见》（厅字［2009］32号），财政部《政法经费分类保障办法（试行）》；等。

包括“检察院的经费及其检察官工资”,以及在一定程度上包括了司法局、公安机关的部分经费。根据使用方向,官方将政法经费划分为人员经费、公用经费、业务装备经费和基础设施建设经费四大类。十八届三中全会决定提出的“省级统管”也并没有仅仅局限于“统管省级以下法院”,而是包含了“统管省级以下检察院”。但是,学者们的研究仍然仅仅局限于法院经费,并将法院经费等同于司法经费,将司法经费等同于司法预算。

(二)司法预算的预算法地位

在将司法预算界定为法院在预算年度内的财政收支计划后,学者们试图在预算法中确立司法预算的地位。其主要的努力是将财税法研究中提出的公共预算[①]概念植入预算法,并将政府预算与司法预算并列[②]。目前,法院的司法预算内嵌于政府预算之中,我国预算法缺乏公共预算的概念,预算领域之最高位阶的概念并非是行政预算,而应为“公共预算”,所谓的行政预算、司法预算不过是公共预算的下位概念[③]。笔者认为,公共预算的提法有一定的合理性,但这并不表明我国预算法没有体现公共预算的含义。我国的复式预算体系包括一般公共预算、政府性基金预算、国有资本经营预算、社会保险基金预算,而我国预算法主要是以一般公共预算为基础构造的[④]。其中,一般公共预算的说法实际上印证了其他三种预算属于特殊公共预算,只是没有将司法预算单独列出并统一归属于一般公共预算。

另外,国内外学者在定义预算时并没有专门区分政府预算与司法预算。例如,我国台湾地区学者蔡茂寅将预算定义为“政府一年期内财政计划之系统性的计数表示”[⑤];美国学者爱伦·鲁宾认为,预算的实质在于配置稀缺资源,而公共预算则是通过列出政府开支来描述政府行为,将政府即将实行的任务与达成这

① 蔡定剑:《公共预算应推进透明化、法制化、民主化改革》,载《法学》2007年第5期;熊伟:《认真对待权力:公共预算的法律要义》,载《政法论坛》2011年第5期。

② 李帅:《司法改革中“央—省”二阶独立司法预算的构建》,载《云南社会科学》2015年第5期;李帅:《财政法治视角下的司法预算独立性改革》,载《法律科学》2017年第1期。

③ 朱大旗、李帅:《法治视野下的司法预算模式建构》,载《中国社会科学》2016年第10期。

④ 叶姗:《一般公共预算收入预期之实现》,载《税务研究》2015年第1期。

⑤ 蔡茂寅:《预算法之原理》,台湾元照出版公司2008年版,第5页。

些任务所必需的资源联系起来从而确保平衡[①]。无论法院的经费如何命名，司法经费也好，司法预算也罢，在我国现行的预算法律制度中都属于诸多部门预算的一种。实际上，预算包括了收入、管理、支出三个环节，而司法预算的说法往往只关注收入环节，对管理和支出环节关注不够。

（三）司法预算概念的逻辑混乱

按照立法、司法、行政分类的标准，司法预算应该是和立法预算、行政预算相对的概念。然而，在主张司法预算独立的论述中，却始终没有提及立法预算，而是将司法预算与行政预算相并列。按照上述关于司法预算的定义模式，司法预算是法院的财政收支计划，那么，全国人民代表大会以及各级地方人民代表大会的预算是否应该界定为立法预算？目前正在推行的监察委员会试点中设立的监察委的经费或者财政收支计划是否应该界定为监察预算？如果日后的审计机关也脱离行政范围而成为人大产生并实行全国垂直管理的国家机关，是否应该单独称为审计预算？

仅仅以法院经费的独特性或者重要性而提出司法预算的概念，实际上难以自圆其说，因为立法机关更具独特性且更为重要。我国当前的预算体系中还存在各种特殊的团体，比如党的机关、民主党派的机关以及宗教团体等，这些团体的预算都已经纳入我国的全口径预算体系，并且以我国预算法中"各部门、各单位"的形式存在着。毫无疑问，法院、检察院、公安机关等都属于"各部门、各单位"，单以司法预算指代法院的财政收支计划或者经费既没有必要也没有意义。司法预算本身的内涵不清、逻辑混乱实际上也影响了学者们论证司法预算独立的合理性与合法性。

因此，可以说，司法预算的说法并不是一个十分严谨的法律概念，也没有一个明确的官方定义，更多的是来自学者的研究。而且，学者对司法预算的研究实际上偏离了官方的期待，仅仅将司法预算限定在法院经费的范围内，将检察机关、公安机关的经费排除在外。现实情况是，不仅仅是法院的经费得不到保障，检察院的经费存在严重不足[②]，甚至作为侦查机关的公安机关同样也存在经费不足的问题。官方明确要保障的是政法经费，而不仅仅是法院的经费。学界的

① ［美］爱伦·鲁宾：《公共预算中的政治：收入与支出，借贷与平衡》，叶娟丽、马骏译，中国人民大学出版社 2001 年版，第 1～3 页。

② 陈文兴：《我国司法经费保障体制的弊端与完善》，载《人民检察》2007 年第 13 期。

研究严重忽略了现实中检察院、公安机关经费不足的问题,仅仅关注法院经费。当然,为了行文的需要,笔者暂且使用司法预算的概念来指代法院的经费,并将司法预算与司法经费视为同一事物。

## 三、司法预算独立剑指何方

如前所述,无论是法理学界还是财税法学者都主张司法预算独立,而支持司法预算独立的观点无非是防止司法行政化、地方化,以及解决法院经费不足的问题。问题就在于司法预算不独立与司法行政化、地方化之间的因果关系是如何建立的,司法预算独立就一定能解决法院经费不足的问题吗,司法预算独立以及司法经费充足就一定能保证司法审判的效率及公正吗?这些问题仍然有待进一步说明。

### (一)司法经费不足的原因何在

主张司法预算独立的观点认为,预算法及其实施条例规定,地方国家机关经费由同级财政保障,法院经费保障同样受其规范,政府财政部门在测算法院的公用费用标准的时候没有考虑到法院的特殊性,[①]导致法院经费严重不足。地方各级司法机关的财政开支,包括工资福利、业务经费、建设资金等,悉听地方政府支配,导致司法机关与本级本地区政府形成利益共同体,同时,由于我国各地区经济社会发展的不平衡,也导致司法系统内的苦乐不均,贫困边远地区的经费短缺严重,已经影响司法的有效运转[②]。法院得到的财政拨款也存在地域差别,导致有的法院经费充足,而有的法院经费严重不足。有学者对我国基层尤其是中西部欠发达地区法院自新中国成立 60 年以来的财政状况进行了实证研究,认为中国基层法院的财政收入在经费来源上呈现以同级财政负担为主的地方性色彩,在财政保障水平上,曾长期呈现一种保基本、保运转的吃饭型状态[③]。

问题就在于基层法院经费严重不足的原因是否仅仅是因为地方政府财政部门编制预算时对法院经费的挤占?实际上这一点有很大的疑问。由于我国实行一级政府、一级预算,分税制又确立了"省管市、市管县"的财政体制,使得省级预

---

① 卢旭光:《浅议法院经费保障改革》,载《人民司法》2009 年第 23 期;高亚楼、蒋春柱:《建立法院经费保障长效机制的研究》,载《预算管理与会计》2008 年第 10 期。

② 闫海:《论司法预算制度的学理构造》,载《当代法学》2006 年第 3 期。

③ 左卫民:《中国基层法院财政制度实证研究》,载《中国法学》2015 年第 1 期。

算单位实际上充当了县级基本财力保障政策的执行者。省级预算单位如何执行中央制定的县级基本财力保障政策,则直接决定政策执行的效果,[①]过长的纵向预算链条实际上导致了我国基层普遍存在财政困难的问题。在基层财政普遍困难的情况下,即使财政部门按照法院的实际情况编制预算,法院的经费仍然会存在严重不足的现象。可以说,地方法院经费不足最根本的原因是地方财政的整体不足。即使实现了省级统管,法院的经费也并不一定就如学者们所愿景的那样——地方法院经费由省级财政统筹和中央转移支付全额保障,[②]因为省级统管并不能解决预算执行中的拖延、多环节问题,也无法解决我国整体预算中司法经费比重偏低的问题。[③]

还需要注意的是,法院的财政开支大体包括两个部分:一是建设办公楼以及购置交通工具等"硬件"方面的投入;二是支付办案经费、人员工资等"软件"方面的投入。[④] 我国有很多法院在经费使用上存在严重的两张皮现象:一方面,法院的办公楼建设得十分奢华;另一方面,法院的经费却存在很大的缺口。这种现象实际上反映出的不是法院经费不足的问题,而是法院经费使用不当、分配失衡的问题。目前,法院经费不足的问题很大程度上表现为法官工资低、待遇差;而法官工资低、待遇差并不是因为地方政府控制了法院的钱袋子,而是现行体制下将法院司法人员纳入公务员体系一体对待的结果。在薪酬的发放上,司法职业保障水平与司法职业人员基本的生活或者是相应生活所需的各种福利保障费用不匹配。[⑤] 如果地方政府违反规定擅自提高法院法官的待遇,利用各种变通办法给法官发放补贴,地方政府的做法也难逃合法性的检验。期望通过省级统管或者司法预算独立来提高法官的待遇,实际上是"病急乱投医"的做法。将法官从一般公务员系列里独立出来并给予相对高的报酬仍应作为司法改革的一个努力

---

① 叶姗:《法律规制税收竞争何以可能——基于我国省级预算单位的四重法律角色》,载《比较法研究》2015 年第 1 期。

② 王亚新:《"省级统管"改革与法院经费保障》,载《法制与社会发展》2015 年第 1 期。

③ 章安邦:《司法权地方化问题的形成与治理》,载《学术界》2015 第 9 期。

④ 瓮怡洁:《论我国司法预算制度的改革与完善》,载《时代法学》2005 年第 3 期。

⑤ 李璐君:《司法职业保障改革在路上——司法职业保障研讨会述评》,载《法制与社会发展》2017 年第 1 期。

方向。[①] 另外,即使是在检察院,也存在因为内设机构庞杂等导致资源分配不合理,进而造成资源浪费的现象。[②] 这也在一定程度上说明,司法经费方面有很大一部分是分配的问题,而不是充足与否的问题。

(二)法院经费充足不等于审判效率与公正

如同任何经济理论一样,司法预算独立的实现实际上蕴含了一个重要的预设前提:法院有力的物质保障将能够促进审判的公正和效率、提高法院的工作业绩。[③] 试图推动司法预算独立的学者也普遍认为,司法预算独立会改变当下司法可能受地方掣肘的现状,进一步保障审判独立与公正。[④] 司法预算独立能促进审判独立、公正似乎成了颠扑不破的真理。然而,学者在论证司法预算独立与司法公正的时候,都仅仅局限于逻辑的推演和发散性的想象,而不是凭借充足的实证研究进行论证的。其论证逻辑大致如下:由于地方政府控制法院经费,地方政府拨付给法院的经费不足,法院就无法开展审判工作,审判效率会大大降低;地方政府会通过经费的拨付来影响法院的审判结果,导致司法不公正的结果。[⑤] 也就是说,司法预算独立与司法公正之间的因果关系是由学者们想象和推理出来的,不一定符合实际情况。因此,只有证成了司法预算独立与司法公正之间的因果关系,司法预算独立才有其必要。

有学者通过建立模型和数据评估的方法对司法经费与审判效率、公正的关系进行了论证。通过论证得知,法院司法经费的多寡和法院审理案件数量的正相关性并不明显,很难判断法院财政独立后所带来的经费扩张能否自然导致司法的公正和效率。[⑥] 实际上,影响法院审判效率以及司法公正的原因有很多(比

① 王亚新:《司法成本与司法效率——中国法院的财政保障与法官激励》,载《法学家》2010 年第 4 期。

② 杨克勤:《法治供给侧改革下的检察改革》,载《法制与社会发展》2017 年第 4 期。

③ 王俊、周润宁:《"法院财政独立"从何入手:基于实证检验的政策建议》,载《财贸研究》2004 年第 5 期。

④ 左卫民:《省统管法院人财物:剖析与前瞻》,载《法学评论》2016 年第 3 期;左卫民:《省级统管地方法院法官任用改革审思——基于实证考察的分析》,载《法学研究》2015 年第 4 期。

⑤ 朱大旗、危浪平:《司法预算制度应以司法公正为基石》,载《法学》2012 年第 1 期。

⑥ 王俊、周润宁:《"法院财政独立"从何入手:基于实证检验的政策建议》,载《财贸研究》2004 年第 5 期。

如，部分法官素质低下、监督机制不健全等[①]），而经费的不足实际上并不是重要的至少不是最重要的原因。而且，即使是实现了司法预算独立甚至司法独立的国家的法治实践也证明，独立并不必然导致正义。[②]

另外，学者在论证司法经费与司法公正的关系时，实际上已经自相矛盾了。有学者对我国近年媒体披露的20起有代表性的刑事冤案成因进行了分析，认为导致刑事误判的直接原因中有三项（过分依赖犯罪嫌疑人、被告人口供，刑讯逼供问题非常严重；主观臆断，忽视科技手段的运用；有罪推定倾向非常严重，证据显然不足、相互矛盾仍认定犯罪嫌疑人、被告人有罪）与司法经费不足有着紧密的关系。[③] 也有学者将冤案的成因归咎为办案机关因为办案经费不足而将部分涉案资金提留作为办案经费。[④] 从该论证过程来看，刑事案件中司法经费的不足并非主张司法预算独立的法院经费不足，而是侦查机关经费不足，以侦查机关经费不足导致的司法不公来论证法院经费不足与司法公正之间的关系存在逻辑上不能自洽的问题。[⑤] 而且，仅仅以20起冤假错案展开研究，也有可能因为样本数量严重不足而导致得出的结论无法令人信服。

支持司法经费不足导致司法不公的另外一个理由就是美国学者对死刑案件误判率的研究。[⑥] 该研究对美国1973年至1995年判处的5826件死刑案件进行了仔细研究，研究发现，死刑误判率与司法经费呈负相关关系：司法经费越充足，死刑误判率越低；反之，司法经费越紧张，死刑误判率越高。[⑦] 问题就在于，美国学者对美国死刑案件研究的结果是否能反映我国的情况？即使该研究结果有一定的普适性，该研究针对的是20世纪70年代到90年代的案件，经过二十

---

① 李双利：《影响司法公正的主要因素及对策》，载《学习与实践》1999年第9期。

② 支振锋：《司法独立的制度实践：经验考察与理论再思》，载《法制与社会发展》2013年第5期。

③ 陈永生：《我国刑事误判问题透视——以20起震惊全国的刑事冤案为样本的分析》，载《中国法学》2007年第3期。

④ 田文昌：《冤假错案的五大成因》，载《中外法学》2015年第3期。

⑤ 陈永生：《我国刑事误判问题透视——以20起震惊全国的刑事冤案为样本的分析》，载《中国法学》2007年第3期。

⑥ 陈永生：《死刑与误判——以美国68%的死刑误判率为出发点》，载《政法论坛》2007年第1期。

⑦ 陈永生：《司法经费与司法公正》，载《中外法学》2009年第3期。

余年的发展,该结果是否符合当前的实际情况仍然存在很大的疑问。因此,我们不能因为司法经费不足可能导致行政权侵犯司法权,进而存在司法不公正的可能而径直得出司法经费与司法公正之间的正相关关系。在法学研究中论证因果关系是否存在的时候,应该更多地去关注直接的因果关系,而不是像政治家那样频繁运用“蝴蝶效应”的想象来建立因果关系,过长的因果关系链条很有可能导致结论的谬误。

(三)司法预算独立与司法地方化

司法地方化、司法行政化、司法地方保护主义一直备受诟病。吊诡的是,学界对司法地方化的研究仍然十分匮乏。司法地方化本身是一个中性词,但是,由于学者们总是将司法地方化与司法地方保护主义相关联,以至于司法地方化成为一个贬义词,专指司法权为地方所控、为地方利益所用的一种“脱法现象”①。而主张司法预算独立的观点之理论基础是司法权属于中央事权。为了论证司法预算的独立性,学者们不遗余力地去论证司法权属于中央事权。② 有学者尖锐地指出,司法权属于中央事权的说法带有明显的意识形态意味,而且省级统管明显是对这一理论前提的背离,司法权是中央事权的论断与现行的宪政体制存在着不兼容的问题。③ 司法权中央事权化混同了司法事权与司法职权,司法权中央事权化将背离司法权运行的内在规律与司法改革的最终目的。④ 中国的地方司法权有着内在逻辑支撑——人民民主原则。有观点认为,司法地方化是地方法院能动性的表现,必须予以尊重。将法院贴上地方保护主义贬义标签的根源在于法院被地方权力行政化,而非法院的地方性和司法活动的地方化。⑤

即使可以论证司法权属于中央事权,但仍然难以解决司法系统内部的行政化问题。司法行政化是指违背司法的规律,将法院、法官及司法判断的过程纳入

① 周永坤:《司法的地方化、行政化、规范化——论司法改革的整体规范化理路》,载《苏州大学学报(哲学社会科学版)》2014 年第 6 期。

② 刘作翔:《中国司法地方保护主义之批判:简论“司法权国家化”的司法改革思路》,载《法学研究》2003 年第 1 期。

③ 陈瑞华:《司法改革的理论反思》,载《苏州大学学报(哲学社会科学版)》2016 年第 1 期。

④ 杨清望:《司法权中央事权化:法理内涵与政法语境的混同》,载《法制与社会发展》2015 年第 1 期。

⑤ 李小萍:《论法院的地方性》,载《法学评论》2013 年第 3 期。

行政体制的命令与服从关系之中，使司法被行政格式化的变态现象。[①] 在现实中，各国法院都由人(法院以及其他辅助人员)组成，法院不可避免地要面临一些内部行政事务，因此，法院行政管理制度的设置有其自身的合法性。[②] 另外，长期以来，在司法裁判权的行使方面，上级法院对下级法院正在审理的案件经常进行批示或者指导，而下级法院也经常主动就某一尚未审结的案件向上级法院进行"请示"。[③] 有学者忧虑省级统管以后上级法院对下级法院的控制权会得到强化，法院系统内的行政化会更加严重，下级法院有可能做出逆向选择转向地方政府寻求经费支持，进而使司法地方化得到加强。[④] 因此，片面地强调和维护最高人民法院的地位，有意识地淡化、弱化基层和地方法院的终局性裁决的权力，司法的去行政化、去地方化很难有所成效。[⑤] 司法收益的收获者是纠纷的当事人，间接的是各地党委和政府，[⑥]因此，司法实际上是有明显地方性的。

由于法院并不像其他政治组织那样占有和分配资源，不像生产组织通过市场来置换组织生存所需要的资源，也不像服务组织通过提供服务来换取组织存续所需要的资源，其需要立法、行政等组织提供资源，[⑦]法院不可避免地对其他机关无论是立法机关还是行政机关存在着单向度的权力依赖。在国家的整个政治权力结构中，在资源/利益的配置上，法院缺乏主导力，处于较为偏远的位置，这使得其在与其他权力部门的资源/利益竞争中经常处于劣势地位，造成司法系统履行职责所需的资源/利益无法得到充分满足。[⑧] 另外，法院在司法的过程中，政治性判断和政策考量不可避免。[⑨] 一些难办的案件(尤其是法律无法解决的案件)，实际上需要地方党委的领导和政府的支持。司法预算独立的制度设计

---

① 张卫平：《论我国法院体制的非行政化》，载《法商研究》2000 年第 3 期。

② 苏力：《论法院的审判职能与行政管理》，载《中外法学》1999 年第 5 期。

③ 陈瑞华：《法院改革的中国经验》，载《政法论坛》2016 年第 4 期。

④ 徐昕、黄艳好、汪小棠：《中国司法改革年度报告(2016)上》，载《上海大学学报》2017 年第 3 期。

⑤ 葛洪义、江秋伟：《中国地方司法权的内在逻辑》，载《南京社会科学》2017 年第 1 期。

⑥ 苏力：《关于能动司法与大调解》，载《中国法学》2010 年第 1 期。

⑦ 谭世贵、梁三利：《构建自治型司法管理体制的思考》，载《北方法学》2009 年第 3 期。

⑧ 方乐：《司法供给侧改革与需求侧管理——从司法的供需结构切入》，载《法制与社会发展》2017 年第 5 期。

⑨ 苏力：《法条主义、民意与难办案件》，载《中外法学》2009 年第 1 期。

只是改变了法院依赖的对象,试图通过预算独立改变法院对其他机关依赖的情况,是不现实,甚至几乎不可能完成的任务。

本次司法改革中法院系统声嘶力竭地重复司法不公正是由司法预算不独立、司法经费不足、司法地方化等导致的。司法不公正最主要还是利益驱使或者权力干预的结果,问题就在于,这些利益和权力来自哪里?一个基层法院每年要审结几千件甚至上万件案件,遗憾的是,至今没有相关的实证分析来证明这些案件中司法不公正的占比有多少,也没有相关的实证研究证明这些司法不公正的案件中有多少比例是地方政府干预或者经费不足的结果。现实中,在许多地方,司法人员在办案过程中,考虑的大多是主管领导的意见、同事的关照、亲朋好友的招呼,这是影响司法公正、产生司法腐败的主要原因。有些法院的相关负责人明确指出,地方干预及其影响被严重地扩大化了,地方保护、地方干预对司法的影响没有想象得那么严重。① 实际上,已经有研究发现,1992 年以后,剧烈的变革所产生的制度外部性,使地方党委、人大和政府进行地方保护主义的激励和所享有的支配力不断衰退。②

(四)小结:司法预算独立属缘木求鱼之计

预算的实质是配置稀有资源,意味着在潜在的财政支出目标之间进行选择,并得到可能取得的财政收入的支持。③ 司法预算独立的初衷主要是通过司法预算独立来增加地方法院尤其是基层法院的经费。然而,法院经费不足并不单纯是地方政府进行预算编制时过分、故意挤占司法预算,更多的是因为地方政府尤其是基层财政存在普遍不足的情形。法院经费不足的重要体现是法官工资低、待遇差,但是法官工资低、待遇差的根本原因在于将法官纳入公务员体系、给予公务员待遇,实际上,这与我国的权力结构及其运行机制密切相关。法院经费不足部分是由于法院经费的不合理分配,尤其是滥用经费盖高楼、超标配置公务用车等。法院经费是否充足虽然与法院的审判效率、审判公正有一些关联,但是影响法院审判效率以及司法公正的根本原因并非是法院经费的缺乏,而是地方法院在现行权力结构中同时受到地方政府、人大、党委、上级法院四重牵制,难以实

① 朱恒顺:《人财物省级统管能否守护司法公正》,载《中国青年报》2015 年 8 月 4 日第 02 版。

② 刘忠:《司法地方保护主义话语批评》,载《法制与社会发展》2016 年第 6 期。

③ 叶姗:《法律促进预算平衡之基本原理研究》,载《现代法学》2010 年第 5 期。

现审判独立。司法预算独立将基层法院的经费保障汇集到高级人民法院,使得基层法院的财政受到高级人民法院的控制,这实际上是强化了高级人民法院对基层法院的全面控制,很有可能进一步强化司法的行政化、地方化。因此,司法预算独立所要解决的问题并非司法预算不独立导致的,寄希望于司法预算的独立来解决法院经费不足、司法行政化、司法不公正、司法地方化的问题,可以说是缘木求鱼、开错了药方,最终的结果很有可能是南辕北辙。

## 四、我国预算运行机制的现实逻辑

司法预算属于财政法与司法制度的交叉领域,但是由于财政法学者和研究司法制度的学者之间存在严重的专业槽,使得目前对司法预算的研究脱离了我国预算运行的现实和司法规律,尤其是当前研究司法制度的学者对我国预算运行的实际情况了解得过于偏颇,对地方政府预算的编制、审批、执行、调整以及决算都十分陌生。

### (一)司法预算独立方案及其困境

目前,学界提出的司法预算独立方案主要有两种。第一种是由最高人民法院编制全国法院系统的司法预算草案,财政部对最高院编制的司法预算不得任意修改,必须与最高院协商方可修改。全国人大审批通过的司法预算应该由财政部直接划拨给最高院,由最高院再根据全国各地的具体情况,逐级下拨给地方各级法院使用。① 第二种是"中央—省级"二阶司法预算的层级设置。这种方案认为,司法预算的层级完全可以和行政机关的层级相分离,司法预算的层级一般不超过二层。其内容主要是,省以下各级人民法院应分别编制本院年度预算,层层上报至省级法院进行汇总,形成省级司法预算草案,并由省财政部门将省级司法预算草案并入省公共预算草案;最高人民法院负责编制中央司法预算草案,并由财政部汇总进入中央公共预算。②

① 蒋悟真、胡明:《预算法的可诉性理念及其司法机制构建》,载《当代法学》2012年第5期;赵学升:《析审判独立保障机制的建构》,载《法律适用》2007年第11期;王广辉:《司法机关人财物"省级统管"改革的法律反思》,载《法商研究》2016年第5期;李麦玲:《我国法院经费保障体制研究》,载《财会通讯》2010年第10期。

② 朱大旗、李帅:《法治视野下的司法预算模式建构》,载《中国社会科学》2016年第10期;李帅:《司法改革中"央—省"二阶独立司法预算的构建》,载《云南社会科学》2015年第5期;李帅:《财政法治视角下的司法预算独立性改革》,载《法律科学》2017年第1期。

司法预算独立的第一种设想实际上很难操作。目前,我国有近3500家法院,由最高人民法院编制全国法院系统的预算不仅仅是因为工作量太大难以编制,还面临信息不对称的问题——最高人民法院无法全面了解每一个法院具体需要多少经费、这些经费怎么使用等。由于我国各地区之间经济发展不平衡,不同地区的法院经费状况有着很大的差别。有些地区尤其是东部沿海地区的法院经费实际上并不存在经费不足的问题,法院经费不足更多的是存在于老少边穷地区。

第二种方案实际上仍然面临第一种方案的问题,要求省高院编制全省各级法院的预算仍然面临工作量大以及信息不对称的问题。同时,省级统管还面临着一个新的问题:一线城市中心城区法院的法官们普遍担心省级统管之后法院经费保障不升反降,影响法官待遇。[①] 根据学者的统计分析,越是年轻的司法人员,对省统管后工资待遇和职级晋升机会的预判越感到悲观和消极。[②] "中央—省级"二阶司法预算的方案实际上是对美国、德国等联邦、州双层司法经费保障体制[③]的简单复制,忽视了我国与美国、德国在国家结构形式上的本质区别。我国采取单一制的国家结构形式,中央实际上是扩大版的地方政府,地方政府是缩小版的中央政府;而美国、德国实行的是联邦制,联邦和州都有地方财政立法权,虽然联邦和州层面的法院预算独立于行政机关的预算,但是仍然受到联邦、州整体财政收入的制约。这其实就是"分蛋糕"的原理,如果蛋糕不够大,再怎么分都不一定能够满足各方需求。由省级政府分配省以下各级法院的经费,只是把分配财政资金的主体由市县政府转变为省级政府。

(二)现行预算体制下法院预算的运行机制

我国《预算法》对预算运行的流程进行了较为框架性的规定。虽然我国《预算法》规定了预算的编制、审批、执行、调整、决算等环节,但由于规定过于原则以至于可操作性较差。现代预算制度下的预算过程基本上由政府主导,人大的作用很有限,因此,对于政府能否很好地编制和执行预算,人们总是有些担心。[④]

---

① 李德恩:《地方法院省级统管的阻力分析与平台构建》,载《长白学刊》2016年第2期。

② 季卫东等:《中国的司法改革》,法律出版社2016年版,第130页。

③ 陈春梅:《美国法院经费制度的特色》,载《人民法院报》2015年11月20日第8版;陈春梅:《德国:精细化管理的法院经费制度》,载《人民法院报》2015年12月25日第8版。

④ 叶姗:《财政赤字的法律控制》,北京大学出版社2013年版,第175页。

目前,财政法学者更多的是关注预算的"控权"作用,①即通过预算防止政府浪费纳税人的钱,对预算的保障作用却关注甚少。实际上,主张司法预算独立的学者追求的是预算对国家机关履行职能的保障作用。问题就在于,是否需要通过将司法预算独立于政府预算来实现预算的保障功能?这一点仍然值得反思。以下笔者将以我国2015年中央预算运行全过程为参照介绍、分析我国法院预算的运行现状。

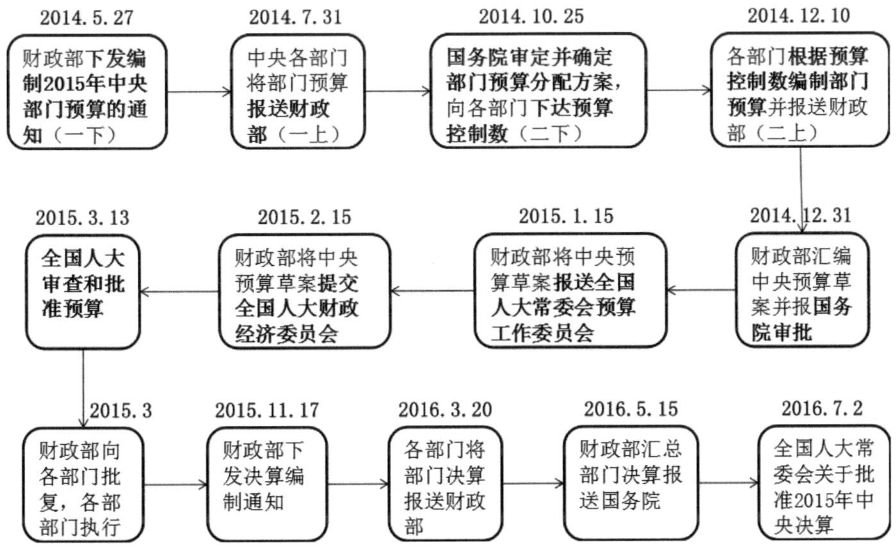


**图1 2015年我国中央部门预算运行全过程**②

我国现行预算体制中,法院、检察院以及政党组织、事业单位等都是以"各部门、各单位"的形式存在的,法院属于"各部门"。在预算权的各项权能中,预算编

① 朱大旗:《实现公共需要最大化》,载《中国改革》2010年第4期;朱大旗:《预算法修订应特别关注五大问题》,载《法制日报》2010年4月8日第2版;刘剑文:《预算的实质是要控制政府的行为》,载《法学》2011年第11期。

② 叶姗:《财政赤字的法律控制》,北京大学出版社2013年版,第187页。

制权是其中最根本、最重要的权能,充分体现了预算的技术性和专业性。① 根据我国预算法及其实施条例以及财政部具体负责编制我国中央部门预算的实践来看,最高人民法院作为中央预算的“各部门”之一,其预算最初是由法院(最高人民法院内设机构司法行政装备管理局)自行编制的。在最高人民法院将自行编制的预算报送财政部后,财政部汇总中央所有部门预算并报送国务院审定,在国务院审定并确定了中央各部门预算的分配方案后,财政部向各部门包括最高院下达预算控制数,中央各部门包括最高院根据预算控制数编制部门预算,并经财政部汇总后再次由国务院审批。在国务院审批后,财政部会将中央预算草案分别报送全国人大常委会预算工作委员会和全国人大财政经济委员会,最后由全国人民代表大会审查批准。全国人大常委会预算工作委员会以及全国人大财经委实际上并不会对财政部报送的预算案进行实质性审查,更不会提出实质性的修改意见或建议。因此,实际上,最高人民法院的预算是由国务院决定的。不仅如此,党中央有关部门、全国人大常委会、全国政协、各民主党派中央以及有关人民团体等非行政部门的预算都是由国务院来决定的。即使是国务院决定甚至减少最高人民法院的预算,也并非是完全不合理的。② 最高人民法院自己编制的预算仍然要遵循预算平衡原则,同时结合法院的不同事权(审判权、执行权及人事职务保障权),在编制时坚持“以支定收”原则,③执行时坚持“量入为出”原则,以强化法院预算的正当性与合理性。

地方各级政府预算的运行机制与中央各部门预算的运行机制基本上遵循了一样的模式。在地方,无论是省级政府还是县级政府,其预算的实质决定权是掌

① 根据财政部《关于编制2015年中央部门预算的通知》(财预[2014]78号)、财政部《关于2015年度部门决算工作的通知》(财库[2015]210号)、财政部《关于编制2015年度中央和地方财政决算(草案)的通知》(财库[2015]246号)、全国人大常委会《关于批准2015年中央决算的决议》等资料整理形成。

② 根据审计署2016年第30号公告(《关于2015年度中央预算执行和其他财政收支审计查出问题整改情况》),至2016年1月底,最高人民法院未按规定清理并向财政部上报财政存量资金7066.48万元。由此可见,法院经费不足的问题并非学者们疾声呼喊的那般严重,法院经费不足的问题更多的是分配不合理的问题。具体可见审计署官网:http://www.audit.gov.cn/n4/n19/c91672/content.html,访问日期:2018年5月30日。

③ 叶姗、王强:《政府理财观的抉择:“量入为出”与“以支定收”》,载《法学杂志》2006年第3期。

握在党委手中的，党委常委会在本级政府预算制定中发挥着“定盘子”的作用。① 在各级地方政府的预算实施过程中，都不可避免地要遇到如何处理党委、人大与政府的关系。在各级政治生态中，党的组织一直是连接政府与党委的重要桥梁，党对人大和政府的影响主要是通过党的组织来实施的。预算的法律过程实际上也是预算的政治过程，预算在本质上就是政治性的。② 因此，实践中，地方预算过程的基本流程就是：由政府财政部门编制技术性预算草案，财政部门报送政府常务会议讨论决定是否送交本级党委常委会审议；本级党委常委会审议通过之后再交由本级政府提请该级人大常委会审议，最后由本级人民代表大会投票决定是否通过。

当前我国预算权的规范性不足，行政机关明显占据了过多的预算权空间，而以人大为核心的预算权监督体系远未达到硬化的程度。③ 我国《预算法》“没有规定人大是否享有预算修正权以及政府是否享有预算审批的制衡权”，“人大只享有对预算的概括性批准权”而没有分项表决权和预算调整权，“没有规定，当人大与政府在预算编制方面的意见不一致或不完全一致时，应当如何处理”。④ 人大及其常委会在预算的编制和执行过程中只能是协商式参与和事后确认。人大所提的预算修正意见能否受到重视主要取决于人大领导与政府领导的私人交情和人大拥有的选举地方领导人的程序性权力。⑤ 因此，从我国各级预算实施的情况来看，法院的预算或者法院的经费能不能得到保障，实际上是由党委常委会决定的，人大对政府预算的审批权、监督权实际上更具有理论上的意义，在实践中难以落实。

### （三）法院经费保障何以可能

通过司法预算独立来确保法院经费得到保障，是否真的能如学者所愿呢？

---

① 董佰壹：《论预算监督与财政立宪——基于中国省级人大实践的探讨》，载《河北法学》2015 年第 3 期。

② ［美］爱伦·鲁宾：《公共预算中的政治：收入与支出，借贷与平衡》，叶娟丽、马骏译，中国人民大学出版社 2001 年版，第 1 页。

③ 朱大旗：《迈向公共财政：〈预算法修正案（二次审议稿）〉之评议》，载《中国法学》2013 年第 5 期。

④ 叶姗：《前置性问题和核心规则体系研究——基于“中改”〈中华人民共和国预算法〉的思路》，载《法商研究》2010 年第 4 期。

⑤ 曾明：《县级预算过程中的人大：J 县的经验》，载《四川理工学院学报（社会科学版）》2012 年第 3 期。

按照当前省级统管或者上文中所述的第二种司法预算独立方案的设想，由高级人民法院代替各级政府财政部门汇总中级人民法院、基层人民法院编制的部门预算，高级人民法院将汇总的省内各级法院预算报送财政部门，再由财政部门提交省政府审定，然后由省人大审批。这种方案至今没有明确的问题主要有：(1)上级法院是否有权修改下级法院报送的预算草案；(2)省级财政部门是否有权修改高级人民法院汇总的省内各级人民法院的预算案；(3)如何确保下级人民法院编制的预算符合该法院的实际情况；(4)省级财政部门、高级人民法院是否有足够的专业性、技术性来判断地方各级法院预算案内容的真实性；(5)如何确保高级人民法院在分配财政资金时能按照省人大审批的预算执行；(6)如果省级政府财政陷入困难，又如何保障省内各级法院的经费。司法预算独立的出发点在于排除政府对法院预算的决定权，防止财政部门截留、挪用、挤占法院经费，但目的的合理性并不等于手段或方式的合理性。省级统管或者省以下司法预算独立仍然没有排除法院经费受政府控制以及法院经费被挤占的可能性，只是将控制和截留法院经费的主体由地方各级政府及其财政部门改成了省级政府和高级人民法院。而且，人财物独立于地方，还会增大法院与这些官员、老板、资本拥有者私底下进行权力贴现、勾兑、创租时的筹码和收益，这对改变法院、法官徇私枉法没有任何撼动。[①]

而我国现行的预算法律制度实际上并不需要进行如此"伤筋动骨"的改革，只需要增加规定：财政部门和地方政府对法院报送的预算无权修改，但可以附加不同的意见和建议一并提交同级人大审批，由人大来决定法院预算是否合理。财政部门挤占法院经费的现象，实际上是预算执行的问题，通过加强预算公开和预算法律责任的追究即可有效解决。实际上，我国很多省市在预算公开方面已经取得了突破性进展。[②] 在我国现代预算制度的改革中，政府内部集中统一的

① 刘忠：《司法地方保护主义话语批评》，载《法制与社会发展》2016 年第 6 期。

② 例如，重庆市政府已经将重庆市内所有部门的预算进行了公开，具体可见重庆市人民政府网：http://www.cq.gov.cn/zfxx/index.shtml，访问日期：2018 年 5 月 30 日；山西省平遥县也对全县各部门、各单位的预算进行了详细的公开，具体可见平遥县人民政府网：http://www.pyonline.net/xxgk/zfgkml/yjsxx/yjsxx.shtml，访问日期：2018 年 5 月 30 日。吊诡的是，一直主张司法预算独立的最高人民法院却没有公开该院的财政预决算信息。

预算控制成效显著，但是立法机构的预算监督成效不大。① 尽管如此，地方人大的预算监督确实已经进入了一个新的阶段。“地方人大正逐渐向实质性监督转型”，“在提前介入、预算初审和预算执行环节，地方人大预算监督已经取得了较为突出的进展，不少地方人大已经开始影响政府的预算资金分配，并开始对随意改变预算的行为进行约束”。② 有些地方的民主预算实践通过改进人大的表决制度，达到了对政府活动进行实质性审查与监督的目的，③激活了预算法律制度中人大固有的权力。

国外主要国家的预算法在对待非行政机关的预算编制问题方面，采取的基本上都是“行政机关不得删减，但可以加注意见”的方式。这种处理方式，既没有限制行政机关的预算编制权，符合预算案统一性的要求，又可以在行政权、立法权、司法权和审计权之间建立一种有效的制衡机制。④ 因此，我国完全可以借鉴这一做法，对现行预算制度进行小幅修改来保障法院经费。司法预算独立并不是将司法预算与政府预算并列同属于公共预算就实现了，现行预算法律制度中法院的预算仍然是独立于政府其他部门预算的。需要注意的是，无论法律条文规定得如何完备，如果难以执行或者影响预算执行的阻碍因素仍然存在，司法预算独立的设想仍然只能是法律制度中的“花瓶”。改革固然没有错，但改革的结果既有可能改对，也有可能改错。将省内所有法院的预算改由省级统管，这种大刀阔斧的改革如果最后反而强化了上级法院对下级法院的控制，无论是司法经费的保障还是司法公正的实现都会受到严重的损害。

另外，实行人财物统管后，地方党委对法院、检察院的思想领导和政治领导保持不变，地方人大依照法定程序任免法院、检察院的领导干部和法官、检察官保持不变。⑤ 这就意味着，地方各级党委对地方政府以及人大的预算实施具有十分重要甚至是决定性的作用，而法院的院长并不属于地方各级党委常委会委

---

① See Jun Ma, If You Cannot Budget, How Can You Govern? —A Study of China's State Capacity, *Public Administration and Development*, Vol.29, pp.9-20.

② 林慕华、马骏：《中国地方人民代表大会预算监督研究》，载《中国社会科学》2012 年第 6 期。

③ 朱圣明、徐枫：《地方人大“票决部门预算”与治理现代化》，载《重庆社会科学》2014 年第 5 期。

④ 徐阳光：《我国〈预算法〉修改中的预算编制权与审批权》，载《团结》2010 年第 2 期。

⑤ 黄文艺：《中国司法改革基本理路解析》，载《法制与社会发展》2017 年第 2 期。

员，由此就导致了法院院长无法在党委常委会上就法院经费不足的问题进行讨论。也就是说，法院院长在政府财政资金的分配中"议价能力"太低。因此，只有提高法院院长在同级党委中的地位，增强法院院长在政府财政资金分配中的议价能力，才是解决法院经费不足问题的根本性、制度性方案。需要注意的是，在提高法院院长在党委中的地位的同时，仍然要坚持党在基本路线、方针、政策上的领导。同时，强化人大在预算实施中的作用，落实人大对政府预算的实质审批权、修正权、分项表决权等监督权，加强预算执行以及预算法律责任的追究是完善我国预算法律制度，实现预算法治的根本路径。预算监督不仅要从具体的微观层面关注预算是否被有效执行，还要关注预算是否符合完整性、公开性和规范性的要求，①我国预算法规定了较为完备的预算监督体系，如果这些制度能够被真正激活，法院经费保障的问题也会在很大程度上得到缓解。

(四)小结:司法预算独立的悖论

司法预算独立的目的无疑是正当的、合理的，但是目的的正当性与合理性并不等于该制度的正当性与合理性。省级统管或者"中央—省级"二阶司法预算的制度设计实际上是对我国现行宪法、预算等法律明确的人民民主原则提出的巨大挑战，必然会面临合法性的质疑。而我国现行的预算法律制度中，实际上也坚持了司法预算独立的做法，只是没有限制政府对法院预算的修改权。实际上，只要明确了政府部门不得修改法院预算、落实人大在预算制度中的修正权、分项表决权，并加强预算法律责任的追究，司法预算独立所追求的目标就可以实现。无论制度设计如何完美，重要的是制度的执行以及制度运行的后果。我们应该坚持实用主义和后果主义的原则对制度进行审视。如果司法预算独立带来的是法院系统内部的行政化，就会违背制度设计的初衷，司法预算独立的努力仍然只是徒劳的。另外，主张司法预算独立的学者实际上忽略了我国预算实施过程中党委的作用，无论是省级预算还是县级预算的实施，党委始终起到了决定性的作用。只有提高法院院长在同级党委中的地位，赋予法院院长在政府财政资金分配中更强的议价能力，才是解决司法经费不足的根本途径。

## 结 语

司法预算独立制度设计的目的正当性是不容置疑的。但是，司法预算独立

① 张守文:《预算监督、能力提升及其法律保障》，载《探索与争鸣》2015年第2期。

并非是完美无瑕的。官方提出的省以下法院、检察院人财物统一管理以及政法经费保障问题，都没有偏颇地对待法院和检察院，甚至将公安机关也纳入了政法经费保障的范围。然而，现有的研究却严重忽视了检察院、公安机关的经费不足问题，几乎将所有的关切都集中到了法院的经费保障问题上。当前的司法预算独立是相对于行政预算来说的，但立法机关、党的机关、民主党派机关等非行政部门或单位的预算同样具有特殊性，却没有学者主张其预算应该独立。司法预算本身存在定位不清、逻辑混乱、内涵模糊的问题。法院经费不足、司法不公正、司法地方化、司法行政化等痼疾固然需要去除，但前提是要明确导致这些问题的根源何在。司法预算独立的制度设计与我国宪法、预算法存在很大的张力，司法预算独立所要解决的问题实际上并不需要对宪法、预算法等法律进行大刀阔斧（实际上是伤筋动骨）的改革，通过对现行预算法律制度进行小幅调整，激活人大在预算法律制度中的功能，提升法院院长在同级党委中的地位才是解决司法不公正等问题的有效途径。司法预算独立的主张实际上没有做到“对症下药”，甚至可能造成南辕北辙的后果。

# 论"枫桥经验"在互联网金融市场治理中的应用

汪　旱*

**摘要**:中国自上而下的金融监管体系在基层存在明显的监管缺位,互联网金融衍生出的"长尾风险"揭示了基层互联网金融存在的治理风险。由于涉及人数众多,互联网金融的风险暴露对社会安定和舆情稳定会造成较传统金融风险更大的损害。由于互联网金融市场与基层社会治理的对象存在相似性,新"枫桥精神"中蕴含的社会综合治理理念可为互联网金融市场治理所用,充分利用"蹲点"和"动员"方法,以下沉式教化基层群众的方法,大众媒体、金融机构、行政机关、司法机关各司其职,可有效动员群众自治,协助完善互联网金融治理体系,助力互联网金融风险化解,就地解决问题,实现"矛盾不上交"。

**关键词**:互联网金融;枫桥经验;P2P;风险防范;教化

## 一、引言

与近年来快速上涨的房价相比,中国的传统银行系统只能为人民币存款提

* 作者系中国信达资产管理股份有限公司重庆市分公司经理,法学硕士。

供非常低水平的利息回报,[①]因此,中国的互联网金融产品能吸引到众多用户,这些互联网金融产品的宣传文书往往反常识地予以高回报、低风险的承诺,但全国各地仍有数以百万计的普通投资者用他们的积蓄购买这些互联网金融产品,以博取更高的资金占用回报。这样的互联网金融产品出现投资损失的报道屡见不鲜,但近几个月里,数百家这样的互联网金融公司集中式地突然倒闭,引发投资者恐慌。

无法赎回投资的投资者们向地方国家机关求助,在不少投资者看来,虽然"投资有风险",但政府并未禁止这些互联网金融公司的设立与经营,所以,国家机关应该"给个说法"。实际上,大部分这样的互联网金融公司并没有非常雄厚的资本金投入,根本无法弥补哪怕是少量用户的投资损失,这些公司的运营模式本该是将有闲置资金的自然人投资者与有用款需求的借款人联系起来,让他们相互满足彼此的需求,公司只从中抽取一定比例的居间费用。但有部分投资者认为,当他们在这样的互联网金融公司平台上取得的债权无法得到清偿的时候,国家应该补偿他们的损失。

当地方国家机关无法满足这些自然人投资者的诉求的时候,有部分投资者通过微信群、QQ 群联系,相约到北京的有关部门反映情况。[②] 越级信访和群体信访同时出现,必然给到访的国家机关带来较大的信访压力。虽然信访压力本身便是各级国家机关需要承担的一种压力,但越级信访的信息不对称性和群体信访容易产生的过激性相结合,往往会对正常的社会秩序造成显而易见的损害,

① 根据国家统计局发布的数据,2018 年 7 月,全国 70 个大中城市新建商品住宅销售价格与 2015 年相比,平均上涨了 23.7%,涨幅较大的上海、南京、广州、深圳、合肥等城市,涨幅超 40%,厦门涨幅超 50%;二手住宅销售价格也有近两成的涨幅,北京、广州、深圳等大型城市二手住宅销售价格涨幅超 50%。参见国家统计局:《2018 年 7 月份 70 个大中城市商品住宅销售价格变动情况》,http://www.stats.gov.cn/tjsj/zxfb/201808/t20180815_1615979.html,访问日期:2018 年 8 月 31 日。作为对比,根据中国人民银行发布的人民币现行利率表,从 2015 年 10 月至今,金融机构人民币存款基准利率由最低的活期存款年利率 0.35%到最高的三年期定期存款年利率 2.75%不等,参见中国人民银行:《金融机构人民币贷款基准利率(2015 年 10 月 24 日更新)》,http://www.pbc.gov.cn/zhengcehuobisi/125207/125213/125440/125838/125888/2968985/index.html,访问日期:2018 年 8 月 31 日。

② Cao Li, Alexandra Stevenson, Sui-Lee Wee: As Chinese Investors Panic Over Dubious Products, Authorities Quash Protests, *The New York Times*, Aug. 9, 2018, available at: https://nyti.ms/2OQEo81.

同时也将对各级国家机关的正常运行产生不利的影响。因此,如何在发生互联网金融平台投资损失时,有效地引导自然人投资者用合理合法的方式表达自身的诉求,避免造成有损稳定的社会群体事件,是需要认真思考的问题。

## 二、互联网金融风险阈值累积与互联网金融监管现状

互联网技术在足不出户的前提下拓展了我们生活的广度,在很大程度上降低了个体与个体之间沟通的门槛,让互联网用户有机会在更广的范畴参与社会生活。传统金融业作为一种居中媒介,利用自身拥有的信用溢价,在信息不对称的资金市场中扮演了桥梁的角色,将资金需求者和资金供给者的需求搭接到一起,优化资金市场的资源配置。社交网络、大数据、云计算、搜索引擎和移动支付技术被广泛应用到传统金融领域中,可以在一定程度上打破传统金融行业的融资歧视,让融资人在资金的获得上更加快速、高效,同时得以有效聚合碎片化的大众投资需求。通过互联网搭桥,让资金的提供方和资金的需求方各取所需,这便形成了对原有金融产业和金融格局产生颠覆性影响的互联网金融产品。①

虽然有互联网作为限制性条件,但互联网金融产品的金融属性并未改变,传统金融产品内生的金融风险,即市场风险、信用风险、流动性风险、操作风险及法律风险等依然存在。而且,在互联网环境下,这些风险更有愈演愈烈的趋势,除此之外,互联网金融新增了信息科技风险和“长尾风险”。自 2013 年以来,互联网金融领域的风险时有发生,网络非法集资、集资诈骗案件时有发生,违约事件、互联网金融平台公司倒闭、跑路更是层出不穷,②在此过程中,国家金融监管层也陆续出台文件,对互联网金融加以规制,尤其是 2016 年 10 月,以国务院办公厅为首的十多个国家部委联合发文,在一天内出台了七份文件,③剑指互联网金融治理,掀起了一场互联网金融的“整风运动”。但这些文件并未起到立竿见影

---

① 靳文辉:《互联网金融监管组织设计的原理及框架》,载《法学》2017 年第 4 期。

② 杨东:《互联网金融的法律规制——基于信息工具的视角》,载《中国社会科学》2015 年第 4 期。

③ 这 7 份文件分别是《互联网金融风险专项整治工作实施方案》《非银行支付机构风险专项整治工作实施方案》《通过互联网开展资产管理及跨界从事金融业务风险专项整治工作实施方案》《P2P 网络借贷风险专项整治工作实施方案》《股权众筹风险专项整治工作实施方案》《互联网保险风险专项整治工作实施方案》《开展互联网金融广告及以投资理财名义从事金融活动风险专项整治工作实施方案》。

的效果,互联网金融产品的风险仍在日益累积,直到 2018 年 6 月到 7 月,当数以百计的 P2P 金融平台集中倒闭,互联网金融风险已积累到了相当高的阈值,①系统性风险或将爆发。

我国互联网金融业务的类型主要包括两大类:一类是传统金融业在互联网上的延伸服务,包含网上银行、互联网消费金融、互联网信托、互联网保险等;另一类是基于传统互联网衍生出来的金融服务,主要包括 P2P 网络借贷、互联网支付、股权众筹融资等。一般认为,互联网金融并非无中生有的产物,而"只是金融服务的提供方式和获取方式发生改变,是直接融资和间接融资在互联网上的延伸",②学术界及各国金融实践对金融监管组织体制的研究由来已久,一般而言,将之分为分业监管和混业监管两种监管模式,并且混业监管成为未来我国金融监管模式的发展方向已被学术界和我国金融实践所接纳。③ 但混业监管在现实中的实际运用滞后于学术界的研究成果,在互联网金融监管领域尤其明显。2015 年 7 月,中国人民银行牵头十部委共同制定了《关于促进互联网金融健康发展的指导意见》,该《指导意见》对我国互联网金融提出了"分类监管、协同监管"的总体框架设计。根据《指导意见》的规定,人民银行负责监管属于支付清算范畴的互联网支付;银监会负责监管属于民间借贷范畴的 P2P 网络借贷;证监会负责监管属于股权融资范畴的互联网股权众筹;网上银行、互联网信托、互联网消费金融、互联网保险等借助互联网技术的传统金融产品由该金融业务对应的金融机构进行监管;由工信部以及国家互联网信息办公室承担对信息科技和技术操作风险的监管职责。即该《指导意见》事实上为我国互联网金融行业确立了分业监管体制。

分业监管体制的理论基础在于现代社会对专家体制的接受与认可,决策层认为,让专家参与公共决策及专业事务监管,是政治决策合法性的技术来源,也

① 宋杰:《P2P 又现集中"爆雷" 或经历监管整治期"阵痛"》,载《中国经济周刊》2018 年第 29 期。

② 陶娅娜:《互联网金融发展研究》,载《金融发展评论》2013 年第 11 期。

③ 最为典型的例证为:2018 年 3 月,十三届全国人大一次会议表决通过了关于国务院机构改革方案的决定,设立中国银行保险监督管理委员会,将银行业监管与保险业监管在机构设立上合二为一。

是公众判断未来和减少风险的重要方法。[①] 但在这样的分业监管模式下，监管主体是根据具体不同的互联网金融业务来划分的，不同的监管机构只负责监管某一类或某几类金融业务，而互联网技术的开放性和渗透性模糊了互联网金融业务的边界，原有的金融业务在互联网语境下的类型化相互重叠交错，使得互联网金融产品常常表现出多主体、多层次、多环节资产叠加和技术叠加。[②] 因此，某一类金融产品的外延往往牵涉到一个以上的监管主体，但由于特定金融产品的监管者已经划定，因此会产生至少两方面的问题：一方面，不同的监管主体之间缺乏有效的信息共享机制，针对同一个事件的监管行动的一致性难以形成；另一方面，针对某特定事件的监管行动往往由特定监管主体依据监管职责展开，对该监管主体而言，对其职责之外的事项缺乏关注的动力和激励，也缺乏关注的权力来源，各监管主体各自为政，导致监管组织间的联动机制难以形成。“由于监管机构对混业经营模式下的金融产品创新和交易缺乏有效规制，使得那些处于法律交叉地带的投资者要面临无法保护的危险境地”，[③]如此，分业监管导致的后果是，特定的监管主体没有能力从宏观上通盘考虑互联网金融风险的系统性问题，也无法顾及自身的监管行动对整个金融市场运行的利弊得失，互联网金融产品和服务在其消费和供给消费链条上不可避免地会出现监管真空或监管重叠，或是监管漏洞和现监管冲突，因此，各监管部门之间相互推诿、相互扯皮或监管缺位、监管错位的现象在所难免。[④] 针对这样的监管现状，或称监管乱象，如何找到行之有效的破解之道，成为学术界和金融实践领域均亟待回答的问题。

## 三、可行的综合治理方案——借鉴“枫桥经验”

针对互联网金融市场产生和发展过程中出现的投资者群体性投资困境、由此导致的信访问题以及现行监管体制无法对其进行有效治理的难题，新时代的“枫桥经验”或可以在一定程度上为其提供解决问题的思路和路径。

1. “枫桥经验”的历史发展与价值特点

---

① 赵万里、李艳红：《专家体制与公共决策的技术——政治过程》，载《自然辩证法研究》2009年第11期。

② 靳文辉：《互联网金融监管组织设计的原理及框架》，载《法学》2017年第4期。

③ 许凌艳：《金融统合监管法制研究：全球金融法制变革与中国的选择》，载《证券法苑》2010年第2卷。

④ 靳文辉：《互联网金融监管组织设计的原理及框架》，载《法学》2017年第4期。

“枫桥经验”诞生于20世纪60年代初，浙江省诸暨县枫桥区的干部群众在社会主义教育运动中创造出了“发动和依靠群众，坚持矛盾不上交，就地解决，实现捕人少、治安好”的“枫桥经验”。1963年11月，毛泽东同志亲自批示“要各地仿效，经过试点，推广去做”。为此，中央先后两次作了批转，“枫桥经验”得以在全国推广，成为我国政法战线上一个脍炙人口的典型。① 自此之后，“枫桥经验”在实践中不断发展。

“枫桥经验”从1970年开始走出“对敌斗争”的历史语境，开始了自我迭代的发展，70年代的“枫桥经验”强调依靠群众，被总结概括为：“依靠群众，对阶级敌人进行有效改造；依靠群众，教育改造有犯罪行为的人；依靠群众，查破一般性案件；依靠群众，搞好防范，维护社会治安，使枫桥区基本实现了治安好、捕人少，为农业学大寨运动的深入开展提供了良好的治安秩序。”②

改革开放后，由于经济发展不平衡，社会矛盾增多，在新形势下，诸暨的警民继续发展运用“枫桥经验”的基本精神。到1980年，官方文件已正式将“枫桥经验”的工作重心转向对违法犯罪人员的帮教改造。③

“枫桥经验”从90年代初期开始快速发展，④探索出了“四前工作法”“四先四早”工作机制、大调解机制及网格化管理工作机制，有效预防和化解了一大批可能影响社会稳定的各类矛盾，枫桥出现了“矛盾少、治安好、发展快、社会文明进步”的良好局面。⑤

1998年10月，浙江省委联合调研组在枫桥蹲点调研，总结出了“党政动手，依靠群众，立足预防，化解矛盾，维护稳定，促进发展”的符合时代要求的“枫桥经验”，再次得到中央肯定，⑥成为“枫桥经验”在维护社会稳定方面的又一次理论

---

① 徐镇强、何彩英：《“枫桥经验”研究述评》，载《中国人民公安大学学报（社会科学版）》2013年第4期。

② 詹肖冰：《风雨嬗变　历久弥新——“枫桥经验”的46年创新和发展路》，载《人民公安》2009年第18期。

③ 谌洪果：《“枫桥经验”与中国特色的法治生成模式》，载《法律科学（西北政法大学学报）》2009年第1期。

④ 陈善平：《枫桥经验的历史发展》，载《枫桥经验与法治建设理论研讨会论文集》（2007年）。

⑤ 吴锦良：《“枫桥经验”演进与基层治理创新》，载《浙江社会科学》2010年第7期。

⑥ 吴锦良：《“枫桥经验”演进与基层治理创新》，载《浙江社会科学》2010年第7期。

深化发展的开端。①

进入新世纪，我国的改革开放事业也进入了新时期，“枫桥经验”顺应时代要求，进一步蜕变为“积极探索源头化解矛盾、维护基层稳定、促进经济社会发展的方式方法”，成为经济社会发展中维护基层稳定的“维稳器”。② 近年来，“枫桥经验”又创造出“靠富裕群众减少矛盾，靠组织群众预防矛盾，靠服务群众化解矛盾”的新经验。③

2013 年 10 月，习近平同志就坚持和发展“枫桥经验”作出重要指示，要求各级党委和政府要充分认识“枫桥经验”的重大意义，发扬优良作风，适应时代要求，创新群众工作方法，善于运用法治思维和法治方式解决涉及群众切身利益的矛盾和问题，把“枫桥经验”坚持好、发展好，把党的群众路线坚持好、贯彻好。④

通过对“枫桥经验”历史发展脉络的梳理，我们可以归纳出其两个内在的价值特征：第一，“枫桥经验”是一个动态发展的经验，其内在价值随着外部时代的变迁动态地进行自我更迭；第二，“枫桥经验”的内涵扩展伴随着其外部形式的多元化、体系化演进。这样的价值特征与金融市场监管体系的生成和发展存在相似性。

2.“枫桥经验”适用于中国互联网金融乱象治理的合理性分析

“枫桥经验”产生于 20 个世纪 60 年代，而互联网金融产品和服务产生于 21 世纪，两者有着横跨近半个世纪的时间维度差异，但“枫桥经验”随着时代的发展时刻更新着精神的内涵，让“枫桥精神”不仅仅是一种贴在墙上的标语，而成为一种活的精神。经过 50 多年的发展演变，新“枫桥精神”中蕴含着的社会综合治理理念与互联网金融市场治理的精神高度契合。

第一，“枫桥经验”产生和发展的历史时代背景与互联网金融市场治理产生的历史时代背景有一定的可比性。“枫桥经验”起源于对“四类分子”(地主、富农、反革命分子、坏分子)改造的试点。在激进的政治运动中，一些地方在对“四类分子”的改造中产生的过火、过激行为，导致个别“四类分子”被打死，甚至殃及

① 陈善平：《枫桥经验的历史发展》，载《枫桥经验与法治建设理论研讨会论文集》(2007 年)。

② 吴锦良：《“枫桥经验”演进与基层治理创新》，载《浙江社会科学》2010 年第 7 期。

③ 汪世荣：《枫桥经验：基层社会治理的实践》，法律出版社 2008 年版，第 20 页。

④ 王比学：《习近平就创新群众工作方法作出重要指示，强调把“枫桥经验”坚持好、发展好，把党的群众路线坚持好、贯彻好》，载《人民日报》2013 年 10 月 12 日第 1 版。

部分“四类分子”的家属子女。① 与之类似，互联网金融产品本身具有打破金融垄断，提高资金需求者和投资者之间融资业务效率等诸多优势，但由于互联网金融的市场监管缺位，乱象丛生，加之信访事件的发生，导致部分地方政府谈互联网金融色变，要求从源头上干预互联网金融公司的设立及运营，部分互联网金融公司在地方政府的矫枉过正之下，业务开展困难，进而导致互联网金融行业发展受阻。在这样的大环境下，我们更应借鉴处理“四类分子”试点经验的“枫桥经验”，对互联网金融市场报以更加宽容的治理态度，坚持以法治的方法治理互联网金融市场，落实最高人民法院在《关于进一步加强金融审判工作的若干意见》中提出的“对于能够实际降低交易成本，实现普惠金融，合法合规的金融交易模式依法予以保护”的指导思想，保护行业的健康、稳定、持续发展。

第二，推动“枫桥经验”产生和发展的主体与互联网金融市场的参与群体有着广泛的相似性。“枫桥经验”的产生和发展过程中，警察和公安发挥了巨大的决定性作用，但地方群众的努力更是功不可没，中央的批文首先就要求“依靠群众力量”。与之相似的是，治理互联网金融市场，仅仅靠顶层的英明决策和监管者的专业水平，是远远不够的，互联网金融市场的参与者与传统金融市场相比，有着受众广泛、搭便车现象严重、市场参与者受教育度和金融风险识别能力参差不齐、单笔业务资金额度低等诸多特点。群众的自律和觉醒，是互联网金融市场治理中最难实现又最有效用的一环。

第三，从源头上解决矛盾是“枫桥经验”和互联网金融服务纠纷化解的共同要求。改革开放以来，在枫桥地区，“枫桥经验”逐步固化为党政干部以“为地方经济社会发展创造优良的治安环境”为己任，紧紧抓住“依靠群众化解社会矛盾”这一主线，以“小事不出村，大事不出镇，矛盾不上交，就地解决”为目标，从源头上化解矛盾的工作要求，并在此基础上不断拓展和丰富着自身的历史和时代内涵。② 与之相类似的是，互联网金融市场治理，宜疏不宜堵，同样需要从源头上发现互联网金融市场的需求，监管者及信访工作者需要正本清源，不可头痛医头，而需从源头上发现问题所在，以切实解决群众金融市场的根本需求为己任，依靠群众化解金融市场风险，解决金融市场矛盾。

第四，“枫桥经验”所总结出的工作方法与防范金融风险的指导思想不谋而

① 吴锦良：《“枫桥经验”演进与基层治理创新》，载《浙江社会科学》2010年第7期。

② 吴锦良：《“枫桥经验”演进与基层治理创新》，载《浙江社会科学》2010年第7期。

合。“枫桥经验”总结出了“四前工作法”,即“组织建设走在工作前,预测工作走在预防前,预防工作走在调解前,调解工作走在激化前”。“四先四早”工作机制,即“预警在先、矛盾问题早消化;教育在先、重点对象早转化;控制在先,敏感时期早防范;工作在先,矛盾纠纷早处理”。事实上,“四前工作法”和“四先四早”工作机制的指导思想都是预防和化解,致力于将基层社会矛盾化解于无形。最新召开的中央经济工作会议提出了“防范化解风险,短期治理固然重要,但关键还在于通过深化改革开放、建立长效制度来防患于未然”,①这样的指导思想与新时代“枫桥经验”指导下的工作方法不谋而合。

通过上述四个方面的分析可以发现,虽然“枫桥经验”的产生比互联网金融市场的产生早了近半个世纪,但由于“枫桥经验”产生的历史背景与互联网金融治理产生的历史背景有相似之处,二者所能够适用的主体也明显具有相似性,鉴于“枫桥精神”在历史发展过程中一直被赋予新的时代内涵,时至今日,“枫桥经验”与互联网金融市场治理在开展工作的思想渊源和工作方法上,都可以相互借鉴。

## 四、以“枫桥经验”创新内涵解决互联网金融市场问题

从金融风险的角度而言,互联网金融与传统金融相比,衍生出了信息科技风险和“长尾风险”,其中,“长尾风险”是互联网金融内生的独特风险,主要表现在以下几个方面:首先,互联网金融市场的参与者具备的金融知识、风险识别能力和风险承担能力欠缺,容易遭受误导或欺骗等待遇。其次,互联网金融市场投资者的投资额小而分散,作为个体,很难有精力和能力去辨识和监督互联网金融机构的工作,所以对宣传的依赖性更强,搭便车现象更突出,这就导致针对互联网金融的市场纪律更容易被违反。再次,从众心理、个体非理性和集体非理性更容易发生。最后,一旦互联网金融风险暴露,虽然个体投资者涉及的金额一般不大,但由于涉及人数众多,对社会安定和舆情稳定造成的损害往往更大。②

---

① 王希:《防范化解风险 深化改革开放——金融管理部门为未来工作“划重点”》,http://www.xinhuanet.com/fortune/2017-12/24/c_1122159203.htm,访问日期:2018 年 8 月 31 日。

② 毛志刚:《地方政府参与互联网金融监管的法律问题研究》,载《西南金融》2018 年第 9 期。

互联网金融风险的上述特点,恰好可以借鉴"枫桥经验"中的"小事不出村,大事不出镇,矛盾不上交,就地解决"的工作原则进行应对。毛泽东在对"枫桥经验"作出试点推广批示的同一天,在与时任公安部长汪东兴的谈话中说道:"你们公安部,日常的具体工作很多,但最重要的一条,是如何做群众工作,教育群众,组织群众,做一般性的公安工作,比如说对地、富、反、坏、右分子的监督、教育、改造工作,应通过群众来做。从诸暨的经验看,群众起来之后,做得并不比你们差,并不比你们弱,你们不要忘记动员群众。……你们经常要蹲点,做这种工作。"①谌洪果教授认为,这段话中的两个关键词,"动员"和"蹲点"是实践中运用"枫桥经验"的关键动作。"动员"是指政府官员要大力动员群众,这就要执政者维护良好的干群关系,建立群众与干部的利益共同体,在此基础上,动员群众为执政者朝共同的社会治理目标努力。而"蹲点"则是指政府官员要放下身段下基层,要走到群众中去,打破意见传递过程中发生的误传漏传,去一线倾听群众的真实声音,解决群众的真实困难。可以认为,下基层蹲点是动员群众的前提,动员群众是下基层蹲点的目标。动员和蹲点,同样需要被运用到互联网金融市场治理的过程中去。

1. "蹲点式"互联网金融综合治理:构建下沉式互联网金融治理网络

我国运用"枫桥经验"的动员和蹲点的方法来治理互联网金融市场中的市场宣传工作、产品销售工作,并在出现个体风险的时候控制风险的传导,当出现信访局面的时候正确引导,合理控制群体性事件的发展,建立下沉到底的网格化治理结构。

我国金融监管体系复杂而庞大,地方金融业的发展情况差异较大,自上而下的金融监管格局难以囊括各地方的金融发展状况,监管盲区的出现在所难免。以监管 P2P 网络借贷的银保监会体系为例,②省级银监局的派出机构只到地市一级,县级行政单位并无银监局的触角。而 P2P 网络借贷的参与者不会因为银监系统的机构设置与否而有所区别,这势必导致银监系统在县级以下互联网金融市场监管的缺位。有缺位就应该有补位,地方政府理应填补银监系统下沉不

---

① 《"枫桥经验"实录》,中共党史出版社 2000 年版,第 230 页。转引自谌洪果:《"枫桥经验"与中国特色的法治生成模式》,载《法律科学(西北政法大学学报)》第 1 期。

② 由于银监会系统与保监会系统在地方的机构改革整合工作尚在进行过程中,此处以原银监会系统的机构设置为例进行讨论。

够的空白。在区县、乡镇街道一级政府,我国应划定网格化的治理范围,确保基层群众的生产生活的情况能及时反馈到基层政府组织。区县级政府的金融办公室在此应当发挥主要作用,并在乡镇街道建立联系人制度,对辖下群众参与互联网金融市场的情况进行蹲点了解,设置金融办接待日,对群众诉求予以倾听、记录,并将收集的数据及时向上级地方政府及银监系统的派出机构进行反馈。"蹲点"对蹲点者有着较高的要求,基层干部不仅需要与基层群众打成一片,同时也需要对日新月异发展中的互联网金融市场有着较充分的了解,要能够做到及时答疑解惑。

2."动员"式教化治理:防互联网金融风险于未然

政府服务的下沉固然是优化互联网金融市场监管的必要措施,但同时更需要避免树立大包大揽的政府形象。在基层群众平均受教育程度有限的客观条件下,政府以"动员"的方式,用具有中国特色的宣传教化治理方式,利用标语、口号等方法,加强宣传教育。2018 年 6 月到 7 月,互联网金融风险集中暴露的原因,主要在于个人投资者以赌博的心态参与投资,在较低的风险承受能力范围内,博取了过高的投资收益。

对于投资风险的教育应当融入中央及地方政府的日常工作中去,银保监会主席郭树清在 P2P 暴雷后的公开发言中指出,投资者需要谨慎地对待投资收益,"收益率超过 6%就要打问号,超过 8%就很危险,10%以上就要准备损失全部本金",要"努力通过多种方式让人民群众认识到高收益意味着高风险"。① 以教化的方式实现对群众的动员至关重要,但对基层群众的教化和动员的体系不应当由政府部门一家包办,在越基层的地方政权中,政府越是应该主动限缩自己的功能,让位于行业自治和市场机制。在很多本该由社会力量自我调整以达到平衡的地方、在很多本该由行业自治来发挥作用的地方,由于政府长期以来伸手过长,不经意间塑造了自身承担"无限责任"的形象,导致当矛盾发生、风险暴露时,投资者的第一反应便是找政府"讨说法"。

因此,教化与动员可以在多个层次上共同展开:首先,大众媒体应当承担教化的主要任务,公益广告、宣传短片等工具的采用有助于帮助基层群众认识金融风险,提高风险防范意识;让群众日常接触很多、具有较强信用溢价的银行承担

① 郭树清:《理财产品若承诺收益超 10% 就得准备亏光》,http://www.sohu.com/a/235805355_479794,访问日期:2018 年 8 月 31 日。

部分教化任务，有助于帮助基层投资者全方位了解金融市场；与此同时，需要进一步健全机构投资者的社会责任意识，让市场力量参与互联网金融市场的治理。其次，从行政机关的角度而言，对出现的零星的投资损失和信访案件要持容忍姿态，要使优秀的机构投资者在自由市场中靠专业能力胜出成为常态，避免政府为经营失败的市场参与者买单。最后，从司法机关的角度而言，公检法系统须紧密配合，打击互联网非法集资和金融诈骗犯罪，法院在互联网金融投资纠纷案件中，要多利用释明等手段，寓教于审判调解工作，并且需要在相关的司法文书中加强说理，充分利用商事审判思维，树立投资收益与投资风险成正比的价值观，让市场参与者从司法权威中得到充分的正面引导。

3. 利用“蹲点”和“动员”化解互联网金融风险的假设案例

以 P2P 网络借贷市场为例，基层互联网金融市场所产生的主要风险如下：作为投资者，受到非法互联网金融产品提供者“低风险、高回报”虚假宣传的蛊惑，在未进行尽职调查的情况下进行投资，导致投资受损而产生相关的风险。如果为数众多的投资损失者共同出现，则这些数量众多的投资者往往希望通过聚众信访的方式，向政府相关部门表达诉求、施加压力，甚至要求政府为他们的投资损失买单。

利用“枫桥经验”的“蹲点”和“动员”的工作方法，可以在一定程度上提高化解这两方面风险的概率。一方面，通过“蹲点”，下沉了解基础群众的金融投资需求，可以及早引导投资者选择正规渠道；通过“动员”，可以教化投资者正确认识金融风险，提前进行风险偏好测试，促使其向其可以承受风险的领域进行合理的金融投资，引导群众选择低风险的金融投资产品能有效避免投资损失。在接受充分信息的前提下，若投资者仍然希望选择高风险、高收益的金融投资产品，可及时做好投资风险披露工作，留存相关的风险告知书。另一方面，在发生投资损失时，下沉“蹲点”能够让地方行政机关及时了解情况，可以及时采取恰当的措施进行应对，最大限度地避免投资损失的进一步扩大，在发生投资纠纷的时候，引导投资者通过司法系统解决争端，通过“动员”，在各个层面提前介入，做好投资者的疏导、安抚工作，并在司法文书中通过再教育的方式，强化金融风险意识。事后的教化工作可以进一步以群众身边的典型案例为依据，促进金融安全意识的广泛传播，力争在个案中均就地解决问题，达到“矛盾不上交”的理想状态。

## 五、结语

习近平总书记指出,推进改革发展稳定的大量任务在基层,推动党和国家各项政策落地的责任主体在基层,推进国家治理体系和治理能力现代化的基础性工作也在基层。由于国家金融监管体制下沉力度不足,互联网金融市场可以充分借鉴"枫桥经验",以"蹲点"式的下沉化治理"动员"群众,实现防金融风险于未然的教化式治理,切实落实"枫桥经验"中的"就地解决问题",实现"矛盾不上交"。

"矛盾不上交"并不意味着压制矛盾,更不意味着上级政府可以"撂挑子""甩包袱"。在利用"枫桥经验"充分动员群众化解互联网金融风险的基础上,政府应该从更宏观和更抽象的层面,组织并改善金融市场的治理体系与治理能力的现代化水平,顶层设计的制度越完善,现代化水平越高,基层的社会矛盾和冲突就越少。[①] 同时,借鉴"枫桥经验"改善互联网金融治理体制,可以作为基层群众参与社会治理的重要实践,为制度设计提供鲜活和持续发展的实验样本。顶层与基层二者的充分"互动",可以促进互联网金融治理体系的完善和发展,也可以为其他社会治理部门的治理理论和实践提供借鉴意义。

---

① 叶青:《推广"新枫桥经验"需要明确的几个问题》,载《人民政协报》2018 年 7 月 10 日第 12 版。

司法制度研究

# 审判外部关系的法治化改造

孟高飞[*]

**摘要**：在由党委、政府等组成的地方国家治理体系与构架内，党委居于领导核心位置，地方法院深嵌其中。地方法院与党委、政府等外部主要政治力量之间的关系（即审判外部关系）呈平放三棱锥形，党委居于顶点，起核心统率作用，法院处在被领导、被监督的地位。此种三棱锥形的审判外部关系源于单向度的党的领导与国家政权分立的二元体制，可从条块关系中的同级党委负责制、央地关系中的中央统一领导制两个层面得到解释。上述法院地方化的体制应在党的领导下，沿“两善于”和“一支持”路向，作法治化改造。我国应借助人大这一法定民主程序，推进党的领导方式和执政方式现代化，完成对审判权行使的形式与实质合法性的型塑。

**关键词**：三棱锥形结构；党的领导；审判外部关系；法治化

我国的地方国家政权架构由同级的党委、政府、人大等组成，其中，党委居于领导核心地位。地方各级法院以多种方式深度嵌入这种权力框架之中，扮演被领导、被监督、被控制的角色。全面深化司法体制改革，确保依法独立公正地行使审判权，要求“调整和改善司法与其他政治权力的关系”“确立司法在新型国家治理体系与结构中的角色与地位”①，因此，需要改变上述这种地方法院与其他国家政权机关之间的关系（以下简称“审判外部关系”）。按照中央的决策和部

---

* 作者系上海市浦东新区人民法院审判员，法学博士。

① 顾培东：《司法改革中法学理论应有所作为与担当》，载《社会科学报》2014 年 12 月 25 日第 003 版。

署,这种审判外部关系需要在坚持和完善党的领导的前提下,进行法治化变革。

## 一、三棱锥形的审判外部关系

在地方国家治理体系与结构中,地方法院是地方党委总揽的地方全局之组成部分,是地方党委协调的各方治理力量之一种。具体而言,地方法院与同级党委存在实质性的领导关系,主要通过党委组织部、党委政法委、法院党组等途径进行。[①] 地方法院与同级政府存在隐形的制约关系,主要体现在对司法预算的控制等方面。地方法院与同级人大存在产生与监督的关系,主要体现在对党委提出的法院组成人员人选的任免、对政府提出的司法预算方案的审查与批准、对法院年度工作报告的审议和法律法规实施情况的检查等方面。与此同时,地方党委又在同级人大、政府内设立党组作为二者内部的“领导机构”,在二者单位“发挥领导核心作用”。[②] 两个党组的设立,进一步发挥了党委对地方法院的领导作用。概言之,地方党委对法院的领导途径主要有两种:一是直接领导,通过党委政法委、法院党组等途径进行;二是间接领导,通过人大、政府等途径进行。

粗略地看,地方法院与外部权力之间的关系网络呈三棱锥形。该三棱锥形由四个三角形组成,共有四个顶点、四个面。平放固定后,底部的三个顶点可分别比为人大(A)、政府(B)、法院(C),顶部的顶点可喻为党委(D)。由 ABC 三个点组成底部的三角形,DAB、DBC、DAC 的各三个点分别组成侧面的三个三角形。在三棱锥形中,党委(D)居于顶点,起到核心、统率作用。在三个侧面的三角形中,党委(D)均为顶角,居于领导、中心位置。因此,“党和法治的关系是法治建设的核心问题”[③]。

## 二、三棱锥形结构的形成根源

比较法学者达玛什卡教授在全面分析不同国家司法制度后指出,“虽然司法制度与经济组织方式之间的关联在某些事例中体现得非常明显,但是,在更多情

① 孟高飞:《论党对地方法院组织领导的法治化变革》,载《学术交流》2017 年第 4 期。

② 《中国共产党党组工作条例(试行)》第 2 条。

③ 习近平:《关于〈中共中央关于全面推进依法治国若干重大问题的决定〉的说明》(2014 年 10 月 20 日),载《求是》2014 年第 21 期。

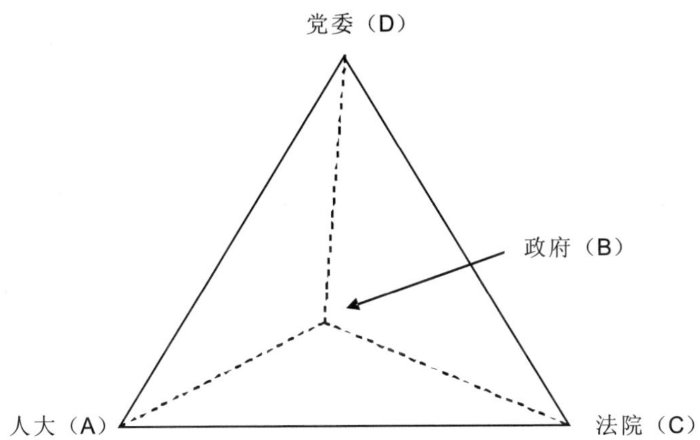


况下，司法制度与意识形态和政治之间的关联显得更为直接，看起来也更为合理”①。我国地方法院以多途径、分层次、全方位的方式，深嵌于以地方党委为核心的地方政权格局中。要理解这种审判外部关系的体制是如何形成，又是如何变迁的，需要回到我国政法体制和政党制度是如何演变上来。我国的国家体制庞大复杂，但在根本上，是一种单向度的二元体制②，此处的“二元”是指党的领导体制和国家政权体制，“单向度”是党的领导体制对国家政权体制的逐渐嵌入。涉及法院外部关系的政法制度就是这种单向度的二元体制的构成部分，制度的核心就是党对政法工作、法院工作的领导。对此我们可从条块关系、央地关系两个层次进行认识。

（一）条块关系中的同级党委负责制

“条条”与“块块”是完全中国式的概念，“条条”是指从中央到地方、业务上性质相同的工作部门，如最高法院与各级地方法院之间的关系，“块块”是指同级的各个不同部门。称之为“条条”“块块”，“盖来自于一个知识隐喻：在对机构设置进行图状表示时，相同工作性质的机构以条型的树状图表示，而所有的这些机构又均置于一个地方行政区划内，地方行政区划在平面地图中一块一块地标绘，拼成一个更大的区划，而每一级区划都由该级地方党委统一领导”③。在国家政权

① [美]米尔伊安·R. 达玛什卡：《司法和国家权力的多种面孔》，郑戈译，中国政法大学出版社2004年版，第11页。

② 侯猛：《当代中国政法体制的形成及意义》，载《法学研究》2016年第6期。

③ 刘忠：《条条与块块关系下的法院院长产生》，载《环球法律评论》2012年第1期。

体制内和党的组织体制内，均存在“条”与“块”的关系，此乃我国地方政治治理中的特殊政治形态，最终形成的机制是“条块结合，以块为主”。块块是管理的根本，同级的各个机关均要接受同级党委的领导。这种同级党委领导的体制并非建政之初形成的，而是在经历了向同级政府党组还是向同级党委负责、向上级机关党组还是向同级地方党委负责的较长时期的磨合后形成的。[①]“这种块块优先于条条的政策设计的一个支持在于地方党委和受其领导的法院等机构均在一个地域，对于不能为大叙事所通约的本地域的地方性知识和条条的命令在本地的受制约条件，有更切近的感知，因此，其政策治理比地处江湖之远的条条上级在本地的适用性更强。”[②]这种以块为主的地方治理政策是经历了革命、建设、改革等不同历史时期的探索，而不断修正、形成的。

下面以地方司法权管理归属的历史变迁为例作些说明。1949 年的《中华人民共和国中央人民政府组织法》第 26 条规定，“最高人民法院为全国最高审判机关，并负责领导和监督全国各级审判机关的审判工作”，地方司法权由中央单重领导，而 1951 年的《人民法院暂行组织条例》第 10 条明确，“下级人民法院的审判工作受上级人民法院的领导和监督”，“各级人民法院（包括最高人民法院分院、分庭）为同级人民政府的组成部分，受同级人民政府委员会的领导和监督”，地方司法权接受央地双重领导。到了 1954 年，《人民法院组织法》第 14 条规定，“地方各级人民法院对本级人民代表大会负责并报告工作”，“下级人民法院的审判工作受上级人民法院监督”，地方司法权改为地方单重领导（上级业务监督）。1979 年的《人民法院组织法》第 16 条基本沿袭了 1954 年《人民法院组织法》第 14 条的内容，但在实际操作中，近些年逐渐加重了上级法院的话语权重，似有地方与上级法院双重“领导”（地方为主）的趋势。地方司法权经历了上述中央单重领导→央地双重领导→地方单重领导（上级业务监督）的变迁，最终形成央地双重“领导”（地方为主）的司法权管理体制。这是“条块结合，以块为主”的地方党委负责制在司法领域的映射和表现。这种地方党委负责制的制度通道就是在法院内由同级党委批准、设立党组，作为法院的领导机构，法院党组必须服从同级党委的领导。

① 侯猛：《当代中国政法体制的形成及意义》，载《法学研究》2016 年第 6 期。

② 刘忠：《条条与块块关系下的法院院长产生》，载《环球法律评论》2012 年第1 期。

(二)央地关系中的中央统一领导制

以上分析,仅解决了地方法院嵌入地方党的领导体制中,形成以块块管理为主的同级党委领导制,还未解决地方党委的意志如何集中统一于中共中央,即央地关系的问题。由于在地方实行党委一元化领导,地方人大、政府等均须服从同级党委的领导,故央地关系的核心不在人大系统和政府系统,而在"党中央与地方党委的关系"①。央地关系"最终是党内关系,是中国共产党中央委员会和省、市、县/区委员会的权力层级关系"②。这种党内关系,采取的是分级归口管理的方式,实现中央集中、统一的领导。其中的"分级",是将地方到中央划分为多个级别,"归口"是将各个国家的政权机关划分为多个类别,分别对口党的相应职能部门,由后者进行管理,如公检法等构成的"政法口"由党委政法委进行管理等。

仍以地方法院为例,在干部("人")的归口管理上,其经历了由组织部还是政法工作部管理的争议;在业务("事")的归口管理上,其经历了从政法分党组到政法小组管理的变化,最终形成组织部管"人"、政法委管"事"的归口格局,最终归于同级党委领导。③ 按照民主集中制原则,下级要服从上级、全党要服从中央,地方党委对包括法院工作在内的政法工作的归口管理,要逐级向上级党委报告,最终服从中央的集中统一领导。如此一来,我国语境下的央地关系,是通过党内的条条管理实现了地方上块块管理的任务,进而实现由中央集中统一领导下的对地方政治社会的整合与治理。从县、市、省到中央,其划分为四个层级,就是四个上下相连的三棱锥形,该连结点就是下级服从上级、全党服从中央的民主集中制。此乃以同级党委为核心的审判外部关系的制度根源。

## 三、审判外部关系的法治化转向

从陕甘宁边区时期算起,以党委为核心的审判外部关系的制度设置,是经过革命—建设—改革后,对司法制度建设的经验积累和教训汲取,在维护地方国家政权、推动社会进步发展中发挥了极其重要的作用。但时至今日,司法领域出现了一些问题,"司法不公、司法公信力不高问题十分突出","司法不公的深层次原

① 强世功:《中国宪法中的不成文宪法——理解中国宪法的新视角》,载《开放时代》2009 年第 12 期。

② 刘忠:《条条与块块关系下的法院院长产生》,载《环球法律评论》2012 年第 1 期。

③ 侯猛:《当代中国政法体制的形成及意义》,载《法学研究》2016 年第 6 期。

因在于司法体制不完善、司法职权配置和权力运行机制不科学”等[①]。因此,十八届三中全会以来,中央多次部署深化司法体制改革,确保人民法院依法独立公正地行使审判权。改革司法权力管理体制,绕不开包含审判外部关系的政法体制。根据中央的部署,在推进审判外部关系改革中必须坚持和加强党的领导,这是毋庸置疑的,也是本文相关论述展开的前提和基础。十八届四中全会决定指出,“社会主义法治必须坚持党的领导,党的领导必须依靠社会主义法治”,习近平亦多次在关于法治工作的讲话中强调,“在坚持党对政法工作的领导这样的大是大非面前,一定要保持政治清醒和政治自觉,任何时候、任何情况下都不能有丝毫动摇。我们既要坚持党对政法工作的领导不动摇,又要加强和改善党对政法工作的领导,不断提高党领导政法的能力和水平”[②]。那么,如何在党的领导下进一步改善审判外部关系,提升党运用法治思维和法治方式领导法院工作的能力和水平?党的领导的总原则是,“把党的领导贯彻到依法治国全过程和各方面,坚持党的领导、人民当家做主、依法治国有机统一”[③]。根据十八届四中全会《中共中央关于全面推进依法治国若干重大问题的决定》中关于贯彻党的领导的概括[④],具体到审判外部关系领域,进一步坚持和改善党的领导,就是要做到“两善于一支持”,即善于使党的主张通过法定程序成为国家意志,变成成文的法律规定,作为人民法院行使审判权的依据来源;善于使党组织推荐的人选通过法定程序成为人民法院的组成人员,确保法院组成人员服从党的指挥;支持人民法院与其他机关依照宪法独立负责、协调一致地展开工作,确保人民法院依法独立公

① 习近平:《关于〈中共中央关于全面推进依法治国若干重大问题的决定〉的说明》(2014年10月20日),载《求是》2014年第21期。

② 习近平:《在中央政法工作会议上的讲话》(2014年1月7日),载中共中央文献研究室编:《习近平关于全面依法治国论述摘编》,中央文献出版社2015年版,第20页。

③ 习近平:《加快建设社会主义法治国家》(2014年10月23日),载《求是》2015年第1期。

④ 即“三个统一”和“四个善于”,“必须坚持党领导立法、保证执法、支持司法、带头守法,把依法治国的基本方略同依法执政的基本方式统一起来,把党总揽全局、协调各方同人大、政府、政协、审判机关、检察机关依法依章程履行职能、开展工作统一起来,把党领导人民制定和实施宪法法律同党坚持在宪法法律范围内的活动统一起来,善于使党的主张通过法定程序成为国家意志,善于使党组织推荐的人选通过法定程序成为国家政权机关的领导人员,善于通过国家政权机关实施党对国家和社会的领导,善于运用民主集中制原则维护中央权威、维护全党全国的团结统一”。

正地行使审判职权。

坚持并改善党对审判外部关系的领导，发挥好“两个善于”、坚持好“一个支持”，应当以什么样的方式或依托什么样的手段进行？这需要放在“国家治理体系和治理能力现代化”框架中进行思考。“建设社会主义法治国家是实现国家治理体系和治理能力现代化的必然要求，也是全面深化改革的必然要求，有利于在法治轨道上推进国家治理体系和治理能力现代化，有利于在全面深化改革的总体框架内全面推进依法治国的各项工作，有利于在法治轨道上不断深化改革。”[①]学界对“国家治理”的内涵有不同界定，但从根本上说，国家治理“就是人民当家做主，通过全国人民代表大会和地方各级人民代表大会，执掌国家政权、行使国家权力、管理国家事务的制度安排和活动过程”[②]。国家治理包括国家治理体系和国家治理能力两个方面，前者是党领导人民治理国家的制度体系，后者是运用国家制度治理社会各方面事务的能力，两者集中体现着一个国家的制度和制度执行能力。国家治理的现代化，是要实现国家治理体系和治理能力的法治化、民主化、科学化和信息化，核心是国家治理的法治化。[③] 具体到本文的主题，改善党对审判外部关系的领导，就是要使这种领导体系和领导能力现代化，核心是使之法治化。

## 四、审判外部关系转向的落脚点

### （一）对落脚点的选择

以法治化方式坚持和改善党的领导，主要是做到“两个善于”和“一个支持”。就前一个“善于”，党的主张来源于党对社情民意的归纳与表达，来源于对社会治理需求和社会发展规律的把握与总结，并且可能已经明确成为党执政的路径、方针、政策，但党的主张并不能直接成为国家意志或国家法律，不能直接成为人民法院审判权的行使依据。新中国成立后依政策治国、靠运动治国，依政策办案、依文件办案的历史教训殷鉴不远。改革开放后，尤其是党的十五大以来，党中央

① 习近平：《关于〈中共中央关于全面推进依法治国若干重大问题的决定〉的说明》（2014年10月20日），载《求是》2014年第21期。

② 李林：《依法治国与推进国家治理现代化》，载《法学研究》2014年第5期。

③ 胡建淼：《国家治理现代化关键在法治化》，载《学习时报》2014年7月14日第005版；陈金钊：《国家治理体系法治化及其意义——兼论法律方法的功能》，载《法律方法》2014年第1期。

高度重视依法治国,要求落实依法治国的基本方略,建设社会主义法治国家,并且要求“更加注重改进党的领导方式和执政方式”,特别是提出“依法治国,首先是依宪治国;依法执政,关键是依宪执政”。因此,我们必须找到将党的主张和政策变为国家法律的途径。这一途径,就是立法的方式,通过科学民主的国家立法程序将党的意志国家化,成为国家的意志。对此,十八届四中全会提出,要“加强党对立法工作的领导,完善党对立法工作中重大问题决策的程序。凡立法涉及重大体制和重大政策调整的,必须报党中央讨论决定。党中央向全国人大提出宪法修改建议,依照宪法规定的程序进行宪法修改。法律制定和修改的重大问题由全国人大常委会党组向党中央报告”。以立法的方式表达党的主张和意志,实现对审判工作的领导,必然落脚于人大制度。

就推进审判外部关系法治化变革中的后一个“善于”,按照党管干部原则,要使党组织推荐的干部人选成为审判机关的领导人员。中国共产党既是领导党,又是执政党,不仅抽象地行使国家权力,也具体地执掌国家权力。“党具体地行使国家权力不是通过党组织、党员干部直接地向国家、社会和人民群众发号施令,也不能使党的决议和各级党组织的红头文件成为全体人民直接的行动依据。在依宪执政和依宪治国的双重要求下,党管干部的原则主要体现在党通过行使对干部的推荐机制,使党的重要干部成为不同国家政权机关的公务人员,并通过党的组织纪律监督党员干部的行为。”[①]党推荐的干部要成为人民法院的组成人员,必须通过法定的程序,依据现行《宪法》《法官法》等[②],该法定程序就是人大及其常委会的选举和罢免程序、提请和任命程序。以法治的方式,将党推荐的人选作为人民法院的组成人员,也将落脚于人大制度。

就推进审判外部关系法治化变革中的“一个支持”,要求党委支持审判机关依法独立行使审判权。人民法院作为行使审判权的国家法定机构,履行法定职权和法定任务,必须以合法性为前提。宪法和法律凝结着党和人民的意志,系党领导人民制定的,党也应当领导人民执行宪法和法律,因为此时执行宪法和法律本身,就是贯彻党和人民的意志。党的执政方式在司法领域的体现,就是人民法院应当依照法律行使审判权。同时,党自身也必须在宪法和法律范围内活动。

① 贺海仁:《论中国共产党领导法治化》,载《河北法学》2016 年第 4 期。

② 参见《宪法》第 62、63、67、101 条,《人民法院组织法》第 35、36 条,《法官法》第 11 条等。

"我们党是执政党,能不能坚持依法执政,能不能正确领导立法、带头守法、保证执法,对全面推进依法治国具有重大作用。"[①]党支持司法,就是支持审判机关依法独立行使审判权,"首先是指各级党组织不干涉司法机关的工作,其次是指防止其他机构和个人干涉司法机关的独立工作"[②]。支持司法,除了通过党委政法委等途径外,亦可考虑通过人大及其常委会的途径。

从上述三个层面来看,审判外部关系的法治化改造可以落脚于地方人大制度,换言之,可以在坚持和加强党的领导的基础上,借助人大这一法定的民主程序,完成对审判权行使的实质与形式合法性的塑造。从根本上讲,中国共产党作为执政党、领导党,是人民意志和利益的代表,实际掌握着国家的"政治主权",而经由人大选举所生的"法律主权"亦是人民意志和利益的代表,该两种"主权者"的不同表现形式统一于党对人大工作的领导。如此,人大通过法定程序,将党的政治决定法律化,将党的政治意志上升为国家意志。目前,党的干部担任地方人大常委会负责人,人大代表及常委会委员中党员占绝大多数,党有条件通过法定的民主程序贯彻自身的意志。[③] 并且,相关的重要事项向人大的推荐权掌握在地方党委手中。如此设置,是在坚持党的领导的前提下,对党的领导方式和执政方式的规范化与现代化。那么,地方法院与地方的关系就可划分为与同级人大的直接关系和经由同级人大的间接关系。直接关系以人大对法院组成人员人选的任免、对司法经费预算的审批、对法院工作报告等的审议为途径,间接关系经由人大实现,将地方党委对法院"人"的管理和地方政府对法院"财"的控制等通过人大这一民主程序进行。

(二)所选落脚点的优势

以法治化方式,调整地方法院与外部各主要权力之间的关系,落脚于人民代表大会制度,具有如下优势。

其一,符合现行宪法对地方人大制度的设置。虽然会对现有人大制度作些许调整,但仍将停留在现行宪法搭建的整体框架之内,不改变司法权力来源于地方民意代表机构的归属,免去大幅度修宪带来的制度冲突与秩序动荡。该思路

---

① 习近平:《在十八届中共中央政治局第四次集体学习时的讲话》(2013 年 2 月 23 日)。

② 贺海仁:《论中国共产党领导法治化》,载《河北法学》2016 年第 3 期。

③ 林鸿潮:《坚持党的领导和建成法治政府:前提和目标约束下的党政关系》,载《社会主义研究》2015 年第 1 期。

认为,现有人大制度设置蕴含了人民主权和赋予地方一定自治权限的制宪理念,符合国土极其辽阔、地域地理文化差异显著、地区经济社会发展极度不平衡的当前实际。该分析隐含了一个前提认识,即以人大制度为代表的政治法律上层建筑基本符合当前经济社会发展的需要,与生产力发展、发达的状况基本适应,仍然具有极强的生命力和极强的适应性。经济已经发展到相当的水平,民众的权利观念、民主意识、自主精神得到了极大的启蒙、发展和觉醒,包括政治权利在内的各类权利诉求必将快速增长。介于私人领域和公共权威之间的公共领域正悄然兴起,成为多元社会参与国家生活的重要空间。① 而根据十八届三中全会以来的决策部署,目前正在进行着以“经济性分权”为核心的深度市场化改革,着眼于政经关系的调整。② 另外,中央政府向地方政府进行行政性分权,大量的行政管理权力逐渐下放至地方政府甚至基层政府。近四十年来的经济社会改革实践也已证明,赋权地方进行探索、充分发挥地方的主动性,是进行现代化建设的一条成功经验。在规范权力运行、防止权力滥用的政治性改革领域,同样需要调动地方的积极性。激活地方人大的权利保障、权力监督系统,让人大成为地方权力的中心、成为实现人民当家做主的舞台,将成为不久将来的改革选项。③ 对审判外部关系的改革,应当以有利于加强而不是削弱、建设而不是损害人民代表大会制度为基本政治方向。④

其二,契合党的领导的完善趋向。十八届四中全会决定指出,“党的领导和社会主义法治是一致的,社会主义法治必须坚持党的领导,党的领导必须依靠社会主义法治”。那么,如何依靠社会主义法治建设来坚持和改善党对依法治国事业的领导?就是要求党要依据宪法法律来治国理政,以宪法法律来规范党委与人大、政府、法院等之间的关系。共产党通过各级党委行使对国家的领导权,同时,作为代表人民的代议机关,人大又是国家权力机关而掌控着其他国家机关。

---

① 马长山:《当下中国的公共领域重建与治理法治化变革》,载《法制与社会发展》2015年第3期。

② 袁超:《司法中央化与经济性分权——规制地方政府间“共谋”关系的制度改革逻辑》,载《探索与争鸣》2014年第4期。

③ 季卫东:《通往法治的道路:社会的多元化与权威体系》,法律出版社2014年版,第91～109页。

④ 刘松山:《地方法院、检察院人事权统一管理的两个重大问题》,载《法治研究》2014年第8期。

因此，理顺二者关系，是理顺党和人民及整个国家关系的基础。根据党的政治体制改革的经典文献，理顺二者关系的方向，就是要“把人大及其常委会建设成有权威的国家权力机关”①。理顺二者关系的方式就是法律化，“以法律规制党委对人大及其常委会的领导关系，而党委及其领导人要与人大方面一样，严格遵守这些法律”②。党不再直接向国家、社会和人民群众发号施令，而是以间接的方式进行领导，并且使这种领导制度化、法律化。如此，从积极方面讲，让司法权独立行使，能够增大社会的信任，提升司法的权威性和公正性，维护基本的社会秩序和政治秩序；从消极方面讲，能够“在一定程度上切割社会矛盾与主导政治力量之间的联系，避免社会矛盾中所潜含或蓄积的冲突和对抗直接指向主导政治力量，进而形成对政权或执政者的不满和抱怨”③。这不仅不会损害党的领导，还将利于党的领导的巩固与提升。这是未来改善党的领导的方向，上述调整地方法院与外部各项权力之间关系的法治化思路契合这种党的领导的完善趋向。

其三，避免司法权地方化改革“去除论”与“改良论”的弊端。“去除论”认为，司法权系中央事权，当前司法领域存在地方保护的根源在于司法的地方化，故应去除地方化，切断地方法院与地方的联系。笔者在另一篇文章中对“去除论”的立论偏差及危害后果作过剖析，此处不作赘述。④“改良论”认为，现有司法权地方化的设置有着法律和法理上的依据，进行适当改良即可。就法律依据而言，《宪法》第 2 条、第 3 条、第 101 条、第 104 条、第 123 条、124 条、第 127 条、第 128 条等系地方化的宪法依据，该依据为《人民法院组织法》《地方各级人民代表大会和地方各级人民政府组织法》《各级人民代表大会常务委员会监督法》等所细化。就法理依据而言，地方性是作为国家主权一部分的司法权在地理空间上的表达，司法权地方化是法院地方性的实践表达，是法院地方性制度的功能运用。⑤ 司法权地方化与司法地方保护不存在必然关联，地方国家权力横向制约的制度安排虚化，才是地方政府介入司法的深层次原因。以“司法垂直化”来抵御“司法地

---

① 蒋劲松：《论党委与人大关系之理顺》，载《法学》2013 年第 8 期。

② 蒋劲松：《论党委与人大关系之理顺》，载《法学》2013 年第 8 期。

③ 顾培东：《当代中国司法生态及其改善》，载《法学研究》2016 年第 2 期。

④ 孟高飞：《司法权中央化改革的误区及修正》，载《山东青年政治学院学报》2016 年第 6 期。

⑤ 李小萍：《论法院的地方性》，载《法学评论》2013 年第 3 期。

方化”的想法，未能理解“主权者的自我约束”的理念。① 改良论推出了一些改革措施，比如在案件管辖上，尝试行政案件和重大商事案件的提级管辖、集中管辖、异地管辖等；在行政诉讼上，要求健全行政机关依法应诉、支持对行政案件的受理、尊重并执行法院生效裁判的制度；在公检法关系上，要求优化侦查权、检察权、审判权、执行权的配合与制约机制，推进以审判为中心的诉讼制度改革；在干预防范上，出台《领导干部干预司法活动、插手具体案件处理的记录、通报和责任追究规定》等制度；在司法责任上，要求建立健全司法人员履行法定职责保护机制等。但是，改良论提供的上述举措等，多是细枝末节式的修修补补，是在技术层面的适度微调。并且，比如，行政首长出庭应诉等创新举措更多停留在宣传层面，更多只是象征意义，对地方行政的约束、制衡作用较弱。而审判外部关系以法治化方式转向以人大制度为落脚点之后，保留司法权地方化的制度设置，将免去“去除论”面临的各种障碍和可能带来的意外后果；将逐渐激活人大制度的监督功能，约束并规范地方主要权力对审判权的干预和制衡，从而避免“改良论”的过于软弱和无力。

① 王怡：《宪政主义：观念与制度的转捩》，山东人民出版社2006年版，第340～341页。

# 犯罪司法治理困境下社区治理模式的突围

张　垚*

**摘要：**多层次刑事诉讼改革背景下的犯罪司法治理困境，主要体现在"从宽"处理遭遇再犯人员主观恶性顽疾与再犯危险因子加大社会风险管控难度两个方面。从司法困境的缘由以及社会治理本土实践经验中获得启发，构建犯罪社区治理新模式，应当探索社区民间治理、衔接司法治理双向发展路径。

**关键词：**认罪认罚；犯罪治理；枫桥经验；社区模式

习近平总书记所作的党的十九大报告中将"坚持全面依法治国"作为坚持和发展中国特色社会主义的基本方略之一①，要求"推进司法体制综合配套改革""加大全民普法力度，建设社会主义法治文化""加强社会保障体系建设""打造共建共治共享的社会治理格局"，明确指出我国已进入大变革、大发展的新时代。当前，以认罪认罚从宽制度为代表的多层次刑事诉讼制度改革正稳步推进，面对在试点推进中所反映出的犯罪司法治理困境，应汲取以"枫桥经验"为代表的中国基层治理实践经验，探索以社区为治理单元的犯罪治理模式。

## 一、刑事诉讼制度改革下的犯罪司法治理困境

2017年12月23日，最高人民法院院长周强代表最高人民法院，并受最高人民检察院委托向全国人民代表大会常务委员会作了《关于在部分地区开展刑事案件认罪认罚从宽制度试点工作情况的中期报告》，其指出18个试点地区共确定试点法院、检察院各281个，适用认罪认罚从宽制度的案件已达91121件103496人，占试点法院同期审结案件的45%，在试点地区近一半的案件均试用

---

* 作者系浙江省杭州经济技术开发区人民检察院公诉部检察官助理。

① 姜伟：《司法体制综合配套改革的路径和重点》，载《中国法学》2017年第6期。

了认罪认罚从宽程序,认罪认罚从宽制度实施效果逐步显现,各方对试点效果总体评价较高。宽严相济的刑事政策得以充分体现,司法资源配置趋于合理,刑事诉讼效率明显提升,当事人的权利得到有效保障,促进了司法公正,有助于提升司法公信力。通过为期一年的探索,所取得的成效印证了改革决策方向的正确性、必要性,体现了认罪认罚从宽制度肩负着我国多层次刑事诉讼体系架构的重大使命。

在取得成效的同时,一些问题也随之反映出来。本文立足于认罪认罚从宽制度试点单位①运作实践,充分结合办案实际,统计了在速裁程序、认罪认罚从宽制度试点期限内所办理的案件中具有代表性的49名再犯人员的基本情况②,具体总结归纳如下。

(一)"从宽"处理遭遇再犯人员主观恶性顽疾

刑罚具有剥夺、威慑、矫正、感化、补偿和安抚的功能,其目的包含报应与预防两个方面。③ 在试点过程中,司法机关基于被追诉人认罪的良好姿态及犯罪行为的轻微情节,故赋予实体与程序的双重从宽的司法处理方式。但这样的处理,却并不能"打动"所有被追诉人。从统计结果来看,存在一定数量的人员在被适用后又实施犯罪的情形,其主观恶性顽固,轻罪的处理方式似乎减弱了刑罚功能的发挥:

1.犯罪前科数量较多且类别广泛

如图1所示,除2名再犯人员外,其余47名均为具有3次以上的前科劣迹。犯罪有着较长的时间跨度,违法犯罪种类繁多,但均为轻罪,例如,郦某从43岁首次因盗窃犯罪被判处刑罚后,在此后的17年间,几乎每年均有作案的情况,频繁往返于羁押场所与正常社会之间。再犯人员已经形成了一种犯罪生存习惯,刑罚的威慑性大大降低,再次犯罪体现出极强的"破窗效应"。

---

① 2014年,全国人大常委会授权最高人民法院、最高人民检察院在包括浙江省在内的部分地区开展刑事案件速裁程序试点工作。2016年,全国人大常委会授权最高人民法院、最高人民检察院在包括杭州市在内的部分地区开展刑事案件认罪认罚从宽制度试点工作。本文选取Z省H市H区人民检察院均作为速裁程序、认罪认罚从宽制度的试点单位。

② 考虑到盗窃犯罪仍作为我国犯罪的主要类型,因此特选取在速裁程序、认罪认罚从宽制度的试点期限内,Z省H市H区人民检察院所办理的盗窃案件中49名再犯人员为分析样本。

③ 陈兴良、周光权、车浩:《刑法总论精释》,人民法院出版社2016年版,第12页。

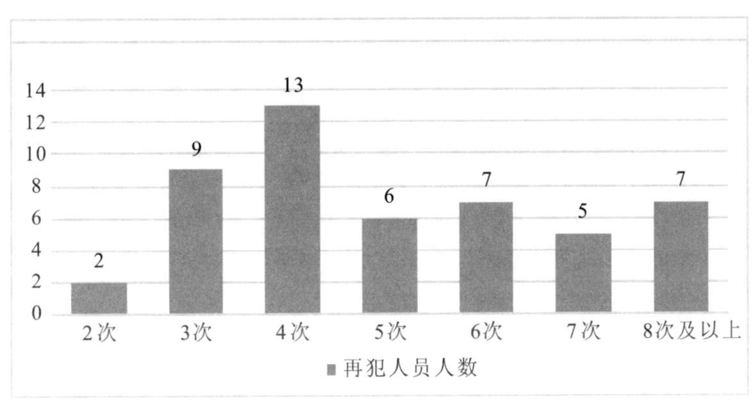


图 1　再犯人员前科劣迹次数分布情况

2.再犯人员再次犯罪的时间间隔较短

如图 2 所示，以最后一次刑满释放或行政处罚完成之日为计算始点，计算其后又实施犯罪的时间间隔，便会发现 88%的再犯人员均在一年以内再次犯罪，其中 47%系在三个月以内。例如，谢某涉嫌盗窃罪，检察机关适用认罪认罚从宽制度，以速裁程序向法院提起公诉，后法院采纳该意见并判处其拘役四个月，并处罚金人民币 1000 元，2017 年 8 月 28 日刑满释放。释放后的次日，谢某又实施了盗窃行为。这反映出刑罚并未完全矫正再犯人员的主观恶性，危险因子重新回归社会。

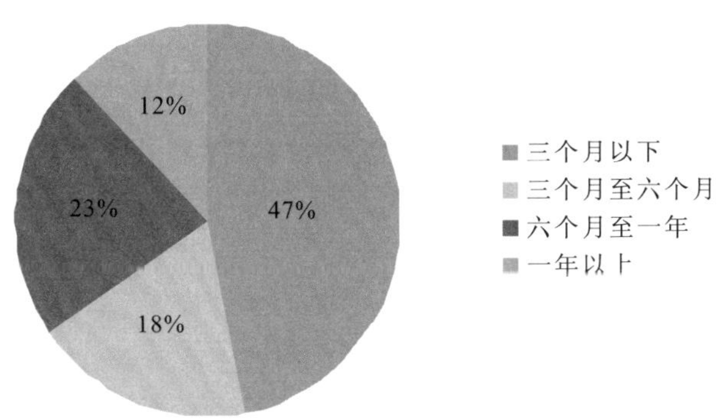


图 2　再次违法犯罪时间间隔分布情况

3.犯罪行为具有相似性且呈现升级化趋势

89.79%的再犯人员所实施的犯罪行为在选取作案地点、实施的犯罪手段、选择的侵害对象上均具有高度的相似性。例如,柴某2014年11月21日以爬窗方式进入某大排档店内窃取财物,后适用速裁程序,被法院判处有期徒刑七个月,并处罚金人民币1000元。刑罚执行完毕后的当月,其又爬窗进入该店实施盗窃。又如,叶某曾因在网吧扒窃,后适用认罪认罚从宽制度并被判处刑罚,其在释放后次日又进入网吧进行扒窃。除此之外,上述人员的犯罪行为也存在着升级的趋势:一为犯罪模式由"单兵"转为"团伙",如蓝某因单独盗窃作案被判处刑罚后,在服刑期间熟识谢某,后二人相约并伙同他人在释放后共同实施了犯罪;二为犯罪行为由"简单化"转为"复杂化""技术化"。再犯人员被羁押释放后,所实施的犯罪手段较先前相比均有着一定的"进步",犯罪的类型更为严重,原本偶然、简单的犯罪行为,演变成经预谋的复杂犯罪,且更多地依赖技巧和工具。

(二)再犯危险因子加大社会风险管控难度

在刑罚的效能无法完全发挥时,再犯人员返回社会就具有了一定的社会风险,这种风险的存在集中表现在再犯人员自身特质致使其社会复归产生障碍、再犯的可能性与活动轨迹提升社会风险系数两个方面。

从再犯人员自身的特质来看,一是首次违法犯罪年龄较轻,犯罪持续时间较长。再犯人员首次违法犯罪的平均年龄为23.12岁,其中有7名系未成年人,长期的"犯罪活动"与网瘾、毒瘾、赌瘾等相互影响,使得其缺乏独立生活的意识。二是文化程度偏低。如图3所示,77.55%的再犯人员为初中以下学历,因其中还存在着较多的中途退学、辍学等情况,故而,该统计情况仍具有虚高的成分。三是缺乏社会技能,大都无固定工作。因长期从事犯罪活动,再犯人员丧失了基本的生存能力,95.92%的人员长期没有固定工作,这与其生活意识以及文化程度有着必然的联系。此外,用人单位标签化的用人标准也系再犯人员仅剩犯罪为生存手段的原因之一。

从再犯人员的再犯可能性及活动轨迹来看,一方面,再犯人员年龄结构如图4所示,以青壮年为主,截止到2018年,再犯人员平均年龄为29.53岁,也就是说,在该年龄阶段,再犯人员思想活跃,精力旺盛,活动频繁,易产生冲动的行为,也具备再次犯罪的身体条件要素。

另一方面,再犯人员的日常生活作息具有极强的流动性特征。一是再犯人员生活无归属性,如图5所示,92%的再犯人员无固定住所,且大都未组建家庭或已

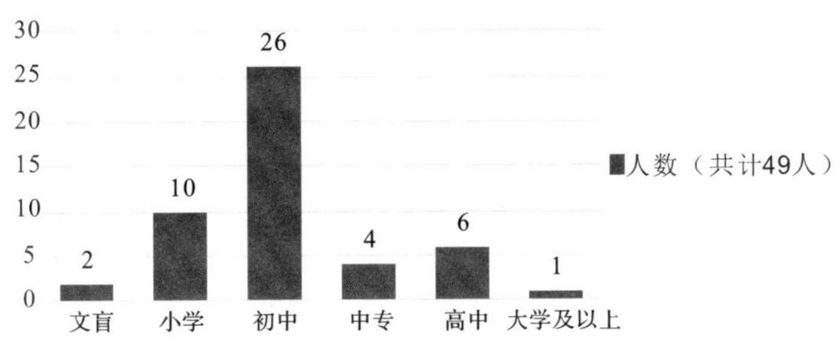


**图 3　再犯人员学历分布情况**

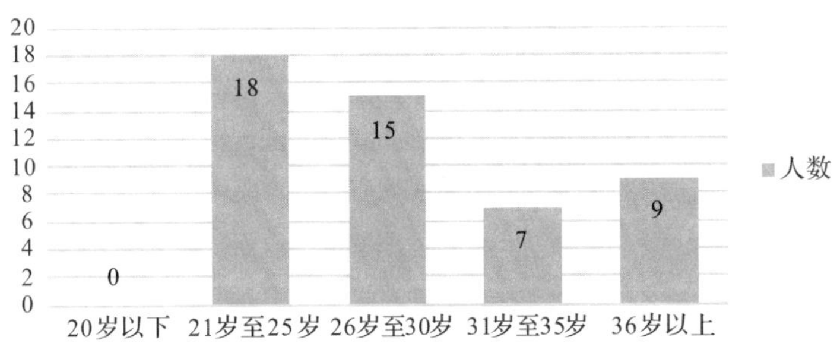


**图 4　再犯人员年龄分布情况**

离异，或者已不被原有的户籍地所接受，例如，如某具有 7 次犯罪前科，其新疆的户籍已经被注销，现已成为无任何归属地的流动人员。二是再犯人员基本属于外来人员。以犯罪地所在地级市作为划分，图 6 显示，94%的再犯人员属于外来人员。三是犯罪跨省跨地区情况明显。如苏某具有 9 次前科劣迹，其作案的地点包括了 3 省 7 地市。上述特征说明，再犯人员因缺乏地域人情及家庭的引导牵制，在返回社会后便始终处于一种失控的危险状态，给社会追踪及防控带来了不少压力。

## 二、困境破解的一种进路：犯罪社区治理模式的提出

犯罪是一种反社会行为，单凭司法手段和域外先进理念均难以解决复杂的犯罪治理问题。因此，我们应当借鉴本土社会治理经验，以降低犯罪发生率、再犯率为突破口，构建新型犯罪综合治理模式。在此境况下，犯罪社区治理不失为一种有效探索与选择。

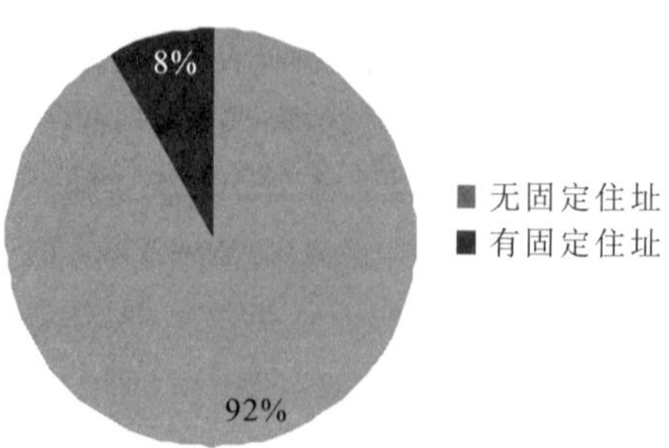


图 5　再犯人员流动性分布情况

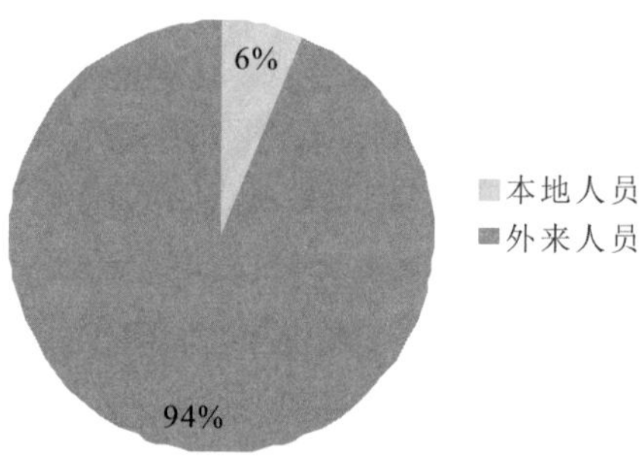


图 6　再犯人员归属地分布情况

(一)犯罪司法治理困局的缘由

犯罪治理属于由来已久的社会治理难点,具有顽固性,但其也受社会发展、诉讼体制改革等要素影响,亦具备时代性特征。因此,造成当前司法治理出现"形影单只""力不从心"的治理困局的原因主要有两个方面:

一方面,应系因我国犯罪的传统治理思维下私力至公力的单向解决路径。即对于轻微的犯罪,当事人双方或民间具有一定的调和解决能力,例如,自诉案件等;当私力无法解决或行为已触犯社会底线(即法律规定)时,案件移转至公力解决环节(司法程序),由公权力干涉、惩治并确保危险消除后,再返还民间社会的次序流程。这样的单向治理虽可保证各行为人均能得到应有的处理,但仍存在着不少弊端。一是民间社会治理易呈现真空化。由于司法治理的兜底性设置、私力解决路径较少、民间社会处理犯罪问题的经验及能力不足等因素,导致民间社会在处理犯罪问题时,极易不采取任何治理手段,便直接将所有的行为人推至司法环节,进而导致司法环节治理问题大量累积,甚至使司法机关陷入"司法处理过重，不作处理偏轻”的两难境地。二是末端司法治理的有限性。司法治理的开端往往从有罪判决或处理开始，对于轻微刑事案件而言，经过侦查、审查起诉、审判三个完整而又审慎的诉讼环节后，羁押期限所剩无几，管教引导的时间存在有限性。此外，在当前“案多人少”司法资源匮乏的现实处境下，司法机关很难付出与之匹配的时间、精力去跟进案件中行为人的改造、纠纷矛盾化解、再犯风险评估等工作，与之相对应的是末端化的流程处理设置，从而使风险再次流入社会，司法公信力也随之降低。三是司法治理手段单一化，司法主要通过运用国家最严厉的制裁手段，谴责犯罪行为人所实施的法益侵害行为，施加与危害程度相当的刑罚措施，使其获得应有的“报应”，并遏制未然犯罪的发生。为防止该制裁权被滥用，国家在法律上予以了严格限制，明确其适用的种类及标准。因此，司法机关基本上仅能通过运用刑罚手段加以规制，这在一定程度上也无法满足现实治理的需求。

另一方面，多层次刑事诉讼体制改革成为困局升级的“催化剂”。根据全国人大关于《中华人民共和国刑事诉讼法（修正草案）》征求意见及说明①，认罪认罚从宽制度已成为我国多层次刑事诉讼制度改革发展的必然趋势。在“认罪认罚”便可以“从宽”的制度设计下，其存在使治理困境升级的影响要素。其一，“从宽”的司法宽容是否会催生再犯的侥幸心理。从宽的司法处理结果系基于被追诉人签订具结书后才具有的司法效力，该结果在审判前可预见并得到认可。这就存在被追诉人自认为的“恶行为”被“轻处理”的情形，也可能存在被追诉人为博取从宽而假象认罪的情况。“认罪”不仅应对自身行为触犯了法律有着清醒的认识，更要求对行为所带来的社会危害性有着全面而又深刻的反省，很显然对于后者司法机关无法评判，因此，被追诉人得到从宽处理后，极易产生侥幸心态，刑罚威慑效力降低。其二，认罪认罚从宽制度的诉讼重心前移所带来的治理弊端。从认罪认罚从宽制度的试点实践来看，侦查、审查起诉环节的教育引导因调查取证、协商具结等工作烦琐复杂，更易被忽视，且其所占用的办理时间期限比重呈上升趋势，判决后的羁押场所开展管教工作的难度也将进一步加大。其三，司法肆意性所带来的社会新矛盾。这里不排除办案人员在推进认罪认罚从宽工作中，存在诉讼程序急迫式推动的现象。从而忽视或威逼被追诉人认罪的真实性、

① 中国人大网：《中华人民共和国刑事诉讼法（修正草案）征求意见》，http://www.npc.gov.cn/npc/flcazqyj/2018-05/09/content_2054535.htm，访问日期：2018 年 6 月 3 日。

自愿性与倾向性,导致取证动摇证据基础性地位,甚至凭借享有“绝对”的诉讼权力威逼良性诉讼生态。诉讼参与人的权利无法得到保障,甚至会遭受司法权的“侵害”而产生新的矛盾风险。

(二)探索:社会治理的本土实践经验

面对目前所呈现出的司法治理困境,我们不妨从社会治理的角度探寻犯罪治理的总体思路,汲取并应用本土优秀的社会治理经验。“枫桥经验”是在党的领导下,依靠群众,采取多元化手段控制化解消极因素,并动态发展起来的中国本土基层治理经验。其伴随着我国社会主要矛盾的变化态势,①有着强大的内生力和丰富的时代内涵。②

1.以人民为中心的治理理念

“发动群众、依靠群众、服务群众”是“枫桥经验”最本质的特征,也是用党的群众路线正确处理人民内部矛盾的实践经验,被称之为群众路线的法治化,③具体体现在两个方面:一是权益保障思维,社会治理法治化要求限制公权力,保障公民权利,通过维护权利实现维稳、保障利益化解风险,这里面既有普通民众的广泛权益,也有受侵害对象的个体权益,更不可忽视治理对象的合法权益,为此应加快公民保障体系的建设;二是群众路线运用思维,社会治理应释放更多的基层自治空间,激发群众智慧和力量,鼓励群众积极参与社会治理,发挥非国家性的监督引导作用,形成富有中国特色的基层治理文化,着力打造共建共治共享的社会治理格局。

2.基层社会治理的基本定位

随着我国改革进入深水区,各类矛盾风险交织叠加,维护社会大局稳定的压力与日俱增,防范化解管控难度进一步提升,新情况、新问题不断涌现。面对原有的基层预防化解矛盾的定位已显现出预警滞后化、管控局限化、处置僵硬化、效果折扣化的弊端,“枫桥经验”要求树立“牵一发而动全身”的整体观,从局部治理上升至社会治理层面,把握社会矛盾变化的动向,采取多重方式强化社会纠纷

---

① 习近平总书记在党的十九大报告中对中国社会主要矛盾变化作出深刻的阐述:“中国特色社会主义进入新时代,我国社会主要矛盾已经转化为人民日益增长的美好生活需要和不平衡不充分的发展之间的矛盾。”

② 陈冀平:《努力做好新时代“枫桥经验”理论总结和课题研究工作》,载《法制日报》2018 年 2 月 14 日第 09 版。

③ 周望:《“枫桥经验”与群众路线法治化》,载《中国浦东干部学院学报》2014 年第4 期。

风险的预判，打通治理梗阻，集中调配国家和社会各项力量资源，统筹协调，“精准”治理。

3.“三治共融”的协同治理路径

“群防群治”是“枫桥经验”的一大亮点，在一定时期内为“平安中国”建设提供了强有力的基层治理保障，指的是在党的领导和各级专业部门的指导下，人民群众所采取的一种自我管理、自我防范、自我化解的互助性治理方式。由于系人民群众自发组织形成的，“群防群治”也存在着受上级机关的专业指导力度偏弱、自身管理体制并不完全规范、民众参与意识不强、防范力量薄弱等缺陷。党的十九大提出要以德法兼治推动全面依法治国，而新时代的治理路径应为自治、法治、德治三者融合的综合性治理。这就要求，一是首肯群众自治模式，群众自治是“枫桥经验”延续发展的必备要素，属于前置性、兜底性的治理路径；二是巩固法治治理模式，法治治理是当今国家治理体系和治理能力现代化的重要标志，其要求公权力运作必须在法律的框架内依法进行、用法化解，通过提升全民族的法治素养，加大全民普法力度，形成良好的全民守法环境，该模式系底线治理路径，带有显著的公权力色彩；三是强调德治治理模式，如果说法治是治理现代化的表征，那么，德治则是本土治理传承的表现，“和为贵”“无讼”“息讼”“礼法并用”“以德化人”等中国传统文化的有益元素有助于新时代“枫桥经验”通过培育全民族的道德素养品格，广泛利用自治公约、市场机制、传统道德文化等非法律性规则加强社会孤立个体间的制约联系，发挥基层管理组织和专业性公益组织的作用，利用民间力量和调解的方式化解风险矛盾，增强治理能力，由此可知，德治具有补充性、本土性的特征。

4.“四防并举”的风险防控手段

“四防并举”是“枫桥经验”社会治理风险防控手段的总称，表现为在巩固深化人防、物防、技防的基础上增设心防手段，其内涵有三：一是风险防控的源头视角，任何的风险均有一量变到质变的过程，例如，犯罪行为受环境、季节等外在变化影响，也受到个人遭遇、心理活动等内在矛盾或怨恨的累加，被动化的风险防控始终无法消除危险发生的可能，心防作为主动预防干预手段，控制诱发风险的源头；二是智慧治理的防控理念，人为的不确定性以及新时期社会关系游离分裂的状态，给风险防控增添了不少难度，为此搜集整合海量信息，建立以大数据为支撑的风险研判处置系统以及“危险因子”数据跟踪衔接机制则是今后一段时期的努力方向；三是综合运用的防控方式，社会不平衡、不充分的发展现状导致风险潜藏在各个领域,复杂程度、防控需求大大提升,单凭某个防控方式是无法有效彻底解决的,故而应将四项防控手段综合应用,形成共防共治的风险防控合力。

(三)破解:犯罪社区治理模式的构建

在"枫桥经验"的启发下,破解犯罪司法治理的困境难题便迎刃而解,即以降低犯罪危险性为目的,建立可循环的犯罪治理综合体系,在司法环节引入私力救济解决力量,探索司法修复性治理,丰富民间社会犯罪治理手段,融入优秀的本土治理文化,实现打击犯罪、化解纠纷矛盾、防控风险有机衔接顺承的治理模式。社区治理应成为该体系中至关重要的一部分。

1.犯罪社区治理的概述

社区指的是集认同、安全、凝聚力、意志、关系链接、非正式组织性、公共性等多重属性为一体的社会生活共同体,[①]系涵盖生产经营、居住生活等功能在内的综合性聚居区。社区的功能体现在将个体与社会(国家)紧密联系在一起,个体可在社区中进行社会活动,而社会(国家)则通过社区实现服务与管理。因此,社区应系最小单元的社会治理系统。

犯罪社区治理则是以社区辖区为治理界限划分,充分发挥社区已有的各项功能,提升民间社会犯罪治理地位,采用多种防控手段,激发基层治理智慧,协同犯罪司法治理,重点解决犯罪风险控制预防、矛盾纠纷化解、犯罪人员复归矫正三个问题,达到自治、法治、德治相融合的理想治理效果。因此,其至少具备三个维度特征:维度一,基础的供给服务功能。社区中涵盖生产企业、政府支持项目、民间组织等帮教基地,可为外来人员(如流动人员、复归人员)落实就业、提供食宿等生存机会,也是国家延伸服务管理的末梢接口,具备开展犯罪治理的功能性基础。维度二,有效的免疫排除功能。社区具有一定的自主排除危险、矛盾纠纷的能力,社区有自行安全排查的权利,并可对危险群体采取隔离环境、劝阻等措施,在发生犯罪矛盾纠纷时,社区工作人员也可主动介入,及时排除,促成和解。维度三,潜在的教化规制功能。每个社区的相对独立存在均有其自身的特色文化支撑,在民风民约的影响下,社区内成员逐步形成一致的价值认知,外来人员要想融入该环境就必然要接受、遵守并维护此种"传统风俗"。从另一层面上来说,该类人员在社区中生产生活,自然会受到这种民风民约潜移默化的影响,经

① 肖林:《"'社区'研究"与"社区研究"——近年来我国城市社区研究评述》,载《社会学研究》2011年第4期。

过长期的潜在影响累加，也就形成了一种生存惯性自觉。

2.顾虑：后乡土乡村社会与陌生流动城市社会的阻碍

以“社区”为犯罪治理单元的构想不免会遭受两种质疑的声音：一是犯罪社区治理在乡村是否可行。社区系城市化发展产物，虽然人员非流动性、社会空间地方化、社会关系熟悉性的传统乡土社会现已支离破碎，但并不意味着已经达到可与城市同等治理的条件，适用社区模式进行治理存在疑惑。二是犯罪社区治理可否在城市中存活。相比于其他社会治理，犯罪治理的要求更为苛刻，强调个体的共同参与、相互影响。但在城市中，“陌生人”“流动性”社会普遍现象反映了个体的独立化增强、群体间纽带联系减弱的特点，如何将独立的个体加以串联，也将是采取社区方式成败与否的关键所在。

城乡一体化背景下的“后乡土社会”。城乡一体化使社区治理模式在乡村具备了可行性。不可否认，当前乡村已发生了结构性变革，具体表现为①：一是社会空间集约化发展，从原有独立、分散布局的村落模式转为社会空间压缩集聚的社区模式，生活居住与生产区域呈现分裂态势，乡村资源得到了充分整合，实现了与基层市场的有效接入，乡村发展逐步产业化、现代化；二是社会结构多元化变迁，从以血缘关系为纽带的家族结构转变为公共社区意识的萌发，乡村个体生活更多强调独立性，乡村社会开放性增强，“流动乡村”与“空巢社会”现象出现，社区公共基础设施的市场化运营使现代物业理念和业主意识逐渐形成，乡村个体对社区的认同感得到强化；三是社会治理公共化转型，由“能人治理”转为基层权力下沉指导下的综合治理，传统村落的治理结构和治理规则已不合时宜，现代化的治理理念和手段已开始应用于乡村治理。但不可否认，家庭农业、熟人关系和村落特质文化的延续与传承也保留了大量的优质民间智慧和做法。据此，乡村结构已初步形成“社区”雏形，凭借原有的治理传统文化以及现代治理手段，犯罪社区的乡村治理具有可行性。

城市社区功能的多元发展。与乡土社会不同，城市社会的最大特点便为人员流动性、陌生化。传统意义上的社区，缘起于城市，以承载最为基本的生存功能（居住）为区域划分，居住人员的社会关系主要靠日常生产经营等其他场所或

① 田鹏：《“乡土连续统”：农民集中居住区实践样态研究——基于后乡土社会理论视角》，载《南京农业大学学报（社会科学版）》2018 年第 2 期。

社会活动建立并维系。因此,在同一居住区内的个体不需他人的影响便可独立行使居住权,陌生化由此而来。而城市化进程的加快,吸引了各类人才聚集,人员的流动性显著增强,血缘性、地缘性等传统社会关系在城市获得重生,形成了一个个相对独立的"小圈子"生活群体,这种现象对城市薄弱的文化延续性也产生了不少影响。鉴于此,社区的功能多元化发展成为必然趋势,就是说将原有的居住功能扩展至具备完整的社会功能,强化固定区域内的个体间的联系,鼓励个体参与社区治理,顺应现代治理潮流,建设包括公共服务、生产经营、居住生活等功能在内的综合性配套设施,为犯罪社区治理也创造出有利的实践基础。

## 三、犯罪社区治理的发展新路径

犯罪社区治理可分为两条发展路径,一是社区民间治理路径,主要是从提升社区自身的犯罪防控能力、纠纷矛盾消解质效、软法自治与精细化治理水平等方面入手;二是衔接司法治理路径,运用系统化的治理思维,构建整体性的犯罪治理体系,将社会(社区)治理联通司法治理,弥补司法治理的短板,延伸、巩固司法治理效果。

### (一)社区民间治理路径

社区民间治理实则体现了"群防群治"公众参与的犯罪治理观。除传统意义上的犯罪治理方式手段外,我们应从以下几个方面探索发展;

#### 1."第三方警务"的犯罪精细化治理①

"第三方警务"缘起于风险社会,指的是在社会广泛变革背景下,警务部门发动促成各种社会组织及广泛的非犯罪群体(例如,业主、企业主、家长、出租人等)共同承担预防和控制犯罪的职责。换句话说,就是社区及其个体共同创造并行使具有预防和控制犯罪职能的"警务权"。其具体表现为:一是环境布局预防,即建立社区监控网络,加强社区保安人员巡逻,调控夜间路面灯光亮度,削减公共领域的"标签化"现象②;二是犯罪"热点"预防,相关部门应采用大数据手段统计

---

① 单勇、阮丹徽、李欣:《犯罪治理精细化:国外经验与理论启示》,载《公安学刊——浙江警察学院学报》2016 年第 3 期。

② 纽曼(Oscar Newman)提出的可防卫空间(DS)理论指出,建筑环境可以通过鼓励居民侵占(领属感)临近家的空间提升社区和小区的安全,实际上就是为了消除公共领域的陌生性,扩大居民的自我防卫范围,同时也能提升居民维护公共领域安全的自觉性。

分析社区内犯罪激增或多发的因素，例如，季节、一天内的时间段、地点、特定事件、人流量等，建立犯罪预警机制，并将上述信息及时反馈给社区，协助社区在特定时间、领域通过小区提示或强化巡逻等有效方式压制犯罪行为的发生；三是“警民合作”预防，重点对毒品犯罪、人身暴力犯罪、侵财犯罪、涉及未成年人犯罪以及依靠公共场所进行的犯罪行为实行联合打击，因上述犯罪具备一定的突发性、隐蔽性、公共性、渐进性等特征，社区居民的有效参与可增强社区治安的挖掘惩治犯罪、预防与遏制犯罪的作用。

2.“新乡贤”主导下的社区矛盾纠纷化解

“皇权止达于县”，我国封建时期的基层政权治理主要依靠具有一定经济实力或威望才能的贤达士绅来管理赋税、治安、户籍、教化等事务，这种管理模式称之为“乡绅治理”。而现如今，在大众参与的犯罪治理过程中，基层精英主导作用仍不可忽视。

“新乡贤”指的是具有专业知识、丰富阅历及资源，具有坚实的参与基础和乐于服务的奉献精神的民众群体。这里面既包括具有法律、心理咨询等专业知识的从业者、丰富治理经验的政府管理人员，也有具备广泛人脉、经济基础的企业经营人等。因犯罪所引起的矛盾纠纷往往具有复杂性，这其中可能存在对法律知识的不了解、社区管理疏漏、第三方调解机制欠缺等多方原因。因此，“新乡贤”的作用就是将小的矛盾纠纷就地化解，比如，“楼长”获知管辖范围内夫妻双方时常存在辱骂殴打行为，则需要适度地介入提醒；当发现有可疑犯罪的行为，应当及时向社区或公安机关进行通报；将大的矛盾纠纷（涉及犯罪）有效调停，减少犯罪所带来的负面效应。①

因此，我们应充分利用各类“新乡贤”的治理优势，例如，建立律师、心理咨询师等专业人员的援助平台，规范社区治理方式，拓宽就业渠道等。注重挖掘并加强社会离退休人员治理经验的应用，发挥此类人员的余热，利用其所具备的专业知识技能和丰富的人生阅历，为社区人员进行技能培训，协助社区解决实际困难和问题。

3.“社规民约”的“三治共融”格局

以“社规民约”为代表的基层软法治理方式系在国家法律的确认和社会环境

① 王斌通：《乡贤调解：创新“枫桥经验”的传统文化资源》，载《山东科技大学学报（社会科学版）》2018 年第 2 期。

的支持下,社区固有的自治传统得以发扬,并得到了“新乡贤”的有力推动和集体认同心理的共同支撑,使其得以适应社会极速发展的节奏,从而始终在治理方面发挥着重要作用,体现了自治、法治、德治相融合的综合治理格局。①

考虑到各地的“社规民约”城乡差距明显,制定水平参差不齐,执行情况也存在偏差,制约效力并不受限制等现实情况,我们应当从以下几个方面加以规范:一是扩大公众参与程度,在制定“社规民约”时,应当采取听证等形式广泛征求辖区居民意见,明确通过时应获得一定比例居民支持的前置性规定,当然也可对其中有争议性的部分条款进行单独表决。二是引入第三方监督机制,针对涉及居民重大利益的“社规民约”,应当在制定、投票等环节引入第三方在场见证监督,防止社区内出现“暗箱操作”“私人立法”等行为。三是发挥备案审查作用,“社规民约”属于社区具有区域传统的治理文化,应保持其延续性、稳定性,不因治理人员的变化而发生重大改变,因此应向社区和基层政权组织双重备案,基层政权组织则需对其内容和表述方式进行合法性、规范性审查并拥有认可有效权、修改建议权等监管性权力。四是尊重城乡现实“立法”境况,城市社区的居民相对文化程度较高,但往往传统治理文化贫瘠,治理手段单一,且呈现出小群体的生活自治圈,因此,在“立法”过程中应更为注重尊重居民多元化的生活生产现状,然而,乡村社区恰好相反,虽然有着相对稳定一致的治理传统,公众参与程度较高,但居民文化程度相对较低,因此则应注重治理方式的承继,发扬优良传统,渐进性地修正遵从多年的“弊陋”,借助外在力量提升规范性。五是赋予“社规民约”合法性地位和准许自治性维护手段,应当重视“社规民约”在我国犯罪治理体系当中的重要地位,赋予其合法的正当地位,并且应当允许社区对违反规定的居民实施适当的惩治性手段,但该手段应当进行严格的限制,不能超出现有法律规定的范畴,鉴于此,我们可从国家层面制定授权性治理“权力清单”。

(二)衔接司法治理路径

针对司法治理次序末端化、方式手段有限性等治理缺陷,我们应构建可循环复回的治理体系,有必要加强社会与司法环节的衔接。落脚于社区治理,一是配合司法机关在刑事案件办理过程中的诉讼工作,包括调查取证、促成和解等;二是承担部分刑法执行、司法评估等职能;三是为巩固司法治理效果,加强对犯罪

① 陈寒非、高其才:《乡规民约在乡村治理中的积极作用实证研究》,载《清华法学》2018年第1期。

风险的承接与管控，促进罪犯顺利复归；四是释放司法震慑、教育效能，通过在社区开展不起诉或公开开庭宣判、法制宣传教育等方式，提升司法在民间社会的影响力。在新时代社会治理的要求下，社区治理应从以下两个方面着重发力：

1.司法治理延伸的社区功能

司法治理延伸至社区治理，实质上赋予了社区部分准司法性质的治理功能，面对短期监禁刑、成年人等特殊群体等案件，从减轻国家羁押场所管理负担、避免交叉感染与降低再犯率角度出发，进一步完善我国刑罚体系，探索设立社区性刑罚。

这里指的社区性刑罚范围应当更为广阔，除了司法机关判决执行的“刑罚”外，还包含了与追诉机关达成的或对审判机关承诺的具有修复性的履行行为义务，通过对罪犯自由的限制、行为的强制与监督、人格的重塑及教育实现国家刑罚“惩罚”兼“改造”的双重目的。[①]

根据我国实际，我们可考虑在管制刑、社区矫正基础上整合社区性刑罚，一是完善适用社区性刑罚的前期调查考察机制，应从社会接纳程度、再犯可能性、社会融入度以及个体人格等多角度出发，由社区及相关单位出具评估报告交由司法机关审查确认；二是试点社区劳动刑，要求服刑人员在社区参加具有一定时间的无偿劳动服务，在司法行政机关指导下的社区管理人员对参与情况进行考核；三是探索半监禁刑，允许罪犯在一定时间内前往监狱服刑，一段时间在社区服刑，这样可以避免罪犯与社会相脱节，提升罪犯的复归能力，还能保留监禁刑的威慑力，增强罪犯对司法判决的信服、执行度；四是强化对特殊群体的司法保护，针对未成年人、残疾人、老年人等法律上特殊保护的群体或职业，社区应遵循司法环节的犯罪信息封存、司法救助、司法帮教等要求，统一特殊群体的保护操作方式及标准。

2.风险承接的社会复归机制

社会复归衔接的本质含义是犯罪人的再社会化，其要求犯罪人具备一定的返回社会的生存能力，社会亦应当给予必要的容纳空间，个体与社会之间应当建立稳定的关系，必要时采取衔接干预手段，确保犯罪人能够顺利返回社会，稳定生活，降低再犯风险。社区应配合司法机关开展复归前后的缓冲过渡考察引导工作，主要培养复归人员融入社会的能力，在羁押期间开展或培育技能培训、人

---

① 翟中东：《社区性刑罚的立法与短期监禁刑问题的解决》，载《法学家》2018 年第2 期。

际关系处理、社会适应性以及对“犯罪人员”的标签化应对等方面。为复归人员提供生存机会和空间,在就业部门的主导下,社区可根据复归人员的评估结果推荐相应的需求岗位或提供后续的求职咨询、职业维权等方面的帮助。当然,仅依靠企业解决回归人员的社会安置问题并不现实,考虑到目前社会、公益岗位需求人员较多,国家可采取政府购买的形式,向复归人员提供社区内的社会性、公益性岗位。一方面,迅速发展的社会及公益事业需要人员维护、经营,可以提供安置回归人员的就业机会;另一方面,从事工作的社会公益性可达到隐形教育的目的,不断巩固之前的管教成果,为回归人员搭建良好的回归社会过渡平台。

# 论庭前会议的效力:实践困境、规范分析与改革出路*

夏睿泓**

**摘要:**由于效力的缺失,庭前会议在实践中出现适用频率低、功能异化、效果不佳的问题。学理上,庭前会议存在“会商模式”和“裁决模式”两种效力模式,《庭前会议规程》则采用了以“裁决模式”为主、“会商模式”为辅的效力模式。然而,《庭前会议规程》仍存在效力规则模糊、裁量正当性存疑、救济程序匮乏等不足之处,其应将程序性事项进行规范分类、明确程序性裁判主体并增设过程性救济途径。

**关键词:**庭前会议;程序性事项;会商模式;裁决模式

2012年《刑事诉讼法》修改时增设的庭前会议制度被学界誉为“皇冠上的明珠”,其被赋予相对高的期望,但是囿于2012年《刑事诉讼法》并未对庭前会议的效力作出明确的规定,故而庭前会议制度在现实运行中出现了诸多问题。有鉴于此,为了加强庭前会议制度的适用,2017年年底,最高人民法院制定出台了《人民法院办理刑事案件庭前会议规程(试行)》(以下简称《庭前会议规程》),希望借此对之前适用中出现的问题予以解决。值得注意的是,《庭前会议规程》事实上突破了《刑事诉讼法》的规定,赋予了庭前会议对程序性事项处理的效力。据此,笔者拟根据庭前会议制度适用中的司法实践困境,分析赋予庭前会议效力的必要性,同时就《庭前会议规程》所规定的庭前会议效力模式及其存在的不足之处进行阐释说明,并就其不足之处提出改进的意见。

---

* 本文系教育部人文社会科学规划基金项目“刑事庭审质证规则研究”(项目编号:16XJA820001)阶段性研究成果。

** 作者系西南政法大学法学院2017级刑事诉讼法硕士研究生。

## 一、实践困境:效力缺失导致的庭前会议功能失范

现行《刑事诉讼法》在 2012 年修订时首次确立了庭前会议制度,[①]实现了庭前程序与庭审程序的相对分离,将附属于审判程序的庭前程序改造成为具有独特功能的审判前准备程序。[②] 庭前会议所要解决的是审判中的程序性事项,包括回避、出庭证人名单、非法证据排除等问题。可见,其设立主要是为了应对旧刑事诉讼法所导致的庭前准备程序过于薄弱的问题,设立的目的在于纯化审判,促进集中审理。然而,虽然《刑事诉讼法》第 187 条第 2 款表明了我国庭前会议制度的确立,但是由于现行《刑事诉讼法》中仅该条款对庭前会议制度作出规定,所以也只可谓是庭前会议制度的"雏形"的确立。而且,最重要的是,该条款要求审判人员仅能针对与审判相关的问题了解情况和听取意见,并未明确庭前会议的效力。从字面意义看,"了解情况、听取意见"是由控辩双方将诉讼信息向裁判者的单向传输,"了解"强调法官的主动问询,"听取"侧重于法官对控辩双方观点的被动接纳。因此,庭前会议为控辩双方表达意见、观点以及法官提前接触部分案件信息提供了平台。[③]

为了加强庭前会议制度的适用,《最高人民法院关于适用〈中华人民共和国刑事诉讼法〉的解释》(以下简称《高法解释》)和《人民检察院刑事诉讼规则(试行)》(以下简称《高检规则》)就庭前会议的程序作出进一步的规定。《高法解释》第 183 条明确了适用庭前会议的案件范围,第 184 条则对庭前会议的议题设置、程序作出规定,其中,议题主要是围绕审判中的程序性事项来设置的。《高检规则》对庭前会议的程序适用的规定主要集中在第 430 条至第 432 条。《高检规则》重点对公诉人在庭前会议中所能提出和交换意见的问题作出规定。《高法解释》与《高检规则》的相关规定基本勾勒出庭前会议制度的基本框架,包括庭前会议的适用范围、启动方式、参与者、内容、方式与结果。虽然,庭前会议的基本构造就此形成,但囿于规范依据的匮乏和理论研究的支撑不足,庭前会议制度于此

① 《刑事诉讼法》第 187 条第 2 款规定:在开庭以前,审判人员可以召集公诉人、当事人和辩护人、诉讼代理人,对回避、出庭证人名单、非法证据排除等与审判相关的问题,了解情况,听取意见。

② 汪建成:《刑事审判程序的重大变革及其展开》,载《法学家》2012 年第 3 期。

③ 汪海燕:《庭前会议制度若干问题研究——以"审判中心"为视角》,载《中国政法大学学报》2016 年第 5 期。

尚属粗陋。[①] 令人遗憾的是，就庭前会议的效力问题而言，司法解释的制定者或许是基于对《刑事诉讼法》中“了解情况，听取意见”规定的遵循，因此仍未明确庭前会议的效力。最高人民法院认为，庭前会议只能了解情况和听取意见，法院不能在庭前会议中对回避、出庭证人名单、非法证据排除等程序性事项作出裁定、决定。[②] 虽然最高人民法院持如此态度，但其仍旧在《高法解释》第 184 条中规定，法庭前会议情况应当制作笔录，审判人员对有异议的证据，应当在庭审时重点调查；对无异议的证据，庭审时举证、质证可以简化。对比分析《刑事诉讼法》与《高法解释》的规定可以发现，司法解释进一步拓展了法律层面庭前会议的效力，对于无异议的证据，在庭审活动时可予以适当简化其举证、质证环节。

庭前会议缺乏必要的法律效力，致使法官在司法实践中“无所适从”，无法从法规范层面寻求把控庭审现场的指引。这使得庭前会议制度面临着功能失范的危机，导致庭前会议制度在司法实践中被规避、搁置抑或架空。[③] 立法之初，庭前会议制度可谓被寄予厚望。对于庭前会议制度之设立所要达到的预期功能的认识，学界的观点基本保持一致，即在庭前会议中解决程序争议，进而有效保障集中审理、提高诉讼效率。[④] 规则起草者及司法工作者亦持相同观点，认为庭前会议是为确保庭审程序顺利、高效进行而设置的，因此，庭前会议的功能主要是程序性审查，即围绕回避、出庭证人名单、非法证据排除等与审判相关的“前置性”问题，了解情况和听取意见。但是，“多年的经验告诉我们，很多理论上具备功能实现可能性的制度设置在中国刑事诉讼实践中往往并不如人意”，[⑤]因此，我们需要在司法实践中进一步考察庭前会议的适用情况以检验其是否达到了预期目的。自庭前会议制度确立以降，不少专家学者主持开展了与之相关的专题

---

① 施鹏鹏、陈真楠：《刑事庭前会议制度之检讨》，载《江苏社会科学》2014 年第 1 期。

② 江必新主编：《最高人民法院关于适用〈中华人民共和国刑事诉讼法〉的解释：理解与适用》，中国法制出版社 2013 年版，第 190 页。

③ 吉冠浩：《论庭前会议功能失范之成因——从庭前会议决定的效力切入》，载《当代法学》2016 年第 1 期。

④ 汪海燕：《庭前会议制度若干问题研究——以“审判中心”为视角》，载《中国政法大学学报》2016 年第 5 期；张伯晋：《构建中国特色“庭前会议程序”——就新刑诉法第 182 条第 2 款专访陈卫东教授》，载《检察日报》2012 年 4 月 1 日第 3 版；闵春雷、贾志强：《刑事庭前会议制度探析》，载《中国刑事法杂志》2013 年第 3 期。

⑤ 左卫民：《未完成的变革：刑事庭前会议实证研究》，载《中外法学》2015 年第 2 期。

调研,笔者拟在其调研所形成的数据基础上展开分析。

首先,就庭前会议的适用频率而言,根据调研结果显示,庭前会议的适用频率并不高,适用庭前会议的案件占总体公诉案件比例非常低,所占比基本处于案件总数的1%以下。① 质言之,就适用频率的数值可见,庭前会议在实践中遭受冷遇,需要理论界和实务界重视并及时予以回应。

其次,庭前会议在适用过程中也存在功能异化的问题。对比理论界将庭前会议视为解决程序性争端的"前置场域",实践中控辩审三方启动庭前会议的理由基本不是因为庭前会议具有解决程序性事项功能。根据调研中的访谈得知,在司法实务工作者看来,程序性争议在实践中很少。② 在司法实践中,法官举行庭前会议的目的是为了了解控辩双方对证据的质证意见和其他证据问题,以及掌握辩护和量刑意见。根据数据显示,了解质证意见和其他证据问题,以及掌握辩护和量刑意见,合并占庭前会议主要内容比例的54%。③ 显然,庭前会议业已成为法官全面把控庭审的一个重要工具。虽然也有部分单位积极探索庭前会议所能处理的程序性事项范围,如确定是否聘请翻译人员和确定是否进行精神病鉴定,④但是不可否认的是,庭前会议的程序性事项处理功能已然出现了虚置的现象,而庭前会议有演变成庭前处理案件实体问题的会议的趋势。

最后,就庭前会议的实施效果而言,庭前会议研究者多认为,其提高庭审效率的制度目的基本没有实现。⑤ 事实上,根据调研结果进行分析,部分受访者认为,之所以庭前会议有助于提升庭审效率,是因为庭前会议具有明晰案件争点的作用,并不是因为法官能够通过庭前会议对程序性事项进行先行了解。囿于先前立法并未赋予庭前会议效力,这种只能了解可能中断庭审的事项而无法对其处理的尴尬局面导致了庭前会议很难充分发挥提高庭审效率的功能,因为这些事项的处理仍需等到开庭,而且还可能出现控辩双方意见转变的情况。

---

① 李斌、张云霄:《庭前会议制度的适用与建构——以京沪两地的庭前会议实践为视角》,载《河北法学》2014年第7期;左卫民:《未完成的变革:刑事庭前会议实证研究》,载《中外法学》2015年第2期。

② 秦宗文、鲍叔华:《刑事庭前会议运行实证研究》,载《法律科学》2018年第2期。

③ 左卫民:《未完成的变革:刑事庭前会议实证研究》,载《中外法学》2015年第2期。

④ 郭彦、魏军:《规范化与精细化:刑事庭审改革的制度解析——以C市法院"三项规程"试点实践为基础》,载《法律适用》2018年第1期。

⑤ 秦宗文、鲍叔华:《刑事庭前会议运行实证研究》,载《法律科学》2018年第2期。

针对上述调研所发现的庭前会议适用频率低、功能异化、效果不佳的问题，笔者认为，庭前会议制度出现前述功能失范的实践困境应归因于庭前会议的效力缺失。一方面，虽然庭前会议适用频率低的原因之一在于适用庭前会议的案件往往是疑难复杂、涉案人数众多、影响力大的案件，而这些案件本身就只占总体案件的一小部分；但是，另一方面，庭前会议上法官无法就程序争议作出具有一定终结效力的裁定，这使得控辩双方为了申明己方的观点而有机会在庭审过程中再次重复庭前会议的诉讼行为，故而庭前会议的召开实际上并未起到提高庭审效率的效果。相反，由于庭前会议的启动使得法官不得不"重复劳动"，法官在正式庭审之外还要参加"提前预演式"的"小庭审"，这纯粹是在浪费司法资源。控辩审三方亦均持此观点，所以，庭前会议的启动次数低便在情理之中了。而即使召开庭前会议，由于效力的缺失，其在程序性事项的处理上作用便大幅减弱，故而无论是法官、检察官或是律师，都不重视庭前会议解决程序性事项的功能。相反，法官更热衷于凭借审前控辩审三方不公开会见的机会，了解控辩双方的意见，提前把握案件的争点，这在另一个角度反而对庭审的顺利进行有所裨益。

## 二、庭前会议的效力模式：以《庭前会议规程》为分析文本

前述分析了效力缺失所导致的庭前会议功能失范的实践困境，显然司法实务界对此也有所警醒，《庭前会议规程》的出台便是最高人民法院对此的应对之举。理论上，庭前会议有两种效力模式，在两种模式的抉择中，最高人民法院选择了一种折中的做法，具体阐述如下：

### （一）庭前会议的两种效力模式

对于庭前会议的效力而言，学界以法官对庭前会议决定事项有无裁决权为标准，将庭前会议的效力模式区分为"会商模式"与"裁决模式"。[①] "会商模式"强调控辩双方的意思自治，控辩双方应当尊重并遵循他们就相应事项的处理所达成的合意，同时，该模式强调控辩双方对程序性事项的处分享有一定的自治

① "会商模式"，亦称"合意模式"，指的是庭前会议的参与者经过协商，在庭前会议中就相关程序性事项的处理达成一致意见，没有异议的，在没有新的事实或新的证据的情况下，在法庭审理中不得再提出异议。"裁决模式"，又称"决定模式"，则指的是审判人员在了解情况、听取意见后，可对庭前会议中的相关程序性事项的处理作出决定，如果控辩双方在庭审过程中再次提出申请，则除有新的情形以外，不得中断法庭的审理。参见莫湘益：《庭前会议：从法理到实证的考察》，载《法学研究》2014 年第 3 期。

权，要求法官对控辩双方达成的协议予以尊重及认可。事实上，这种针对程序性事项或者争点的合意并不能称之为一种裁判，因为这种合意对诉讼的影响不是由中立的第三方对相关程序性事项作出实质性的处理。这种合意是经由控辩双方协商而成，其对诉讼所产生的影响是基于契约精神而形成的对控辩双方某些诉讼行为的约束，以防止庭审环节的顺利进行被阻断。由于争议议题并未在庭前得到实际解决，所以相关程序性事项或者争议仍得经过庭审调查、辩论才能得以处理，譬如，非法证据需经庭审调查环节的举证、质证才能被排除。

而"裁决模式"则强调法官审判阶段的程序主导权。对于程序性争议问题，在"裁决模式"下，庭前会议发挥其解决程序争议功能的方式是审判人员在听取意见、了解情况后，综合考虑并形成了相应的处理方案，并基于该方案作出相应的处理决定。但是值得注意的是，这种决定并不一定与控辩双方的意见或者希冀的处理结果相一致。"裁决模式"的特征在于裁判者有权对争议事项作出具有终局效力的裁决。这种裁决显然具有独立的效力，通过庭前阶段对程序性事项问题解决方式的"一锤定音"，其能够阻断不直接关涉事实认定与法律判断的程序性事项进入庭审的审判范围，既彰显庭前会议的庭前程序控制功能，又使得庭审实体审理功能得以保障，进而有助于实现庭审实质化。

有学者将程序性事项的整体运作流程划分为提出动议、调查质证、程序裁决三个阶段，①而"会商模式"下程序性事项的处理显然无法在庭前会议阶段直接进入"程序裁决"阶段。相比之下，在"裁决模式"中，庭前会议的程序处理机制具有完整的程序性事项运作程式，在庭前即完成程序性事项和实体性事项处理的分离。当然，若想发挥"裁决模式"的预期功能，必定要加强庭前会议的相关诉讼程序的完善，明确有关程序性问题的调查方式以及控辩双方的辩诉意见发表规则。

(二)两种效力模式的具体适用

很明显，针对上述所言的庭前会议制度在现实运行中所暴露出来的问题，最高人民法院也有所意识，并就此针对性地作出回应和改进。2017 年年底，为了推进以审判为中心的刑事诉讼制度改革，保证庭审能够集中审理而不被打断，最高人民法院制订了《庭前会议规程》，规程内容涵盖庭前会议的功能定位、适用范

① 汪海燕:《庭前会议制度若干问题研究——以"审判中心"为视角》，载《中国政法大学学报》2016 年第 5 期。

围、基本运行流程、处理事项内容、法律效力以及与庭审的衔接方式等，进一步拓展并完善了庭前会议制度，希望能够借此使得庭审的质量和效率有所保障。

庭前会议法律效力的明确规定是《庭前会议规程》最大的亮点之一。就庭前会议究竟应具有何种法律效力，学界在对庭前会议效力模式进行研究时，在庭前会议的效力模式选择上往往是非此即彼。但有别于学界在庭前会议效力模式抉择上的单一性，《庭前会议规程》在效力模式选择上可谓是采取了一种折中的做法，即针对一部分程序性事项和争点的处理采取“会商模式”，而就另一部分程序性事项的处理采取“裁决模式”。

为了解决过往程序性事项范围不明、解决方式模糊不清的问题，《庭前会议规程》第 10 条明确了庭前会议所需处理的 10 项程序性事项，并对其处理的效力予以规定。[①] 在该规范性文件的最后，《庭前会议规程》要求根据庭前会议的实际召开情况制定庭前会议报告，并重申了庭前会议报告具有程序约束力，譬如，控辩双方对庭前会议报告中达成一致意见的事项在庭审中反悔的，除有正当理由外，法院不予处理。这使得庭前会议解决程序性争议的功能定位得以实现。值得注意的是，正如前述所言，《庭前会议规程》在效力模式中走了一条折中的“道路”，因此，这 10 项程序性事项的处理方式及效力并非完全一致的。

1.“裁决模式”的适用

根据《庭前会议规程》第 11、12、13、15、16、17 条的规定，在庭前会议中，人民法院有权就管辖异议、回避申请、不公开审理、申请重新鉴定或勘验、调取证据和申请证人、鉴定人、侦查人员、专家辅助人出庭等程序性事项听取意见、了解情况，并在审查过后作出相应的决定，例如，对于没有管辖权的案件，法院可以依法将其退回检察院或移送其他有管辖权的法院等。《庭前会议规程》这 6 条规定的规制对象是《庭前会议规程》第 10 条中的部分程序性事项，而非全部。据此，针对这部分程序性事项的处理而言，《庭前会议规程》的处理思路可以抽象显现为“提出申请—听取双方意见并了解情况—审查—作出程序裁决”这种程序性事项裁判方式。也就是说，《庭前会议规程》规定的这种程序性事项裁判方式明显即

① 《庭前会议规程》第 10 条规定，对于可能导致庭审中断的程序性事项，例如：提出管辖权异议、申请有关人员回避、对出庭证人名单提出异议等，人民法院应当依法作出处理，在开庭审理前告知处理决定，并说明理由。控辩双方没有新的理由，在庭审中再次提出有关申请或者异议的，法庭应当依法予以驳回。

是上述学界所提及的“裁决模式”。进而言之,在前述所提的部分程序性事项上,最高人民法院所持的态度是,在证据材料较多、案情疑难复杂、社会影响重大或控辩双方对事实证据存在较大争议等情形的案件中,管辖权异议、庭审审理方式、回避人员确认等程序性事项的处理应尽量在庭前解决,避免出现刚开庭没多久,当事人即申请回避等阻碍庭审顺利进行的情况出现,此类案件中庭审应集中司法资源“攻坚”案件的实体问题审理,证人出庭、证据调取等问题应在开庭前便解决,以贯彻落实直接言词原则、证据裁判原则,从而推进庭审实质化。

2.“会商模式”的适用

首先,根据《庭前会议规程》第 14 条的内容,辩方在开庭审理前提出非法证据排除申请,法院在召开庭前会议后,可以在庭前会议程序中就相关证据材料进行核实或者让检察院对证据收集合法性进行说明。但是与庭前会议中管辖异议、回避申请等程序性事项的处理不同,在庭前申请非法证据排除的问题上,法院无权在庭前对此问题直接作出裁决,而是仅能就此问题听取双方意见,了解情况。控辩双方在庭前会议中对此未达成一致意见的,法院仍应开展相应的庭审调查。而若控辩双方在庭前会议中对取证合法性问题形成了一致的意见,则控方可以撤回该证据资格存疑的证据或辩方可以撤回申请,而且在没有存在新的理由的情况,控方则不能再在庭审中出示该证据或辩方不得再提出相应的指控。就此可知,控辩双方就此问题达成的一致意见事实上是对控辩双方后续的诉讼行为形成了一种限制和约束。在申请排除非法证据的效力问题上,最高人民法院所持态度较为谨慎,其并非采取“裁决模式”,而是采用学界所提及的“会商模式”,通过庭前会议中控辩双方达成合意而使其自行排除非法证据或者撤销非法证据排除的申请。因为非法证据的认定、排除问题极有可能影响本案事实真相的调查,该问题的处理实际上已涉及案件的实体审理部分,而目前庭前会议的功能定位不允许其干涉案件的实体审理,同时,庭前会议的流程设计也不足以使其具有较为完整的事实调查程序。若贸然在庭前会议中便对非法证据排除问题作出终局性的裁决,恐有失公允,影响案件的公正审判。

其次,就争点处理而言,《庭前会议规程》规定,在庭前会议中,控辩双方可以积极地协商解决相应的争议问题并作出合意决定。[①] 如《庭前会议规程》第 20

① 戴长林、鹿素勋:《人民法院办理刑事案件庭前会议规程(试行)理解与适用》,载《人民法院报》2018 年 1 月 31 日第 6 版。

条规定,法院可以在庭审中,对庭前控辩双方已形成合意的事项进行简化审理。而针对控辩双方在庭前会议就争点处理所达成合意事项的效力,《庭前会议规程》第 25 条予以了明确,除非有正当理由,控辩双方于庭前达成的合意决定对双方庭审中的诉讼行为具有约束作用,法庭对在庭审中出现的合意临时分歧的情况不予以处理,仍旧遵循庭前会议控辩双方的合意决定。根据《庭前会议规程》第 20、25 条的规定,就争点整理的效力问题而言,最高人民法院则采用的是“会商模式”。对控辩双方已形成合意的争点问题,人民法院应尊重控辩双方的意见,在随后的庭审中予以确认后再简化审理。审判阶段控辩双方的争议焦点可能涉及的内容比较广泛,既可能是涉及证据的证据能力、证明力问题,也有可能是涉及量刑情节认定等问题,由于案涉争议焦点极有可能对案件实体审理产生影响或者直接是案件实体审理中的关键问题,因此不得在庭前作出裁决,只能留待庭审中再进行审理。

综上所述,《庭前会议规程》根据具体事项的不同,选择对不同的情形采用不同的效力模式,进而形成以“裁决模式”为主,“会商模式”为辅的效力模式。对于与案件实体事实审理无关的程序性事项,诸如回避申请、管辖异议等,应采取“裁决模式”在庭前对其予以解决,防止这些争议事项进入庭审阶段后产生阻断庭审,甚至程序回流的不良效应,譬如,发现案件管辖出现问题,不得不停止审理,再将案件移送有管辖权的法院。对于与案件事实相关联的程序性事项,诸如非法证据排除、争议事实认定等议题,由于庭前会议的功能定位是服务于庭审实质化审理的庭前整理程序,故而应通过“会商模式”梳理议题争议所在,并通过庭前会议报告固定控辩双方的合意意见,将此等程序性事项留待庭审进行简化处理,不可在庭前会议中即对与案件事实相关联的程序性事项作出实质的终局裁定,僭越正式庭审的“裁判形成在法庭”功能。应该说,这种折中的做法有助于法院灵活地处理程序性事项,既能够提升诉讼效率,避免庭前便可以处理的程序性事项进入法庭审理阶段,又能够将涉及案件事实的证据资格问题在庭审时先行调查,有助于查明真相。可以推测,在赋予庭前会议效力之后,由于现行庭前会议能够实际地处理问题,庭前会议的适用情况应该会有所改善。

## 三、未竟的变革:庭前会议效力规则的完善

虽然《庭前会议规程》丰富了庭前会议的内容,有助于解决庭前会议因效力

缺失而造成的功能失范问题，但是如左卫民教授所言，庭前会议仍是尚未完成的变革。[①] 针对《庭前会议规程》中尚存在效力规则模糊、裁量正当性存疑、救济程序匮乏等问题，笔者拟就此提出以下改进建议。

(一)分化程序性事项类型，明确效力适用规则

虽然可以通过以列举的方式对程序性事项范围进行初步的划分，但是由于程序性事项的概念存在一定的模糊性，所以仍需通过对程序性事项进行分类的方式来明确效力适用规则，否则可能导致"效力模式"的适用存在混乱的情况。

根据前述分析，《庭前会议规程》以列举式的方式明确了 9 项具体的事项以及为了应对难以预料的情况，规定了"与审判相关的其他问题"的兜底性条款。这 9 项具体的程序性事项的处理方式和相应的处理效力都可谓是较为明确的。但是，值得注意的是，将《庭前会议规程》第 20 条[②]和第 25 条[③]并排进行观察，即可发现其处理规则存在语义混淆的问题，可能导致适用不当的情况。

首先，第 20 条中的"举证顺序、方式等事项"中的"等事项"与前述第 10 条所规定的 9 项具体事项是否性质一致，也即是否都属于程序性事项？因为，在笔者看来，举证顺序、举证方式同样与案件事实的认定无直接关系，并非属于实体性事项。但是，如若都属于程序性事项，则第 20 条所规定的处理规则似乎与前述第 10 条所规定的 9 项具体事项的处理方式也存在差异。因为根据《庭前会议规程》第 20 条第 2 款的规定，如果"举证顺序、方式等相应的事项"协商不成，那么则由人民法院确定相应事项的处理方式。从反面的角度进行理解，则会发现，相应的事项协商一致，应按照控辩双方的意志进行执行。因此，第 20 条所规定的处理规则是"两步式"的处理方式，即先会商，再裁决。这种"两步式"的处理方式可能出现两方面的问题：一是"先会商，再裁决"可能导致决策时间的延长，拖延庭前会议的效率；二是"先会商，再裁决"可能导致法官无视控辩双方在程序性事项上的意见，损害其诉讼权利。因为理想状态下的"裁决模式"中控辩双方是需要通过举证质证使其主张获得法官的认可，可是"会商模式"则不存在这样较为

---

① 左卫民：《未完成的变革：刑事庭前会议实证研究》，载《中外法学》2015 年第 2 期。

② 《庭前会议规程》第 20 条第 1 款规定："人民法院可以组织控辩双方协商确定庭审的举证顺序、方式等事项，明确法庭调查的方式和重点。协商不成的事项，由人民法院确定。"

③ 《庭前会议规程》第 25 条第 1 款规定："宣布庭前会议报告后，对于庭前会议中达成一致意见的事项，法庭向控辩双方核实后当庭予以确认；对于未达成一致意见的事项，法庭可以归纳控辩双方争议焦点，听取控辩双方意见，依法作出处理。"

严格的诉讼化模式，那么，法官在这种控辩双方没有充分发表自身意见的情况下即就控辩双方无法达成一致意见的事项作出决定，可能有损其决定的合理性和正当性。

其次，第 25 条规定的“对于未达成一致意见的事项，法庭可以归纳控辩双方争议焦点，听取控辩双方意见，依法作出处理”中的“事项”又是指代何种事项？此处仍不明确。通过体系解释，再结合前文对《庭前会议规程》两种效力模式所适用的事项范围的分析，我们应该可以明确，此处的“事项”并不包括《庭前会议规程》第 10 条规定中的前 9 项事项，因为前 9 项事项的处理方式已在庭前会议中明确。若属于前 9 项事项之一，则会使得庭前会议的效力模式再次模糊不清。但是，此处的“事项”与第 20 条规定中的“举证顺序、方式等事项”中的“等事项”是否一致，这仍是有待明确的事情。因为，很明显，两者的处理规则并非一致，前者是留待庭审解决，后者则是在庭前会议中予以解决。进一步分析，在立法者和学者看来，庭前会议的功能定位在于将程序性事项的处理和案件的实体问题审理进行分离，纯化审判。但是，如若第 25 条规定中的“事项”包含程序性事项，则部分程序性事项仍需要留待庭审解决，这无疑又可能使得庭前会议的功能无法得到有效实现。

之所以可能产生上述所提及的“事项”语义、范围不明导致适用规则混乱的情况，是因为“程序性事项”一词本身存在语义、范围模糊的特点，因此有必要通过类型化的思想对“程序性事项”进行分化，并根据不同类型适用不同的效力模式。综合程序性事项的常见形式及不同效力模式的程序特点，笔者认为，可以将程序性事项划分为“纯粹的程序性事项”和“实体相关的程序性事项”。① “纯粹的程序性事项”指的是与案件实体审理无关的事项，如回避申请、管辖异议、审理公开与否等事项。“实体相关的程序性事项”则指的是与案件实体事实相关联的事项，如非法证据排除、案件争点归纳等事项。在程序性事项进行分类后，我们可以发现“纯粹的程序性事项”因是涉及案件审判程序运行的问题，所以最好在开庭前予以解决，因此也比较适宜采取“裁决模式”对相关事项进行处理，防止其阻断庭审的顺畅运行。而“实体相关的程序性事项”由于与案件实体事实的认定紧密，因此，即使控辩双方达成合意，也需适用“会商模式”，将事项的真正处理留

① 近来亦有学者注意到程序性事项分类的重要性，参见陈实：《刑事庭审实质化的维度与机制探讨》，载《中国法学》2018 年第 1 期。

待庭审解决，通过庭审环节完整的调查辩论环节，让法官根据对合意形成的真实性、合法性的考察就相关问题作出对合意的认定。

（二）明确“裁决模式”决定作出的主体，增强决定的正当性

《庭前会议规程》中“裁决模式”下所作出的决定的正当性存疑。其决定的正当性存疑主要表现为裁决主体的正当性存疑。根据《庭前会议规程》第 3 条的规定，庭前会议可以由三类人进行主持，分别是承办法官、合议庭成员或法官助理。法官助理是否有能力、有资格对涉及案件的程序性事项的处理进行主持，无疑仍是值得商榷的事情。同时，程序性事项的处理是由庭前会议的主持人进行裁决，抑或是合议庭进行裁决？至少，《庭前会议规程》并没有就此作出规定。特别是当控辩双方所提出的程序性争议内容是涉及申请审判人员回避的情况下，会议主持人自身即可能作为被规制的对象，因此，庭前会议的主持人和裁判者的人选无疑对裁决结果的公正与否有着重要的影响。另外，《庭前会议规程》第 10 条规定，对于可能导致庭审中断的事项，人民法院应当依法作出处理，在开庭审理前告知处理决定，并说明理由。此处并无明确是口头告知，抑或书面告知。

对此，笔者认为，显然庭前会议的主持人由合议庭成员共同担任最为公正。但是，在当前司法资源紧张的情况下，若每个庭前会议都由合议庭成员主持，这自然是不现实的。司法实践中，更多的都是由承办法官或者法官助理主持庭前会议。因此，针对“纯粹的程序性事项”，在适用“裁决模式”对其进行处理的时候，庭前会议的主持人不宜当场作出处理决定，尤其是在法官助理担任主持人一职的情况下。在庭前会议结束后，应当由庭前会议的主持人向合议庭汇报其在会议上所听取的意见和了解的情况，由合议庭商议后再在庭审前以书面形式向控辩双方告知处理决定，如若是涉及申请回避事项的程序议题，其决定作出主体和方式应参照《刑事诉讼法》相关规定。

（三）增设过程性救济途径

理想中的庭前会议制度设计是一个双赢的举措：一方面，审判机关可以通过庭前会议梳理案件争点，同时在庭前处理完“纯粹的程序性事项”；另一方面，被追诉人也可以通过庭前会议提出关于审理程序、案件争议、非法排除等异议，行使自己的诉权。《庭前会议规程》更是进一步赋予了庭前会议效力，使其能够采用“裁决模式”对“纯粹的程序性事项”作出终局性的处理决定。但是，“无救济则无权利”，《庭前会议规程》却无规定，当该终局性处理决定的作出存在违法行为，甚至极大地影响案件审判公正时，被追诉人的救济途径为何？此种针对程序性

事项决定的救济途径属于过程性救济途径，所谓的过程性救济途径，指的是当因司法审判程序不公而遭受权利侵害时，被追诉人所能诉诸的救济途径。这种过程性救济途径的缺失在一定程度上可能导致庭前会议制度目标再度落空，因为诉讼权利得不到救济则形同虚设。

综上，为了保障程序的正当性，我们应增设相应的过程性救济途径。在"裁决模式"下，如果"纯粹的程序性事项"处理决定的作出确有严重影响公正审判的情况或者控辩双方对此决定持有异议，控辩双方可在一审判决作出后，以该书面的决定为依据，采取向上级法院上诉或抗诉的方式进行权利救济。同时，在"会商模式"下，如果有证据证明庭前会议中双方合意的形成存在违背自愿性、违反法律的情况，那么，庭前会议中所达成的合意事项则不能再对控辩双方于庭审中的诉讼行为产生约束力，法庭亦不能对相关事项进行简化审理。

# 生态司法机制创新之实证分析*

## ——以福建漳州法院为样本

姚斯聪**

**摘要**:近年来,福建省漳州市两级法院在生态环境资源审判中开拓进取,创新了集中管辖与专门化审判模式、生态修复措施、生态环境损害修复资金,并逐步构建多部门执法司法衔接机制与多元方式化解生态纠纷机制。其中,部分机制已转化为福建省高级人民法院规范性文件并推广实施,如通过制定《集中管辖规定》指定各地级市的特定基层法院集中管辖区域内的生态环境案件。同时,漳州法院在生态司法实践中呈现出上级法院对新型案件难以进行有效的综合指导,审判程序缺乏权威依据和生态修复措施覆盖范围有限等问题,亟待通过逐步健全相关工作机制,充分发挥地方立法作用等方式完善解决。这些来自地方法院的系列化机制创新,把握了生态案件新动态、新特征并遵循生态司法规律,为生态司法制度顶层设计提供了宝贵的样本。

**关键词**:生态司法;机制创新;制度设计

生态文明建设离不开生态司法①的支持,只有实行最严格的制度、最严密的法治,才能为生态文明建设提供最可靠的保障。2014 年 3 月,全国首个"生态文明先行示范区"落户福建,为福建生态文明建设提供了新机遇。福建省漳州市两级法院立足于自身的生态优势和区位优势,积极探索创新了若干生态司法机制,

---

* 本文系华侨大学法学院 2017 年横向课题"生态法治与环境民事公益诉讼执行问题研究"的阶段性成果。

** 作者系华侨大学法学院诉讼法学硕士研究生。

① 本文所称生态司法专指人民法院生态环境资源审判工作,亦称生态审判,在福建省漳州市首创,称为生态资源审判,之后,福建省法院称之为生态环境审判,最高人民法院则称为环境资源审判。

于 2015 年 11 月被最高人民法院授予全国首批“环境资源司法实践基地”，部分经验做法被最高人民法院《中国环境资源审判》(2016—2017)白皮书录入。笔者在深入漳州市两级法院调研的基础上，结合福建省高级人民法院通报的资料，对漳州法院生态司法改革的新举措、新做法进行考察，并简要分析其存在的问题，同时对生态司法机制的创新提出建议，以期对生态司法相关制度的顶层设计和完善有所裨益。

## 一、生态司法实践状况之考察

福建省漳州市两级法院在生态环境资源审判工作中勇于探索、积极进取、不断解决新情况新问题，创新系列司法机制，如专门化之审判机构和审判模式的建立、生态环境损害修复措施的实践与修复资金的设立、多部门执法司法衔接与多元纠纷化解等机制，在司法实践中呈现的效果，值得进行考察。

### (一)生态环境审判专门化与“四合一”的职能模式

#### 1.生态审判机构与集中管辖、巡回审判

福建省三级法院的生态司法机构大部分是从林业审判庭改革演变而来，赋予生态环境资源管辖的新职能，[①]漳州法院亦是如此。2010 年 5 月，漳州市中级人民法院创新性地将原林业审判庭更名为“生态资源审判庭”，并赋予新职能，成为全国首个中级人民法院设立的生态司法机构。[②] 在司法管辖上，2012 年 5 月，漳州市中级人民法院联合有关部门共同制定《九龙江流域(漳州段)生态资源环境案件集中管辖暂行规定》，指定南靖县法院、长泰县法院管辖九龙江流域生态资源案件。2015 年 6 月，漳州市中级人民法院设立生态巡回法庭，审理漳州市环境公益诉讼案件及龙海市、漳浦县、云霄县、诏安县、东山县辖区属于漳州中院受理的涉生态一、二审刑事案件、行政案件、民商事案件，极大地便利了案件的起诉和受理。2018 年 3 月漳州市长泰县法院又与漳州河长制办公室合作设立巡

① 姚毅奇:《生态司法专门化下之司法权与行政权关系分析》，载《海峡法学》2017 年第 2 期。

② 2014 年 5 月，福建省高级人民法院设立“生态环境审判庭”，2018 年 2 月，按照福建省编委《关于部分市、县(区)人民法院生态环境审判机构设置问题的批复》的要求，福建三级法院将生态审判机构统称为“生态环境审判庭”。

回法庭(法官工作室),专门审理水资源案件。[①] 近几年,漳州法院的生态审判工作一直走在前列,2016 年至 2017 年 11 月,漳州两级法院生态庭、生态巡回庭共审结涉生态环境刑事、民事、行政案件 360 件,行政非诉案件 1063 件。

2."四合一"职能模式的实践

在审理生态环境资源的民事、刑事和行政案件的"三合一"审判模式的基础上加上审查非诉行政执行案件,即是"四合一"职能模式。追根溯源,漳州法院在林业审判庭时期就已完成受案范围从单一到综合的拓展,从 1982 年组建初期仅审理山林权属争议案件到 1983 年增加受理林业刑事案件,1984 年又增加受理林业经济合同纠纷和林业行政诉讼案件。至此,林业审判庭开始全面受理《森林法》调整下的刑事、民事、行政和经济纠纷 4 大类案件。[②] 在全省各级法院经历由林业审判庭到生态环境审判庭转制的同时,2014 年 5 月,漳州市两级法院根据《福建省高级人民法院生态环境审判庭受案范围》的要求,将生态环境审判庭的受案范围统一明确为 31 类破坏生态环境的刑事案件;17 类涉及生态环境的民事纠纷案件;环境公益诉讼案件;涉及林业、环保的行政案件和非诉行政执行案件。[③]

(二)生态审判修复机制的实践应用

经过几年的创新实践,漳州两级法院探索开展了从就地、异地到公益林地、水域、海域全覆盖的多层修复、立体保护的"三同步"漳州模式,在地表植被破坏、水体污染、近海污染防治等方面推出了若干生态修复的新举措,如"补种复绿""增殖流放""化学絮凝"等修复措施。

1."补种复绿"的协议修复模式

漳州法院开拓了"补种复绿"新模式,即犯罪行为人或其近亲属与林权所有人签订"补种复绿"协议并缴纳生态恢复补偿履约保证金,以补植或管护的方式对受损的森林资源进行恢复,为 2000 年华安县法院首创。目前,漳州法院已将"补种复绿"的范围从林木损害地拓展到乡镇郊野公园、城市绿化带、国有林场和

---

① 2018 年 5 月,福建省漳州市长泰县法院在河长制办公室设立生态环境审判法官工作室。

② 马新岚主编:《福建生态司法》,法律出版社 2015 年版,第 34 页。

③ 福建省高级人民法院:《福建省高级人民法院生态环境审判庭受案范围》闽高法[2014]230 号。

异地公益林等。2016 年,漳州法院审理适用“补种复绿”的毁林案件 18 件 19 人,发出“补植令”“管护令”“抚育令”等 19 份,缴纳履约保证金 15.8 万元,责令涉林刑事被告人补种、管护林木面积约 2171.86 亩。2017 年 1 月—11 月,漳州法院审理毁林案件适用“补种复绿”10 件 13 人,共发出“补植令”3 份,“抚育令”3 份,缴纳履约保证金 15.35 万元,责令涉林刑事被告人补种 353 亩、管护林木面积 143.5 亩,有效修复了被破坏的生态环境。

2.“增殖流放”“化学絮凝”等水体污染修复措施

2014 年,漳州法院在司法实践中创造了全国首个“增殖流放”的水体修复方式,于一起污染环境的刑事案件中令被告人自愿出资购买 28.2 万尾鱼苗投放于九龙江,用于摄食蓝藻,净化水质。2015 年年初,漳州法院联合环保部门督促一造纸作坊采用“引流冲污、化学絮凝”的方式治理因向自家鱼塘投放污水导致的水体污染,于诉前化解了该案件。几年来,市县两级法院组织回访涉污企业 17 次,促使 6 家企业完善污水处理设施,并积极探索引入微生物净化水草等治理方式,实现污染水体修复的多元化。同时,漳州市法院严厉打击非法占用滩涂、毁坏沿海防护林、采挖海砂、污染海洋和破坏湿地等违法犯罪行为,责令就地、异地补种林木水草,妥善处理渔排养殖区,并定期勘验修复情况,实质性地化解了海洋滩涂使用权的争议。

(三)生态环境损害修复资金的设立及运作

本文所称的生态环境损害修复资金(以下简称生态修复资金)是指由地方政府财政启动设立,专项用于本辖区内生态环境损害案件所需的修复资金。[①] 2014 年 12 月,漳州市中级人民法院深入调研之后提议,漳州市政府结合本市实际制定《漳州市生态环境损害修复资金管理办法(试行)》,在福建率先设立生态修复资金,2015 年 5 月,该做法获得国家环保部和中国法学会优秀事例奖。生态修复资金的管理需要成立专门的领导小组,具体办事机构挂靠在法院生态资源审判庭开展工作。资金来源是以财政拨款为主,其他渠道筹集为辅。设立之后,全市各县(市、区)相继设立生态修复资金,据统计,截至 2017 年 12 月,漳州市已筹措资金 649.34 万元。

---

① 漳州市人民政府办公室:《漳州市生态环境损害修复资金管理办法(试行)》漳政办[2015]25 号、长泰县人民政府办公室:《长泰县生态环境损害修复资金管理办法(试行)》泰政办[2015]47 号。

根据《生态环境损害修复资金管理办法》之规定，其功能主要包括以下三种：一是负担环境公益诉讼原告方的诉讼、鉴定等费用；二是支付执法人员为收集相关证据，聘请专家开展检测或进行侦查支出的相关费用；三是对造成严重环境污染，致害人无力赔偿，没有及时支付赔偿款可能造成的其他后果进行补助。实践中，生态修复资金的设立有力地支持了环境公益诉讼的开展，保障了替代性生态修复工程的进行。更重要的是，修复资金可弥补个别罪名罚金刑不足以支付生态修复费用的缺陷。2016 年，长泰县法院在办理一起被告人开采石矿修路中非法储存爆炸物的案件中，两名被告因缴交生态修复资金各 5 万元，存在悔罪表现而被从宽处理判处缓刑。①

(四)多部门生态环境司法保护联动机制

多部门衔接互动机制简称联动机制。多年来，漳州法院积极实践，建立以“联席会议”为主要形式的沟通平台，与公安、林业、环保等部门共同研究生态司法与行政执法中的问题，协商解决，相互配合，构建起一套较为完善的工作机制。

在生态修复方面，2010 年，漳州市中级人民法院与市环保局等 10 个部门共同制定《市中级人民法院与生态资源保护相关部门联动机制》，建立环保联动机制，在诉前调解、生态修复联合验收、生态研讨与培训等方面取得了一定成效。2016 年 6 月 1 日，漳州市中级人民法院、市环保局联合制定了《建立完善环境司法与行政执法联动机制》，建立定期联席会议机制、信息共享机制、生态恢复性补偿共商机制、环保重大事项风险评估机制和环境司法、执法培训机制五大联动机制，共同加大对环境违法行为的打击力度。

在支持环境公益诉讼方面，漳州法院在 2011 年就于全省率先协调检察院、国土局、水利局、环保局等负有环境监管职责的相关机关提起公益诉讼，发挥公益诉讼的评价指引和政策形成功能。2015 年，漳州法院促成检察院作为公益诉讼人并提起诉讼。同时，为完善激励公众参与机制，鼓励和支持符合条件的有关社会组织和法律中介组织参与环境公益诉讼，漳州法院在 2013 年推荐福建簪华律师事务所成为中华环保联合会的环境维权志愿律师事务所，支持中华环保联合会提起民事公益诉讼。据统计，2010—2017 年漳州法院共审结公益诉讼案件 14 件，追回生态环境损害赔偿金共 330 万元。

① 吴毅文：《长泰县法院：亮出绿色司法新姿态》，载《法治周末》2018 年 1 月 9 日第 6 版。

(五)生态环境资源多元纠纷解决机制

与司法裁判相比,调解有利于将生态环境纠纷解决在萌芽状态,保障当事者程序自由权的实现和追求效率,[①]生态环境案件多元纠纷解决机制是生态司法服务向诉前延伸的重要组成部分。2010 年起,漳州市中级人民法院与市环保局、市林业局等部门共同建立 7 个诉前调解工作室,设置平和县"五江之源""国家级虎伯寮森林保护区"等 10 个巡回办案服务点,形成生态资源司法执法合力。

2015 年,漳州市两级法院共审结各类涉生态民事案件 183 件,其中调解撤诉结案 36 件,调撤率为 19.7%,诉前化解涉林纠纷 33 件;2016 年,共审结各类涉生态民事案件 124 件,其中调解撤诉 51 件,调撤率 41.1%,诉前化解涉林纠纷 78 件,其他生态案件纠纷 19 件;2017 年 1 月—11 月共审结各类涉生态民事案件 99 件,其中调解撤诉结案 40 件,调撤率为 40.4%。[②]

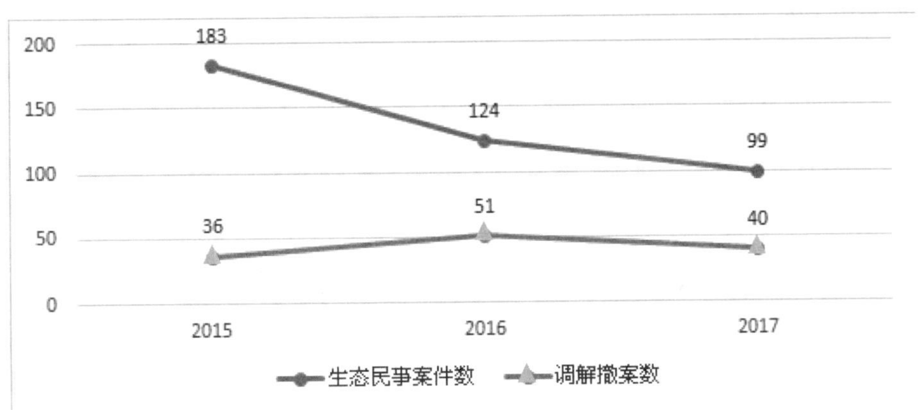


**图 1　2015—2017 年(截至 11 月)漳州法院生态环境民事案件及调解撤诉案件统计**

根据以上统计分析可发现,一方面,在多元纠纷解决机制的推动下,调解和撤诉率较高,从 2016 年开始明显上升,2017 年 1 月—11 月与 2016 年年均持平。2015 年—2017 年(截至 2017 年 11 月)三年中年均调解与撤诉的涉生态民事案件 42.3 件,调撤率为 33.7%。另一方面,漳州法院的诉前化解涉林纠纷工作成绩显著,2015—2016 年年均 55.5 件,极大地减轻了生态资源审判工作量。

---

① 许少波:《法院调解的目的》,载《法律科学》2007 年第 4 期。

② 漳州市中级人民法院生态资源审判庭:《深化生态司法机制创新　保障生态文明试验区建设——漳州法院推进生态文明试验区工作情况汇报》(2017 年 12 月)。

(六)生态环境资源审判司法建议与联合预防机制

针对生态案件审理过程中反映的环境问题,漳州法院分析生态环境资源管理和行政执法的薄弱环节,评估环境风险、向政府及有关行业提出司法建议,以防范和堵塞生态环境治理的漏洞。在司法建议的基础上,漳州法院还提出生态司法预防机制,以防范案件审理中环境损害的发生和扩大;建立生态环境违法信息共享平台,及时了解和掌握破坏生态违法动态,使相关的职能部门能提前介入;同时,建立生态环境司法预防调研制度,制定相应的预防对策,提请有关部门及早防范。

2017 年 8 月,福建省高级人民法院出台《关于完善生态环境资源司法预防工作机制的意见》,提出建立与完善生态环境资源案件信息预警制度。① 在该规范文件的指导下,漳州法院针对案件审理过程中发现的问题,及时建议有关部门发布预警信息,提醒社会公众注意防范风险。对于重大、突发、紧急预警信息,法院联合相关部门通过公共平台向社会公众发布;通过信息共享平台,还可以为法院办案提供咨询参考;同时,加强执法与司法协作,探索运用大数据分析,包括对生态环境资源案件类型、裁判结果及保护预防对象等进行深入研究,可以提出有关生态环境保护与风险预防对策。

## 二、生态司法机制创新中存在问题之分析

漳州法院在生态司法机制创新及运行中取得了相应的成效,其生态案件审理类型、数量、质量在全省前列,同时,在先行先试中也呈现出问题与不足,需要我们在探索中不断破解难题、补齐短板。当前,出现的问题,既有生态案件本身的新颖性、复杂性、专业性导致的,也有我国现行法律供给不足而造成生态司法审判的被动应对,还有新举措、新做法在实施过程中逐步显现的缺陷,以及法官在案件审理中缺乏生态专业支持与技术支持而导致的问题。

(一)上下级法院机构名称、职能不一

从最高人民法院到基层人民法院的生态审判机构名称、职能不一,存在上级对下级指导脱节的问题。最高人民法院“环境资源审判庭”的主要职责是负责审理涉环境资源民事纠纷的第一、二审案件,简称“环资审判”,并未包括涉生态刑

① 福建省高级人民法院:《关于完善生态环境资源司法预防工作机制的意见》闽高法[2017]260 号。

事案件、行政案件，显然难以对地方法院的生态环境资源审判进行综合有效的指导，这是我国现行生态司法体制对应不畅的问题。倘若由最高人民法院的刑事审判庭和行政审判庭对应指导下级法院生态环境资源的刑事审判和行政审判，其能否准确把握环境资源案件与一般类型案件的差异性，同样值得深思。此外，福建省高级人民法院已统一将地方法院的生态审判机构更名为“生态环境审判庭”，所开展的审判工作简称“生态审判”或“生态司法”。目前，最高人民法院“环资审判”在名称上缺乏“生态”元素，与生态文明建设要求脱节，且与新近国务院机构改革的“自然资源部”“生态环境部”名称职能对应衔接不上，还与人民检察院的生态检察工作提法不相呼应，也与福建等省市法院生态审判机构名称不尽统一。虽然福建省高级人民法院通过《福建省高级人民法院生态环境审判庭受案范围》统一了生态环境庭的受案范围，但由于生态环境案件存在侵害方式复合性、侵害过程复杂性、侵害后果隐蔽性和长期性等特点，[①]加上部分审判人员欠缺生态环境资源的专业知识，上级法院对新型生态环境案件及相关问题难以作出确实有效的指导，承办案件的法院只得边办理、边摸索、边解决问题，以致裁判尺度不一，会影响到生态司法的公正与权威。

（二）生态审判程序规则尚未形成专门体系

鉴于地方法院的机制创新尚未演进到顶层制度设计层面，生态环境资源审判虽具有其专业性和特殊性，但最高人民法院和地方法院均未制定专门的证据规则、法律适用规则、程序规则及裁判规则。从诉讼理论的角度看，民事诉讼、刑事诉讼、行政诉讼在诉讼原则、诉讼规律、证明责任等方面存在明显的不同，案件的证明标准、审理期限等具体规则也存在诸多差异，这就造成漳州法院在“三合一”的新型审判模式下难以运用原有的审判模式。[②] 漳州法院在审理中发现，案件同时涉及三种不同诉讼时，民事、刑事、行政案件相互之间的协调和衔接方式存在阻碍。因为缺乏相应的专门化审判程序和衔接机制，在“三合一”的审判模式下，法院将渊源、性质、目的均不同的诉讼制度在同一时段和程序中聚合适用，难免会造成不同案件在裁判尺度上的偏差，使得当事人的诉讼目的难以实现。

（三）生态审判的专业知识储备不够

在生态审判的专业知识和专业人才上，各地法院审判队伍水平参差不齐，法

---

① 杜万华：《当前环境资源审判的重点和难点问题》，载《法律适用》2016 年第 2 期。

② 许雅燕：《从专门环境审判到“三审合一”审判模式——环境审判的困境与出路》，载漳州法院编《第五届“生态文明与法治保障”研讨会论文集》（2017 年 6 月），未公开出版。

官在办案中面临生态环境资源专业知识匮乏的困境,这是个棘手的问题。以环境污染案件为例,环境污染案件具有污染源组成复杂、污染扩散快、污染范围难以控制等特点,由于当事人的举证时间和举证能力有限,难以提出有力的证据及质证意见,法院也相对缺乏在专业方面的科学知识,造成对案件的污染事实难以认定。同时,各类污染物对各种生态环境的损害缺乏统一、明确的鉴定程序和鉴定标准,法院和当事人在诉讼中都存在鉴定机构难找、鉴定过程复杂等问题,增加了案件审理的难度。因此,法院亟须生态环境资源方面的专家和机构提供专业意见和技术支持。

(四)生态修复措施与规则供给不足

目前,虽然漳州两级法院在生态损害修复的运作上创新实践了诸多措施,主要集中于森林破坏、水体污染、海洋渔业等,因为上述案件中盗、伐、破坏的森林面积、树种数量、鱼苗数目、水体使用人群及地区等均可认定,且可予以修复,例如通过"补种复绿"、放养鱼苗等方式修复被破坏的树木和被污染死亡的鱼苗。但是,在大气、野生动物、矿产、土地等生态资源方面,还十分欠缺有针对性、可操作性的生态修复措施。此外,自然生态系统是一个由各种要素组成的具有内在联系的有机整体,一个环境要素的破坏往往还对其他环境要素造成影响。[①] 漳州法院当前所采用的生态修复措施还是对被破坏生态要素的单一修复,尚未对同一生态系统中其他生态因素的修复进行关注,因此,在生态措施的覆盖范围和运作方式上还需要进一步地拓展探索。

目前,我国法律尚未明确规定生态修复作为一种法律责任的承担方式,履行生态修复责任的必要性、可行性和实效性均需要司法作出适当的裁量。[②] 实践中,漳州及福建法院对生态修复的适用程序、裁判方式和尺度尚处于摸索阶段,未形成成熟、统一的裁量规则。同时,由于生态环境损害评估缺乏可量化的评估标准,生态环境损坏的内容与程度认定困难,法院在确定采用何种修复措施及具体内容时缺乏前提。如林木破坏、水体污染等案件,法院在如何采用生态修复措施等方面确实难以下判。在裁判尺度上,虽然被告人主动进行生态修复可作为从宽处罚的依据,但福建法院的规范性文件仅有原则性规定,实践中缺乏统一的

① 李挚萍:《环境修复法律制度探析》,载《法学评论》2013 年第 2 期。

② 徐本鑫:《论生态恢复法律责任的实践创新与制度跟进》,载《大连理工大学学报(社会科学版)》2017 年第 2 期。

适用标准，无从细化对裁判进行有效规制。

生态环境审判修复机制的有效运行及生态修复的实现是一个过程漫长、技术复杂、投入巨大的系统工程，保证其全面履行和有效实现确实面临着许多难题，集中体现在履行监督的问题上。生态环境审判修复机制需要法院与各生态环境职能部门分工合作、有效衔接，才能有效实现。例如，修复内容的确定、管护方式的采用、恢复效果的评估等方面，法院都需要生态行政部门技术指导与专业监管的支持。目前，漳州法院虽与有关部门建立了生态修复的联合验收机制，却尚未建立生态环境案件执行过程的监督机制，且缺乏有效的监督手段，各方权利义务也没有规范文件加以确定，导致生态修复措施的实施效果并不理想。

（五）联动机制的法制化程度不高

目前，在处置生态纠纷案件的多部门联动机制上，尚无法律层面的操作规程，是由地方各生态环保职能单位协商建立的，因此存在诸多亟须完善的问题。例如，漳州法院与生态环保职能部门的联动机制出现联席会议的常态化、制度化还不够，启动存在不确定性，有效运作不顺畅等问题。无论是对于议程的启动、部门分工与配合，还是对于联席会议决策的效力，部门执行等均缺乏具体操作规范，使得该机制在实践中运行不畅，取得的效果并不理想。又如漳州市早在2010 年就与漳州市政府法制办、农业局、环保局、林业局、城管执法局等部门建立生态资源纠纷诉前调解联动工作机制，但是，在实践中，相关行政机关诉前调解无效的情况下，如何实现诉调对接与司法确认，成功的案例并不多。值得肯定的是，福建人大常委会制定的《福建省多元化解纠纷条例》于 2018 年 1 月 1 日开始施行，将为生态环境资源纠纷的合力解决提供法律指引。[①]

## 三、生态司法制度创新与完善之建议

漳州两级法院的生态司法机制创新，回应了新时代人民群众对生态环境资源审判工作的新需求，以解决实践问题为己任，其生态司法机制创新有其针对性、实用性、开拓性，有些在全省乃至全国法院皆是首创，契合当前生态环境资源审判体制改革的大方向，即以生态环境监管体制改革为契机，推进生态审判体制改革建设；配合司法体制综合配套改革，推进生态案件跨区域集中管辖；适应生态案件特点，推进生态审判专业化建设；突出司法保障职能，推进多元共治生态

① 马新岚主编：《福建生态司法》，法律出版社 2015 年版，第 118 页。

环境治理格局体系。[①]

在肯定的同时,我们也应从批判的角度分析,漳州法院源自实践的改革创新样本,其举措与做法的创新终究是一种探索与试验,需要进行实践合理性的分析。实践合理性问题本质上是属于价值论和评价轮的问题,其实质是人们根据一定的科学合理性的价值体系对实践过程及其结果的价值和意义的评价和反思,[②]并在相关问题的改革中继续检验、修正和完善。实践出真知,生态司法行动机制层面的创新能够触动制度层面的变革,[③]为法律制度的顶层设计提供决策参考。漳州生态司法机制创新具备可复制性,必将积极推动生态司法改革,充分发挥生态司法在生态法治建设、推动保障生态文明建设方面不可或缺的作用。[④]

(一)细化受案范围、分类审理和集中管辖

漳州法院可继续探索针对不同案件的分类处理机制,对生态环境案件进行详细的分类处理,严格区分涉及单一法律关系和涉及多种法律关系的生态环境案件。[⑤] 对于单一法律关系的案件,法院可按简易程序进行审理;对于法律关系复杂,难度较大的生态环境案件,由生态庭或民事、刑事审判人员组成合议庭进行审理。此外,法院应统一生态环境庭的受案范围,如果生态环境案件案源不足,可在不影响生态环境审判的前提下,办理与生态环境相关的农村土地承包、流转等案件,同时完善生态环境非诉执行案件的管辖。尤其是基层法院,应逐步向其他环境行政和非诉执行案件方面拓展。还有,在制度创新上,借鉴漳州市有关九龙江流域生态资源环境案件集中管辖机制,2017 年,福建省高级人民法院通过规范性文件,根据生态环境资源案件具有跨区域的特点,指定各地级市的特定基层法院集中管辖全市案件,如指定福州市晋安区法院集中管辖鼓楼区等 5 个区的生态环境资源案件,指定厦门市同安区法院集中管辖思明区等 6 个区的

---

① 江必新:《新时代环境资源审判工作的方向与定位》,载《中国地质大学学报(社会科学版)》2018 年第 3 期。

② 余晓菊:《实践合理性视域中的合理价值观建构》,载《齐鲁学刊》2009 年第 4 期。

③ 王峰:《司法改革从"机制调整"到"制度设计":一个法社会学的视角》,载《学海》2018 年第 1 期。

④ 王树义:《论生态文明建设与环境司法改革》,载《中国法学》2014 年第 3 期。

⑤ 陈嵩:《环境司法"三审合一"的检视和完善》,载《中州学刊》2016 年第 4 期。

生态环境资源案件,[①]类似规定同样对泉州市、莆田市等地区的生态环境资源案件的集中管辖作出调整。

(二)设计专门的审判规则和程序

生态环境案件一般会涉及多重法律关系,法院可探索涉及环境交叉案件的审判规则,明确案件审理的先后次序,统一审判规则和程序顺序。具体案件应分类对待,如是行政法律关系引发民事法律关系的案件,应先审理行政纠纷,如果是民事法律关系在行政法律关系之前,则先审理民事纠纷。对于"刑民交叉"案件甚至是环境民事公益诉讼的案件,法院应根据实际情况选择其中之一先行审理。同时,法院应做好各诉讼程序之间的协调和衔接,防止顾此失彼,确保各诉讼程序皆可顺利进行。在实践中不断探索,将一些举措提升转化为制度,在条件成熟的时候,提请最高人民法院制定规范性文件或司法解释,或建议全国人大或其常委会通过立法程序完善修改相应的法律条款。

(三)完善生态修复措施、制定生态修复标准和规程

除了漳州法院创新采用的生态修复措施外,各级法院需要研究拓展针对被污染和破坏的大气、矿产、土地等的修复措施,涉及专业性强、污染情况复杂的问题,可与生态行政执法部门、高校、科研机构会商研究。法院要坚持树立"有损害必修复"的理念,以修复生态为目的进行法律适用,将已造成的生态损害最大限度地恢复到良好状态。同时,法院不能拘泥于常规的生态修复措施,应当充分尊重当事人在个案中提出的特定生态修复方式的诉求,在综合考虑其生态损害的范围和程度、恢复的难易程度、防治污染的运行成本等证据材料,灵活采用具体的生态修复措施。

实践中,法院在生态修复措施与标准上尚未形成统一的规范,原因在于缺乏法律规范及解释的指导、科技标准的支持,致使法院在作出裁量时缺乏可靠、统一的依据,所采用的生态修复措施、修复费用与生态修复效果相去甚远。若有生态环境资源方面的专家的专业知识与科学技术的支持,这对法官司法裁判尺度的精准把握全关重要。对此,地方法院可总结生态环境审判修复机制的经验教训,尝试制定精确的生态修复标准,呈报最高人民法院制定规范性文件。科学的生态修复标准制定后,无论是对环境损害进行司法鉴定,还是对法官的自由裁

① 福建省高级人民法院:《福建法院生态环境审判机构设置方案》闽高法[2017]211号。

量，都将大有裨益。① 此外，若进行生态环境修复之后还不能达到预期的修复效果，法院可以责令侵害人继续修复，直到符合相应的生态修复标准为止。

(四)完善生态修复的监督机制

针对生态环境审判修复机制实施的监督问题，首先，应起到主导作用的是法院的执行机构与检察院。尤其是，检察院既是诉讼监督机构又是生态环境公益诉讼的起诉主体，更应充分发挥其法律监督的职责。同时，为保证生态环境修复费用的专款专用，我们也应将其纳入监督范围。其次，除了现有的林业局、环保局、国土资源局等部门应承担生态环境保护监督职责，还需发挥新组建的“自然资源部”和“生态环境部”之地方机构的综合职能作用，积极配合对生态修复实施过程和实施效果的监督，对于实施效果不符合标准的，应及时通报司法机关，要求责令当事人改正。最后，法院可以尝试引入第三方监督机制，例如，与环保组织、从事环境治理的公司等签署协议，监督法院生态环境修复机制的运行情况，保证生态修复取得实效。

(五)健全联席会议与联动衔接机制

联席会议制度是福建生态环境司法保护衔接互动机制的特色之一，在生态司法与行政执法衔接互动中处于核心地位，既是衔接互动的启动平台，也是组织平台和重要的实施平台。在完善联席会议制度方面，对漳州样本的升级，福建省高级人民法院等部门出台了《福建省建立生态资源保护行政执法与刑事司法无缝衔接机制的意见》，统一辖区内各级联席会议制度，规定各部门定期共同召开会议，通报衔接工作情况，及时研究最新动态，提出加强部门衔接的对策，协调解决工作中的新问题；同时，指定特定人员作为联络员，负责日常沟通及法律文书移送、材料流转、案件交接等具体事务，确保各项工作规范有序地进行；定期通报各平台的运行情况，充分运用大数据、信息技术手段实现执法、司法信息的共享对接。②

完善生态环境司法保护衔接互动机制，在总结漳州样本升级版等基础上，福

① 徐以祥、王宏：《论生态修复性司法》，载《人民司法》2016 年第 13 期。

② 福建省高级人民法院：《福建省建立生态资源保护行政执法与刑事司法无缝衔接机制的意见》闽高法[2017]109 号。

建省法院制定了《生态资源保护行政执法与刑事司法无缝衔接机制的工作意见》,[①]其主要内容是:严格明确各部门应依法履行的法定职责;规范案件移送,杜绝以行政处罚代替刑事处罚;及时固定案件证据,强化行政执法机关的证据意识;依法履行法律监督,人民检察院及时对案件进行备案,跟踪进展;充分发挥法院的审判职能,必要时有关执法或技术人员应履行出庭义务;落实裁判执行,环境资源行政执法机关积极配合生态修复;做好国家工作人员违法违纪线索移送,执法机关和司法机关在办案过程中发现可能涉及国家工作人员违法违纪或犯罪线索的,及时移送有关部门。

(六)发挥地方立法的补充作用

2018 年 3 月,新宪法修正案及之前的《立法法》皆明确规定了设区市人大及其常委会可以依据法律制定地方性法规。据此,地级市法院可适时总结成熟的经验和做法,完善生态环境司法的相关创新机制,建言献策地推动地方生态方面的立法。比如,漳州市人大可借鉴贵州、江苏、云南等省、市出台地方法规的成熟经验,明确生态环境保护的职能承担部门;划定生态红线,确定生态功能区;突出生态修复,推动生态补偿多元机制的建立;引入"碳排放权交易平台",发挥生态资源价值的最大化。同时,虽然福建各地对生态环境司法保护衔接互动机制有丰富的经验,但因为各地存在差异,一地的经验只在该地各部门间实行,且许多工作机制松散,并未上升到制度层面,存在生态司法保护衔接机制的运行缺乏法律操作层面的依据。因此,地方立法将势在必行,成熟的立法将推进生态文明建设与生态司法工作。

(七)创建生态环境保护的侦办机构和队伍

新《环境保护法》和最高人民法院、最高人民检察院《关于办理环境污染刑事案件适用法律若干问题的司法解释》降低了污染环境罪的入罪门槛,加大了对环境破坏行为的惩处力度,客观上增加了公、检、法机关办理污染环境违法犯罪案件的工作量。在机构设置上,以漳州市为例,法院和检察院分别建立了专门的生态审判庭和生态检察机构,唯独公安机关尚未建立专门的生态执法队伍。目前,全国已有 15 个省市成立环保警察队伍,条件成熟的地市可参照设立生态环境环保侦查机关,完善公、检、法生态环境专门机构的建设,具体可考虑以下三种模

① 福建省高级人民法院:《福建省建立生态资源保护行政执法与刑事司法无缝衔接机制的意见》闽高法[2017]109 号。

式:一是由公安机关派出警员入驻环保部门,与环保部门一同联合执法;二是由公安机关设立独立警种,专职负责查处严重环境违法案件;三是在森林公安的基础上拓展执法职能,使其全面覆盖生态环境保护执法。

## 四、结语

生态文明建设已被写入《宪法修正案》,新的历史使命提出新要求、新任务,生态环境问题的公共性特征,国家在环境问题上承担着最为重要的保护责任。[①]以审判为中心的人民法院应顺应经济社会发展的需要和人民群众的需求,积极探索符合生态环境保护趋势和规律的新举措,助力推进生态司法理念及环境责任制度和救济模式的创新和发展。漳州市两级法院立足于本地生态环境保护实际的机制创新,对生态环境司法保护提供新样本,在实践中不断解决新问题、提出新思路,为制度设计提供有益的决策参考。综上,笔者所做的分析权且作为抛砖引玉,期待大家来共同关注生态司法改革。正如董开军大法官所言:深化司法改革要坚持实践观、系统观、矛盾观、过程观,并处理好目标与举措的关系,特别是处理好顶层与基层的关系,即注重结合基层实际、开创性开展工作,[②]努力为生态文明建设提供司法保障。

---

① 陈海嵩:《环境风险预防的国家任务及其司法控制》,载《暨南学报(哲学社会科学版)》2018 年第 3 期。

② 董开军:《深化司法改革要坚持"四观"妥处"六个关系"》,载《人民法院报》2017 年 9 月 20 日第 5 版。

## 刑事法律前沿

# 刑事证据形塑的理论与实践*

## ——检察视角的模型构建与系统探索

杨信欣**

**摘要**：司法改革背景下，刑事取证"实践专业性"和"规范专业性"的提升是证据形塑的基本要素，然而，"侦查中心主义"的取证模式存在系统性缺陷。我国应在办案模式、取证偏好、证据体系、侦查行为偏好、认知和证明模式、诉讼真实观乃至保障体系上树立综合性的"模型化转变思路"。立足此，检察官应助力提升取证"规范专业性"，辅助提高"实践专业性"，以满足新形势的要求。同时，我国应建设刑事取证能力，建立"新预审思路"，并强化"以拘留期间为中心"的侦查阶段的刚性介入、监督；另外，利用好检察听证制度并灵活扩展其功能，亦是一大课题。我们也应清醒认识变革的阶段性规律，如此才能推进制度走向成熟。司法体制背景，是上述问题的共同底色和根基，把握其中的系统共变，亦是不可或缺的。

**关键词**：刑事证据；形塑；理论模型；实践方案；检察视角

刑事侦查阶段证据的形塑，很大意义上决定了证据裁判实现的程度。刑事侦查及其取证的规范，或者说证据的形塑，可以如张栋教授所讲通过"优化证据制度体系"来推进。① 但"徒法不足以自行"，在我国职权主义刑事司法语境下，

* 本文系最高人民检察院理论研究课题"以证据为核心的刑事指控体系构建"(JL2017Z01)中期成果。

** 作者系华东政法大学诉讼法研究中心研究人员，华东检察研究院研究人员。

① 张栋：《中国刑事证据制度体系的优化》，载《中国社会科学》2015年第7期。

更重要的是如何在“审判中心主义”潮流中“捕诉合一”“检察提前介入”等检察职权完善路径上，增强检察作为。本文将从侦查取证和检察实践的观察、反思及理论提炼开始，结合“捕诉合一”等改革的背景，提出当前刑事侦查取证的样态、制约因素和理论研究缺陷，尤其是归纳取证的“两种专业性”。

在此基础上，笔者将结合大量文献综述和反思，总结近年来纠正的三个典型错案，依此来描绘出“侦查中心主义”真正的取证实践全景图，并就证据体系、取证偏好、认知模式等如何转变的问题提出自己的“理论模型思路”。而后，笔者将从检察机关角度重点谈如何增强取证的“两个专业性”以推进前置证据形塑的实践发展。再后，立足“检警协同”的大视角，笔者将表达整体优化“前置证据形塑”工作的几个关键问题，并总结和预测可能的实践变革阶段。最后，本文关于审前司法改革的几个共变关系和方向预测，亦是总结全文材料而初步得出的。

## 一、前言：应重读改革中的检察性质

### （一）检察变革基础——捕诉合一

在当前司法改革的大背景以及“以审判为中心”的刑事诉讼制度改革的小背景下，检察机关也在积极努力地探索自身的发展道路。张军检察长近期提出的“在监督中办案，在办案中监督”“双赢多赢共赢理念”等，[①]就是在这种形势下寻求的办案与监督、制约与协作、审查与引导等关系之间的“最大公约数”，其中，“办案中心”成为核心导向。在此基础上，“捕诉合一”改革应运而生。对此，有的学者立足逻辑、西方制度和纯粹理性，指出其存在障碍和不自洽之处。[②] 然而，纯粹的逻辑和纯粹的“理性”，不能告诉你司法实践的答案，这种价值评判容易走向“唯理”的不切实际。

对此，实务界已有一定的司法经验，近期制定、发布了《上海市检察机关捕诉合一办案规程（试行）》，这是“第一个”相关制度文本重视审判中心主义、强调内外监督、可能提升办案质效，最重要的是，《规程》总结了检察办案的经验，从经验

① 参见《强化法律监督要以办案为中心》，最高人民检察院官网：http://www.spp.gov.cn/spp/zhuanlan/201805/t20180521_379196.shtml，访问日期：2018 年 8 月 18 日。其中详述了“办案才是中心”的要点。

② 陈瑞华：《异哉，所谓“捕诉合一”者》，https://baijiahao.baidu.com/s?id=1601732251417555349&wfr=spider&for=pc，访问日期：2018 年 8 月 18 日。陈瑞华教授本文对“捕诉合一”提出了质疑，但是在没有实证和实践验证的情况下，此质疑价值不大。

的、务实的层面，提出了“案件质量评定标准”，意欲由此推动办案质量的提升。①

笔者认为，研究应沿此经验总结、实践理性的制度建设方向继续发展，而非移植和演绎概念、原则。这样将为刑事证据形塑提供更大的制度供给。具体而言，简单地从“文本制度”层面思考（当然，文本制度有待实践的检验、试错），将两个检察官承办的“审查逮捕”“审查起诉”程序交由一个检察官负责，此为实质介入审前侦查，搭建引导取证、制约监督侦查，以及提高工作效率和建立专业化的工作组织，铺平了道路。我们也应看到，从制度经济学角度分析，当前形势下，从大司法改革到“审判为中心”的刑诉制度改革，再到检察机关主动推行的“捕诉合一”改革，乃至鼓励提前介入侦查的机制建设，变革正处于“分地摸索”、如火如荼的试验期，亟待我们碰撞实践、反复提升认识，进而指导实践。

总体而言，检察提前介入，实质发挥作用，乃至构建“以证据为核心的指控体系”，其以一系列新理念乃至“捕诉合一”等改革为契机，旨在使“证据裁判主义”背景下的刑事指控能力、监督能力同步提升，是一种积极有为的路径。如何利用好这个“制度红利”，以前置形塑证据而非一味地后置审查过滤，成为重大课题之一。

（二）应重读检察——司法的前置介入

有了“监督就是办案”以及“多赢共赢理念”，乃至“捕诉合一”制，或为理念支持，或为制度保障，“检警协同”这个理念也逐步兴起。实务界和理论界一时间激烈呼吁检察（或公诉）审前主导，或重构“证据为核心”的侦诉关系；也有提议强化审前检察监督和指引作用，逐步“建立专业化检察主导工作模式”的声音，等等②。毋庸置疑，这是当前司法体制下，最高检寻求出的“审前刑事司法最大公约数”的解释和演绎，目标是统合侦查机关侦查、检察院起诉，以一种“大控方”的视角来应对新形势下“证据裁判主义”对审前程序的倒逼。同时，这种思路也借

---

① 张栎：《从文本中看到的“捕诉合一”》，大风号网：http://wemedia.ifeng.com/73285275/wemedia.shtml，访问日期：2018 年 8 月 18 日。

② 陶建军：《公诉指导性刑事指控体系的构建》，载《人民检察》2017 年第 19 期；周寅行：《“检警一体化”思路下的诉前主导制度之完善》，载《中国检察官》2018 年第 2 期；狄小华：《建立以审判为中心的“多导”检警关系》，载《人民检察》2017 年第 9 期；樊崇义、李思远：《以审判为中心背景下的诉审、诉侦、诉辩关系刍议》，载《人民检察》2015 年第 17 期；黄翀：《以审判为中心的刑事侦诉关系的反思与重构》，载《东方法学》2017 年第 4 期；程凡卿：《以审判为中心视角下的侦诉与审判关系研究》，载《法学杂志》2018 年第 1 期；等等。

鉴了欧陆国家,尤其是德国刑事司法体制,将“检察领导侦查、指导侦查”(如德国《刑事诉讼法》第163条规定,警察只担负辅助检察院的责任)作为一种“终极理想蓝图”,尤其是在强调“指控本位”的思维之下①。从革除“侦查中心主义”弊病角度看,这种思路有其合理和进步之处。

但是,这种理念定位,认为审前部分应由“控诉机关”检察院发挥一定的作用,这种论调有将检察机关在刑诉程序中的地位一定程度上边缘化、附随化的倾向。换言之,当前理念定位层面,仅仅局限于“控诉机关”“控诉能力”这样的概念是德不配位的,这也必将审前阶段检察权重构、检察工作完善解释为“审判职能扩张和强化的延伸”“审判中心和证据裁判的倒逼”,而没有将审前阶段检察工作改革和检察权优化作独立价值的解释。笔者认为,变被动为主动,化附随为主导,应该是新时代下检察理念的应有思路——厘清检察审前推动证据形塑、审前司法审查监督、助力庭审实质化这三个角色,进一步“点破”审前检察工作的“司法性质”(及其“司法指导引导、司法审查”的具体功能定位),有着重要的实践指导价值。这也符合我国刑事司法体制下,检察对侦查强化制约,乃至担当审前“司法官”角色以推动审前“诉讼化”的大趋势。② 一言以蔽之,中国检察官的“司法性质”在世界范围内是较强的,以“司法定位”来指导刑事证据形塑,才能使接下来的一系列规划化被动为主动。

## 二、刑事取证的现状、因素与理论反思

### (一)检警协同——当前停留在“形式层面”

检警协同,是检察在“证据形塑”中增强作为,体现出“有理、有利、有节”的实践理性的智慧,又不失“护法者”身份的进路。基本的制度条件是“捕诉合一”及“检察提前介入”。据笔者调研,各地出现了很多“红头文件”试图构建“检察提前介入”的机制,但在实践中,当前“实践层面的制度”仅仅停留在“形式层面”,达到了检侦后续的冲突减少的功能;而“实质效果”,尤其对于证据形塑,则更多依赖于检察官的个人能力、检警私人关系、具体情形等非文本的实践因素。因此,侦查阶段检察官提前介入,其只是一种机制构建的意向,还远远谈不上成熟的制度实践。

① [德]克劳斯·罗科信:《刑事诉讼法》,吴丽琪译,法律出版社2003年版,第63、69页。

② 宋英辉等:《刑事诉讼原理》,北京大学出版社2014年版,第181页。

为加强检警协同，以及检察机关意图在审前建构的“证据核心的指控体系”，我们应对检察机关对审前取证、调查进行控制的理想，与“尾大不掉”的侦查中心格局乃至背后的职权配置的现实，进行综合考量；同时，应反思“监督制约者不能参与侦查”等逻辑教条，真正思索、回应审前亟待融入证据思维的“现实需求”。比如，某些学者认为，检察公诉与监督并存的“矛盾性”难以调和。但是，实践中，多国检察官承担司法职能（或者一定裁量处分权），且持续发挥有益效用，说明这是符合“实践理性”的，[①]而相关的理论系统反思应该贯穿整个研究过程。进而言之，我们应将未来可能的广领域、深层次的监督制约、指导引导，与当前职权力量、基础保障等不利因素进行综合规划。

换言之，如何从“文本性制度”逐步变为“实践性制度”，将“形式层面”的作用扩展到真正的“实质作用”——证据的形塑，是当前理论必须厘清、实践必须规划的重要问题。与此同时，明确现实的发展方向和综合分析有利、不利因素，也成为当务之急。

### （二）四种因素——取证之力是“重要制约”

刑事案件的核心是证据，而证据问题的源头在侦查取证，对此方面制约因素的分析，应当力图做到模型化、确定化。在此，笔者总结四个因素，并且这四个因素在后文中将反复出现，对全文亦有重要的指导价值。笔者结合对上海市虹口区检察院、公安“电子证据的取证、审查工作”的调研，总结侦查取证乃至整个审前程序的证据问题的“症结”所在（在上海存在，在其他地域，问题只会更明显），归纳了四个重要因素：其一，笔者总结为“规范专业性”问题，即侦查取证外部的制约因素——证据裁判、司法形式理性、法律真实要求、证据体系和标准，这点应主要由检察助力提升（司法角色提前介入）；其二，总结为“实践专业性”，即侦查自身的客观因素障碍，如经费装备、机制衔接、人员组织等——对此，除主要依靠侦查自身，应该由多方（包括检察）合力进行协调、提升、衔接，将其强化；其三，当前的证据类型、证明机制（事实认定）滞后，如可采性、证据相关程序、推定适用问题等方面，或许可以针对新形势做出一点调整；其四，“超越体制”的需求，这也是现代社会必须强调的，尤其是在互联网环境下——责任的多边性、力量的整合意识、衔接意识，将为侦查取证乃至后续审查证据减轻压力、提高质效。

---

① 陈瑞华：《看得见的正义》，北京大学出版社 2013 年版，第 120 页；宋英辉等：《外国刑事诉讼法》，北京大学出版社 2011 年版，第 156～165、192 页之后。

（三）两种反思——综述理论的“故步自封”

对于以上问题，从方法论上看，理论并未立足实践层面进行深入考察和规划。我们有理由关注“如何增强侦查取证、检察介入的保障问题”（之后还会论及），而非一味地谈规范和限制问题。其实，两者是对立统一的。具体而言，以网络犯罪证据取证、审查为例。虽然两高、公安部联合发布了《关于办理刑事案件收集提取和审查判断电子数据若干问题的规定》和《关于办理网络犯罪案件适用刑事诉讼程序若干问题的意见》，而公安部也早已颁布《计算机犯罪现场勘验与电子证据检查规则》，但实践中的千奇百怪、因素复杂多样绝非“文本性制度”可以一劳永逸加以涵盖和解决的。纯粹理想化、规范性的分析，存在以下现象。

当起草立法的学者还在“理想状态中”论证电子证据具有“系统性、稳定性”，乃至一系列可采性、相关性“增强”问题时，[①]一线办案侦查、检察人员却在“现实实践中”困于办案时间压力、经费装备不足、第三方配合不力乃至衔接机制不畅等问题，相伴而生的还有证据“碎片性、脆弱性”。而当研究者还在“大笔一挥”谈按照比较视野中的“比例原则”限制、规范电子取证，[②]或是关注电子证据取证维度的合法性、真实性、相关性细化规制时，[③]办案人员在现实制约重重的情况下，却普遍认为“现有的规定太理想化了……不是规定有待完善而是要求太高……如果严格依照这个规定，没几个能认定”。无独有偶，对于有关客观证据认定事实的机制，在理论界（国内外）存在限制推定，尤其要警惕“事实推定”，可能对推论等证明机制侵蚀的论调“此起彼伏”时，[④]实务界或者务实的研究者，却对运用客观证据体系，以“事实推定”来认定事实持“乐观态度”，他们往往认为这是扭转“口供中心主义”、“言词证据中心”、不合理的认知证明思维（印证认知和证明的

---

① 何家弘主编：《刑事诉讼中科学证据的审查规则与采信标准》，中国人民公安大学出版社2014年版，第168～172、176～190页。

② 裴炜：《比例原则视域下电子侦查取证程序性规则构建》，载《环球法律评论》2017年第1期。

③ 刘铭：《〈刑事电子数据规定〉侦查取证维度的分析》，载《中国刑警学院学报》2017年第2期。

④ 龙宗智：《证据法的理念、制度与方法》，法律出版社2008年版，第298～309页；Michael.H.Graham，Federal Rules of Evidence，Copyright@West Group，610 Opperman Drive. pp.52-53；陈瑞华：《论刑事法中的推定》，载《法学》2015年第5期；等等。

依赖等)的"一剂良药"。[①]

笔者在此不再赘述,但这种状态却是值得反思的。其一,实践论的反思。如果我们还承认法学的特征在于世俗性、使命在于实践性,按照波斯纳的话说,"法学是一种实践理性",甚至是亚里士多德所述的"技艺知识",[②]那么,从实用主义角度着力强化"四个因素"而非空谈理想状态,确实是我们应当注意的。其二,矛盾论的反思。只有保障好侦查、检察的取证和审查的客观条件,完善好相应的组织体制(专业化、一体化),做好经费、装备乃至人力的优化,同时做好相应证据制度的调整和机制衔接的改进,才能保障"纸面制度"的要求和标准逐步实现。

综上所述,我们应该关注实践障碍的分析,也应看到规范要求背后的"实践因素",以检察视角来规划克服刑事取证缺陷的"务实路径"。

(四)三个方面——工作完善的"实践系统"

根据《宪法》第129条、《人民检察院组织法》第1条,"法律监督"贯穿所有工作,但这样的定位对实践意义不大。而监察委设立后,检察院剩下检察监督和诉讼两项主要职能,何者为主、何者为次,似乎可以讨论。当前学界存在着对检察权行政性的定性,并将控诉职能作为其核心要义,预测"监督职能将逐步淡化,诉讼职能应加强"(认为既监督又诉讼不符合逻辑);[③]也有人将其定位为"司法权"并对其实践中的司法性进行解读;[④]当然,还有从务实角度将其"法律监督机关"的"客观义务"与"控诉职责"作综合分析的论调,认为"客观义务"是"控诉职责"(证明责任)的上位范畴,而控诉职责的要求中应包含客观、真实和维护公正。[⑤]但是,实践中情况则是异彩纷呈、难以归类的,概念化的分类努力,与其"义理之辩",不如抓住实践。

---

① 刘建中、蒋和平:《审判中心视野下"零口供案件"侦查取证问题研究》,载《中国刑警学院学报》2017年第1期;牟静雯:《侦查阶段客观性证据收集工作研究》,载《公安学刊》2017年第3期;蒋和平:《"零口供"案件侦查取证技巧》,载《现代世界警察》2017年第6期;等等。

② 苏力:《制度是如何形成的》,北京大学出版社2007年版,第159页;法律的实践理性特征、工具主义、实用主义特征,又见[美]波斯纳:《法律学问题》,苏力译,中国政法大学出版社2002年版,第90~100、133~137页;关于"印证认知和证明"模式,最早由龙宗智教授提出,参见龙宗智:《印证与自由心证——我国刑事诉讼证明模式》,载《法学研究》2004年第2期。

③ 陈瑞华:《司法体制改革导论》,法律出版社2018年版,第36~45、103~105页。

④ 陈光中:《论检察》,中国检察出版社2013年版,第14~22页。

⑤ 龙宗智:《证据法的理念、制度与方法》,法律出版社2008年版,第264~274页。

笔者认为,其实可以将审前检察实务划分为三。这三个方面是:审前司法审查监督、审前司法引导指导、审前助力证据裁判。解决之前所述"四个因素"和统筹此处工作的"三个方面",是一枚硬币的两面。"磨刀不误砍柴工",做好保障、创造条件,才能够推进工作。同时,关于这三个方面的侧重点:首先,司法审查监督其实是重"程序监督制约",表现为审查逮捕、羁押必要性审查、侦查行为监督等工作;其次,司法引导指导,是重证据的审查和形塑,表现为提前介入侦查、补充侦查等工作;最后,助力证据裁判,比较复杂,在证据审查过滤、形塑,在案件的分流(如认罪认罚从宽)乃至审查逮捕、审查起诉、准备公诉等环节,都有这个功能。"监督就是办案,办案为核心",将三者关系作了最好的诠释。

其实,三者在实践中是矛盾但密不可分的。而提升"办案质效",既包含"程序保障提升",又包括证据标准提高,更丰富的内涵使其成为主要矛盾,也当然就是重点努力的方向。但其又离不开前文所讲的"四个因素""两种反思"。一言以蔽之,证据形塑与侦查审查监督,在实践中是你中有我,我中有你,不可分开讨论。刑事证据形塑,因其以前置性为核心,故在监督、制约和引导的语境中综合规划,更符合实践理性。

## 三、检察视角的进路与模型——不破不立

### (一)为何侦查中心——案例引入

检察审前形塑证据,应当逐步摆脱柔性、被动、后置的局面,而只有在看到传统办案取证模式存在的问题,并且积极推动其改变和发展的基础上,才能有效介入,从而达到前文所讲的"实质介入层面"。在此,笔者拟分析三个近来纠正的刑事错案(详见表1)。

案例一:陈灼昊案。基本案情:陈灼昊与死者张璐璐是男女友关系(后称"陈""张"),因为琐事争吵而陈将张掐住脖子机械性窒息死亡,而后,陈在案发现场(张的住处)用其手机给自己手机发了个短信,再将手机卡、张的钱包等带走,把手机卡丢弃。之后,张被公安机关抓获,2012年广州中院判处其死缓,上诉后,高院撤销原判发回。最后,2015年,广东省高院终审判决无罪。主要证据及其问题:5次口供中4次因为合法性、真实性存疑被排除,物证陈的手机来源不明被排除,现场勘查笔录未确认死亡时间,事后鉴定不可采被排除,其他物证如

现场指纹缺乏关联性,指认笔录证明力不高(在张的住处,属于熟地)。[①]

案例二:缪新华案。基本案情:缪新华与被害人杨某为男女友关系(后称"缪""杨"),因为某些事在缪住处争吵后,杨被缪扼住喉咙窒息死亡,缪父亲与兄弟共 4 人或为协助或为见证,将杨分尸后用农用车运至县郊抛尸、抛物。后几人被公安机关抓获,2003 年福建高院终审判处缪死缓,其余有期徒刑,2017 年福建高院再审判决无罪。主要证据及其问题:5 人口供因为相互矛盾,且与其他证据有矛盾,真实性、合法性存疑被排除,现场勘查笔录未确认死亡时间、死亡原因,后续也未有效鉴定死亡时间;关于死者 DNA(线粒体)鉴定不具备可采性(线粒体一般不能同一认定),鉴定意见相互矛盾且结论不唯一,物证死者毛发等来源和真实性存疑。[②]

案例三:卢荣新案。基本案情:卢荣新一日在田间干农活时将荒野另一女子邓某强奸,在挣扎之时将其掐死,又用随身锄头挖地将邓某掩埋,后在家中被公安机关抓获。2014 年云南西双版纳中院判处其死缓,2015 年云南高院撤销原判发回重审,同年年底中院再次判处其死缓,2017 年高院二审判决无罪。主要证据及其问题:卢荣新口供因为同提讯登记时间、地点以及录音录像存在不能解释的矛盾与疑问,被排除;指认的过程不合规(押认而非指认);锄头上卢荣新的 DNA 血迹鉴定检材来源存疑被排除(二次鉴定否认一次鉴定);其他证据不具强证明力。[③]

值得欣慰的是,这三件近年纠错的刑事案件,纠错本身不再局限于令人啼笑皆非的"亡者归来""真凶再现",而是法院系统尤其是上级法院主动行使了全面审查,对存在问题的证据进行审查排除,也对证据的体系性标准、事实认定机制进行严格把关。[④] 这表明,确实"以审判为中心"和"证据裁判"的要求,有从"文本性制度"转变为实践制度的可能和趋势。但不容讳言,相较于审判阶段,审前程序尤其是刑事侦查取证,依然没有大的改观(至少从这三个案件看)。因此,在当今审判标准已然提升的背景下,检察介入以实现监督、见证侦查行为,同时引

① 陈灼昊案,参见《广东省高级人民法院刑事附带民事判决书》[(2014)粤高法刑一终字第 351 号]。

② 缪新华案,参见《福建省高级人民法院刑事附带民事判决书》[(2017)闽刑再 4 号]。

③ 卢荣新案,参见《云南省高级人民法院刑事附带民事判决书》[(2016)云刑终第 262 号]。

④ 姜保忠:《正本清源:刑事错案的概念展开——以"于英生案"为样本的分析》,载《贵州社会科学》2017 年第 4 期。

导侦查取证，逐步实现模式的重构、理念模型的重读，显得刻不容缓。笔者将从侦查的传统办案模式及其实践环境开始进行深入和全面的分析，再对应然的、同传统对应的模型进行同步构建。最终目的是明确检察为主导的证据形塑的框架性理念。

**表 1 简析三案证据与取证问题**

| | 口供 | 现场勘查笔录 | 鉴定意见 | 其他物证 | 核心证据 | 证据结构 | 纠错缘由 | 其他问题 |
|---|---|---|---|---|---|---|---|---|
| 陈灼昊案 | 5次供述除一次非实质的其余均排除 | 现场勘查时没有勘验确认死亡时间，事后鉴定也归于无效 | 事后补充鉴定未采纳 | 现场嫌疑人指印关联性不够，且对第三人指印缺乏警惕 | 口供 | 口供为中心的单核心结构（口供排除结构坍塌） | 二审（包发回重审） | |
| 缪新华案 | 5人口供存在矛盾之处，口供与其他证据也存在矛盾 | 现场勘查未确认死亡时间、死亡原因 | 鉴定意见存在技术问题且自相矛盾 | 所谓被害人毛发来源不明 | 口供和鉴定意见 | 口供+科学证据为核心、分数式 | 再审（主动） | 存在诸多情理矛盾 |
| 卢荣新案 | 口供与提讯登记、录音录像等存在矛盾 | 现场勘查取证随意，且取证来源存疑 | 鉴定检材来源不明 | 缺乏 | 口供和鉴定意见 | 口供+科学证据为核心，单一式 | 二审（包发回重申） | |

对上述三案朴素的感觉是：基本的问题形式都是雷同的——同样的口供中心主义，同样的口供真实性、合法性存疑，相似的鉴定意见问题，相似的物证等客观证据来源不清、鉴真不力；同时，犯罪现场勘查以及附带的取证、鉴定过程存在随意性、主观性，甚至忽略关键证据。更有甚者，往往一个证据被排除则会撼动整个证据体系，如有学者总结的“不稳定的证据结构”①……更深层次的疑问是：取证本身作为侦查的“组织行为”，其体现了什么整体的倾向和特征？这些倾向

① 卢静文：《侦查取证工作规范化的本土路径研究——以“卢荣新案”为切入点》，载《证据科学》2018年第2期。

及特征背后说明了什么？而明确究竟存在什么侦查组织的内在偏好与证据思维（规范专业性）的矛盾，这是更为重要的。正如组织行为学研究表明，“偏好与冲突”演化出了双趋、双避、趋避、多重趋避冲突，形成了行为决策的主要考察因素。[①] 我们必须首先分析“取证偏好”。

（二）为何侦查中心——认识传统的取证模型

总结基本取证偏好。其一，对于现场勘查这类客观证据取证、鉴定检材固定的过程较为随意，从以上三案未确认死亡时间、死亡原因、鉴定检材来源存疑等，就可见一斑。其二，忽视物证收集且本身瑕疵众多，上面三案被害人毛发、手机等物证均存在以来源不明为主的程序瑕疵，这也与传统侦查学与侦查实务重“摸底排队”和讯问技巧等“由人到事”的机制，轻现场勘查与物证搜集倾向密不可分。[②] 其三，近来对科学证据显现出“盲目迷信”，从三案均有问题的鉴定意见可以看出。[③] 但是，科学技术鉴定常出现技术偏差、检材不清和鉴定自相矛盾，乃至与其他证据矛盾等问题。而从国际视野看，这种“科学证据崇拜”早已随着DNA分型、弹头残留等复杂的科学证据问题的显现成为“过去式”。[④] 其四，对口供等主观证据会“做足功课”，整个证据体系的核心多为口供，而且也往往试图构建一种围绕口供的“印证认知、证明”体系；在证据规则中，主要体现为“补强证据规则”（对口供）[⑤]，即通过证据数量来保障案件真实，提升办案质量要求（在证据体系上，则会呈现口供中心式的分散结构）。然而，包括我国的世界范围内，刑事言词证据问题频出（尤其是口供），在言词证据衰落的大背景下，是否应重构取

① 边一民等编著：《组织行为学》，浙江大学出版社1998年版，第43～44页。

② 杨宗辉主编：《刑事案件侦查实务》，中国检察出版社2011年版；杨正鸣、倪铁主编：《侦查学》，复旦大学出版社2015年第2版；毕惜茜主编：《侦查讯问学》，中国人民公安大学出版社2013年版；等等。

③ 从三案的取证中看，除了以口供为中心，且在口供上做足了功课（并积极调动其他证据来印证），还可以看出对“鉴定意见”的高度依赖，尤其是DNA这类可以做所谓“同一认定”的鉴定，但是，在取证、固定、移送、保存和综合鉴真上，乃至相关技术细节上，却是粗枝大叶，甚至表现得相当随意。

④ ［美］罗杰·帕克等：《证据法学反思：跨学科视角的转型》，吴洪淇译，中国政法大学出版社2015年版，第58～63页。

⑤ 李建明：《刑事证据相互印证的合理性及其限度》，载《法学研究》2005年第6期。

证、证明、认知模式呢?[①]

分析侦查办案模式。有悖于"证据裁判"的取证偏好,也是有其实践冲突和现实原因的。换言之,刑事侦查取证当今的偏好,是因实践环境和组织制度等"现实因素"与证据裁判冲突而产生的。

笔者认为,现有的侦查办案模式是"破案调查附带取证",而与之相伴而生的是强行政化,甚至是"准军事化"的公安组织形式和领导方式;具体而言,其组织领导制度为"条块结合,以块为主"的强行政式。实践环境则是需要及时应对办案任务,迅速调查线索、分析案情、划定侦查方向、确立侦查范围,从而制定侦查计划,旨在最快地清楚案件事实、查获嫌疑人。[②] 相比而言,及时发现证据和规范地固定证据、移送证据,则是整个过程的"副产品"(捷径则是口供、鉴定)。最后,明显的制度特征则是"侦查中心主义"的刑事诉讼纵向构造和线性的程序特征;明显的证据结构则是以口供等言词证据为中心,伴随分散式的结构。总而言之,取证偏好不符合"证据裁判"要求,但因为实践环境、组织体制,又何以难于依靠公安自查、纠正?

一言以蔽之,笔者认为,提升取证标准、形塑证据体系,与公安机关组织形式、实践环境、制度条件存在"先天矛盾",这不是《刑事诉讼法》第 53 条、《公安机关办理刑事案件程序规定》第 66 条这两条风度翩翩、轻描淡写的"证据标准"(乃至相关规则的细化,如《非法证据排除规则》)能够轻易解决的。检察提前介入,将"破案调查附带取证"模式转变为"取证形塑证据兼破案"模式,成为既提升效率又有利于形塑证据的选项。相比而言,前置引导取证优先而非依赖后置审查,是主要思路。[③]

### (三)如何"形塑证据"——转向合理的取证模型

形塑证据,主要强调前置取证的引导、规制,而非依赖后置证据的审查、过

① 张栋:《中国刑事证据制度体系的优化》,载《中国社会科学》2015 年第 7 期;美国"传闻证据规则"这个言词证据的铁法则出现越来越多的例外,其程序功能式微,就是个例子,参见 Jack B. Weinstein, Probative Force of Hearsay, *Iowa Law Review*, Vol.46, no.2(Winter 1961), pp.331, 336.

② 张萍:《谈公安办案中的细节问题》,载《武汉公安干部学院学报》2014 年第 4 期。

③ 调研中,很多检察官表示,检察提前介入的"形式层面"功能,有利于减少后续异议,这也表明,符合侦查、检察共同利益的大趋势,是前置引导和形塑证据,而非后置的审查过滤、排除。

滤。这也是全文的理论核心。正如某些学者结合实践做出的精辟的分析——“证据形塑应当优先于排除”“重要的诉讼行为尽早确认”“排除规则和传闻规则逐步式微,前置规则和物证中心才是趋势”。[①] 当然,尽量在收集时实现取证偏好的纠正、取证规范的引导、证据体系的塑造以及办案组织的重构等,也是“检警协同”的理想目标。

笔者本文超脱了“证据审查过滤”(后置的)的框架,而将证据形塑(前置的)及其“取证模型”的转变作为重头戏,此缘由何在?其实,“审查过滤机制”的声音主要出自实务界,但是无论是对于真实发现还是人权保障,似乎后置的规则也好审查机制也罢,在现存司法实践中,都逐渐令人感到“食之无味,弃之可惜”。同时,实务界已经出现了大量的“检察提前介入”,地方也在大量推行的前置听证试点,[②]刑事诉讼的程序中心有“诉讼化前移”的趋势。此时似乎颇有“乱花渐欲迷人眼”的凌乱感。那么,“放眼看世界”(后置过滤、排除规则的适用究竟如何)似乎是有必要的:其一,言词证据作用减弱,如美国传闻规则的式微已经是明显的趋势,这使得后置的言词证据审查与排除的正当性、合理性减弱;[③]其二,非法证据排除规则的适用在大量减少(我国《排非规则》颁布后适用率也很低),在美国尤其显现出“日薄西山”的态势。

综合国内改革、国外趋势,司法实践中都发现了后置证据排除、过滤操作的“先天缺陷”,西方国家已率先在司法实践中做出调整;相应的,我国也应结合“检察前置引导”“检警协同”做好规划。接下来,变革的理论模型应当建立起来,以作为指导实践的坐标。

从理想模型二分法角度,我国可以由此七个维度来划分传统取证模型、证据形塑模型两种新、旧理论框架,为检察审前形塑证据工作提供新思路、新理论。这也是模型的七大维度。(见表 2)其一,“侦查模式”是当前司法体制下,长期侦查实践所形成的固定模式,正如前文所述,可以基本分为传统的“破案调查附带

① 张栋:《中国刑事证据制度体系的优化》,载《中国社会科学》2015 年第 7 期。张栋教授主要是从“前置证据规则”角度提出了前置化形塑证据的思路,而笔者本文从检察、侦查实务的角度进行规划,也是对此理念的继承和发展。

② 张昌明:《对审听证:检察行为司法化的路径选择——兼论不起诉公开审查机制的构建》,载《上海政法学院学报》2014 年第 4 期。

③ 约翰·W.斯特龙主编:《麦考密克论证据》(第五版),汤维建等译,中国政法大学出版社 2004 年版,第 486～489、501～504 页。

取证”模式和证据形塑的“取证形塑证据兼破案”两种。其二,“证据偏好”是侦查模式所必定伴随的特征,而不同的侦查模式、目的所对应的侦查取证行为当然是不同的,证据偏好则是集中反映;就现今而言,其可以分为传统的“口供等主观证据中心”与新型的“物证等客观证据中心”两种。同时,因侦查行为本身就与取证密不可分,因而“侦查行为偏好”则好似证据偏好的孪生姐妹,可以暂且划分为“现场勘查中心”与“言词讯问(询问)中心”两种。其三,“诉讼真实观”可分为法律真实、客观真实两大类。① 但笔者认为,两大分歧并非每个案件都会出现,只有疑难案件才会呈现客观真实观(指代侦查认知)与法律真实观(指代证据裁判)之间的矛盾。其四,“认知和证明模式”(认知对于审前而言,证明一般对庭审而言),是以上一系列共同作用的结果;借用相关学者的概念整理,②我们暂且将其分为传统的“印证证明认知模式”与证据裁判兼容的,同时也是理想的,“情理推断模式”。其五,实体认知的顺序,包括侦查侧重的顺序“从主观到客观”(传统),以及新型证据裁判的“从客观到主观”(新型证据形塑),也是应当注意的维度。其六,物质性保障及实践环境,是一切变革的基本因素,很难想象,在经费紧缺、装备落后、人员不齐、技术匮乏乃至组织松散的情形下,检察介入能对取证产生什么实质的提升;为方便讨论,我们姑且将其称为“传统侦查保障”和“专业化现代保障”。当然,如何逐步增强组织、技术装备等方面的保障,留待后述。

**表 2　两大刑事侦查取证模型**

| | 侦查模式 | 证据偏好 | 侦查行为偏好 | 诉讼真实观(疑难时) | 认知与证明模式 | 实体认知顺序 | 物质性保障 |
|---|---|---|---|---|---|---|---|
| 传统取证模型 | 破案调查附带取证模式 | 口供等主观证据中心 | 现场勘查中心 | 客观真实观念 | 偏印证证明认知模式 | 从主观到客观 | 传统侦查保障 |
| 新型证据形塑模型 | 取证形塑证据兼破案模式 | 物证等客观证据中心 | 言词讯问(询问)中心 | 法律真实观 | 偏情理推断证明模式 | 从客观到主观 | 专业化现代保障 |

① 陈光中教授总结法律真实、客观真实的分歧,认为两者不可分割,其关系是对立统一的,且认为两者均有缺陷,故不可偏废;笔者在此的划分并非是说倾向哪一方,而是从侦查思维、审判思维两种范畴分别指涉两种观念,以方便进行讨论。参见陈光中:《论检察》,中国检察出版社 2013 年版,第 193～211 页。

② 情理推断和印证证明,参见赵俊甫:《刑事推定研究》,吉林大学 2008 年博士学位论文,第 64 页后。

“不经意处是风波”，笔者在分析案例和实践环境时，自然而然就归纳总结出两大模型。笔者认为，在刑事审前程序中，检察官以这两种模型的转变作为理念导向，逐步推进前置性“形塑证据”（而非后置审查）的强化和实现，是重要使命——即应从七个方面下功夫引导、制约、协调和巩固，以从“传统取证模型”转化到“新型证据形塑模型”作为基本理论、实践方向。但由于实践的复杂，切不可将笔者两个模型构建作机械性、绝对化理解（认为此七方面都是一一对应）。

## 四、证据形塑模型转变的检察路径

提炼于刑事侦查实践的取证理念模型，我们需要进入审前检察介入侦查、形塑证据的新实践才能自我检验、自我发展，故应结合前文所述的“四个因素”（尤其是其中的“两个专业性”），推动检察前置介入从“形式层面”向“实质层面”转变。同时，我们在思路上要将证据形塑、侦查审查监督、助力证据裁判三个工作维度统一起来。

### （一）证据形塑的完善——综述与方向

取证规范专业性，是“证据裁判主义”语境的产物，而所谓的“规范”则是指证据规则、证明责任乃至法官的心证等对侦查取证的要求和制约。最经典的表述则是韦伯的“自动售货机”理论，应当投入法院这个“自动售货机”的应是符合“法律规范”的请求和证据体系、认知方式。① 这个意义上看，传统的刑事侦查取证规范专业性不强。正如前文所述，公安的组织形式、实践环境、知识结构等，必然与证据规范、证据思维存在“先天抵牾”，不是几个单纯针对证据的规定就可以扭转的——从唯物观点来看，规则、原则本身必须反映和回应实践，才能发挥作用，不规范的侦查不是将其纳入“规范的”规则就能解决的；②从工作目标和性质看，侦查机关“上令下从、相互隶属、武装性质、治安维护和刑事侦查职能”的实践环

① Max Weber, On Law in Economy and Society, ed. by Max Rheinstein, trans. by Edward Shils and Max Rheinstein, Harvard University Press, 1954, p.354.

② 恩格斯:《反杜林论》，载《马克思恩格斯选集》第3卷，人民出版社1994年版，第381页；我国关于证据标准的规则规范已经很多，如《刑事诉讼法》第66条、《公安部规定》第53条、《排除非法证据规定》（新旧均有），以及各地规定；然而，“徒法不足以自行”，没有推动者和利益触动、环境组织变革，其收效颇微弱，从前文所述适用率极低的“排非规则”就可见一斑。

境,[①]决定了其对证据不具备主动形塑的能力、意识;从域外参考看,即使在大陆法系这种检察官、预审法官主导的侦查模式中,侦查中心及其证据可靠性问题依然显著,[②]更不用指望侦查独大时能实现纠偏;从事后审查过滤角度看,如果取证"规范专业性"欠缺,后置证据的审查、过滤将面临一系列障碍,某些甚至是先天无解的。

如果意识到并承认这点,检察介入形塑证据,仅仅停留在"形式层面介入"是没有意义的。相反,前期介入若没有达到"形塑证据"的效果,而后续审查又因之前介入的"形式"而不再提异议,这种"形式上的前置介入"反倒可能令原本不规范的侦查及其证据体系"雪上加霜"。如何实现"实质形塑证据"呢?关于此,首先,从侦查取证行为角度看。有人提议转变"由供到证"的侦查思路,有的建议创建物证书证等保管设施、管理机制,亦有从侦查专业化、一体化角度建言的;同时,强调坐实过程以证明取证合法性,完善物证取证规范性和移送过程,以及加强讯问、录音、录像等"老生常谈"更是层出不穷;当然,还有从"精密司法"角度谈精进书面、笔录证据以应对"瑕疵证据规则"的论调。

其次,从侦查机制角度看。有从实体要件事实取证、认定和证明"由客观到主观"思维进行建言的,也有从实务角度谈"复兴侦查预审制度"以加强证据把关的声音。[③] 当然,从宏观制度结构角度,也有学者建议完善术语,并且使审查标准合理化,加强审查的程序保障,并提出分离证据准入、证明力评估两者的完善进路。[④] 而与此同时,实务界的声音,则多从办案辅助系统(大数据、人工智能)的作用发挥及其优化上提建议,也有提议将后置审查高度技术性、步骤化和程式化,也有人试图从科学证据乃至口供这类"常规核心"的强化和审查中,试图寻求解决证据问题的"灵丹妙药"。对此,笔者不再赘述。

但是,以上无论是从侦查偏好还是证据的程序保障,或者是机制完善,抑或是实体上认知顺序、程序上细化严谨、制度结构上重构的思路,甚至是利用科学技术上的辅助系统、经验技术上的取证方式,其实,都存在或多或少的以下不足:

---

① 陈瑞华:《司法体制改革导论》,法律出版社 2018 年版,第 34、35 页。

② 杰奎琳·霍奇森:《法国刑事司法——侦查与起诉的比较研究》,张小玲等译,中国政法大学出版社 2012 年版,第 350 页。

③ 揭萍:《犯罪构成视野下的侦查取证新论》,载《现代法学》2017 年第 5 期;黄翀:《以审判为中心的刑事侦诉关系的反思与重构》,载《东方法学》2017 年第 4 期。

④ 吴洪淇:《刑事证据审查的基本制度结构》,载《中国法学》2017 年第 6 期。

其一,缺乏综合性的方案,未形成理念的、实践的全面模型和方案,呈现“头痛医头,脚痛医脚”的缺陷;其二,未从取证中侦查人员的特殊实践特点、知识结构上来考察,最终希望的实现多只能依赖侦查人员的自觉;其三,没有放在“检警协同,检察前置引导”的变革大背景下来规划,对于检察如何发挥其长而与侦查相辅相成,缺乏思考;其四,多忽略了变革和纠偏所需要的物质保障、机制完善、组织优化等基础性条件。综上所述,我们应结合前述“模型转变”的理论框架,就如何做好证据形塑(前置)做出检察视角的规划;当然,也应考虑到现有的制度基础,协调好“形塑证据”与“证据审查过滤”两方面。

(二)基本环节:助力规范专业性

检察官具备更强的法律素养和法律专业技能,故刑事取证“规范专业性”主要应由其担纲。在我国职权主义基础上(同欧陆以及我国台湾等地),宪法、法律赋予了检察机关监督职能、客观义务,其也同时承担着控诉职能和证明责任;有人认为两种属“鱼和熊掌不可兼得”,但实际上两者属于客观义务居上位,控诉和证明责任居下位的关系;实践中,确实两者也相辅相成。[①] 在职能上,其有监督侦查行为、全面审查过滤证据、传导审判要求和指控义务等综合性职责,尤其在当前“证据裁判”强化、检侦关系重构的大背景下,唯有检察官提前介入侦查取证,并且达到“实质层面介入”,才能真正助力“规范专业性”的提升。

一方面,应做好外在形式、程式的规划和梳理。根据相关实证研究成果,[②] 首先,宜将侦查引导取证的范围进行界定,给出明确的案件类型范围;在此基础上,因地制宜地确立与公安机关联系沟通的原则,注意区分公安邀请介入、检察请求介入两种情形,并巩固好相关信息的沟通衔接机制。其次,明确介入侦查取证的检察官日常事务范围、相应责任、后续考评标准等,如何时旁听公安的讯问,何时见证现场勘查,何时参与实际取证过程,如何提出取证和侦查方向建议,怎么监督和处理侦查行为都需要进行规定和释明(当然,还是因地制宜)。再次,检察介入效力如何、考评激励机制如何展开,也应当进行详细的考察、规划和落实。最后,但并非不重要,检察提前介入的文本性制度,应结合“捕诉合一”改革作出相应调整,并逐步明确监督审查、引导指导取证两方面的区分,在考察具体实行

① 龙宗智:《证据法的理念、制度与方法》,法律出版社 2008 年版,第 64~74 页。

② 戴萍、赵靖:《重大疑难案件侦查机关听取检察机关意见制度研究》,载《中国检察官》2017 年第 12 期;这是以某市 B 区检察院侦查监督环节为样本的研究。

情况之后,固定到文本性制度中,当然,也应当逐步赋予检察官介入时更大的职权、行为保障。

另一方面,应推进内在内容的认识和释明。有心的读者或许已经发现:现有工作规定以及方案规划,仅仅局限在理念、程序等程式化的事情上,而关于“引导证据形塑”的实质内容,则似乎留给实务人员自己“摸索”;但“粗枝大叶”对减少补充侦查、审查过滤等浪费资源、降低效率的事务(也不符合“共赢理念”)没有帮助。

笔者认为,以下要点应当给予强调和说明,待实践经验丰富、时机成熟时形成某些文本性制度。其一,检察官应强调纠正“口供等言词证据中心”的倾向,并针对案件本身给出符合“证据裁判”审查判断要求的“客观证据为核心”的综合取证方案。① 其二,应当重视引导侦查人员进行规范、细致、全面的“犯罪现场勘查”。实际上,当前中国侦查的现场勘查重视程度、规范性,与西方国家(美国为代表)还有较大差距。② 其三,做到重要案件商议参与、重要物证提取见证、重要措施的见证和引导,逐步纠正不重视现场勘查取证、取证随意且不规范、初验时未符合尽量穷尽原则等问题(及其导致的物证鉴真不力、来源不清等问题)。其实,当前我国刑事科学技术水平正在提升,物质差距在同西方国家缩小,但证据规则和取证办案模式还比较滞后。③ 其四,在证据体系和认知模式方面,尽量以“物证中心—稳固式而非分散式结构—重情理推断—疑难案件时重法律真实”的理念模型来引导侦查,给侦查人员以具体、合理、全面的取证和证据体系形塑方案。其五,重视科学证据(主要是鉴定意见)必要时之引导、见证和制约;但这往往易被忽视——在世界范围内科学证据标准提升、重构的背景下,④实务不能再

---

① 庄伟、袁祥庆:《侦查取证监督客观标准的构建》,载《人民检察》2017 年第 22 期。

② 美国为代表的国家现场勘查发展状态,参见 Melanie M. Reid, A CSI Story: The Past, Present, and Future of Crime Scene Collection and What Litigators Need to Know, Wake Forest Journal of Law & Policy, 2018(5); Elsevier Ireland Ltd, Forensic expectations: Investigating a crime scene with prior information, Science & Justice, 2016, pp.475-481.

③ 张栋:《中国刑事证据制度体系的优化》,载《中国社会科学》2015 年第 7 期。

④ Elsevier B.V., The international development of forensic science standards—A Review, Forensic Science International, 2008, pp.1-9.

对鉴定意见(尤其是DNA、文检等)等抱有一种“原始狂热的笃信”,[①]应注意其程序规范、技术规范和相关佐证,检察官介入时尤甚。其六,重视主观证据(主要是口供)引导见证,扭转言词中心倾向,使得“合理怀疑+刑讯逼供+非法取证(主要刑讯)”的我国冤案的形成公式失去“土壤”;[②]而检察介入在引导、见证、制约讯问(必要时)或重要询问的基础上,应该注重对“以证印供”、由事到人的办案方式的引导。并且,进一步引导从“主观到客观”的证明和认知以及情理推断式思维,亦是一大实践维度。

总而言之,我们应该同时兼顾程序层面、证据形塑层面两种平行的实践探索,不可偏废。“分散以探索制度,集中以发展制度”才是正确的实践方法论。

(三)辅助环节:衔接实践专业性

在此重申,刑事取证“实践专业性”是笔者观察证据形塑的障碍而提出的,其困境主要来源于物质和机制性因素:技术装备、人力、机制衔接和组织形式等客观条件难以满足实践需求。对此,由于当前检察官不拥有欧陆的主导、辅助侦查权,或类似日本的“双重侦查模式”,[③]因此,本身不进行侦查也就难以在“实践专业性”提升中起到主导作用。况且,在实践专业性上,国内外司法经验都表明检察官与警察有差距(即使在检察主导侦查的法国、德国)。[④] 但笔者认为,在沟通机制、流程衔接和组织整合上,检察官积极同公安对接,可以清除很多现实障碍,使侦查取证更专业、高效。从信息经济学的角度看,信息成本才是决定法律制度有效性的主要因素。

首先,侦查人员如果能够减少与检察官在证据标准、取证引导、信息沟通传导等方面的“信息成本”,则会有更多的精力投入到有效的侦查和取证之中,因此,也就不会由于前期未领会检察官的标准、关键信息未共享、组织协同性差,而

---

① 本文分析的缪新华、陈灼昊、卢荣新三案,都存在鉴定意见依赖(甚至作为核心证据),但同时鉴定意见均存在很大问题,其检材问题、技术规范问题之间的自相矛盾,导致了整个证据体系的崩塌;广泛的司法实践中,情形也大体如此。

② 何家弘、何然:《刑事错案中的证据问题——实证研究与经济分析》,载《政法论坛》2008年第2期。

③ 龙宗智:《取证主体合法性若干问题》,载《法学研究》2007年第3期。

④ [英]杰奎琳·霍奇森:《法国刑事司法——侦查与起诉的比较研究》,中国政法大学出版社2012年版,第197~210页;实践中的法国、德国检察官,由于卷宗办案和脱离侦查,往往起不到太大作用。

在后期再消耗无谓的精力。况且,实践证明,后置性的诸如“补充侦查”等“返工步骤”效果不佳且不符合检侦共同利益;这从波斯纳的“错误耗费”“直接耗费”之法经济学角度看,亦是检察、公安都极力避免的。① 其次,检察机关应“以办案为导向”逐步建立与侦查机关的协作化办案组织(力求扁平化结构);至少应当先期完善同侦查的信息沟通共享机制,以及证据标准动态化传导和沟通机制;也可在检察官实质介入基础上,发展例行性沟通交流机制;最基本层次,则应当做好当前普遍呼吁的“取证标准指引”(主要是文本层面)。

综上所述,要实现对证据进行形塑,乃至学理上、法理上检察官“纠偏纠问式传统,监督侦查行为合法性,维护程序正义与证据裁判”的三重使命,②应该在“共赢理念”指导下,以取证引导制度为基础,以检察提前介入为基本方式,主动同侦查力量增强协作,尤其是做好衔接机制、沟通交流机制的完善;同时,适时和逐步推进新型侦查组织的建设,以形成扁平化、协作化、专业分工化的“检警协同办案工作组织”为理想目标。

在刑事取证组织形式上,为保障以上得到实施,侦查机关应将科学技术力量、人力资源、装备设置等方面的专业化、一体化由“条块结合”中的“条”(垂直)为主进行“主抓建设”;同时,检警共同以“块”(扁平协作)为主构建“办案专业化组织”,即使条和块各放异彩、统筹推进,保障取证模型的革新。

(四)阶段特征:模型转变、审查方式与协同状态

任何制度的发展都需要一个持续的过程,理想目标和现实制约的对立统一,往往使得变革呈现阶段性、反复性,检察视角的证据形塑进路也不例外,但大体上可以先从整体上认识发展的阶段特征,为推进改革做好思想准备。具体而言,在侦查办案模型转变、证据审查方式、检警协同状态三方面,都会存在阶段性特征,并且,三者在一定程度上具有“共变关系”。首先,第一个阶段或将呈现“破案调查附带取证”办案模式、后置审查过滤的证据审查方式、个体化松散型协作状态为主,“取证形塑证据兼破案”模式、前置介入形塑证据的引导方式、组织性固定型协作状态为辅的基本格局。其次,第二个阶段或将出现逐步朝相反(前三者为辅,后三者为主)的格局转变。最后,以检警协同的组织化、稳定化和机制化为

① 陈瑞华:《刑事审判原理论》,北京大学出版社 1997 年版,第 37 页;前文注释朱新武等:《审判中心主义视角下公诉环节退回补充侦查制度的实证考察与完善》。

② 林钰雄:《检察官论》,台湾学林文化事业有限公司 1999 年版,第 14~19 页。

标志，将达到一定历史阶段内的刑事取证理想状态。当然，具体过程可能更加复杂、曲折。

## 五、证据形塑模型转变的综合性实践重点

### （一）关于侦查专业性提升：侦查能力建设

前述已经提到规范专业性增强的详细方案（检察助力），在此主要涉及侦查主导的“实践专业性”建设——即增强前文刑事取证模型中的“物质性保障”。笔者认为，一体化和专业性建设是侦查能力建设的核心。首先，专业性建设中，应增强纵向资源统一和协调机制。虽然《人民检察院刑事诉讼规则（试行）》第361条规定提前介入机制后，北京等地的检察官介入已深入公安派出所，①但是鉴于公安派出所乃至基层刑侦、网侦等专业的、非专业的办案力量，都存在一定程度的技术装备力量不足、人员紧缺、经费不足、人员素质不高等问题；②这一定程度上制约了现场勘查的全面性及其物证搜集能力，也不利于电子证据取证、客观证据发现、科学证据规范固定，并且难免降低办案效率。因此，侦查机关应逐步建设“纵向一体化”的刑事科学技术装备、专业人才资源等的统筹调配机制，以适应当前刑事取证专业化需求。诚然，这也离不开侦查组织内部一体化、协作化、专业化的改革。

其次，一体化建设中，以检侦关系及其组织形式转变为目标。其一，应当推动形成侦查人员和检察人员共同协作、积极沟通的“信任机制”，这在很大程度上将决定初步检警协同及其一体化建设的效果。其二，笔者认为应该打破“条块结合，以块为主”的传统侦查组织领导体制，逐步形成“专业条主建主统筹，工作块主办主协调”的新侦查组织模式。具体而言，侦查组织理念的重要问题在于协调好专业建设（条的统一落实）、办案协作（块的扁平协调）两个关系，只有将侦查物质性建设赋予其“自上而下的统一性”特征，才能保障稳步推进专业化建设、装备技术共享；只有侦查组织扩展到检察、公安相统一的扁平化、协作性场域，才能符合当前的新要求。

---

① 门植渊：《四方面措施完善侦查取证引导机制》，载《检察日报》2018年2月23日第3版。

② 谢波：《审判中心主义视域下公安机关侦查取证改革问题探讨》，载《中国人民公安大学学报》2017年第2期。

总之,我们应注意到一味强调侦查组织"中央集权化"的论调,对检警协同、侦查取证模型转变的不利影响。[①] 在实践和技术力量上(实践专业性)尽量依靠中央集权式运作,强调条的统筹和建设;在具体实务操作中(规范专业性和办案),应强调地方主导协作与合作,走"扁平化道路"。

(二)"预审制度"的重建?

一个制度的功能往往不是设立它的初衷,而是在实际实践中逐步体现的功能,[②]因此,我们不应该迷恋一个制度叫什么,而应该看实践当中现在何者在起作用。侦查预审制度之思考就存在这样的问题。首先,究其历史。1997 年前,公安设置专门预审人员对案件证据质量进行"内控",同时衔接检察官办案,一度取得了良好效果;1997 年后,为提升办案效率和解决案多人少问题,将"预审"功能分散到办案人手中,专门预审机构裁撤;[③]而为解决预审撤销后案件的质量问题,2015 年,公安部推出了法制部门统一审核、统一出口案件的工作机制。其次,初探今日的呼声。实际上,提议重建"预审制度"或者重构案件内控功能的声音也是余音袅袅、不绝如缕。[④] 然而,笔者认为,试图从文本制度的"故纸堆"中寻求路径是"舍本逐末"的,既然公安将效率作为导向而撤销预审,同时又建立法制"两统一"制度,短期内就难有制度回流。进而言之,当前的着眼点应在"检警协同以求共赢"的理念中和检察前置介入形塑证据的实践背景下,求得最优方案。

根据笔者调研,实践中"预审制度"的功能除了其初衷——侦查内部监督制约、补充侦查和规避风险,[⑤]还有一个很重要的角色——同检察官进行对接、沟

---

① 刘为军:《刑事证据调查行为研究》,中国政法大学出版社 2007 年版,第 113-114 页。

② [美]罗伯特·默顿:《社会理论和社会结构》,唐少杰等译,译林出版社 2006 年版,第三章。

③ 李欣:《侦审体制改革以来我国侦查预审制度调整与运行状况的考察》,载《北京人民警察学院学报》2009 年第 6 期。

④ 黄翀:《以审判为中心的刑事侦诉关系的反思与重构》,载《东方法学》2017 年第 4 期;马方、王仲羊:《"以审判为中心"视域下侦查预审的模式重构》,载《西南政法大学学报》2017 年第 5 期;等。

⑤ 周青莹、吴璨:《反思与展望:侦查预审制度功能研究》,载《四川理工学院学报》2016 年第 3 期。

通和协作，这也是部分检察官希望“预审制度”回归的原因之一。[①] 但随着当前“捕诉合一”改革和“检察提前介入”机制的推行，刑事诉讼程序“重心前移”以求提前形塑证据和规范侦查的意图渐趋明显，此时提后置的“预审制度”的复兴恐怕不符合实践变革的趋势。笔者认为，传统预审的两大功能——案件把关和检警协同——在笔者前述的侦查取证模型转变、形塑证据机制建设中，都能够找到对应的规划，同时检警协同前置化也符合两机关的长远利益。

为此，除了机制建设、组织整合外，我国还应充分利用司法大数据、人工智能的红利，构建全流程、重前置的新型预审机制及思维（当然，是否叫“预审”其实并不重要）。正如上海市206刑事办案辅助系统、重庆市证据审查辅助系统等，从侦查阶段就开始全程录入案件信息和证据材料，加上专家模型、新型技术的运用，这将利于协作、沟通和同步审查。[②] 进而言之，进一步深化办案协作、信息共享的系统建设，也是一大课题。

（三）加强刚性介入与监督：拘留期间是关键？

“监督就是办案，在办案中监督”的理念，诠释了办案质量是监督的导向这一点。但监督也是办案的抓手。同时，监督的强化也利于证据形塑——很难想象，不规范甚至违法的侦查，其证据能够保证真实性、关联性，证据体系能做到合理？为此，检察官在具体案件中对侦查和取证的监督、引导，就是提升证据质量和办案标准的核心节点。而关于如何在办案中增强监督，现今主要从几个方面进行规划、试行：其一，强调深入基层派出所的监督机制，甚至试点设立检察官驻所办公室等措施，以完善监督能力和机制；其二，从纯粹保障人权的——如“少捕慎捕”政策——角度来规划制度变革；其三，在机制完善上，实务当中也在探索诸如备案机制、信息共享、大数据衔接等保障方式，并有人提及了“拘留”这个待细化和完善的节点。

但是，当前无论实务界还是理论界，多忽视“拘留”这个证据形成的“关键少数”阶段（在总体诉讼时间上来看）对“证据形塑”整体的巨大意义。因为无论是

---

① 江苏省连云港市检察院、上海市虹口区检察院两次调研中，检察官都提到证据审查把关、侦诉沟通协作、侦查监督内控方面传统“预审制度”的优势，并一定程度上表达了希望其“复兴”的意向。

② 严剑漪：《揭秘“206工程”：法院未来的人工智能图景》，载《上海人大》2018年第8期；杨熹：《人工智能办案系统助力证据审查》，载《检察日报》2018年6月22日第3版。

犯罪嫌疑人口供还是基本的物证、书证、鉴定意见，主要是在这个阶段获取和固定的，其单证形态、证据体系也是在此阶段初步成型的。但与此同时，若这个“半成品”产出过程存在重大瑕疵，没有注重本阶段的证据形塑及附随的侦查监督，那后续的审查过滤或非法证据排除，注定会事倍功半。为对拘留实质和有效介入、监督以形塑证据，需做以下新努力。

其一，看守所驻所检察官与前置介入的检察官共同联动，才可能对拘留期间的侦查取证进行实质引导、制约，保障证据质量。其二，结合正在酝酿尚未实质推行的“驻所检察官巡回制”改革，可扩展驻所检察官的功能定位，赋予其兼具监督侦查(保障人权)与形塑证据双重职能，进而在必要时见证、引导关键取证(针对讯问)的职能。其三，驻所检察官可建立会同承办捕诉检察官的案件商议、情况通报、信息共享等配套机制。从证据形塑整体上看，其内外联动有利于保障口供等证据的源头规范性、真实性，也能协同助力科学合理的证据体系的形成，内外信息的共享也将使得检察介入视角更全、效果更佳。其四，当然，这同样依赖于扁平化、专业化的新型侦查组织的建构。

申言之，在我国检察官职权主义及客观义务背景下，检察介入将打破侦查的神秘性，为辩护方甚至被害方介入侦查阶段创造条件，形成某些学者所称的“参与式诉讼模式”。[①] 而在侦查阶段以拘留为核心的期间，及其“审查逮捕”节点构成的整体过程中，多方的逐步参与以建构达马斯卡所称“非对抗式”的、合作的程序，同时也是渐进的，更是共同博弈的开放式程序，为法理层面的理想目标。

(四)用好听证制度以扩展其内涵和功能

现今各地审前检察审查逮捕、审查起诉甚至羁押必要性审查，都在进行听证试点，旨在使审前程序诉讼化。检察听证探索，颇有一种强化当前学界定义的“司法审查职能”，以发展和巩固其“准司法性质”的职能行使方式的趋势。[②]

从宏观层面看，其往往被解读为检察行为的一种司法路径或检察审查行为的公开化；也有人进一步说明其强化交流说理、发现新证据和其他线索的诉讼实

---

① 陈瑞华：《刑事审判原理论》，北京大学出版社 1997 年版，第 355～360 页。当然，陈教授在此的构想属审判模式规划，笔者在此将其引申致审前程序。

② 康城、张国轩：《检察机关审查逮捕程序之完善》，载《中国刑事法杂志》2010 年第 1 期；张军、陈运红：《审查逮捕听取律师意见工作实证分析》，载《中国刑事法杂志》2012 年第 10 期；等等。

体和程序功能；[①]还有人认为，这是辩护律师审前作用发挥的又一有力抓手。[②]另从微观层面看，在公权制约上，有观点认为其是制约、监督检察处分权(批捕和不诉)的规范化路径；在功能完善上，有强化其非法证据排除的适用，实现审前诉讼程序分流的声音和做法；在社会效果上，听证亦有评估舆情、司法协商、维护稳定的外部作用。[③] 而实务界总体关注的主要还是其对高羁押率的降低作用等务实层面。[④]

上述实务规划、理论解读，都从某些侧面描绘了听证的功能和价值，但是存在以下不足：其一，未发掘其证据审查方面的作用，多仅将其规划为“监督制约”检察决定权的方式；其二，未从几个主体整体关系、检警协同角度来考察听证制度的功能，未看到听证是作为几个主体(侦查、检察、辩护方、被害方)“协商与对抗”“竞争与共赢”的对立统一的场域；其三，未充分认识到听证的效力之有限，即要不起诉、不批捕，依然要“上报检察长或检委会讨论决定”，没有认识功能的有限性，也就没有扩展功能的积极性。

笔者认为，鉴于当前听证效力的局限性，其一，应将听证功能适当扩展到多方意见、诉求和反驳的交涉商谈、动态平衡的意义上，重视其作为全面的有罪无罪、罪重罪轻、程序和实体的各方证据提出、审查与搜集固定的场域价值。其二，强调其作为说理论证场域的意义，以形成“情理推断式”的认知方式，并推进证据体系向物证为中心的多元化结构转移。其三，为了保障听证在证据体系塑造、证据审查和排除乃至信息交汇和商谈中的功能，应当在前置期间，尤其是拘留时，保障辩方(尤其辩护人)的自主取证、充分会见、有限见证侦查甚至未来可能的“辩护人在场权”等权利。[⑤] 其四，应当防止这种思路可能出现的“唯当事人对

---

① 张昌明:《对审听证:检察行为司法化的路径选择——兼论不起诉公开审查机制的构建》,载《上海政法学院学报》2014 年第 4 期;向勇:《存疑性听证:我国刑事司法证据认定制度体系的完善》,载《北京警察学院学报》2017 年第 1 期。

② 彭志刚:《试论我国审查逮捕听证程序的建立——以律师提前介入为视角》,载《中国司法》2011 年第 9 期。

③ 彭志刚:《论审查逮捕制度的分流听证式改造》,载《中国刑事法杂志》2012 年第 1 期;李文艺:《检察机关审查逮捕听证机制研究》,载《四川大学法律评论》2017 年第 1 期。

④ 杜萌:《探访嘉兴检察机关高羁押率“降压新方”》,载《法制日报》2011 年 10 月 12 日第 4 版。

⑤ 陈瑞华:《刑事辩护的理念》,北京大学出版社 2017 年版,第 9、12 章。

抗"倾向;[①]由于检察官的监督审查、职权主义和客观义务等多重定位,其应当依职权全面搜集证据,审查证据和事实间可能的矛盾,对矛盾进行有效排除、合理解释,推动各方充分证明,并适时适当地容忍矛盾。[②] 其五,侦查人员、检察人员、辩护人由于自身实践环境的不同,其"知识谱系"存在很大的差异,应当总结实践经验,形成足以使各方充分展示其长的程序和程式。其六,结合各方在案件中具体的举证难度、利益大小等因素,参照英美"利益衡量"的证明责任分配原则[③],适当给各方分配"微型义务"。

(五)把握动态阶段,推进制度变革

检察介入形塑证据的制度,其变革不是一蹴而就的,有时候甚至需要由时间、人事变更等来决定,但总体而言,其过程是一个矛盾和复杂的"持久战"。笔者将其基本分为文本形式介入、实践非稳定性介入和实践制度性介入。(见表 3)

**表 3 变革的模型化、阶段化特征预测**

| | 取证基本模型 | 证据审查阶段 | 协同范围 | 检察介入方式 | 侦查组织形式 |
|---|---|---|---|---|---|
| 检侦协同初步初探阶段 | 传统取证模型 | 事后审查过滤为主 | 重要罪名为主 | 形式介入(指引标准等) | 个人化、零星化协作 |
| 混合和反复阶段 | 两种模型犬牙交错 | 重罪前罪证据形塑为主(其他事后为主) | 混合性 | 重罪实现实质介入 | 重罪小范围"体制化、长效化"协作 |
| 协同成熟阶段 | 整体新型证据形塑模型 | 前置证据形塑为主 | 整体层面 | 全面的实质介入 | 整体制度化、长效化协同组织 |

第一阶段,初步检察介入和检警协同阶段;侦查取证模型还主要是"传统取证模型",证据审查依然是事后审查过滤为主,介入范围以死刑、无期等重点罪名

① 黄东熊:《刑事诉讼法研究》,台湾元照出版公司 2017 年版,第 28～32 页。其中论述了当事人主义在真实发现以及诉讼效率方面的缺陷。其实,英美也在改革对抗制模式。

② 龙宗智:《证据法的理念、制度和方法》,法律出版社 2008 年版,第 369～372 页。

③ 约翰·W. 斯特龙主编:《麦考密克论证据》(第五版),汤维建等译,中国政法大学出版社 2004 年版,第 652 页。

为主，介入方式多通过“指引取证标准”（形式介入），组织形式以个人化、零星性的协作为主。第二阶段，相对混合和反复阶段：取证介于两种模型之间，审查达到重要罪以事前形塑证据为主（其他后置审查为主），重点罪名实现实质介入，组织形式达到小范围（重罪办案）的体制化、长效化的扁平型协作。第三阶段，成熟阶段：协同组织形式达到整体的体制化，取证模型完成向“新型证据形塑模型”的转变，介入实现了总体实质化，前置证据形塑取代后置审查过滤。实践中，我们应对以上三个阶段有反复和充分的认识，在认识此模型化、阶段化变革规律的基础上，充分发挥主观能动性来推进制度的发展。

## 六、结语

证据问题的核心是程序问题，程序问题的核心是体制问题，不可将证据和程序、制度割裂开来考察、评价和规划，只有从系统的角度审视三者之间的共变关系，才能保持理论对实践的指导价值。因此，本文试图立足综合性的制度问题，对证据的形塑和司法认知、证明模式的完善进行检察视角的剖析。

当前检察“捕诉合一”背景下，对指控证据的制约主要因素有四，其中检察官可用力的环节主要为取证“实践专业性”和“规范专业性”的提升。但当前“侦查中心主义”的纠偏方案，多陷入“唯程序论”或“唯证据论”的单一义理之辩中。其实，深入考察侦查取证实践不难发现，侦查取证的模式存在系统性缺陷，故应树立办案模式、取证偏好、证据体系、侦查行为偏好、认知和证明模式、诉讼真实观乃至保障体系上的综合性“模型化转变思路”。为此，检察官应助力提升取证“规范专业性”，辅助提高“实践专业性”，以满足新形势对刑事指控、检察监督制约提出的新要求。同时，从“检警协同”的大局看，检察机关也应在侦查取证能力建设、“新预审思路”建立等方面增益证据形塑。检察机关应强化“以拘留期间为中心”的侦查阶段这个形塑证据的“关键少数”。最后，利用好检察听证制度并灵活扩展其功能，亦是一大课题，可依听证制度，建立多方商谈、信息交互、各方协商和证据审查把关的多维功能。

我们也应把握实践变革的基本阶段，逐步推动制度的形成。当然，不得不提的是，司法制度改革亦是上述问题的共同底色和根基，其中，多个主体间的关系、多种价值与实践制约之间、工作体制和证据形态之间，都存在共变的系统特征。笔者综合全部论证和材料，做大胆预测，审前检侦一体化或为大趋势，而审判前置介入亦是届时的可能、应然选项。

# 刑事速裁程序中的“速”与“质”

连 洋*

**摘要**:认罪认罚从宽制度下将依法可能判处三年以下有期徒刑的简单轻微认罪认罚刑事案件通过刑事速裁程序进行快速处理,极大地提高了诉讼效率,节省了办案时间。但实践中刑事速裁程序出现了被告人缺乏律师的有效帮助、法庭无法对认罪认罚自愿性进行有效核实以及案件证据质量较差等问题。为更好地适用速裁程序,我们有必要对速裁程序中的“速”与“质”做明确区分。从中国语境和司法实践出发,刑事速裁程序的功能定位仍应遵循“公正优先,兼顾效率”为主线的诉讼逻辑,并在此逻辑的指引下可探索构建审前证据开示制度或程序把控制度,以解决在程序简化运行中衍生的影响速裁程序案件质量的隐患,从而保障刑事速裁程序的质与速的双重价值实现。

**关键词**:刑事速裁程序;法律帮助;认罪认罚从宽

2014 年 8 月,最高人民法院、最高人民检察院会同公安部、国家安全部、司法部制定了《关于在部分地区开展刑事案件速裁程序试点工作的办法》,规定了在试点地区就危险驾驶、交通肇事、盗窃等 11 类犯罪依法可能判处一年以下有期徒刑的案件符合特定条件下适用速裁程序进行审理(试点时间为两年)。2016 年 11 月最高人民法院、最高人民检察院会同公安部、国家安全部、司法部制定了《关于在部分地区开展刑事案件认罪认罚从宽制度试点工作的办法》,要求各试点地区要结合当地实际,根据《试点办法》制定实施方案或实施细则。2017 年 2 月 13 日,北京市高级人民法院、市检察院、市公安局、市国家安全局、市司法局联合印发了《关于开展刑事案件认罪认罚从宽制度试点工作实施细则(试行)的通知》,将刑事速裁程序案件适用范围扩大为基层法院依法可能判处三年以下有期

* 作者系北京市昌平区人民法院刑一庭法官助理,法学硕士。

徒刑、事实清楚、证据充分、当事人对适用法律没有争议,嫌疑人、被告人认罪认罚并同意适用速裁程序的案件。2017 年全年北京市 16 家基层法院适用速裁程序审理的一审刑事案件共计 7941 件,占基层法院一审刑事案件总量的 40.5%[①],且程序案件适用率从 2017 年 1 月份的 45.1%到 2017 年 12 月份的 57.1%,其适用率在不断提高,如此大体量的案件适用速裁程序极大地提高了诉讼效率,减轻了法院案多人少的实践困局,但据笔者了解,值班律师无法有效帮助、公诉机关办案质量堪忧、审判机关无法对认罪自愿性有效核实,以及不断升高的上诉率等实践中普遍出现的问题,均一定程度上反映出速裁案件质量不高的突出问题。那么,司法公正与刑事速裁程序究竟是什么关系?速裁程序究竟是否应将案件质量作为首要价值呢?速裁程序的核心价值到底是公正还是效率?有学者认为,认罪认罚从宽制度下的速裁程序相比其他程序,其最鲜明的特点既然是速,那么其就应以效率为首要价值。[②] 陈光中教授说:"认罪认罚从宽的案件,不能因为程序从简而降低证明标准,其依据主要是:公正是刑事诉讼的首要价值追求,效率应当服从公正程序,故应坚持公正基础上的效率。"[③]但到底何谓公正基础上的效率?速裁程序中的公正和效率如何划分呢?哪些问题必须坚持公正,哪些问题又应当坚持效率?不进行明确区分可能导致同种情况的不同裁判者因认识不同而出现截然不同的路径选择:为追求速度(效率)导致的办案质量堪忧和为追求公正导致的速裁不速问题。

## 一、刑事速裁程序中的"速"

速度和效率是速裁程序相比普通程序、简易程序而言最鲜明的特点,因为设置速裁程序本身就是为了优化诉讼资源配置,将那些轻微认罪的刑事案件通过快速审理的程序尽快审结,从而将节约出来的司法资源投入到疑难重大复杂案件之中。此外,速裁之速还可减轻当事人的讼累,使其尽快摆脱未决羁押状态,故速裁程序必然要着眼于"速"。相比于普通或简易程序案件,速裁案件的速,主

---

① 北京高院网统计的关于 2017 年全年北京市所有基层法院适用刑事速裁案件数据统计情况。

② 汪建成:《以效率为价值导向的刑事速裁程序论纲》,载《政法论坛》2016 年第 1 期。

③ 陈光中、唐彬彬:《深化司法改革与刑事诉讼法修改的若干重点问题探讨》,载《比较法研究》2016 年第 6 期。

要体现在实体定罪量刑方面的取证负担减轻和程序方面的诉讼过程简化。具体来说,其主要涵盖于以下几个方面。

(一)办案期限缩短

最高人民法院等5部委在《关于在部分地区开展刑事案件认罪认罚从宽制度试点工作的办法》中将刑事速裁程序办理案件期限做了大幅缩减:侦查机关办理期限为一个月,其中危险驾驶案件10日;检察机关审查起诉期限为10日,可能判处一年以上有期徒刑的办案期限可延长至15日;审判机关审判期限为10日,可能判处一年以上有期徒刑的办案期限可延长至15日,其送达相关诉讼文书不受《刑事诉讼法》有关时限的限制。相比普通及简易程序而言,速裁程序办案期限做了大幅缩减,原因之一是本身案件性质比较轻微(均有依法可能判处三年以下有期徒刑、管制、拘役或单独适用附加刑的案件)。此外,速裁案件适用的前提是犯罪嫌疑人、被告人基于认罪认罚状态下的主动配合调查,从而减轻公安司法机关办案的阻力,让其查明事实的阻力较小,故缩短办案期限应属速裁程序"速"的当然之选。

(二)取证负担减轻

刑事速裁案件适用的前提是犯罪嫌疑人、被告人自愿认罪认罚,而自愿认罪认罚意味着其应积极配合公安司法机关查明案件事实或获取相关证据,如不配合将无法视为自愿认罪认罚,因为认罪认罚从宽制度致力于追求控辩双方非对抗式的诉讼格局,期望通过辩方(犯罪嫌疑人、被告人)的自愿认罪认罚获取控方量刑从宽的机会,从而减轻控方取证的阻力和负担。当然,犯罪嫌疑人、被告人认罪时间的早晚影响侦查机关取证负担的轻重,嫌疑人、被告人越早认罪越早积极配合调查,控方取证阻力越小,取证负担越轻,越能节约诉讼成本,但刑事速裁程序案件相比于同种情况的普通程序及简易程序案件,其取证负担减轻确是事实。当然,取证负担减轻并不意味着证明标准的降低,关于速裁程序的证明标准,后面笔者会详论之。

(三)审判程序简化

根据北京市《关于开展刑事案件认罪认罚从宽制度试点工作实施细则(试行)的通知》中的规定,适用速裁程序审理的刑事案件由审判员独任审判,送达期限不受诉讼法限制,不进行法庭调查、法庭辩论,应当庭宣判。诚然,简化的庭审活动无疑极大地提高了速裁程序审理案件的庭审效率,但其引发的一种担忧是:庭审简化易导致庭审形式化问题,这是否有违以审判为中心的诉讼改革目标?

笔者认为没有，具体理由有二：一是刑事速裁程序本质上体现了以审判为中心的改革目标。因为以审判为中心的改革分两个基本面：纵向基本面和横向基本面。纵向基本面是指侦查、起诉、审判、执行等诉讼阶段应以审判阶段为中心阶段，横向基本面是指审判阶段审判前、庭审中、审判后三阶段中应以庭审中为中心阶段。而刑事速裁程序在纵向基本面上必然要求以审判为中心，侦查、起诉阶段办理速裁案件必然是为审判阶段最终定罪量刑做准备，侦查阶段的取证、审查起诉阶段的认罪罚从宽协商，均是为审判阶段的定罪量刑服务，其办案成果必然应接受审判机关最终的检验；而横向基本面也体现了以审判为中心的精神，如审判前阶段无论是法官的庭前阅卷还是庭前值班律师的法律帮助，都是为庭审顺利进行提前准备和铺垫，只不过庭审简化了，没有了实质对抗，但这并不意味着不是以庭审为中心，因为适用速裁程序的案件，控辩双方在庭审之前已就罪名、量刑、刑罚等方面达成合意，法庭视为双方就案件的相关问题已经不存在争议，在庭审中仅是核实和确认合意的结果，故刑事速裁程序案件庭审并未牺牲实质化，而是实质审查的重点从定罪量刑的事实证据变成了认罪自愿性、认罪认罚具结书的合法性以及量刑情节等方面的情况。二是刑事速裁程序本身亦是以审判为中心诉讼改革的配套保障程序。法院通过认罪从宽制度（速裁程序是其具体体现之一）将大量简易轻微认罪认罚案件通过快速审理程序（速裁）得到解决，从而节省下诉讼资源为重大疑难复杂案件进行细致审理提供支持，而细致审理则要求对这些案件以审判为中心、实现庭审实质化以提高案件质量，防止冤假错案，保证诉讼公正。

## 二、刑事速裁程序中的“质”

公正是司法裁判活动追求的核心价值，通过公正的程序查明案件实事，使当事人得到公正的裁决是所有诉讼程序的共同追求，刑事速裁程序当然不能例外。如果速裁程序以速度和效率牺牲案件的质量，那么，占比巨大的速裁程序案件将可能影响整个司法裁判活动的公正价值，要知道公正是司法裁判的生命线，缺少了公正的司法裁判活动将不再是公民合法权益的捍卫者，社会的公平正义将被损坏殆尽。

这里有必要区分一下美国的辩诉交易程序和中国的刑事速裁程序。一种观点认为，中国的刑事速裁程序和美国的辩诉交易程序一样，二者都是为了促进案件繁简分流，庭审也都是形式化，由辩诉双方进行协商合意，故刑事速裁程序的价值和辩诉交易都应当以追求效率为主要价值。笔者认为，二者在技术层面虽有很多类似的特点，但价值追求和诉讼理念却并不相同，二者最大的区别在于辩诉交易追求的核心价值是效率，为了效率，罪数、罪名等涉及的实体问题均可进行辩诉协商，公正的价值在辩诉交易中是可以抛弃的，而我国刑事速裁程序却并非如此，效率虽也是其重要价值但并不是唯一价值，基于我国自己的法治传统，诉讼的核心价值依然是实体公正，虽现今越来越多的专家学者认为我们应当更加注重追求程序公正，要求正义不仅要实现而且还要以看得见的方式实现，但目前无法忽视的一个重要现实是：从目前中国的社会现状来看，追求程序公正是必然之路且我们已经走在从仅重视实体公正向程序公正、实体公正并重的路上，但中国的法治传统无法忽视，中国人的重实体轻程序的诉讼理念无法立刻转变，且未来如何尚需实践检验，但就目前的中国法治传统而言，实体公正是不容牺牲的，而且从刑事速裁程序试点地区的法律规定亦可看出①。我国的刑事速裁程序仅可就量刑进行辩诉协商，罪名和罪数等实体公正问题则是不得协商的。为保证诉讼公正，我们在刑事速裁程序中为保证案件质量有哪些必须衡量的因素呢？笔者试从对定罪量刑有关键影响的控辩双方两个角度分论之。

(一)正面公诉机关指控角度

作为指控犯罪的主体，侦查机关在诉讼中的任务就是通过提供充分的证据对犯罪嫌疑人进行有罪的指控。而在刑事速裁程序中，笔者认为公诉机关的下列任务是必须以质量为主要追求的。

1.案件事实

我国刑事诉讼中定罪的前提是案件事实清楚，无论是简易程序还是普通程序均适用这一标准，那么以速为重要特色的刑事速裁程序对案件事实认定的标准是什么呢？有学者提出，刑事速裁程序中对案件事实认定的标准可变更为“基础案件事实清楚”，而不是普通或简易程序中的“案件事实确实充分标准”②。笔者认为该标准不妥：首先是“基本事实清楚如何界定”在实践中如何把握，如果公

① 详见北京市高级人民法院、北京市人民检察院、北京市司法局、北京市国家安全局关于印发《关于开展刑事案件认罪认罚从宽制度试点工作实施细则(试行)》的通知第8条：对于应当由基层人民法院管辖的可能判处三年有期徒刑以下刑罚的案件，事实清楚、证据充分的案件。

② 廖大刚、白云飞：《刑事案件速裁程序试点运行现状实证分析》，载《法律适用》2015年第12期。

检法三机关对这个认识不一或每个案件不同承办人的认知标准不同出现冲突如何解决？案件事实清楚与基本事实清楚究竟差别在哪儿？有学者认为，基本事实清楚是指对案件定罪量刑有关键影响的事实，但这里的关键影响又当如何把握？要知道法律是由人来操作的，法律越明确越富有操作性，一部法律的模糊性越大，实践操作就越可能因理解不同导致适用差异，如果将简单的基本事实清楚作为适用速裁程序适用的前提必然会造成实践操作的混乱，最终不仅影响法律的权威，而且易造成因适用冲突影响诉讼效率（协调因认知不同导致的案件重复流转），根本上动摇速裁程序的速度价值。笔者认为，刑事速裁程序必须以案件事实清楚为前提，理由如下：其一，从立法层面讲：刑事速裁程序适用的基本前提是：案件事实清楚、证据充分[①]，且我国推广的认罪认罚从宽制度的基本前提是案件事实查明清楚基础上的量刑协商，不存在认罪协商问题，如果认罪也协商则会动摇我国刑事速裁程序适用的根基，因为这是我国刑事速裁程序与美国辩诉交易程序的本质差异。其二，从法律传统来讲：与英美法系国家不同，我国的法制经历了漫长的封建法制、新民主主义法制过渡到社会主义法制，一路走来我国的法律传统仍旧烙上了深深的追求案件实体公正的烙印，程序公正在我国的起步较晚，虽发展迅速但接受这样一个新事物仍需较长时间的积淀和过度，如果贸然在刑事速裁程序中放弃案件事实清楚这一实质标准，则有可能造成实质公正的根本毁损，而这不符合我国实体公正的传统，也不符合我们国家现在正在进行的实体和程序公正并重的法治发展思路。其三，从社会承受层面来讲：不以案件事实清楚为前提的速裁程序，则破坏了我国刑事司法传统中的追求实质正义的根基，就目前而言，我国的社会承受力还不存在完全接受程序公正为主的正义标准。故即使是在刑事速裁程序中，公诉机关的任务也未改变，其在诉讼中只是因为对方的配合减轻查明案件事实的阻力，但查明案件事实以指控犯罪这一标准并未改变。

2.证据质量

证据是认定案件事实的依据，刑事诉讼中的证明活动都是围绕证据展开的，

---

① 《最高人民法院、最高人民检察院、公安部、国家安全部、司法部关于在部分地区开展刑事案件认罪认罚从宽制度试点工作的办法》第16条："对于基层法院管辖的可能判处三年以下有期徒刑刑罚的案件，事实清楚、证据充分，当事人对适用法律没有争议，被告人认罪认罚并同意适用速裁程序的，可以适用速裁程序。"

案件事实的查明必须依靠证据支持。刑事速裁程序适用的前提是案件事实清楚,而清楚的事实必须依赖充分的证据,且即使将速裁程序的查明事实标准定为基础事实清楚,其也必须依靠充分的证据。刑事速裁程序是刑事诉讼程序的一种,那么,其证据必须符合刑事诉讼中对证据的要求,而刑事诉讼中对证据质量的要求可细分为确实和充分两类,其中证据的确实性包括证据的客观性(即认定案件事实的证据必须是客观存在的而不是任意伪造或虚构的)、证据的合法性(即证据必须具有合法性,非法证据是不能在诉讼中作为认定案件事实的依据的)以及证据的关联性(是证明案件事实的证据必须与待证事实有关联,无关或虽有关联但对案件事实没有证明作用的证据则不得采纳);而证据的充分性又可分为质与量两类,其中量主要是指认定案件事实的证据必须达到一定数量,孤证是无法单独作为定案依据的;质主要是指认定案件事实的所有证据应形成完整的证据链条且相互之间不存在无法解释的矛盾。证据的质量是确保案件公正的基石,冤假错案的最主要原因即出在证据质量问题上,立法层面设置速裁程序的前提是案件事实清楚,而案件事实的查实必须以证据为依据,证据的质量直接影响案件事实,降低证据的质量必然影响事实的判断,故刑事速裁程序要查明案件事实必须以取得确实充分的证据为依据。故就证据质量而言,速裁程序和所有的其他程序一样,不存在商榷的可能,我国的任何诉讼程序,其证据的要求都是一样的,即必须以确实充分的质为准。

3.证明标准

刑事诉讼的证明标准是指认定案件事实的证据需要达到何种程度才能作为定案的依据。刑事诉讼不同于民事诉讼,由于涉及被告人的自由甚至生命,故无论是英美法系的排除合理怀疑标准还是大陆法系的自由心证标准本质上都奉行着对刑事诉讼严格的证明标准,而我国刑事诉讼的证明标准即案件事实清楚、证据确实充分的证明标准可称为英美和大陆法系证明标准的综合体,即正面列举式(定罪量刑的事实均有证据证明、据以定案的证据均经法定程序查证属实)和侧面否定式(综合全案证据对所认定的事实已排除合理怀疑)。那么,作为刑事诉讼试点程序的刑事速裁程序的证明标准是什么呢?从《最高人民法院、最高人民检察院、公安部、国家安全部、司法部关于在部分地区开展刑事案件认罪认罚从宽制度试点工作的办法》中可以看出,认罪认罚制度的试点包括刑事速裁程序在侦查阶段也是可以试用的,其中侦查阶段对速裁程序的适用体现在犯罪嫌疑人主动认罪认罚要求适用程序办理和侦查机关告知犯罪嫌疑人认罪认罚规定后被告人自愿认罪同意适用速裁程序办理两种模式。侦查阶段是获取证据的主要阶段，如果侦查阶段适用速裁程序，适用认罪认罚从宽制度是否意味着侦查机关的取证不需要以《刑事诉讼法》要求的"案件事实清楚，证据确实充分"为依据呢？答案是否定的，刑事速裁程序的取证仍应坚持《刑事诉讼法》规定的"证据确实充分"的证明标准，理由如下：(1)我国设立刑事速裁的初衷是事实清楚、证据充分基础上的快速处理，是以公正为基础的效率，这从试点办法的规定中即可看出。(2)这是由我国追求实体公正的法律传统决定的，它与英美法系追求程序公正的法律传统是不一样的，法律传统不同必然导致法治理念的差异，这无所谓孰优孰劣，只存在是否适合自己的国家的问题，当然，随着国际法治的深入交往，各国之间法律的相互借鉴也越来越多，而且程序公正正成为越来越多国家的国际认同，但这并不意味着我国目前阶段能够超越现有理念而过于追求程序公正，先进的法律制度之所以先进，可能有时候仅仅是适合自己，我们对先进的借鉴还是需要有步骤、循序渐进的引入和改良，而不是直接创造或引入，因为这种制度的引入如缺乏我国现实土壤的配合，只会营养不良，最终影响本国法律的实施，损害国家法治的权威。(3)如不坚持事实清楚证据确实充分的证明标准，则容易导致"认罪即可降低证明标准，减轻取证负担"的追求，致使侦查机关为单纯的认罪而进行逼迫嫌疑人认罪的问题，最终酿成冤假错案。2018年4月26日，陈光中教授在《刑事诉讼法修正案》草案提请十三届人大常委会第二次会议审议之际，接受记者采访时强调：总结认罪认罚从宽制度试点工作中的成功经验并转化为法律，才能予以复制和推广，但其中有一点需要注意，那就是认罪认罚从宽案件的证明标准到底应达到什么程度。一部分学者参考美国辩诉交易的做法，认为证明标准可以从宽。他认为这值得商榷，认罪认罚从宽案件的证明标准仍应坚持案件事实清楚、证据确实充分的证明标准，防止出现冤假错案的风险[①]。

此外，为查明案件事实，获取确实充分的证据，一种观点认为侦查阶段不适宜适用刑事速裁认罪认罚从宽制度[②]，其认为原因有二：一是刑事速裁案件的适用前提是证明犯罪构成要件事实的证据具有合法性、客观性、关联性，并综合全

① 2018年4月26日，陈光中教授在接受《财经》记者采访时的表述。

② 陈卫东：《认罪认罚从宽制度研究》，载《中国法学》2016年第2期。

案证据已经排除合理怀疑①，而侦查阶段是查明案件事实、获取案件证据的主要阶段，如允许侦查阶段进行认罪认罚，会导致案件事实在无法查清的情况下进行牺牲案件实体公正的认罪认罚，有违立法初衷；二是如果要求公安机关进行认罪认罚从宽协商则可能导致司法腐败出现（为追求认罪认罚减轻侦查工作负担逼迫无罪的犯罪嫌疑人认罪获取从宽处罚，从而造成冤枉无辜）。笔者部分同意以上观点，同意部分为：侦查阶段的核心任务是获取确实充分的证实犯罪的证据而不是认罪认罚从宽协商，故侦查机关应按照《刑事诉讼法》的要求来搜集和提取证据；不同意部分为：笔者认为侦查阶段可以进行认罪认罚从宽协商，其在查明案件事实和获取确实充分证据的基础上可以告知嫌疑人进行认罪认罚从宽制度的内容，可以建议适用速裁程序，但这一切的前提必须是在获取确实充分证据的基础之上。综上，笔者认为，刑事速裁程序中证明标准必须坚持《刑事诉讼法》中案件事实清楚、证据确实充分的标准，侦查阶段必须坚持查明案件事实、获取确实充分的证据，在此基础上可以就认罪认罚从宽制度、诉讼程序的选择等问题同犯罪嫌疑人进行协商。

（二）反面犯罪嫌疑人与被告人防御角度

案件的质量的保障既不能缺少公诉机关的有效指控，也不能缺少犯罪嫌疑人、被告人的有效防御，因为中立审判机关的裁判必须建立在对控辩双方主张和证据的反驳性检验的基础之上。既然刑事速裁程序的核心价值是公正基础上的效率，那么，刑事速裁程序的案件质量保证也缺不了犯罪嫌疑人、被告人的有效防御。对于一个绝大部分处于羁押状态且缺少相应法律知识、庭审形式化的速裁程序案件犯罪嫌疑人、被告人而言，其有效防御的关键在于庭前阶段，而庭前有效防御则需依赖公权力机关对其诉讼权益的有效保障和具有专业知识的辩护人（委托辩护、指定辩护、法律援助）对其合权益的有效维护。

1.权利保障层面

与普通、简易程序不同，刑事速裁程序的最大特点是庭审形式化，不同于普通和简易程序庭审中对诉讼权益的重要保障（律师充分的辩护权、当庭质证权等），速裁程序案件的质量保障主要依赖庭前各诉讼阶段公权力机关对其诉讼权

① 详见北京市高级人民法院、北京市人民检察院、北京市司法局、北京市国家安全局关于印发《关于开展刑事案件认罪认罚从宽制度试点工作实施细则（试行）》的通知第 32 条第 1 款。

益的保障，具体而言，为保证速裁程序当事人（主要是指犯罪嫌疑人、被告人）的合法权益以提升案件质量，需要特别保障的诉讼权利有：当事人对速裁程序完整的知情权、自愿的认罪权和程序的选择权、保障获得律师法律帮助的权利、自主的反悔权。刑事速裁程序的当事人进行认罪认罚的前提是其对认罪认罚从宽和速裁程序完整的知情权以及在此基础上的自愿认罪权和程序的自主选择权，因为立法层面上适用认罪认罚从宽处理的案件必须以被告人确系自愿认罪①为前提，概言之，作为认罪认罚从宽制度下的速裁程序必须建立在犯罪嫌疑人、被告人明知、自愿和承担量刑后果的心理认知基础之上，②而法庭认定被告人有罪必须确认被告人确系自愿认罪。自愿认罪至少应符合两个要求：第一，当事人知悉认罪认罚从宽和刑事速裁程序的相关法律规定，明确认罪认罚的后果和适用速裁程序可能失去的权利保障如法庭辩论及法庭调查省略、程序简化等。第二，当事人在充分知悉认罪认罚从宽制度和速裁程序的基础上进行认罪自愿性和适用速裁程序的自主选择。此外，为充分保障犯罪嫌疑人、被告人的知悉权和自主选择权，法律设置了值班律师或辩护人为其进行相关法律咨询和帮助③，故出于保障速裁程序中犯罪嫌疑人、被告人有效的自我防御，公权力机关还应当确保其得到相应的辩护人或值班律师的法律帮助。法律应当保障被告人对认罪认罚和速裁程序中的反悔权，④因为速裁程序的优点是能使犯罪嫌疑人、被告人早日摆脱讼累，获取较为轻的刑罚，但其代价是很多诉讼权利失去保障，如与证人的当庭对质权、证据的当庭核实权等。既然速裁程序选择必须以被告人同意为前提，那么被告人基于正当理由当然享有对该程序的反悔权，如果认罪认罚的合同（公诉机关和被告人签署的认罪认罚从宽及适用速裁具结书）基础已经动摇，犯罪嫌疑

---

① 北京市高级人民法院、北京市人民检察院、北京市司法局、北京市国家安全局关于印发《关于开展刑事案件认罪认罚从宽制度试点工作实施细则（试行）》的通知第 32 条第 1 款：认定认罪认罚案件被告人有罪应当符合三个条件：第一个是被告人确系自愿认罪认罚。

② 李本森：《我国刑事案件速裁程序研究——与美、德刑事案件快速审理程序之比较》，载《环球法律评论》2015 年第 2 期。

③ 北京市高级人民法院、北京市人民检察院、北京市司法局、北京市国家安全局关于印发《关于开展刑事案件认罪认罚从宽制度试点工作实施细则（试行）》的通知第 32 条第 1 款：认定认罪认罚案件被告人有罪应当符合三个条件：第二个是被告人已经获得值班律师或辩护人的帮助。

④ 陈光中、唐彬彬：《深化司法改革与刑事诉讼法修改的若干重点问题探讨》，载《比较法研究》2016 年第 6 期。

人、被告人因正当理由(如不自愿认罪、对犯罪事实否认[①]等)否认合同,当然享有对合同的反悔权。

2.有效辩护(有效法律帮助)层面

有效的法律帮助从语义解释上包含两个层面的理解:一是制度层面为辩护人提供广阔的辩护空间,主要涉及立法中保障辩护权的具体制度;二是辩护人自身层面即辩护人认真有效履职,为当事人提供优质的法律服务。关于制度层面公权力机关保障速裁程序当事人获得法律帮助或辩护权已经在上文提到。本部分的有效帮助仅指辩护人或值班律师自身在速裁程序中对犯罪嫌疑人、被告人的有效法律帮助。犯罪嫌疑人、被告人在诉讼中对公权力的有效防御离不开辩护人的法律帮助,因为一个缺乏法律知识且人身自由受限的人无法抵御强大的公权力机关,为了保障其诉讼权益,使其得到公正的审判,必然需要赋予其得到专业律师的帮助的权利。被告人有权获得辩护已成为国际共识,如联合国《公民权利和政治权利国际公约》[②]和我国的《宪法》[③]均作了相应规定。为了保障速裁程序中当事人的合法权益、确保被告人确系自愿认罪基础上的认罚,落实速裁程序实现公正基础上效率的改革目标,律师的有效辩护或有效法律帮助是应有之义。但不同于刑事普通程序、简易程序中律师辩护的重点是庭审阶段影响定罪量刑的帮助(尤其体现在法庭调查和法庭辩论之中),而自愿认罪认罚下的速裁律师帮助的重点是庭前各阶段对认罪的自愿性、达成认罪具结书的合法性、量刑情节的核实等方面的帮助。速裁程序的质量除了需要控方的有效指控外,还需要辩护人或值班律师对当事人的有效帮助(防御),因为只有在以正面指控和反面防御的双重保障之下,使法院的判决形成于双方反驳性验证之上,才能确保速裁程序案件的诉讼公正。

---

① 北京市高级人民法院、北京市人民检察院、北京市司法局、北京市国家安全局关于印发《关于开展刑事案件认罪认罚从宽制度试点工作实施细则(试行)》的通知第 31 条:"法院适用速裁程序或简易程序审理的认罪认罚案件,有下列情形之一的应转为普通程序:1.被告人违背意愿认罪认罚的;2.被告人否认指控的犯罪事实;3.其他不适宜的情形。"

② 《公民权利和政治权利国际公约》第 14 条第 3 款:"判定对他提出的任何刑事指控,人人完全平等的有资格享受以下最低限度的保证:乙有相当时间和便利准备他的辩护并与他自己选择的律师联络;丁出席首胜并亲自替自己辩护或经由他自己所选择的法律援助进行辩护。"

③ 我国《宪法》第 125 条:"被告人有权获得辩护。"

综上，刑事速裁程序的速与质是两个互相依赖的系统，质量是基础，速度是显著特征，二者缺一不可。只有严格区分并把握“速”与“质”的不同，才能真正落实好刑事速裁程序设置的初衷，为更好地处理速裁程序中的速与质的关系，我们可从如下几个方面努力：(1)价值认知层面。无论是理论还是实践都需严格树立“刑事速裁程序公正(质量)优先，兼顾效率”的价值理念，尤其是司法实践中的法律适用者(侦查机关、审查起诉机关、审判机关、律师群体)都必须以查明案件事实为前提，以过硬的证据质量来实现严格的诉讼证明标准并以此为根本出发点。(2)制度构建层面。仔细研究探索通过制度设计(程序的设置)在保障质的基础上建立“速”的实现路径。如探索构建审前证据开示制度：庭审前控辩双方互相交换所知悉的涉案证据及相关信息，以强制性、双向性和司法审查为原则，控辩双方为参与主体，以开示笔录和开示清单为成果载体，由法院对开示成果进行审查监督，如此以明确的快速流转程序体现“速”的特征，又以程序的严格设置保障案件的质量。又如构建程序把控制度：明确速裁程序案件不同诉讼阶段的诉讼目标，达成目标即可进入下一阶段，后通过后一阶段对前一阶段诉讼目标进行检测和反馈以决定是否继续适用速裁或者补充不足后继续适用速裁。明确目标推动效率提升，程序把控促进质量实现。(3)配套保障层面。为使速裁程序速与质双重目标的实现，必要的配套保障制度不可缺少，如速裁程序专业化的办案队伍建设(区别于普通和简易程序)；速裁程序案件当事人的特殊权利保障机制(畅通的程序回转机制、明确的权利告知确认保障、完善认罪自愿性的核实机制等)；确立值班律师认真履职的配套机制(如建立值班律师权利侵犯的特殊救济机制，既然速裁程序着眼于速，那么，值班律师权利侵犯救济也应着眼于快速处理和反馈，包括侦查阶段驻所检察官迅速反馈机制、审判阶段法官处理反馈机制等在内的救济措施，切实保护速裁案件嫌疑人、被告人的辩护权行使；又如完善值班律师质量提升的外部条件，如定期业务技能培训、推动公权力机关和律师的沟通和反馈机制长效化、拓宽值班律师经费保障渠道、加强值班律师安全防护等措施保障值班律师质量的提高等)。

## 结　语

刑事速裁程序是一种致力于诉讼资源合理配置，实现案件繁简分流的诉讼程序，其最大特点在于“速”。无论是案件侦查、起诉抑或是审判阶段，其诉讼效率都有很大的提升，但其生存的土壤是我国现行的实体公正为主的诉讼文化，虽程序公正的诉讼理念已在我国快速发展并日益深入人心，但其发展和传播毕竟需要一个过程，且仍需与中国特有的诉讼传统进行调试和改良。就目前中国社会的诉讼传统而言，刑事裁速程序的核心价值仍应是追求实体公正前提下的效率，而公正是对案件质量的要求，效率是对案件速度的要求，将速与质进行区分不仅有利于办案人员地清晰把握速裁程序案件的诉讼理念和办案思路，还有利于减少因认识差异而产生冲突，影响效率，做到当速则速，该质则质，促进刑事速裁案件既保质又保速的诉讼目标实现。

# 刑事庭审实质化的理论解析与路径选择[*]

李冉毅[**]

**摘要**：庭审实质化是针对我国刑事庭审形式化现象提出的理论命题和改革目标。“四个在法庭”是根据庭审实质化的内在要求作出的最直观表述，从外部功能视角可以对这一术语展开多维度的阐释。作为一种理应追求的诉讼状态，庭审实质化除了指向理论上的理想模式外，实践中还存在不同程度和标准的区别；作为衡量制度构成的标准，庭审实质化对庭审制度体系提出了一系列要求，并引导其完善；作为指引性的诉讼理念，庭审实质化突出强调庭审的独立价值，成为推动改革和实务持续向前发展的动力源泉。庭审实质化改革并非仅是某些具体制度的生成与变革，专项式的改革能够取得一定成效，但同时存在明显的局限，长远来看，最合适的路径是在确立基本理念、制度目标和底线标准的基础上逐步推进。

**关键词**：庭审实质化；诉讼状态；制度标准；诉讼理念；渐进式改革

作为时下刑事审判领域关注的重点话题，庭审实质化不仅是理论界青睐的研究主题，也是实务部门推进改革的主要目标。在十八届四中全会提出“推进以审判为中心的诉讼制度改革”以来，刑事诉讼的改革与其说是实现以审判为中心主轴的诉讼结构的现代化调整，毋宁说是重点关注如何通过实现庭审实质化来达到事实查明和权利保障的双赢。唯有庭审实质化得到保障，庭审才能实至名归地成为事实准确认定和控辩平等对抗的最佳场合，才能保证公正审判。围绕

* 本文是重庆市社会科学规划项目“刑事庭审实质化的实践阻力与应对策略研究”（项目编号：2017BS41）的阶段性成果。

** 作者系西南政法大学证据法学研究中心研究员，法学院讲师，法学博士。

如何实现庭审实质化,目前已有不少研究成果,[①]这些研究为庭审实质化改革提供了智力支撑,提升了庭审的话语地位,但由于研究视角单一,对于庭审实质化概念本身及其内核的理论梳理不足,未能揭示庭审实质化理论的多样性和丰富性。庭审实质化是一个毋庸置疑的命题,同时作为一个规范层面之外的术语,其面向绝非单一的。根据庭审实质化的实践指向,法院系统多将之表述为"四个在法庭",即"诉讼证据质证在法庭、案件事实查明在法庭、诉辩意见发表在法庭、裁判理由形成在法庭",这是根据庭审实质化的内在要求作出的最直观表述。拓宽研究视角,将关注点转向这一术语的使用价值,就可以从不同角度对庭审实质化展开多维度的阐释。庭审实质化主要描述的是一种诉讼状态,也可以作为衡量制度构成的标准,还可以是指引性的司法理念。这是从术语的功能视角呈现的"庭审实质化"的另一面,我们在此基础上能够更加理性地审视庭审实质化的发展路径。

## 一、作为诉讼状态的庭审实质化

有学者对"审判中心"概念在中国的出现及演变进行研究后得出结论:审判中心并非域外成熟的理论,而应该是我国学者对一种比较理想的诉讼状态所进行的描述。[②] 同样,在学术研究和司法改革的语境下,庭审实质化既不是指一种特定的制度,也非一套具体的运行机制,而是被惯常用于指代一种目标状态,也可以说是诉讼展开和程序运行的理想形态。之所以认为庭审实质化主要是指代一种诉讼状态,与概念的起源有很大关系。作为庭审实质化的对合称谓,庭审形式化(或称庭审虚化)主要描述的是一种司法现象或诉讼状态,即法官对案件事实的认定、证据的审查判断以及被告人刑事责任的解决等问题并非通过庭审的方式得以完成,庭审在诉讼过程中并未发挥任何的实质性作用,庭审并未成为决

① 具有代表性的,参见龙宗智:《庭审实质化的路径和方法》,载《法学研究》2015 年第 5 期;汪海燕:《论刑事庭审实质化》,载《中国社会科学》2015 年第 2 期;左卫民:《地方法院庭审实质化改革研究》,载《中国社会科学》2018 年第 6 期;卫乐宁、宋振策:《论庭审实质化》,载《国家检察官学院学报》2015 年第 6 期;胡铭:《审判中心、庭审实质化与刑事司法改革研究》,载《法学家》2016 年第 4 期。

② 施鹏鹏:《审判中心原则下的证据规则》,载《证据科学》2016 年第 3 期。

定诉讼结果的中心环节，而是沦为一种可有可无的纯形式性的“走过场”。[①] 庭审实质化的提出，正是为了改变这种不佳的诉讼状态，以庭审实质化为改革目标扭转庭审虚化的颓势，进而促使整个刑事程序的运行处于一种理性的状态。从诉讼状态的视角解读庭审实质化，同时可以引发对一些问题的深入思考。

既然将庭审实质化解释为一种理想的诉讼状态，那就应首先置身于庭审运行的实践中考量庭审是否实质化，这就要求从个案的诉讼实践出发对个案的诉讼状态和庭审实效作出判断。以个案的具体诉讼形态为评判对象，评判的过程应当具有可视性，可通过对庭上和庭下的诉讼活动的观察和分析，最终根据程序运行呈现的形态和效果进行判断。我们不能因为庭审流于形式是我国长期以来刑事审判的常态，就对每一起案件的诉讼状态提前定论，无论是司法传统使然，还是制度的固有缺陷所致，都不能将庭审形式化的标签提前贴于尚未进行的刑事庭审。既有研究对我国刑事庭审现状的描述只是一种依据高度盖然性现象的归纳，得出这样的结论表面上是因为庭审形式化在刑事诉讼中具有相当的普遍性，[②]实际上是因为审判方式和相关机制的各种缺陷易于导致庭审形式化。即便如此，我们也不能将制度构成和诉讼体制的情况作为判断庭审能否实质化的最终根据，毕竟在我国庭审制度弊端丛生和司法环境不佳的情况下，仍然不乏实现实质化审理的案件，典型如被称为“可谓庭审实质化的标杆”的念斌案件。[③] 相反，即使对我国庭审制度不断加以完善，也完全可能因为“潜规则”的作用和执法者的规避而导致庭审形式化。正如弗里德曼所言：“现代法律制度的一个最突出的事实就是他们说的，他们宣传的理想与他们的实际工作情况之间的巨大差

---

① 步洋洋：《刑事庭审虚化的若干成因分析》，载《暨南学报（哲学社会科学版）》2016 年第 5 期。

② 何家弘：《刑事庭审虚化的是实证研究》，载《法学家》2011 年第 6 期。

③ 最高人民法院沈德咏副院长将念斌投放危险物质案不予核准死刑发回重审后的二审庭审称为庭审实质化的标杆，并同时指出，此次二审的两次公开开庭审理，12 位诉讼参与人，31 人次出庭作证或说明，6 天 5 夜 60 小时的庭审每位出庭人员平均接受交叉询问近 1 个小时，针锋相对的激烈辩论，辩方对证据进行刨根究底的追问，双方专业人员对检验结论进行深入分析解读，使法庭真正成为审理案件的中心。正是通过这场高质量的庭审，才进一步证实了案件存在的疑点，最终作出符合事实和法律的判决。参见沈德咏：《论以审判为中心的诉讼制度改革》，载《中国法学》2015 年第 3 期。

别。”[①]所以说,我们习惯谈到的“我国刑事庭审形式化现象严重”只是在经验积累和实证分析的基础上对过往情况的总结,正如一些法治国家的庭审被誉为实质化的庭审,其并不是直接根据庭审模式和具体制度的设置得出的结论,而是根据长期以来庭审运行的实际效果作出的总结。在强调以实践中的诉讼状态为考量对象判断庭审是否实质化的同时,也必须承认,合理的庭审制度和诉讼体制是个案实现庭审实质化的重要保障,也是促成庭审实质化成为常态的制度性基础。

事物的状态并非一成不变的,不同状态之间有着可以辨识的差别,状态总体上有好差之分,比如,我们以实质化和形式化对庭审状态进行区分。具体细节的不同可能导致状态存在程度上的差异,不同案件的具体案情和所处的境况的差异,就可能导致庭审在诉讼中需要或能够发挥的作用不同,庭审价值权重的差异使得不同案件呈现的诉讼状态不同。如果以有效庭审的理想形态作为庭审实质化的标准,那么所有没有达到这种状态标准的庭审都不能称之为实质化的庭审,而只能归类为形式化的庭审,如此区分就会将很多实际上发挥了一定作用的庭审纳入形式化庭审的范围,这样的要求过于严格,对于现实情况缺少包容。即使我们在推行庭审实质化道路上追求的目标是有效庭审的理想形态,也有必要认清理想的庭审实质化和现实中的庭审实质化,尽管不少案件的诉讼程序已达到理想的庭审实质化状态。除了非黑即白的好和差的界分之外,同一趋向的状态存在不同程度的区别,就庭审在诉讼运行中所呈现的状态而言,除了以实质化和形式化两种截然相对的描述加以标识之外,对于趋向于实质化的庭审状态,我们可以根据现实需要和实际情况以不同的标准对待。首先,由简易型程序审理的大量案件并不需要庭审施展所有功能,因此很难达到完整的庭审实质化状态,理论研究和部分地区的试点改革在提到这类案件的程序与庭审实质化的联系时,要么附加说明所讨论的庭审实质化不包括通过简易程序和速裁程序审理的案件,要么就直接指出简易程序和速裁程序的庭审属于庭审形式化的范围。前一种见解表达的重点是不需把简易程序和速裁程序列为庭审实质化改革的对象,后一种见解认为简易程序和速裁程序的庭审就是“走过场”。本文比较赞同前一种见解,如果说简易程序的庭审纯粹就是流于形式的话,那为什么立法者仍要保

① [美]劳伦斯·M.弗里德曼:《法律制度——从社会科学角度观察》,李琼英、林欣译,中国政法大学出版2004年版,第248页。

留简易程序的庭审?[①] 实际上,无论是制度安排,还是诉讼实践,简易程序的庭审在核实心证和量刑信息上都起到了一定的作用,我们不能因为没有严格践行法庭调查程序就对庭审的功能一概否定。简易程序的庭审容易做到按部就班,并且不用达到一个高标准的实质化状态,不像普通程序一样存在较多的庭审形式化问题,因而不需要被庭审实质化改革所关注。其次,对于普通程序而言,若庭审实质化的标准缺乏弹性,单以理想型直接言词审理模式为唯一标准,就会显得过于苛刻,导致不少实际上通过控辩参与、质证辩论对判决产生重要影响的庭审也只能被贴上"形式化"的标签。我们所谓的庭审形式化,主要是指庭审基本上沦为了可有可无的虚设程序,裁判主要是通过法官阅读卷宗和庭外查证形成。而实践中,一部分案件的庭审虽没有呈现出直接言词审理的状态,但形成了基本的庭审对抗,对争议的证据进行了较为充分的质证辩论,法官也通过证据的调查辩论对阅卷产生的疑点进行了核实和排除,并主要基于庭审活动作出判决。[②] 这样的诉讼状态与庭审形式化存在明显的差别,但由于人证出庭和当庭裁判的缺失而未能达到彻底的实质化庭审状态,对此应当根据实际情况适当降低庭审实质化的标准,从而避免简单地用贬义的描述对之进行评价。

我们通常所讲的庭审实质化,描述的是最理想的庭审实质化状态,是理论上可以达到的最高程度的庭审实质化。回归现实中,我们需要将所有发挥不同程度实质作用的庭审纳入庭审实质化的评价范畴,现实中所有案件的庭审实质化程度存在有或无以及从低到高的分布。若要较为准确地界定实践中个案的庭审状态或所达到的庭审实质化程度,可根据有效庭审的四项组成要素,即法官的独

---

① 这里未将速裁程序的庭审与简易程序的庭审相提并论,主要是因为笔者认为简易程序的庭审依旧可以发挥一部分功能,但是速裁程序的庭审省略了法庭调查和法庭辩论两个主要的阶段,基本上是沦为可有可无的境地,以后是否还有继续保留的价值值得思考。参见潘金贵、李冉毅:《规则与实效:刑事速裁程序的初步检视》,载《安徽大学学报(哲学社会科学版)》2015 年第 6 期。

② 另有学者通过实证考察也得出相似的结论:实践中相当部分刑事审判已基本克服庭审"走过场"的痼疾,形成实质性的庭审对抗,并能基于庭审活动直接形成最终判决。尽管受证人出庭率低等现实因素的限制,离理想型直接言词审理仍有距离,但辩论质证、集中审理、证据裁判等基本原则大多得以实现,相比以阅卷为中心的"默读式审理"和以审批为中心的"会议式审理",这种"对抗 / 判定"模式更加接近经典的"听证式审理"模式。参见兰荣杰:《刑事判决是如何形成的》,北京大学出版社 2013 年版,第 28 页。

立与中立、控辩平等与参与、庭审方式和技术的合理性、裁判正当性的实践指数综合评估。

## 二、作为制度标准的庭审实质化

实践中欲达到庭审实质化的诉讼状态，最直接的要求是规范庭审各方的诉讼行为，保证庭审程序在规则设立的轨道上运行，促使庭审制度在实施过程中获得实效。制度的执行力固然直接影响着制度的实施效果，但理性的制度设计同样不可或缺。庭审程序具有一定的刚性和透明度，实务操作和规范具有较高程度的一致性，虽然个案实践中的庭审实效受多重因素的影响和制约，但起到根基作用的仍然是庭审的制度设计。正所谓“良法是善治之前提”，“一个合理的制度可以促使甚至逼使它的参与者积极和正当地操作，保证认识的客观和处理的公正”。[①] 只有良好的制度形态才有望收获预期的实践效果，庭审实质化不能离开这些“现代司法上的硬通货”[②]，因此，对庭审实质化的观察必须回到制度层面上来。庭审实质化显然不是表述的一项具体制度，由于对制度的设计具有指引性和参考性的作用，庭审实质化体现为一系列参照标准，我们可以将庭审实质化作为衡量庭审制度构成的技术性标准。从诉讼状态到制度标准的视角转换，实际上就是从实践回归规范，从动态层面的司法运行状态回归静态层面的司法构成形态，两者相结合可以更准确地认识和把握司法现象。诉讼状态和制度标准之间形成的是一种供需关系，需要追求怎样的诉讼状态，就需要设定怎样的制度标准，以此作为制度建构的目标。

当前研究庭审实质化的主要思路是通过观察和分析实践中的诉讼状态对庭审形式化现象进行解读，然后在分析原因的基础上以庭审实质化为制度构成标准改革和完善庭审制度体系，同时会涉及诉讼结构或诉讼体制的调整。之所以惯用这样的思路，一方面，某一具体制度呈现的缺漏和修补空间比较具体，容易被观察和把握；另一方面，如前所述，制度设计是决定实践效果最基本的因素，如今我国刑事庭审制度尚处于转型时期，仍然存在比较明显的缺陷，将制度形态的完善作为庭审实质化改革的首要步骤就无可厚非。但是，从静态层面的司法构

① [美]劳伦斯·M.弗里德曼：《法律制度——从社会科学角度观察》，李琼英、林欣译，中国政法大学出版2004年版，第24页。

② 张建伟：《证据法发展的实践动力和阻力》，载《证据科学》2016年第3期。

成形态而言，影响庭审实质化的因素并不只有庭审程序及相关制度形态，还包括影响庭审运行的司法环境，即决定审判外部关系的诉讼体制形态。那庭审实质化是否也可以作为与之相关的诉讼制度的建构标准？本文认为，即使基于研究的深度和改革的效度需要对诉讼体制形态同时作出回应，但鉴于庭审实质化主要集中于对审判内部关系的梳理，强调通过技术层面的制度改革发挥庭审之功能，因而不宜扩展为衡量审判与其他诉讼阶段外部关系的准则，否则等于是将庭审实质化的标准等同于统摄整个刑事诉讼过程的正当法律程序标准，也混淆了庭审实质化和审判中心主义的理论范畴。

刑事庭审的发展史就是从制度化程度较低的庭审方式向制度化程度较高的庭审方式逐步转变的过程，具体而言，庭审制度经历了从缺失到生成、从简单到完备、从不合理到合理的发展阶段。庭审制度实际上是由框架内一系列直接关系庭审运行的子制度组成的制度体系，“从缺失到生成”并不是指庭审制度的从无到有，而是庭审制度框架内涵盖的某个子制度的从无到有；“从简单到完备”指的是整个庭审制度或框架内某个子制度从粗疏到充实；“从不合理到合理”形容的是整个庭审制度或框架内某个子制度内容的转变。因此，关于庭审制度的评价应该分为两个阶段进行，首先是整体评价，即对直接关涉庭审运行的各类制度总和的系统性评价；其次是局部评价，即对组成庭审制度体系的某个子制度的个别评价。相应的，建构和衡量庭审制度的标准也应该分为整体标准和局部标准，整体标准是在取得较为充分的制度实践经验并经过充分论证的基础上，以庭审实质化为目标实践状态，进而要求庭审制度内容的“质”和“量”应该达到的程度。局部标准并不直接以庭审实质化为参照系，主要以某项具体的子制度设计是否有助于实现庭审实质化为标准，对该制度的设计提出要求。一般情况下，某个子制度是否达到局部标准，不能直接决定庭审制度是否达到整体标准，但特别重要的除外，例如，如果庭审证据调查的制度设计没有达标，那就无法保证庭审查证实体事实这一基本功能，整个庭审制度恐难达到庭审实质化的标准。将庭审实质化作为衡量庭审制度构成的标准，就是强调依据基本的司法正义标准和司法规律来建构庭审程序及相关制度，但这样的解释仍然显得比较抽象。通俗地讲，要保证庭审具备查明事实、认定证据、保护诉权、公正裁判的能力，需要庭审制度呈现有效庭审的程序结构，拥有一套完备的证据调查及事实认定机制、权利保障机制和庭上裁判机制,[①]这些程序机制的完整程度将决定庭审制度能否达到庭审实质化的整体标准。

## 三、作为诉讼理念的庭审实质化

先进理念对立法和司法的指导是实现现代法治状态的关键因素,庭审实质化的实现也概莫能外。表面上看,庭审实质化的提出是为了追求理想的诉讼状态,从而引导诉讼制度的变革,但如果探寻制度实效的形成逻辑,则会发现最后促成庭审实质化的除了有制度的内在动力,还有实务操作者的价值追求。这个过程中不可忽略的就是潜藏于诉讼制度和实践而存在的,对立法者的制度选择和实务者的诉讼行为起到潜在和实际引导作用的诉讼理念。换言之,回到现实背后的理念问题,追求庭审实质化的状态和建构符合庭审实质化标准的制度的前提,就是认同和贯彻庭审实质化的理念。我国刑事庭审之所以在司法实践中出现形式化现象以及在法律文本中出现结构性缺陷,庭审实质化理念的缺失是其中一个重要原因。实际上,"庭审实质化"最初就是为了避免"庭审形式化"而提出的一种诉讼理念,这种理念也影响到了两次《刑事诉讼法》的修改,但未能在刑事诉讼实务中引起共鸣。

庭审实质化在长时间内未能成为诉讼学界和实务界经常提及的诉讼理念,一方面是因为庭审实质化的字面含义未能直接涉及刑事诉讼的核心价值,另一方面与公正审判的话语主导地位有关,公正审判理念一直是刑事审判乃至整个刑事诉讼所倡导的核心理念。但不少实务工作者对公正审判产生了片面的理解,最突出的问题是重实体公正、轻程序公正,认为只要保证案件的结果正确,程序具体如何运行并不重要;或者说,基于办案便利,按照实务中的"潜规则"和"隐形程序"行事,[②]只要能正确定罪量刑就无妨。殊不知,这种轻视正当程序和庭审功能的思维方式,反而不能保证对证据和事实的真实性进行准确查验,也无法获得民众的认同。因此,建立和夯实庭审实质化理念具有重大的理论和现实意义。首先,庭审实质化理念除了内含公正审判理念的精髓之外,侧重点更明确,突出强调庭审的独立价值以及审判改革的重心。庭审实质化理念要求实务工作

---

① 这里所说的庭上裁判,并不是指必须保证所有案件当庭宣判,在当庭难以作出判决而需择期宣判时,必须保证判决的依据和理由主要形成于庭审之上。

② 陈实:《我国刑事审判制度实效问题研究》,北京大学出版社 2015 年版,第 19 页。

者认识到庭审不仅是一个场合概念，或是一个解决纠纷的过程，而是公正司法的载体，以及刑事裁判正当性证成的重要一环。套用一句至理名言，“庭审必须被人信仰，否则它将形同虚设”，必须通过塑造庭审实质化理念，让实务工作者认识到庭审的重要作用，重视并正确对待庭审，当法律要求通过庭审查证事实和定纷止争时，就应当充分发挥庭审之功能。其次，庭审实质化不是一个明确指向某个改革举措的概念，不同改革者可能会设计出不同的发展蓝图，不同地区的情况差异可能导致庭审程序的发展程度和实践效果不同。无论制度是否最优化，制度是否能发挥实效，以及实践中的庭审能达到何种实质化程度，在面对纷繁复杂的现实情况时，唯有坚持庭审实质化理念，才能建立起对待庭审的正向态度，保证司法改革和实务发展向着庭审实质化的方向持续推进。

## 四、庭审实质化改革的路径选择

从诉讼状态、制度标准和诉讼理念三个角度对庭审实质化作出阐释，并非仅仅是对概念的再次梳理，还可通过提高认知的精度和深度，使人们更加理性地审视庭审实质化的改革方案，为庭审实质化的发展提供方法论上的指导。

### （一）应当渐进式地推进庭审实质化

我国曾试图通过将审判方式从审问式转向对抗式来实现庭审实质化，然而，受司法体制、文化背景、资源供给、司法技术等多方面因素的影响，我国刑事庭审只形成了对抗式的外观，尚未建立起稳定的对抗式结构，也未达到对抗式庭审的效果。增强庭审的对抗性对于庭审实质化的正向作用毋庸置疑，但仅仅增强形式上的对抗是无法起到实质推动作用的，况且此次转型忽略了庭审实质化的多个核心要素，因而最终收效甚微。

当下我国正经历第二次庭审实质化改革的浪潮，作为以审判为中心的诉讼制度改革的首要任务，庭审实质化的建设逐步受到各级法院的重视。其中具有代表性的是成都市两级法院的改革试点，重点在以下几个方面：设立“程序法官”，适度阻隔侦审联结；规范庭前会议，创设庭前会议报告程序；推行“两步法”排非程序，明确庭前说明和庭审调查的功能；强化关键人证出庭作证，充实法庭调查程序;强化当庭认证和当庭宣判。[①] 成都法院同时出台了有关人证出庭作证和庭前会议的操作规范,完善了一系列配套措施。总体而言,成都法院的庭审实质化改革取得了明显的效果,首先,试点的示范案件的证人、鉴定人、侦查人员出庭率和当庭认证、宣判率较非试点的案件有了明显提升;其次,庭审的高要求对控辩双方的庭审能力产生了倒逼效应;最后,试点改革对技术性规则的可操作性进行了检验。成效之外,改革试点也存在明显的局限性。以往刑事诉讼的试点改革主要是为了检验制度实施的有效性和可行性,而庭审实质化改革并非某项具体制度的生成与变革,其涉及权力运行、主体能力、外部保障和多个技术性规则,专项式改革很难将这么一个系统性的工程全面覆盖。[②] 试点案件的庭审效果较好,主要是因为专项式改革受到组织和领导的关注,参与试点的司法人员会特别重视示范庭的效果,如同一些在全国有较大影响力的案件,因为个案凝聚了关注的焦点而促使司法人员有选择性地做出改变,这样"刻意而为"产生的良好庭审效果并不能代表当前刑事审判的常态。另外,试点改革在"脚本"的指导下提高了证人出庭率、当庭裁判率等形式化指标,在外观上达到了庭审实质化的形态,但实际运行状态如何就不得而知。

试点改革以刑事诉讼制度革新为目标,属于一种创制新制度的法律改革活动。[③] 对于具体制度的试点改革而言,在得到实务推广和立法确认之后,改革目标就已经达到。而庭审实质化改革旨在打造和维持一个良好的刑事审判常态,可以说是属于对司法生态环境的改善,如同法治的发展,刑事审判整体状态的变化是一个日积月累的量变过程,不是某次决定或某次立法生效就能直接解决的问题。这里并没有否定试点改革对庭审实质化改革的作用,对于庭审实质化发展蓝图中的一些重要制度的变革,仍需要通过试点来检验改革方案的实效性。

---

① 成都市中级人民法院课题组:《成都法院刑事庭审实质化改革试点工作调研报告》,载《刑事审判参考》总第103集,法律出版社2016年版,第196～203页。成都市中级人民法院课题组:《庭审实质化改革:现状、问题及展望》,第九届中韩刑事司法学术研讨会论文集《庭审实质化及有效性问题研究》,第179～188页。

② 成都法院也明确指出,试点改革主要通过示范庭项目,在条件约束相对封闭的情况下推进改革,旨在探索在立法相对粗糙的情况下的纯技术性规则,改革主要是检验技术可行性及实施空间。参见成都市中级人民法院课题组:《庭审实质化改革:现状、问题及展望》,第九届中韩刑事司法学术研讨会论文集《庭审实质化及有效性问题研究》,第182页。

③ 郭松:《刑事诉讼地方性试点改革成功的必要条件》,载《政法论坛》2016年第1期。

只是相较于整个庭审实质化的宏观发展战略而言，试点改革只能作为这个过程中采用的一种方法，而非主要路径。

基于现实主义的考量，渐进式地推进庭审实质化应当是最优路径选择，因为至少有三个重要因素决定了庭审实质化无法在短时间内取得突破性进展。首先是制度供给不足及补充的缓慢性。如前所述，庭审实质化需要优质的制度资源，在目前立法文本合理性和精密性不足的情况下，改革者只能在合法的框架内寻求向前发展的空间，这也造成了地方性改革探索的局限，只能从逐步的技术性改良走向制度性变革。[①] 当制度面临重大变革的节点时，也可能因为各权力部门之间的博弈而延缓步伐。其次是参与主体技术素养的欠缺及提升的缓慢性。即使是在现阶段庭审形式化为审判常态的情况下，也会有不少案件出现高质量的庭审，其中除了部分因关注度和上级压力而得到认真对待的庭审外，参与庭审的主体技术素养成为决定庭审质量的关键因素。目前我国的实际情况是，大部分法官、公诉人和律师的技术素养无法达到理想庭审实质化的要求，纯粹的诉讼技能和坚守立场的独立人格都有所欠缺。诉讼技能的提升需要结合理论教育和实战锻炼，对于大多数实务工作者而言，这注定是一个渐进的改变过程；人格的培育同样需要长期的教育和培训，同时也受到整个司法环境和氛围的影响，我国司法办案个体的素养状况可以说是司法体制的客观产物，需要制度环境的协调契合才能逐渐改观，[②]这同样是一个长期的过程。最后是理念的缺失及塑造的缓慢性。认同和贯彻庭审实质化理念是庭审实质化持续向前发展的动力。然而，由于观念文化是文化复式结构中较深层次的内容，具有内隐性、连续性和群体差异性，相对于制度文化，它的变革只能是渐进式的，而不能是断裂式的。[③] 制度发展、技术素养提升和理念培育的渐进性决定了我国只能选择渐进式推进庭审实质化的改革路径。

渐进式推进庭审实质化是符合事物发展规律的路径选择，因为庭审实质化从向前发展到实现最终改革目标将是一个从量变到质变的渐进过程，不可能一蹴而就。在这个逐步向前推进的过程中，最重要的是确保庭审实质化建设持续向前发展，所以，这需要持续关注和准确判断实践效果。前文已经论及，对庭审

① 龙宗智：《论司法改革中的相对合理主义》，载《中国社会科学》1999 年第 2 期。

② 李奋飞：《我国刑事诉讼制度持续发展因子探析》，载《法商研究》2016 年第 5 期。

③ 王新清、李蓉：《技术推进与诉讼观念变革》，载《中国刑事法杂志》2005 年第 5 期。

实质化与否以及何种程度的最严谨的判断只能诉诸实践中个案的诉讼状态，只能是对个案做到精确分析。虽然对于整体的评价往往需要且可以以多个个体的评价为基础，但也没有一个确定的答案可以回答“我国刑事诉讼是否实现了庭审实质化”这样的问题，只能回答“是否达到庭审实质化改革的目标”或“庭审实质化是否向前发展”，因为无论何时，都会存在庭审形式化和庭审实质化并存、庭审实质化程度高低不等的现象。因此，我们只能根据刑事审判整体状态的变化判断庭审实质化建设是否持续向前发展。改革的目的总是应该让事情变得更好，这也意味着必须要有一定的指标来评估区别什么叫作比现况更好、与现况相同或者比现况更糟。[①] 随着时间的推移，庭审形式化的案件比例下降，庭审实质化的案件比例增加；在庭审实质化的范围内，庭审实质化程度较高的案件比例持续增加，以及庭审的质效指数上升，[②]这些都可以说明我国刑事审判的整体状态在持续提升。

(二)确立庭审实质化的基本理念、制度目标和底线标准

在明确渐进式的改革路径之后，我们可从诉讼理念、制度标准和诉讼状态三个角度进一步思考推进庭审实质化的具体方法。

确立庭审实质化的基本理念对于持续向前推进庭审实质化的重要性毋庸再言，其关键在于扭转阻碍庭审实质化发展的落后观念。从过往经验来看，行政控制的决策观、卷宗为主导的证据调查观、查证事实的一元目的观对庭审实质化构成很大的阻碍。行政控制的决策观导致司法行政管理者和亲历审理者都认为，司法行政管理者对事实裁判过程的干预是很正常的，甚至是理所当然的；卷宗为主导的调查观导致审理者查清事实主要依赖卷宗，而非庭审，相比于庭审过程的

---

① Antony Duff & Lindsay FARMER & Sandra Marshall eds., *The trial on trial. Part 2: Judgement and calling to account*, Oxford: Hart., 2006, p.39.

② 对庭审实质化发展情况的评价主要是通过对司法体制环境、制度理性以及实践情况的定性和定量分析。其中对实践情况的定量分析占主导地位，具体包括对整体情况和个体情况的量化。针对整体情况，可以按照重要程度的不同设计不同等级的指标，并明确每个指标的权重分配，在问卷调查和数据统计的基础上得出当前阶段庭审的整体质效指数。对个体情况的量化，主要是通过观摩庭审、分析庭审笔录和判决书等方法，最后同样通过指数计算对个案的庭审情况进行评判，确定该案庭审实质化的程度。通过抽样对多个案件进行个体量化分析，同样可以对庭审实质化的总体发展情况作出判断。鉴于本文的研究主题，这里不重点分析如何评估庭审实质化。

不稳定性，他们更相信卷宗记载的文字；查证事实的一元目的观导致审理者将查清事实作为绝对重心，从而忽略了庭审对于保障辩护权的基本作用。总而言之，裁判一方的固有观念对庭审效果的影响最大，目前的问题可以归结于一点，就是前文提到的没有认识到庭审的作用，没有重视庭审的功能发挥，转变的方向也很明确，就是要求参与诉讼的各方认真对待庭审，树立庭审中心、严格司法的庭审实质化理念。当然，培育理念并非一朝一夕之功，自身的进取、媒体的倡导和外部的监督缺一不可，庭审实质化理念的形成也非单一的过程，它和参与主体技术素养的提升、制度环境的改变都是相辅相成的。

技术性的制度改革作为庭审实质化建设的重要环节，往往受到司法体制和环境因素的直接影响，庭审实质化改革的实效也因此饱受质疑。法治环境、司法权配置、诉讼格局等外部因子的确对庭审实质化发展的深度有较大影响。但需认识到，技术问题和体制问题是两个相对独立的问题，不能因为体制改革的困难而因噎废食，从而认为受到体制的掣肘就难以在庭审实质化的改革上实现突破。我们可以从逐个庭审制度体系的局部细节着手，通过技术性的制度改造逐步带动体制性的变革，而只要把握好度，不过犹不及，纯粹的制度层面的技术性改革也完全能取得向前发展的结果。当然，这种牵扯多方面因素的司法改革，光在技术问题上下功夫是不够的，只是说在现阶段体制性改革的展开存在重重阻碍的情况下，可以先把重心放在具体制度、技术的完善以及理念的推广，这样至少可以直接指引或潜移默化地影响庭审各方的诉讼行为和思维。所以说，当前推动庭审实质化的着力点仍然是制度的改革和完善，鉴于这个过程的艰巨性和漫长性，我们应当先以庭审实质化的标准设定目标，然后逐步改良和完善庭审制度体系。庭审实质化的整体标准要求形成一套完备的证据调查及事实认定机制、权利保障机制和当庭裁判机制，并且三者之间可以相互协调和平衡。以局部标准为各项子制度完善的目标，至少应涵盖几个主要板块：能够有效整理争点和解决程序争议的庭前准备程序；能够保证证据调查充实、精细、可操作的庭审调查程序，具体涉及举证、质证制度、交叉询问制度、证据异议制度等；能够切实激励、保障和推动证人、鉴定人等相关人证出庭的机制；能够推动“由审理者裁判”和当庭裁判的合议和判决程序；能够保障辩方充分参与庭审、增强控辩对抗和提升质辩效果的有效辩护机制；能够限制卷宗材料运用的证据能力和证明力规则；能够对庭审起到监督作用并对判决提供必要信息的规范化庭审笔录制度。

针对实务中面临的错综复杂的情况，我们有必要明确庭审实质化的底线标准，即个案庭审必须达到的基本状态。确立庭审实质化的底线标准有多重意义：首先是明确庭审实质化和庭审形式化的分界点，有助于正确评价个案的诉讼状态；其次是认可庭审存在最低限度的公正要求，即杜绝庭审形式化，就此可以针对庭审形式化设立审判无效制度；再次，敦促和指引实务运作维系最基本的正当性，减少实践中的庭审形式化现象；最后，体现对现实的尊重和包容，避免对实践情况一味否定。总体上看，一旦庭审形成实质性的法庭调查和控辩对抗，并主要通过庭审活动形成判决，就可以认定达到庭审实质化的底线标准。具体而言，其需至少同时满足这几点要求：在法庭调查和辩论阶段，应保证控辩双方围绕证据和事实争点充分发言；保证有争议的必要证人出庭作证，无法出庭的必须确有正当理由；审委会、专家法官和院庭长对案件的讨论只能作为建议，最终裁决由审理者在非强制的情况下作出；在判决书中对控辩双方在庭审中重点发表的质辩意见作出回应。在确立庭审实质化底线标准的同时，我们必须清楚地认识到，底线标准不是折中的选择，也不是为实践所提倡之标准，更不是庭审实质化改革追求的目标，而是对客观情况的宽容和妥协。在坚守底线要求的基础上，我们应努力追求更高程度，直至理想层面的庭审实质化。

# 我国刑事发回重审制度的改革和完善

郭 倩*

**摘要**:由于我国长期以来"重实体、轻程序"传统思想观念的影响,我国司法人员一直缺乏程序正义、无罪推定等观念,这对在发回重审制度中贯彻上诉不加刑原则造成了障碍。而我国对该制度的立法规定存在一些缺陷,导致了在实践中二审法院滥用权力推诿责任的情形屡有发生。为完善我国的刑事发回重审制度,在思想上应树立人权保障、程序正义以及有利于被告人原则的理念,在制度设置上通过严格限制发回重审可以加刑的情形,重新界定发回重审的理由,且明确规定发挥重审的次数及期限。此外,应设置发回重审的当事人选择权,废除再审程序的发回重审规则。

**关键词**:二审发回重审;司法实践;改革完善

## 一、我国刑事发回重审的问题缘起

发回重审制度是指上级法院认为下级法院的判决、裁定事实不清、证据不足或者认定的事实错误或违反法定程序而裁定撤销原判,将案件发回原审法院重新审判,由其另行组成合议庭进行审理的制度。它的设立是维护当事人合法权益而进行的补充性救济。考虑到原审法院对案件的情况掌握得比较全面,同时也便于当事人行使诉讼权利,其可实现司法效率和司法工作的良好平衡,同时也有助于上级法院监督和督促下级法院提高审判工作质量,从而更好地惩治犯罪,维护社会秩序。《中华人民共和国刑事诉讼法》(以下简称《刑事诉讼法》)设置发回重审制度的目的在于强化原审人民法院的审判职能,加强上级法院对下级法

* 作者系四川省妇女联合会干部,法律硕士。

院的监督,纠正一审判决中的错误,维护刑事司法的统一,并给予被告充分救济的机会,维护当事人的合法权益。发回重审制度是上级法院对原审法院的审判过程和审判结果的否定,直接后果是原来已审结的诉讼活动归于无效,需要按照法定程序,重新进行审判活动;发回重审制度的设立实质上体现了立法者的一种对诉讼程序的关怀,是现行《刑事诉讼法》中唯一的程序性制裁方式。其体现了刑事诉讼由工具主义价值观向多元价值观的转变,结束了我国长期以来"重实体,轻程序"的法律传统观念。① 我国刑事诉讼中的刑事发回重审制度存在于第二审程序、审判监督程序和再审程序中。第二审程序中的发回重审制度是最具代表性的。笔者将着重讨论第二审程序中的发回重审制度。作为刑事诉讼中的一种程序"回流"现象,二审发回重审是上级法院基于一定的事由,通过一定的程序,撤销下级法院的未生效裁判,并将案件打回原审法院重新审判的司法活动。有学者认为,对原判决认定事实错误或认定事实不清、证据不足的,二审法院可以直接作出裁判,没有发回重审的必要;对原判决违反法定程序,无论是否影响案件的正确判决,应该一律发回重审。② 有的学者认为,刑事诉讼中的发回重审制度有悖于现代诉讼理念,在法理基础和社会原因上存在缺失,应当废除发回重审制度,而以上诉审直接改判予以取代。③

发回重审制度的争论势必引出一系列的关于发回重审的实践问题的探讨:第一,与上级法院直接审判相比,发回重审可能需要投入更多的司法资源;第二,与上级法院直接审判相比,发回重审可能造成诉讼活动的时限延长;第三,发回重审会给当事人尤其是被告人带来更多的不利;第四,上级法院否定下级法院的结论,由此可能造成后者对前者反感或者产生逆反心理;等等。既然如此,为何立法者还要设立发回重审制度呢?要回答这个问题就必须研究和明确发回重审制度的法理基础。

## 二、刑事发回重审制度的法理基础

刑事二审发回重审制度对于刑事诉讼程序而言,并不是必经程序,只是刑事审判程序的例外。它既不是二审审判机关对案件的一种审理方式,也不是单独

① 谢满根:《论我国刑事发回重审程序性制裁》,载《新余高专学报》2006年第3期。

② 田平安:《程序正义论》,载《现代法学》1998年第2期。

③ 徐静村:《21世纪中国刑事程序改革研究》,法律出版社2003年版,第139页。

的一种审级制度，而是二审法院对一审未生效的判决、裁定的一种处理结果，是二审法院对一审法院案件的审理过程和结果的否定。

第一，有权作出发回重审决定的主体特定。发回重审是基于上级法院对下级法院的审判监督职能作出的，是上级法院对下级法院作出的未生效的判决、裁定的一种处理方式，只有对该案有管辖权的原审法院的上级法院才有权利使用这种裁判方式。除此之外，其他司法机关均无权行使。同时可以看出，发回重审的裁定都是法院依职权作出的，法律没有赋予当事人程序选择的权利。

第二，发回重审的客体特定。发回重审的裁定职能针对下级法院已经审理完结并作出裁判的案件。发回重审是针对一审尚未生效的判决作出的二审裁定，二审法院不能对未上诉或抗诉判决适用发回重审的裁定。

第三，发回重审的效力特定。凡是被上级法院裁定发回重审的案件，原审法院作出的判决、裁定即归于无效，原审法院必须按照法定程序重新审理案件，并作出新的裁判。原审人民法院对于发回重新审判的案件，应当另行组成合议庭，依照第一审程序进行审判。当事人对于重新审判后的判决仍可以上诉、抗诉。

第四，发回重审的原因、程序法定。上级法院对下级法院审理的案件进行审理时，只有该案件符合发回重审的法定条件时，上级法院才能作出发回重审的裁定。其他任何法律没有规定的原因都不能发回重审。

第五，发回重审必须以裁定的方式作出。发回重审是二审法院针对上诉案件采取的一种程序性纠正措施，对实体问题并不涉及，不解决实体问题，因此发回重审是以裁定的方式由二审法院作出。

第六，受理发回重审的法院的审理方式特定。案件被上级法院发回重审后，原审法院必须按照第一审程序对案件进行审理。原来所认定的事实和审判程序均归于无效，不能直接运用于重审之中。受理发回重审案件的法院为原审法院，但审判组织不能再对该案件进行审理，审判组织必须是原审法院重新组成的合议庭。

## 三、重塑我国刑事发回重审的理念

### (一)树立保障人权的司法理念

发回重审制度的改革需要遵循一定的价值，保障人权就是刑事司法改革的基本价值。刑事司法改革在保障人权的前提下追求公正、效率、平等的实现。在国际范围内，公正的内涵已经逐渐明确，那就是要保障和维护人权，维护人的尊严。维护基本人权不仅仅是公正的内涵,而且成为衡量公正的评价标准,也是公正的目的。扩大到司法改革整体,或者社会生活的方方面面来看,保护人权都是这个时代的价值取向和共同追求。刑事司法改革中的保障人权是极其重要的,只有在刑事活动中的人权得到了保障,各个个体乃至整个社会才是安全的。[①]然而,在我们的司法实践中,我们的法院却常常因为自己严重违反法定程序而将案件发回重审,即法官犯错误,当事人背黑锅,这不仅对被告人不公平,还违反了责任主义的原则;不仅有违程序的公正,也有悖于实体的公正,因为在一审法院违反诉讼程序的情况下,发回重审尽管对原审法官来讲也是一种不利的后果,但在实质上,我们的一审法院只是承担了撤销原判,重新组成合议庭审判的后果,而真正的不利后果如"羁押期限的延长""双重危险"和"状态未定的苦楚"等严重侵害被告人人身权利的事情,都由被告人承担了。[②] 在合理规制和完善我国刑事发回重审制度时,我们应把保障人权放在首位,通过一系列的具有可行性的司法制度、体制、规定和观念的改良,从而实现司法独立和提高司法效率,实现司法公正,使人权得到保护。

(二)树立程序正义的司法理念

程序公正与实体公正共同构成了正义的两块基石,两者犹如人的左右腿,相辅相成,缺一不可,共同推动着社会文明法治的进步和发展,"诉讼制度真正永恒的生命基础在于它的公正性"。[③]

程序公正有其独立的价值,它本身体现出民主、文明、法治和人权的精神,并不依附于实体公正的实现而存在。这个独立价值的核心在于文明司法、维护程序人权、追求诉讼公正和效率的实现。诉讼公正是诉讼最根本的要求,也是提高诉讼效率最重要的前提,诉讼效率本身包含着公正的含义,只有公正的诉讼才是最有效率的,因此,我们要着重强调程序正义,以保证法官公正行使权力,并保障实体正义,更好地维护好各方当事人的权益。[④] 在改革和完善发回重审制度时,我们要建立好发回重审中的程序正义价值。对发回重审的标准应确定统一,减少法官自由裁量的空间,防止司法权的滥用。每个人在程序上都是公正、公平

① 左卫民、周长军:《刑事诉讼的理念》,法律出版社 1999 年版,第 121 页。

② 陈瑞华:《刑事审判原理》,北京大学出版社 1991 年版,第 163 页。

③ 何家弘:《刑事司法的十大发展趋势》,载《人民检察》2005 年第 2 期。

④ 陈瑞华:《论程序正义价值的独立性》,载《法商研究》1998 年第 2 期。

的，防止同样的案件适用不同的审判程序。在程序上，我们同样要体现司法权威，实现司法终局性，维护法律秩序的稳定性。然而，虽然当前我们在审判方式改革中不断强调程序正义，但在现阶段程序意识淡薄的环境下，对发回重审的标准和理由规定不明确，赋予了法官较大的自由裁量权，甚至有的法官借“自由裁量”之机滥用程序权力，导致发回重审程序的不确定性和随意性，对同类型的案件作出不同的处置，不但使下级法院无所适从，而且让当事人也莫名其妙，有损诉讼程序的严肃性。同时，法律规定的“或发回重审或改判”的选择性程序规定，使诉讼程序缺乏统一性和稳定性。

诉讼活动自然要追求实体正义，但也不能忽视程序正义，不能让诉讼无限制地进行下去，需要在一定期限内完成；对于判决来讲，判决一旦生效，就需要保持稳定性和确定性，当出现发回重审的事由时要必然引入发回重审程序，避免选择性程序所带来的不公正性，造成同种情况的案件一个发回重审，一个改判，这对案件的当事人来讲即受到了不平等的对待："迟来的正义是不正义的。"①在完善发回重审制度时，我们更应该多关注诉讼效率，在保证办案质量的基础上，不断提高办案效率，使得案件能够及时、合理的解决，保障当事人的合法权益。

(三)树立有利于被告人原则的司法理念

树立有利于被告人的原则，正是深入贯彻上诉不加刑原则的要求。在我国，对于程序违法的问题(其中很多情况下是在实体审判中司法人员的为非导致的程序违法)，仅仅是一条发回重审的规定，对法律机关而言，没有其他的不利后果，然而，却让被告人承担了所有的不利，尤其是通过延长审理期限而延长其羁押的期限等方式，严重侵害了其合法权益。② 在英美法系，发回重审作为禁止双重危险的例外，必须是出于社会公正的需要，对被告加刑更是被法官严格控制的。大陆法系国家严格贯彻上诉不加刑原则，法国、日本，以及我国台湾地区只承认有利于被告人的再审。由此可见，一个法治成熟的国家，必然将被告人的权益保护放到一个至高的位置加以保障，这也是一个理性的、文明的、法治的社会应有的人文关怀。

结合我国的具体国情和客观的司法现实状况，笔者认为我们应该坚持以下几点：第一，只有在发现有新的犯罪事实和新的证据的情况下才作出发回重审的

① 陈卫东：《程序正义之路》，法律出版社 2005 年版，第 504 页

② 马贵翔：《刑事司法程序正义论》，中国检察出版社 2002 年版，第 93 页。

决定,并且经过重审后,如果没有发现新的事实和证据,重新判决不得加重被告人的刑罚。经重审,如果发现新的犯罪事实与证据即发现原判决所没有认定的犯罪事实,则可谨慎地加重被告人的刑罚。第二,鉴于最高院司法解释中关于"认定事实没有错误,只是量刑过轻的案件不得发回重审,应当在二审判决、裁定生效后,按照审判监督程序重新审判"的明确规定,对这种情形我们的法院不能以其他理由发回重审,也不可以提起再审加重被告人刑罚。第三,在因程序违法而发回下级法院重审的情况下,不得因审级变更等其他理由加重被告人的刑罚,否则发回重审永远摆脱不了并且事实上就是有"变相加刑"的倾向。就我国而言,在构建发回重审制度以及整个救济程序的实施过程中,被告人的利益应该被置于首要考虑的地位,这也是救济程序存在的意义所在。现阶段,因程序违法侵害被告人的权利正在受到越来越多的关注,再审、发回重审中贯彻有利于被告人原则将是刑事司法改革努力的方向。我们只有树立了有利于被告人的原则,才能够在实践中深入贯彻上诉不加刑的原则,才能将我们保障被告人人权的责任落到实处,向文明司法、公正司法的社会主义法治国家迈进。

## 四、我国刑事发回重审制度的重构

### (一)严格限制发回重审可以加刑的情形

对发回重审的案件能否加刑的问题,我国《刑事诉讼法》没有做出明确的规定,而学界对此也是众说纷纭,莫衷一是。其中有两种截然不同的观点:一种观点认为,此类案件的重审不适用上诉不加刑原则;另一种观点认为,此类案件的重审应当适用上诉不加刑原则。[①] 对于这个问题,笔者认为,讨论发回重审案件能否加刑的问题,不能一概而论,而应坚持具体问题具体分析。因为如果明确规定上诉可以加刑,这必然是对上诉不加刑原则的重大背离;如果规定不可以加刑,则违背了我们的"有错必纠"的刑事政策。因此,对于这一问题,我们应该从更宽广的视野出发,根据发回重审案件的特点、国家设立发回重审制度的目的以及当前的司法现状来分析一审法院对发回重审的案件(包括由被告人引发而被发回重审的案件和由有权机关引发被发回重审的案件)能否加刑问题。对只有被告人上诉的案件,重审后禁止作出不利于被告人的变更。这是上诉不加刑原

---

① 尹国荣:《刑事二审发回重审制度之重构》,载《湖南冶金职业技术学院学报》2004 年第 3 期。

则的基本要求。自诉案件二审出现"事实不清、证据不足"的，驳回起诉。但是对二审法院而言，必须在其开庭审理后才能作出"事实不清、证据不足"的判决。如果二审法院经过开庭，根据已有证据能够查清事实，就应当直接改判，不能发回重审；根据已有证据不能查清事实或者出现了足以影响判决结果的新证据时，可以裁定"撤销原判，发回重审"，但次数仅限一次，避免因发回重审而陷入无限循环诉讼的怪圈。对发回重审的次数加以限制是终结循环诉讼的良策。对只有被告人上诉的案件，重审后禁止作出不利于被告人的变更，有利于上诉不加刑原则不被架空。

原则上来说，对于一审法院违反诉讼程序的案件，上级法院发回一审法院重审时，一审法院重审后的判决不得加刑。这是贯彻上诉不加刑原则的根本精神，也是维护被告人权益的需要。但是，对于上级法院因为发现了新的事实而发回重审的案件，一审法院重新审理后，认为事实确实发生了变化的，则可以加重刑罚。具体来说，重审后犯罪事实发生了变化导致加刑主要包括以下几种情形：第一，检察机关指控两个或两个以上种类的犯罪事实，原审法院只认定其中一部分，重审时在检察机关指控的范围内，法院认定了比原审更多的犯罪事实且证据确实充分，在这种情况下，一审定一罪，重审可能定两个以上的犯罪，量刑可以加重。第二，检察机关指控同一种类的数个犯罪事实，原审法院只认定其中一部分犯罪事实，重审时在检察机关指控的范围内，法院认定了比原审更多的犯罪事实，且证据确实充分，在这种情况下，一审定一罪，重审也定一罪，但量刑加重了。第三，检察机关指控一种较重的犯罪事实，原审法院认定较轻的犯罪事实，重审时法院认定了检察机关指控的较重的犯罪事实，这时也可以加重被告人的刑罚。只有对重审案件能否加刑做出明确的法律规定，才能合理规范法官裁量权的行使，使其将"有错必纠"的刑事政策目标与贯彻上诉不加刑的原则紧密结合，进而达到保障被告人人权的目的。

### （二）重新界定发回重审的理由

第一，"事实不清"的案件应当直接改判。"事实不清"本来就是一个极其含糊的任意性描述，法律对何为"事实不清"没有作出具体的解释，这无疑给法官留下了极大的裁量空间，导致二审法院往往利用这种法律规定的漏洞推卸责任，滥用发回重审，造成司法资源的浪费。[①] 因此，法律应当规定，对于"事实不清"的

① 王幼君：《我国现行发回重审制度评析》，载《广东广播电视大学学报》2006 年第3 期。

案件,二审法院应该自己查清问题,自为判决,而不得将案件发回重审。由于我国的刑事救济程序实行的是全案复审制,即要全面地审理案件的事实和法律问题,这不同于其他国家上诉法院只审法律不审事实的规定,有利于从整体上把握案件,作出合理的判决。

第二,废除"证据不足"这一发回重审的理由。我国《刑事诉讼法》第 12 条明确规定:未经人民法院依法判决,对任何人都不得确定有罪。这条内容吸收了无罪推定原则的合理内涵,是我国 1997 年《刑事诉讼法》修正的重大进步,正式确立了疑罪从无原则。根据这一规定的精神,检察机关对于补充侦查的案件,认为证据不足、不符合起诉条件的,有权作出不起诉的决定;法院合议庭经过开庭审理,认为案件事实不清、证据不足,不能认定被告人有罪的,应当作出证据不足、指控的犯罪不能成立的无罪判决。因此,作为保障人权的一项基本原则,同时根据我国立法的精神和司法原则,上诉审法院遇有据以认定被告人有罪的证据不足的情况,经过法庭审理活动,应当依法直接确认指控的犯罪不能成立,作出被告人无罪的判决。"这是解决中国目前几乎达到普遍化的上诉审法院无限制地发回重新审判问题的必由之路。"

第三,对于"有新的犯罪事实、新的证据,或者要追加犯罪嫌疑人"以及"严重违反法定程序,可能影响审判公正"的情况,应当发回重审。这么规定的原因,主要是出于以下几点考虑:一是二审虽然是全面审查,但是二审法院的审判范围一般着重于上诉和抗诉的范围,即使进行全面审查,也不能超越判决书的内容进行全面审判。因此,这种情况将案件发回重审,有利于原审法院查明事实,实现实体公正。二是为保护被告人的审级利益。我国是两审终审制,如果在一审法院认定的事实之外,追究新的犯罪事实或者新的被告人,剥夺了新的被告人或原被告人就新的犯罪事实进行救济的机会。然而,需要特别注意的是,经过重审后,新认定的事实同原判决相一致,即没有发现新的事实和证据,重新判决不得加重被告人的刑罚。这是贯彻上诉不加刑原则精神的要求。但是,经重审,如果发现新的犯罪事实与证据即发现原判决所没有认定的犯罪事实,则可依法加重被告人的刑罚,可以不受上诉不加刑的限制。

另外,我国应该建立发回重审的说理制度。司法实践中,上级法院审理二审案件裁定发回重审时,一直沿用另附内部函的做法,在发回重审裁定书中不具体写明发回重审的具体理由和对重审所要解决问题的具体要求,发回重审的案件原审法院都从头开始。重审程序需要推翻原审判确定的事项,而且由于当事人不了解上诉法院的意见，因而极容易刺激其再次上诉，实践中重复上诉率很高。由于事实问题被几次重复审理后每一次结论都不相同，动摇了当事人对司法的信任。因此，我国应当取消“内部指导函”，除合议庭合意外，将发回重审的理由、法律依据和需要调查查明的事实等明确写入发回重审的裁定，使一审法院能准确地知晓错误原因，便于纠正和惩前毖后，也让当事人清楚明白。“阳光下”诉讼是公开审判的客观要求和重要保障，同时也有利于减少上诉上访率，提高被告人的服判率，增强司法公信力。

（三）明确规定发挥重审的次数及期限

我国现行《刑事诉讼法》并没有对发回重审的次数进行限制，只要二审法院认为具备了《刑事诉讼法》规定的发回重审理由，均可以将案件发回重审，这显然更多地考虑查明案情的实际需要，而忽略了发回重审适用上的正当性和合理性。当然，将案件发回重审也许的确有利于查明案件事实，毕竟原审法院离犯罪地较近，也便于当事人、证人出庭。不作次数限定出现的问题不仅仅是被告人羁押期限的相应延长，还有循环审判这样一个可怕的后果，这不仅有悖诉讼价值和诉讼目标的实现，最终造成诉讼效率低下，也使被告人成了司法专横的客体。① 因此，法律必须对发回重审的次数进行限制。自然科学规律表明，物质最终的洁净程度与过滤次数不成正比，而是决定于滤的性质。笔者认为，对发回重审的次数也应在立法上予以限制，发回下级法院重审一次即可。因为二审法院审查发现一审判决存在发回重审的事由时，给予一审法院一次重审机会，一审法院就应当充分利用这一次重审机会注意到问题的存在而加以纠正，如重审仍不能查清案件事实、充足证据或纠正程序违法等问题，新的判决作出后，当事人仍然不服而提起上诉，则表明重审存在的问题在一审不能解决，或不能纠正原裁判的错误。在这种情况下，即使给予再多的重审机会也无济于事，反而不能迅速解决争议，导致诉讼成本的成倍增加、诉讼效率低下，也不利于充分保护被告人的合法权益。因此，对于已经发回重审的案件，重新审判后又被上诉、抗诉的，二审法院应当直接改判，不应再将案件发回重审。在刑事诉讼立法中规定发回重审的，同一案件只能发回一次，重审后继续上诉的，二审人民法院应当依法改判；对同一案件进行再审的，只能再审一次；规定指令下级人民法院再审的，只能指令再审一

① 薛琳泉、胡德华：《发回重审应规定次数限制》，载《河北法制日报》2004 年 2 月 12 日第 3 版。

次。具体设想如下。

第一,二审法院发现侦查阶段以及审查起诉阶段存在违法行为,足以影响到对案件事实的认定,而这些违法行为又是原审法院可以而且是应该发现的,应该裁定撤销原判,发回原审法院重审,以促使原审法院行使好事后监督职能,弥补侦查程序以及审查起诉程序缺乏司法审查机制的不足。

第二,扩充法定发回重审的违法事由,具体包括:原审法院违反了法定的审判管辖要求、原审法院违反了回避制度、案件应该公开审理而原审没有公开审理(技术性错误除外)、原审法院合议庭组成不合法、原审法院非法限制或者剥夺了被告人的辩护权、原审法院对于应当排除的非法证据没有排除、原审判决书没有说明判决理由或者说理过于简单甚至互相矛盾。

第三,对于裁量性的其他需要发回重审的情形,应该征求与发回重审关系最密切的被告人的意见,被告人不同意发回重审,希望二审法院直接改判的,由二审法院直接审判,不再发回重审。

第四,二审法院对符合条件的案件发回重审时,应该发交与原审法院同级的其他下级法院,案卷卷宗应发回与重审法院同级的人民检察院,这样能避免重审法院对案件产生预断,保证重审案件的质量。次数仅限于一次。二审法院发现下级法院在重审审判时仍然存在严重的程序错误的,不再发回重审,而应该自行改判。

另外,由于法律明确规定发回重审按照第一审程序审理,所以,对于发回重审的期限,也应当遵循一审普通程序的审理期限以及延长期限经上级法院审批的相关规定。

(四)明确发回重审采用普通程序审理

发回重新审理案件的审理方式,即原第一审人民法院审理发回重新审理案件的方法和应当遵循的顺序。它不是一个单纯的形式问题,还关涉诉讼参与人尤其是当事人的诉讼权利与司法公正,并最终影响到审判任务的实现。① 因此,明确对二审发回重审案件的审理方式是十分必要的。根据我国《刑事诉讼法》第239条规定,原审人民法院对发回重新审判的案件,依照第一审程序进行审判。人民法院初次审判的公诉案件的第一审程序分为普通程序和简易程序。我国人民法院初次刑事一审既有完整的普通程序,也有简易程序,此外还有属于一审普

① 陈光中:《刑事诉讼法实施问题研究》,中国法制出版社2000年版,第78页。

通程序的简便审方式和被告人认罪审方式。二审发回重审本身已暴露出一审人民法院在初次审理这些案件时出现了某些程序或实体方面的问题，所以，发回重审绝不能与公诉案件初次一审等同。因此，笔者建议法律进一步明确规定：凡是发回重审的案件，无论初次一审时适用了哪一种程序或方式，均必须一律严格依照我国《刑事诉讼法》第三编第二章第一节普通程序的规定进行重新审理，不得适用简易程序、简化审方式或认罪审等方式审理。

另外，对于再次提起的上诉，应规定二审法院应当开庭审理。我国《刑事诉讼法》第 240 条实际上规定了两种审理方式：开庭审理的方式与不开庭审理方式。由于法律对于发回重审的规定过于笼统，在司法实践中，二审案件中除了抗诉案件因法律明确规定必须开庭审理外，人民法院对第二审刑事案件一般都以"事实清楚"或"事实没有改变"为由采取书面审理，只是对案件进行初步审查后，即作出发回重审的裁定，这显然与法律规定上诉案件只有在事实清楚的情况下才可以不开庭审理的有关规定相违背。

刑事二审程序的目的主要不是为了追诉被告人，而是为刑事被告人再次提供公正审判的机会。对于已经发回重审的案件，上诉人对一审判决提出上诉已经表明他对一审的公正性不够信任，希望通过参与二审程序，在二审法庭上充分表明自己的观点。如果二审法院不能在法庭上充分听取其意见而直接下判，甚至以一纸裁定又将案件发回原审法院重审，对上诉人寻求公正审判的心理是一个打击。这剥夺了当事人尤其是被告人的诉讼权利，即使判决结果事实上对被告人有利，也难以使他接受。审理重审上诉的二审合议庭应另行组成。案件经过重审后，如当事人仍不服一审判决而上诉，二审法院应另行组成合议庭。不论一审法院的判决与前次是否相同，再次上诉后，二审法院都应另行组成合议庭，不应使限制一审法院的条款不适用于二审法院。因此，笔者认为，对于发回重审后再次上诉的案件仍应该严格规定必须开庭审理，以更好地保护当事人的合法权益。

(五)设置发回重审的当事人选择权

我国刑诉法中的发回重审，只有"发回原审人民法院重新审判"一种方式，会带来以下问题：一是对于原审法院来说，既然作出"错误"的一审，表明其对案件有自己的认识，这就好比病人充当自己的医生，达不到预期的效果；二是不排除原审法院法官"报复"，上诉人在上诉过程中对原审法院或法官的批评，使法官在案件重审中缺乏中立性；三是原审作出原有判决可能基于某方面的某种干预，这时“发回”重审,又重新回到“干预”所及之域。如果发回重审的受理法院仅为“发回”原审法院,而我们将可能受到干预的案件发交给原审同级的其他法院,则可有效地避免这些问题。与我国不同,大陆法系许多国家的刑事发回重审制度都普遍规定有“发回与原审同级的其他法院重审”的方式。我们认为,立法对此应加以完善,授权上级法院在征求当事人意见后有对发回地的选择空间,发回到与原审法院同级的另一法院或发回到原审法院另组合议庭。

重审定位为纠错程序,既然是纠错,则针对的是原审中的错误,法院应当改变传统“全部推倒,从头开始”的做法,当事人在原审中未提交审理的问题,重审程序不予审理;二审裁定中未指出错误的问题也不在重审范围之内,以最大限度地节约诉讼成本,彰显司法公正。坚持以人为本,对于一审诉讼程序有重大瑕疵的案件,法律规定应当发回重审时,当事人应有权自主选择适用二审程序审理还是发回一审法院重审。因为每个人都是自己权利的最佳维护人。选择适用二审程序审理,是当事人放弃了自己的审级利益,却免予遭受状态迟迟不能确定的苦楚;选择发回一审法院重新审理,则使自身权利的保护又多了一次机会。尊重当事人对公正与效率的平衡选择,更有利于找到公正与效率兼顾的良好结合点,这也是尊重程序自由价值的体现。

(六)废除再审程序的发回重审

根据《刑事诉讼法》第 236 条规定,人民法院提审或按照第二审程序再审的案件,如果原判决、裁定认定事实不清或者证据不足的,可以裁定撤销原判,发回原审人民法院重新审判。按照该规定,上级法院在二审的再审程序中可以启动发回重审,将案件直接转入一审程序,由一审法院来重新认定案件事实和证据。根据这一规定,在二审的再审程序中启动发回重审,将案件直接转入一审程序,由一审法院来纠正原一审程序的错误和二审程序的错误,笔者认为这一做法欠妥。再审程序已经启动,说明司法机关已发现案件存在的问题,这时没有必要再加大当事人的讼累,其完全可以直接在查明案件事实后予以裁判。审判监督的最终目的是树立起人民法院公正、廉洁、文明、高效的执法形象。法院的廉洁文明体现在执法的公正和高效之中。[①] 我们知道,案件到了再审程序,已经费了很长时间,再发回重审,反复运作,势必更会拖长审判期限。通过监督程序的案件的实体处理做到有错必纠、及时审结,是实现司法公正的需要。审判监督程序是

① 陈瑞华:《刑事诉讼中的重复追诉问题》,载《政法论坛》2002 年第 5 期。

纠正错案，再审案件无论从审理的特点、作用还是目的上讲，都不宜发回原审人民法院重审。

## 结　语

发回重审制度的改革与重构不是一个独立的问题，需要一系列相关制度、体系的保障和配合，更需要我们的立法者、司法者、执法者甚至是全社会都要更新司法理念，在对该制度所蕴含的各种利益和价值进行充分的权衡后，认清发回重审制度的功能、明确发回重审制度的价值目标，准确地对发回重审制度予以定位，使发回重审制度的运作不仅切实体现程序正义价值和程序效益价值，而且能够实现有错必纠、公正与效率双赢的立法本意，从而既体现出有错必纠的刑事法律原则，确保司法公正，又能够维护司法裁判的权威性、稳定性，讲求程序正义、提高司法效率，彻底实现刑事二审发回重审制度的根本目的。

# 论我国刑事诉讼非法证据排除规则的适用

程　瑶*

**摘要**:近年来,在世界各国不断完善和发展的刑事证据制度中,尤其是保护人权方面,世界各国将其纳入非法证据排除规则中,体现了世界各国的人道主义精神,我国也积极响应国际潮流,签署或加入国际公约。在日益完善的法治进程中,面对层出不穷的冤假错案和屡禁不止的非法取证行为,我国催生出极具有中国特色的非法证据排除规则。我国在 2012 年 3 月 12 日颁布的《刑事诉讼法修正案》中以法律的方式建立了非法证据排除规则:一方面体现了人权真正得到法律保障,另一方面也暴露了非法证据排除规则存在的不足以及急需完善的相关问题。该规则的确立不但平缓了我国《刑事诉讼法》兼具"尊重和保障人权"和"打击、严惩犯罪"之间的矛盾,而且也适应了民主法治建设和日益增长的司法需求,对进一步推进证据制度改革和刑事司法民主化、法制化具有重要意义。

**关键词**:刑事诉讼;非法证据;非法证据排除规则;司法适用

## 引　言

非法证据排除规则因其蕴含的程序正义价值及对非法收集证据行为的巨大威慑作用被世界各国法治国家广泛接受,也成为联合国刑事司法准则。就我国正式施行新刑事诉讼法中的非法证据排除规则而言,该规则为一个新兴的产物,极具喷张力,加之新刑事诉讼法对其排除范围和排除类型,以及排除启动程序、证明责任等的详尽规定,为我国司法改革中倡导尊重和保障人权奠定了坚实的基础。近年来,随着非法证据导致的冤假错案的数量逐步增多,非法证据排除规

* 作者系四川省富顺县人民检察院侦查监督科干警,法律硕士。

则也急需运用到司法实践中去，来促使司法的公平正义和社会的文明进步。但是非法证据排除规则是个新事物，就其本身规定和面对司法实践具体案例时仍存在的不足，亟待我们进一步研究、解决与完善。

## 一、刑事诉讼中非法证据排除规则的概念

### （一）非法证据的界定

非法证据是非法证据排除规则的适用对象，也是该规则的灵魂，因此，正确理解非法证据，成为该排除程序的重中之重。在刑事诉讼的过程中，证据有合法和非法之分，那什么是非法证据？何为“非法”则成为界定非法证据的关键之所在。理论界和实务界有广义的非法证据理论和狭义的非法证据理论。广义的非法证据是指不具有合法性的证据，其包括三个条件：(1)由非法定主体收集；(2)违反法定程序收集；(3)自身形式不合法。而狭义的非法证据仅是指司法人员违反法定程序以侵犯被取证人合法权益的手段收集的证据。综观非法证据广义和狭义之分，它们都有一个关键点，核心就是“违反法定程序”，以非法方法获得证据。

事实上，我国的《刑事诉讼法》没有对非法证据的概念确定具体的定义，但却以具体法条直接规定了非法证据的形式。譬如，我国《新刑事诉讼法》第 54 条就明确禁止司法人员采用刑讯逼供、暴力、威胁等非法方式获取言词证据和实物证据。因此，非法证据的形式既包括犯罪嫌疑人供述（被告人供述）、证人证言、被害人陈述，也包括书证、物证。综上所述，“非法”指的是违反《刑事诉讼法》和其他法律，尤其是《刑事诉讼法》规定的有关证据收集的法律程序；“非法证据”是指违反法律规定的程序，以侵犯基本人权继而严重影响司法公正的方式收集的证据。

### （二）非法证据排除规则的概念

非法证据排除规则起源于美国，它是维护美国宪法第四修正案中“人民的人身、住宅、文件和财产不受无理扣押和搜查的权利，不得侵犯”的具体体现。[①] 结合通说，非法证据排除规则指的是在刑事诉讼中，采用非法方法，以违反法定程序收集，用于证明犯罪嫌疑人、被告人有罪时的证据，应当予以排除。其目的在

① 任东来：《美国宪政历程：影响美国的 25 个司法大案》，中国法制出版社 2005 年版，第 12 页。

于通过排除违法取得的证据，纠错和阻却刑事诉讼进程中的非法行为，确保刑事诉讼活动依法公正公平进行，保障当事人的合法权益，实现司法公正和人权保障的有效统一。①

为了跟上国际司法改革的步伐，我国确立了刑事非法证据证据排除规则，其目的在于渐渐杜绝司法实践中的刑讯逼供等非法手段收集的证据，减少冤错案件的产生。确定了较高的证据证明标准，既能改变侦查机关过分依赖口供的侦查方式和观念，又能使检察机关更好地行使监督权力，层层过滤，杜绝非法证据，确保案件质量，提升司法效率，彰显刑事司法程序的公平公正。从我国新《刑事诉讼法》来看，该规则极具很大的制度优势和中国特色的国情，其大致分为实体性规则和程序性规则，其中新《刑事诉讼法》第 54 条规定了排除范围和排除结果，属实体性规则；第 55 条、第 56 条、第 57 条、第 58 条则规定了排除的启动程序、证明方式、证明责任等程序性规则。这样的划分更加利于司法人员在司法实践中更具有可操作性。

我国刑事诉讼建立排除非法证据制度，不但与我国“尊重和保障人权”的宪法原则相契合，而且也成为我国刑事司法领域中重要的内容之一。它是我国社会对司法公平正义日益追求的结果，也是人类社会宣扬保障人权、民主进步的必然体现。

## 二、我国刑事非法证据排除规则的立法沿革

综观我国建立排除非法证据制度的历程，从立法空白到司法解释再到正式确立，其经历了不完备到逐步完善的过程。下面介绍非法证据排除规则从无到有的几个主要的历史演变。

第一是从立法层面上看，我国 1996 年《刑事诉讼法》虽未明确规定非法证据排除规则，但它也涉及对司法人员在刑事诉讼各个阶段不能使用刑讯逼供等方式搜集证据，并且严格依法收集与犯罪事实有关的证据。其中第 43 条规定：“审判人员、检察人员、侦查人员必须依照法定程序，收集能够证实犯罪嫌疑人、被告人有罪、无罪、犯罪情节轻重的各种证据，严禁以刑讯逼供和以威胁、引诱、欺骗以及其他非法的方法收集的证据。”这明确规定了非法证据的概念，同时对公检

① 胡征南：《关于新刑诉法引入非法证据排除规则的评析》，载《法制博览》2013 年第 3 期。

法的办案具有指导性作用。

第二是"两高三部"联合颁布的《关于办理刑事案件排除非法证据若干问题的规定》《关于办理死刑案件审查判断证据若干问题的规定》，这是我国立法史上第一次提出"对非法证据如何排除"的相关详细规定，并逐步构建起了非法证据排除制度，也预示着我国刑事诉讼非法证据排除规则的最初确立。

第三是 2012 年颁布的新《刑事诉讼法》，其中法条第 48 条至第 59 条中针对刑事诉讼中的证据种类、收集、认定、审查及举证责任方面作了更为明确的规定，因而对证据排除的规定与之前的《非法证据排除规定》相比，有了一个很大的改善和进步。

第四是 2012 年最高人民法院《关于适用〈中华人民共和国刑事诉讼法〉的解释》第 95 条至第 103 条，进一步比较详细地规定了在审判阶段对非法证据的界定，进一步扩大了享有排除申请的主体范围，当事人及其辩护人、诉讼代理人都有权利申请非法证据排除，这对法院在审判阶段启动非法证据排除规则具有更为详细的指导意义。

第五是随着我国法治进程的开展，最高人民法院《关于建立健全防范刑事冤假错案工作机制的意见》第 8 条等，"两高三部"《关于推进以审判为中心的刑事诉讼制度改革的意见》，最高人民法院《关于全面推进以审判为中心的刑事诉讼制度改革的实施意见》第 21 条至第 30 条，以立法的方式不断完善非法证据排除规则，使其在司法实践中能够具有可操作性。

第六是 2017 年"两高三部"《关于办理刑事案件严格排除非法证据若干问题的规定》，是严格实行非法证据排除规则，优化刑事诉讼职能，推进以审判为中心的刑事诉讼制度改革的关键点。该规定以"准确惩罚犯罪、切实保障人权、促进司法公正"为宗旨，重视对刑讯逼供和非法取证的源头预防，强化侦查机关、检察机关、人民法院对非法证据的审查和排除职责，从侦查、起诉、辩护、审判等方面明确非法证据的认定和排除程序。其进 步细化了非法证据排除规则，界定了"以非法方法收集证据"的范围，回应了实践中突出的"重复性供述"等问题，是对非法证据排除规则的一次重大修缮。①

① 邱饰雪:《论我国非法证据排除规则的发展和完善——以德国证据禁止法则为借鉴》，载《湖北经济学院学报》2018 年第 7 期。

## 三、非法证据排除规则的构成要件

### (一)非法证据的种类及排除范围

从新《刑事诉讼法》颁布到实施,到最高人民法院《关于适用〈中华人民共和国刑事诉讼法〉的解释》(以下简称《解释》)中关于非法证据的规定,再到"两高三部"《关于办理刑事案件严格排除非法证据若干问题的规定》(以下简称《规定》),随着司法解释的不断完善,司法机关在司法实践中的操作更为规范,更为明朗。

1.非法言词证据的排除

根据 2017 年 6 月"两高三部"联合颁布的《规定》,结合改革要求和实践需要,在以往颁布的法律和司法解释的基础上,对非法言词证据的排除规定得更为详细,大致分为两大类:一是犯罪嫌疑人、被告人的供述;二是证人证言、被害人的陈述。

首先,犯罪嫌疑人、被告人的供述。有以下四类情形应当予以排除:第一,采用刑讯逼供的方法收集的供述,应当予以排除。根据《规定》第 2 条:"采取殴打、违法使用戒具等暴力方法或者变相肉刑的恶劣手段,使犯罪嫌疑人、被告人遭受难以忍受的痛苦而违背意愿作出的供述,应当予以排除。"我们在司法实践中,要注意把握案件情况和在案证据,准确区分非法证据和瑕疵证据。第二,采取威胁方法收集的供述,应当予以排除。《规定》第 3 条:"采用以暴力或者严重损害本人及其近亲属合法权益等威胁的方法,使犯罪嫌疑人、被告人遭受难以忍受的痛苦而违背意愿作出的供述,应当予以排除。"第三,采取非法限制人身自由方法收集的供述,应当予以排除。根据十八届四中全会要求,完善对限制人身自由的司法措施和侦查手段的司法监督,《规定》第 4 条:"采用非法拘禁等非法限制人身自由的方法收集的犯罪嫌疑人、被告人供述,应当予以排除。"第四,确立重复性排除规则。《规定》第 5 条:"采用刑讯逼供方法使犯罪嫌疑人、被告人作出供述,之后犯罪嫌疑人、被告人受该刑讯逼供行为影响而作出的与该供述相同的重复性供述,应当一并排除。但也有例外:侦查阶段其他侦查人员再次讯问时告知诉讼权利和认罪的法律后果,犯罪嫌疑人自愿供述的,不排除;审查起诉、审判阶段,检察人员、审判人员讯问时告知诉讼权利和认罪的法律后果,犯罪嫌疑人、被告人自愿供述的,不排除。"

其次,对于证人证言和被害人陈述,《规定》第 6 条:"采用暴力、威胁以及非法限制人身自由等非法方法收集的证人证言、被害人陈述,应当予以排除。"对证人证言、被害人非法取证，在个案中不仅影响其证据的真实性，也严重损害了司法的公正性和公信力，特别是对被害人而言，极其增加其上访的可能性，也为办案人员埋下了司法隐患。

2.非法实物证据排除

由于物证、书证都属于客观性比较强的证据，不同于主观性较强的言词证据，所以在过去的立法和司法背景、实践中几乎没有对非法实物证据的排除的相关规定，虽说 1996 年的《刑事诉讼法》中有禁止采取刑讯逼供等非法手段获取证据的规定，但都比较粗略，对非法证据的种类却未提及。针对新《刑事诉讼法》和《规定》，非法实物证据主要是指侦查人员办案时，使用非法搜查、不合法扣押、非法搜查他人住宅和其他非法手段取得的物证、书证。与其他国家的非法实物证据相比，其恰好与美国非法证据排除规则的排除种类是相契合的。我国排除非法实物证据采用“裁量排除原则”，也就是收集的物证、书证必须是违反法律规定的程序，严重影响实体和程序正义的，这才予以排除。

(二)非法证据排除程序的启动方式

既然我国已经确立了排除非法证据制度，那么如何启动该程序？开启排除非法证据之门则显得尤为重要。

排除非法证据主要有两种启动方式：一种是办案机关主动依职权启动，另一种是当事人有权依申请启动。就我国司法实践而言，非法证据排除程序的启动呈现出以下的特点。

第一，程序启动主体的多元化。非法证据排除程序的启动主体包括国家司法机关和当事人。国家司法机关分为公安机关、检察机关、审判机关，他们都有责任主动发现并排除非法证据；当事人分为犯罪嫌疑人、被告人、辩护人以及被害人。这体现了我国能够保障在侦查、起诉、审判阶段及时发现和排除非法证据，有利于维护程序正义，充分节约了司法资源，也在更大程度上保护了当事人的基本权利，有效防止冤假错案的发生，提高司法公信力。

第二，程序启动形式的多元化。为顺应社会时代发展的要求，当事人也有相应的权利来启动非法证据排除程序，新《刑事诉讼法》第 56 条第 2 款就明确了申请人的启动形式和启动范围，包括当事人及其辩护人有权向法院申请排除。由此可以看出，该条规定了申请人的申请启动资格和范围，但唯一缺憾的是申请人申请启动只能向人民法院申请，不能够向其他机关申请，这意味着案件必须到了审判阶段才可启动程序。针对具体要求，还需当事人提供相应的线索或材料，该线索或材料能够达到使法官对控方的证据产生合理怀疑的程度即可,即法官在听取双方意见、观点的基础上,判断当事人提供的线索或材料是否能让法官对证据产生疑问;若不能产生内心怀疑,则驳回申请人的材料;若能引起法官内心怀疑,法官就可以依照相关程序启动排除程序。这里需要指出,启动排除程序后,只就申请本身而言辩论,至于证据是否非法在此不论。

另一种启动形式则是侦查机关、起诉机关、审判机关均依职权主动启动非法证据排除程序。根据相关法律规定,侦查、检察机关在侦查、审查起诉阶段,如果发现非法证据,必须排除,不得将其纳入起诉意见或起诉决定;审判机关若在法庭审理过程中发现案件事实存在非法证据,亦可主动启动非法证据排除程序,要求控方对该证据作出补正和合理解释,确保每一个案件公平公正。这既是侦查机关、起诉机关、审判机关的权利,同时也是对三机关课以的法定义务。就侦查阶段而言,要让办案人员自己纠错,启动排除程序几乎不现实,所以可以由科室的负责人来启动;在审查起诉阶段,一般是承办案件的主诉检察官最易发现非法证据,成为程序的启动者;在审判阶段,主要被告人、辩护人提出申请,并提供非法取证的线索,再由主审法官决定启动程序。

(三)非法证据存在的证明责任和证明方式

启动非法证据排除程序,会使整个诉讼过程中止,耗费一定的司法资源,但规定排除程序证明责任和证明方式,不但会提高诉讼质量,而且更加节约诉讼资源。为了有效监督和防止被告人和他们的律师在毫无根据的情况下滥用诉讼权利,随意向法庭提出排除非法证据申请,我国新《刑事诉讼法》规定了当事人及辩护人初步的举证责任。也就是说,申请人必须事先准备好线索和材料,才能向法院提出申请。

其中的证明方式就是提供相关线索和材料,根据相关司法解释规定,以最为常见的刑讯逼供为例,如果当事人提出相关线索包括口供系刑讯逼供的非法自白,那么需要当事人提供所谓的酷刑的人员、时间、地点、方式等细节材料,同时可以提供证据证明监狱劳教人员的非法情况和其他人员在现场的关键信息。相关材料则应要求被告人提供最基本的身体明显受伤的痕迹,因刑讯被打入院的医院病历,以及在进入看守所前的体检材料,最好还应有反映被告人遭受刑讯的同监羁押人员的书面证言;等等。

此外,检察机关虽为国家司法机关,在庭审中处于控方地位,但也应有证明责任和相应的证明方式。对检察机关而言,首先,其要承担证明当事人提出的非法证据系合法的举证责任；其次，其要运用该证据有利证明被告的犯罪事实；再次，该证据与被告人犯罪行为之间的存在关系；最后，该证据能够最终成功证明被告罪行的成立。经过以上四个阶段，公诉机关的举证责任和说服责任才算真正完成。在证实了当事人提出的非法证据是合法的，公诉机关可以采用以下证明方式：(1)对证据的搜集过程、获得方式、来源的合法性提供相关的证明材料和说明材料。(2)向法庭申请有关人员到庭说明证据收集的合法过程。(3)要求当庭播放讯问时的全程录音录像资料。(4)可以当庭出示、宣读讯问笔录或其他相关证据等，这里就不一一列举。

## 四、外国刑事非法证据排除规则的适用

### (一)美国的非法证据排除规则的适用

非法证据排除规则首先创立于美国，经过几百年的发展，成为世界上最为完善、成熟和精密规则。其所谓的“非法证据”，是指执法人员以违反法定程序的方式取得的证据。这里的“法定程序”中的“法”不仅包括关于保障公民权利的美国联邦宪法第四修正案，还包括威克斯案(Weeks V. United States)、马普案(Map v. Ohio)、米兰达案(Miranda v. Arizona)、瑞琴案(Rochin v. California) 等判例法。[①] 可见，美国联邦宪法直接衍生了该国的证据排除规则，而且美国判例法为该规则的逐步发展和正式确立提供了坚实基础，所以，该规则的具体含义为，政府人员以违反宪法第四修正案为前提，通过不合理的搜查和扣押的非法手段获得的证据，法院不予采纳。

美国非法证据排除规则的初步形成、正式确立到发展完善，都是从一个个经典判例中得出。由判例可以看出，在美国，非法证据排除程序的适用规则是：该规则权利提出主体是认为自己的宪法权利受到不合法的侵害的当事人。其中，不合法的侵害是指不遵守宪法规定的非法扣押和搜查。当事人可以是案件的被告人，也可以是与案件有关的证人等。在美国，排除非法证据一般由被告人向法庭提出请求排除非法证据的动议，具体时间为正式庭审程序开始前的听证程序中，听证程序结束后，法庭会根据听证结果作出是否排除的裁判，此次程序的受理主体当是审判案件的法官，法官受理当事人的申请后采取听审程序来完成非法证据的排除。在听审程序过程中，指控警察存在非法取证的行为，被告人则会

① 雷超：《中美非法证据排除规则比较研究》，载《江汉大学学报》2013 年第 6 期。

以证人的身份出席。听审程序结束后,法官会根据听审结果,作出对证据的裁决和建议。以上便是非法证据排除规则在美国的适用情况。

当然,随着层出不穷的案例发生,美国非法证据排除规则也规定了例外情况:(1)善意的例外:警察执行公务主观上是善意的,并非故意违法而搜集的非法证据,在审判中可以不排除,仍可使用。(2)必然的例外:警方以非法手段取得的证据,同时也能通过其他合法的手段必然找到该证据的,不能排除。(3)稀释的例外:指如果被告人后来的自愿行为有效地打破警察机关最初的非法取证行为与受污染的证据之间的因果关系,那么,证据所受的污染就会被稀释,从而使证据具有可采信。①

(二)德国的非法证据排除规则的适用

德国将非法证据排除规则称之为为"证据禁止"规则,该规则包括"证据取得禁止"和"证据使用禁止。"前者指证据因为取得方式违法而被法官排除使用;后者指证据的获取方式并不违法,而是基于其他原因被法官排除使用。该证据禁止规则的确立不同于美国有先天的成文法优势,它走的是一条由"先学说,后判例,再立法"的演变模式。在二战以前,仅存在一些学者学说,二战以后,德国才以立法的方式正式确立了证据禁止规则。基于对个人权益的保障,德国法律以禁止性规定禁止非法取证,尽量争取在源头上遏制非法证据流入刑事诉讼之源。在一九五〇年修订的德国刑事诉讼法第 136a 条②就明确规定了证据禁止规则。该规则可以分为三个方面:第一,禁止采用虐待损害被指控人记忆力的方式讯问。比如,对犯罪嫌疑人、被告人采取非法的折磨、夜间讯问、不让休息等疲劳战术、伤害身体、非法拷问。第二,讯问犯罪嫌疑人、被告人时不得迫使其作出违背意志的自白。比如,逼迫犯罪嫌疑人服用违规药品、引诱、欺诈、催眠等方法获得供述。第三,禁止利用犯罪嫌疑人、被告人的同意,采取许诺、交易的方式获得供述。

在德国证据禁止规则适用的具体程序中,首先,在证据取得上就已经严把质量关,根据《德国刑事诉讼法》的相关规定,其适用主体就包括在侦查程序的警察,在中间程序的检察官,在审判程序的法官,这三个阶段的主体在讯问犯罪嫌疑人、被告人时不得违反《德国刑事诉讼法》的禁止性规定,同时也不得为侦破案

① 雷超:《中美非法证据排除规则比较研究》,载《江汉大学学报》2013 年第 6 期。

② 李倩:《德国刑事证据禁止理论问题研究》,载《中外法学》2008 年第 1 期。

件而借故委托他人去采取非法手段来获取供述。比如，警察在侦查程序期间利用犯罪嫌疑人和其他囚犯关押于同一间狱室的机会，通过该囚犯并允许该囚犯使用殴打、威胁、利诱等非法手段获得供述，这样的犯罪嫌疑人的供述也应该在证据禁止的排除之例。其次，申请形式多样，被告本人有权向法庭提出排除非法证据的申请，法庭也可不顾被告本人是否提出相关申请，而依据职权主动作出排除的裁判。最后，就适用阶段来看，证据禁止规则在证据的取得上，不但适用于侦查阶段、起诉阶段，而且在证据的使用上，还适用于审判阶段。例如：在审判阶段，被告人庭审时投诉警察讯问其过程采用了法律禁止的手段，此时被告不仅需提供"发生非法行为"的强有力证据，并且能够证明"发生违法行为的可能性存在盖然优势"。① 这样法官才会依法履行查明案件真相的职责，进行非法证据的排除。也就是说，被告人在庭审中控诉侦查人员违反法治原则，自己的供述为非法证据，此时庭审法官应首先核实该取证行为是否违反了《德国刑事诉讼法》的证据规定，如果违背，则必须禁止适用该非法证据；如果没有违背，法官综合考量后决定是否排除该证据。之所以会这样，是基于德国刑事案件的证据不是其公诉机关赢得案件的手段，而是法官查明案件事实真相、维护个人利益和公共利益的动力。

通过以上以美国为代表的英美法系国家和以德国为代表的大陆法系国家非法证据排除规则的适用介绍，可见，每个国家的非法证据排除规则构建的历史过程、具体方法以及排除范围不尽相当，但总的方向始终是在人权保障与事实真相利益二者间权衡再三。② 因此，我国在构建非法证据排除规则时，不能一味照抄照搬，得具有中国本土化特色。如何提高民众对司法的信任度，保障当事人的合法权益，维护法律的权威，③对我国的非法证据排除规则提出了新要求。

## 五、非法证据排除规则在我国司法适用中存在的不足

随着新刑诉法的颁布，非法证据排除规则适用时间不长，从整体的司法实践实施过程来看，效果不是非常理想。通过对近年相关报纸、媒体发布的关于非法

① 秦策、顾君：《德国刑事诉讼中的证据禁止：理论、规则与司法技术》，载《法制现代化研究》2004 年第 9 期。

② 冯文杰：《非法证据排除规则：西方经验与中国构建》，载《江西警察学院学报》2018 年第 1 期。

③ 邱饰雪：《论我国非法证据排除规则的发展和完善——以德国证据禁止法则为借鉴》，载《湖北经济学院学报》2018 年第 7 期。

证据排除案例的相关报道,总共有几十件案例涉及非法证据排除,但非法证据排除成功的案例,数量却少之又少,例如,公众熟知的"赵作海案""佘祥林案"等,可见,非法证据排除规则在我国司法实践中,还存在一些不足。

第一,法院内部阻力较大,社会角色受限。在我国司法实践中,法院不仅承担着定纷止争的功能,还承担着维护社会稳定的政治功能。中国司法传统是一种典型的纠纷解决型司法和政策实施型司法的混合体。[①] 在这一背景下,法院审判案件不仅要遵守法律,更要考虑案件的社会效果和政治效果。正如达玛斯卡所言,伴随着司法政治化现象的凸显,法院开始从一个单纯纠纷解决的业务型机关蜕变成为一种普遍的政治性现象,审判的政治化趋势自然不可避免。[②] 如果法院审判不能严格遵守法律规定,使非法证据在法庭上得到认可,这就变相成了非法取证的帮凶。[③] 正因如此,美国联邦最高法院也曾呼吁:从法院作为公正的机构和自由守护者的尊严考虑,法院不应当卷入这种"肮脏的交易"。而且这种趋势是世界性的问题,并非仅仅存在于正在进行司法改革的中国。因此,就非法证据排除规则的适用来看,司法实践中存在的问题并不仅仅在于如何利用该规则对一些关键性证据加以认定,而在于这种证据的认定是否可以去政治化。在普通大众心中,"善有善报、恶有恶报"这种因果报应观念根深蒂固,一个人犯了罪,法律就应该将其绳之以法,最后的重任将落在握有审判权的法官肩上,因此,法官对非法证据排除持非常谨慎的态度,不会因侦查人员的微小错误而使罪犯逍遥法外,特别是若排除了该证据极有可能导致公诉机关指控的犯罪事实和罪名不成立的情况,法院就存在"不想排,不能排"的问题了。

第二,公诉人的举证责任难度较大。在非法证据排除程序中,检察机关承担对侦查人员取证行为的合法性的证明责任。在实践中,刑讯逼供是非法取证最为常见也是发生频率最高的违法方式,这是我国刑事诉讼严重依赖"口供"的结果。针对刑讯逼供取得的被告人供述,公诉人应提供审讯笔录和全程视频资料,可恰好就是录音录像存在着许多问题。在录音录像方面,侦查机关选择性录音

---

① 王国龙:《审判政治化与司法权威的困境》,载《浙江社会科学》2013 年第 4 期。

② [美]米尔伊安·R. 达玛斯卡:《司法与国家权力的多种面孔》,郑戈译,中国政法大学出版社 2004 年版,第 102 页。

③ 闵晶晶、刘鹏:《非法证据排除规则适用的检讨与反思》,载《中国检察官》2018 年第 3 期。

录像的问题较为突出。侦查人员有可能先实施刑讯逼供，在犯罪嫌疑人准备交代时再录音录像，造成犯罪嫌疑人自愿供述的假象。① 因此，对检察机关而言，其根本无从发现，更不用说监督了，这使得公诉人在证明证据的合法性问题上大打折扣，极易承担败诉的风险，因此，为承担起代表国家指控犯罪的公诉人，在庭审上不愿启动非法证据排除规则。

第三，对非法实物证据的排除难度较大。根据最新《规定》第 7 条："收集物证、书证不符合法定程序，可能严重影响司法公正的，应当予以补正或者作出合理解释；不能补正或者作出合理解释的，对有关证据应当予以排除。"该条规定的范围是物证、书证的排除，其中存在的问题是，非法实物证据的认定究竟是"不符合法定收集程序"，还是"不能补正或者作出合理解释"。如果按照非法言词证据的逻辑，用"非法方法"取得的口供依法应当排除，那么，物证、书证收集程序"不合法"还不能够被认定为是非法证据，只有当无法作出合理解释或者补正的时候，才成立非法证据。② 但并非所有的非法实物证据都需要排除，考虑到实物证据在证明案件事实中的重大作用，我国则为法官提供了更多的自由裁量权。从比较研究的角度来看，其主要针对的是非法取证行为以外的因素，而不是针对非法取证行为的补正。能够做出合理解释或者补正的证据是瑕疵证据，而非非法证据。③

第四，犯罪嫌疑人、被告人、辩护人提供线索和材料的难度较大。虽然在非法证据排除程序中，公诉机关承担的举证责任更大，被告人只需提供相应的线索和材料即可，但在具体的司法实践中，公民一旦被确定为犯罪嫌疑人，大多数人首先面临的法律后果就是被拘留进而被逮捕，被羁押于看守所内，与外界形成隔绝状态，其人身自由受到了极大的限制。在这种情况要，被告人即使有侦查人员非法取证的时间、地点、人物、事件，也很难以有效方式保存下来，在法庭上提供能够使法官产生合理怀疑的线索和材料的难度就更大了。虽然《规定》第 19 条至第 22 条明确了犯罪嫌疑人、被告人、辩护人有权申请非法证据排除，但是必须提供涉嫌非法取

① 任素贤：《审判阶段非法证据排除规则适用的实证考察及困境突破》，载《政治与法律》2018 年第 6 期。

② 郭旭：《我国非法证据排除规则的发展与隐忧》，载《证据科学》2017 年第 6 期。

③ 万毅：《关键词解读：非法实物证据排除规则的解释与适用》，《四川大学学报（哲学社会科学版）》2014 年第 3 期。

证的人员、时间、地点、方式、内容等相关线索和材料。对于已经被关押的犯罪嫌疑人、被告人,提供上述内容难度较大,对于辩护律师而言,虽然他们可以查阅、摘抄、复制讯问笔录、提讯登记、采取强制措施或者侦查措施的法律文书等证据材料,也仅仅是“可以”,对于侦查机关、检察机关而言,而非“应当”,针对个别特殊案件,辩护律师的上述权利可以说为一纸空文,提供线索和材料的难度无疑更大。

## 六、对非法证据排除规则不足的完善建议

(一)原则方面

对非法证据排除规则不断发展与完善,首先要转变诉讼理念,将尊重和保障人权深刻植入法律制度之中。一定意义上说,制度和理念相互促进和发展,当更新制度后,理念也随即跟着提升和改变;当理念逐步提高后,旧的制度已僵化,此时需建立新的制度。在改革刑事证据制度的潮流中,我们应将理念的转变作为改革的首要任务。最关键的就是要把“尊重和保障人权”的理念深刻植入刑事诉求的价值之中,并放在诉求价值的首要位置。社会倡导保护社会成员的基本人权,那么在法律层面,也要求保护犯罪嫌疑人的合法诉权,只有保障合法的程序才能实现实体正义的最终目的,才能严格地约束国家司法权力的合法行使,最大避免司法人员的主观性和随意性。只有符合法律规定的侦查手段,才能保障证据的合法性和可采信,最终保护犯罪嫌疑人、被告人的合法权利。

(二)具体规则的适用方面

第一,确认刑讯逼供获得的言词证据予以排除的基本原则的地位,同时对非法方式、以刑讯逼供获得的言词证据为线索取得的派生证据,有必要尽快在刑事诉讼法司法解释等相关的规定中以明确、准确的法律条文加以确定,从而在立法上杜绝非法取证的源头;与此同时,完善相关的配套制度,比如明确合法搜查的手段,使得侦查人员有法可依地进行搜查取证,这使非法证据界定模糊和抽象的功能性缺陷得到了有效补救。

第二,建立非法取证行为的处罚制度。对已经发生的非法取证行为如何处理,应加大检察机关对公安机关的监督,不断督促侦查机关提高和改善侦查技术和能力,最大限度地减少和消除非法证据的产生,并且加大对非法取证行为的惩治力度:对侦查人员一般违法性违法、违规取证行为,科以行政处分或行政处罚的行政责任;对侦查人员严重违法行为、违规行为,不仅科以行政责任,对已经触犯刑法的,还要追究刑事责任;非法取证行为造成严重后果的,还要追究民事赔

偿责任。这样比较全面地规定行为后果的制裁,使得侦查人员在心理上形成威慑力,最后实现杜绝非法取证行为的目标。

第三,通过指导性案例引导非法证据排除规则回归实践。检察机关应积极发布指导性案例,引导各级检察人员正确把握实践中遇到的各种非法证据排除案件,正确理解非法证据排除规则,加强公诉人员的业务分析能力,帮助公诉人员、侦查人员树立正确、科学的取证、侦查理念。[①]

第四,确立有限的沉默权。不得强迫自证其罪的立法原则要求确立沉默权,沉默权制度可以减少侦查机关对口供的依赖,进而遏制侦查取证阶段刑讯逼供的发生。[②] 如果要想真正实现保障人权和惩罚犯罪均衡,我国可以借鉴国外的做法,建立有限的沉默权。所谓沉默权的有限是针对不同案件而言的,在我国,针对一般普通的刑事案件,侦查机关在讯问犯罪嫌疑人时可以明确告知其享有的相关权利,特别是沉默权,这有利于督促侦查机关将重心放在除口供以外的案件事实侦破上。而对于一些特别重大、疑难复杂案件,例如,危害国家安全的案件、走私、贩毒、恐怖性犯罪案件、职务犯罪案件等则不一定赋予犯罪嫌疑人、被告人沉默权,因为这几类案件的犯罪嫌疑人、被告人自身具有很强的反侦察能力,是高智商人群,如果赋予其该权利,不易侦破案件,会给社会带来很强的不稳定因素。

---

① 徐哲:《非法证据排除规则适用中的不足与完善》,载《人民检察》2017 年第 17 期。

② 邱饰雪:《论我国非法证据排除规则的发展和完善——以德国证据禁止法则为借鉴》,载《湖北经济学院学报》2018 年第 7 期。

## 比较法研究

# 英国2011年以来的家事审判改革效果及其发展*

齐凯悦**

**摘要**:英国自2011年以来实行家事审判改革,通过组织机构专业化建设、积极案件管理和程序机制完善等措施不断推进英国家事司法系统的发展,被英国国内视为最具革命性质的家事审判改革。就英国此次改革的效果看,改革的预期目标基本实现,"更好未来"在案件审理期限缩短、效率提升等方面凸显。然而,改革过程中的部分问题仍未得到有效解决,部分问题凸显,改革尚存诸多有待推进之处。推动家事司法系统的进一步更新,促进组织机构、案件管理和程序机制的进一步改革成为英国家事司法系统的发展方向。我国自2016年以来在100余个法院试点家事审判方式和工作机制改革,在试点改革工作已结束、进一步深化改革正在推进的过程中,如何评估我国家事审判改革试点工作成效,探究我国家事司法系统的发展方向,显然有待在借鉴英国经验教训的基础上不断探索。

**关键词**:家事审判改革;审判机构专业化;"互联网+";家事司法系统

自2011年家事司法审查以来,英国积极推进家事审判改革,通过法院组织机构改革、公法案件及私法案件中的相关改革推动家事司法系统的发展,整体上取得了显著效果,改革的预期目标基本实现。然而,在改革推进的过程中,部分

---

* 本文系国家社科基金重大项目"法律文明史"(11&ZD081)第14个子课题"现代私法的变革"阶段性成果。

** 作者系山东师范大学法学院讲师,博士。

问题仍未得到有效解决，部分问题随着改革的推进逐渐凸显，家事审判改革尚存诸多有待改进之处。英国各界对此次改革的影响作出调查研究，这一定程度上反映了公众和专业人士对此次改革影响的认识。同时，英国的家事审判改革同样受到其他国家和地区的关注，部分具体的改革措施或成为其他国家或地区借鉴和参考的对象，或受到其他国家或地区的探讨与探究。

## 一、"更好未来"

英国此次家事审判改革以解决家事司法系统存在的案件审理迟延、费用支出过高、组织机构缺乏信任、信息技术水平不足等问题为直接目标，通过各项改革机制的推进实现家事司法系统的更新。2011 年，家事司法审查中涉及的大部分改革措施均在实践中得到推行，并基本上取得了预期效果。在直接目标基本实现的基础上，英国家事司法系统实现了进一步的更新和发展，一定程度上推动了接近正义的实现。

家事审判改革之前，英国司法界对此次家事审判改革都充满了很大预期。英国政府及司法界普遍将 2011 年家事司法审查以来的家事审判改革定义为最大规模的家事审判改革，认为该改革会保障儿童和家庭免受案件审理迟延或法庭对抗等问题的影响，并确保他们在法院中以所受伤害最小的方式解决争议。该改革标志着家事司法系统的重要时刻来到了，即将家事司法审查提出的建议付诸实践，并始终将儿童和家庭放在家事司法系统各项工作的核心位置。① 詹姆斯·孟比(James Munby，1948—)庭长指出，此次家事审判改革是当下司法工作人员在职业生涯能够见到的最大规模的家事司法系统的改革。前任司法部长西蒙·休斯(Simon Hughes，1951—)指出，很长时间以来，儿童忍受着过多的迟延和对抗性的庭上争辩，该改革会使得家庭远离法院的迟延或对抗导致的负面影响，确保他们选择受损最小的方式解决纠纷。②

2014 年，英国教育部与司法部以"家事司法的更好未来"为题就自 2011 年家事司法审查以来英国家事司法系统的变革发布报告。该报告将独立家事法院

① Ministry of Justice, Department for Education, Family Justice Reforms to Benefit Children, at https://www.gov.uk/government/news/family-justice-reforms-to-benefit-children, Jun.25, 2018.

② Shefali Shah, *Key Changes To Family Justice*, CoramBAAF, 2016, p.78.

的设立作为此次具有彻底性的家事审判改革的典型标志，指出建立独立家事法院这一存在了多年的设想终于得以实现。同时，26 周审限制度的引入在于减少家事案件审理迟延的问题，尽管该改革看似只是一个雄心勃勃的目标，但在实践中案件审理期限出现了戏剧化减少的现象，证明了该改革的合理性。非诉纠纷解决机制的推进为人们提供了解决纠纷的更佳途径，法律援助方面的改革导致更多的人选择自我代理，而自我代理本身是家事司法制度的组成部分之一。该报告指出，英国已经在家事司法系统改革的道路上走了很远，但相关工作还有待进一步推进以保障家事司法中每个人的更好参与。①

就英国此次家事审判改革的具体推进来看，家事司法审查中的大部分建议得到贯彻或推行，在实践中的直接效果非常明显。同时，诸如在线法院建设等改革措施仍在不断深入推进的过程中，有待进一步观察这些具体改革举措的影响和效果。就整体效果而言，英国此次家事审判改革基本上实现了预期效果和家事司法系统更新的直接目标。

(一)案件审理时间明显缩短

解决案件审理迟延的问题，提升家事司法效率是英国此次家事审判改革最为重要的直接原因。从英国司法部公布的家事法院的数据信息来看，自 2011 年家事司法审查以来，英国抚养案件的审理时间明显缩短，从 2011 年的 55 周缩短至 2014 年的 30 周，随后，该审理时间以较小幅度降低，2015 年抚养案件的平均审理时间为 28.3 周，2016 年为 26.9 周，2017 年升至 28 周。与此同时，在 26 周内审结的案件，从 2011 年的 12%增加至 2016 年的 61%，2017 年为 57%，超过一半以上的案件在改革中引入的 26 周法定审限内审结。②（图 1、图 2 记录了 2011 年至 2017 年抚养案件平均审理时间变化及 26 周审限内审结的案件的比重变化）通过对案件审理时间的研究可以发现，英国家事审判改革前最为突出的案件审理迟延问题在很大程度上得到了缓解，家事审判改革的直接目标逐渐接近完成。

---

① Department for Education, Ministry of Justice, *A Brighter Future for Family Justice*(2014), pp.2-3.

② Ministry of Justice, *Family Court Statistics Quarterly*, *England and Wales Annual* 2016 *Including October to December* 2016(March 2017), p.4; Ministry of Justice, *Family Court Statistics Quarterly*, *England and Wales*, *January to March* 2017(June 2017), pp.2-3.

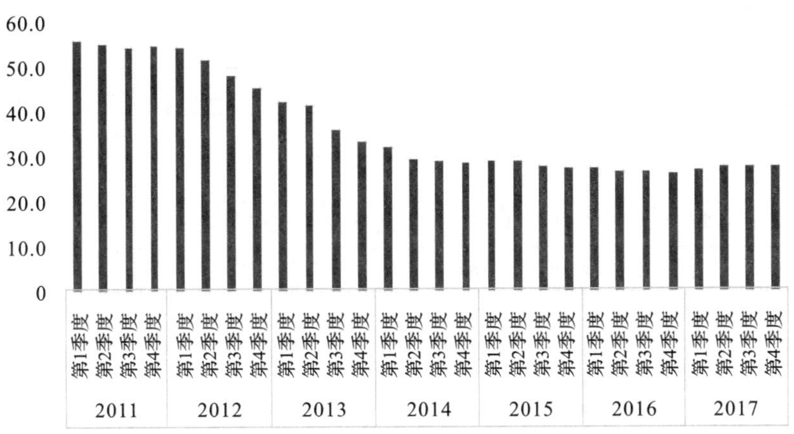


**表 1 抚养案件平均审理时间变化(2011—2017)**

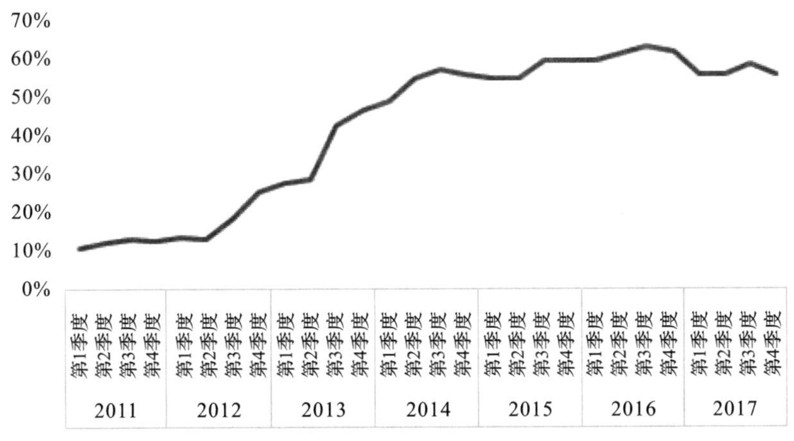


**表 2 26 周审限内审结抚养案件变化(2011—2017)**

在英国家事审判改革过程中,解决案件审理迟延问题是实施各项改革措施的重要目标。引入 26 周审限制度的直接目的即在于解决抚养诉讼中的案件审理迟延问题,通过该强制性的审限制度的适用使得地方机构、法院等组织机构提升工作效率,尽量将纠纷处理过程控制在 26 周审限内。信息技术更新与在线法院建设、限制专家参与以提升家事司法效率、实行积极的案件管理等改革措施在提升案件管理工作质量和促进组织机构更新的同时,推动案件审理效率的提升,一定程度上解决了案件审理迟延问题。英国此次家事审判改革实际上是围绕解决案件审理迟延这一关键问题展开的,通过间接或直接的改革措施提升家事司法效率并严格限制家事审判期限。就该家事审判改革的直接目标而言,改革后的家事审判迟延现象得到有效缓解,限制家事案件审理时间的改革初步实现了预期效果。

(二)费用支出减少

在家事审判改革的过程中,英国对法律援助制度同样进行了改革,私法案件中,大部分法律援助取消或被削减,部分当事人放弃聘请律师,自我代理的案件增多。英国通过削减法律援助、增强当事人自我代理等途径减少家事司法经费支出以节约经费资源。以法律援助申请为例,2011 年英国离婚案件中法律援助申请超过 4.8 万,占离婚案件的 36.4%,至 2016 年仅有 1.4 万左右,所占比重降至 12.4%。就法律援助令的发布来看,2011 年约为 4.4 万,所占比重为33.9%,2016 年仅为 9414 件,所占比重为 9.2%。[①] 自法律援助制度改革以来,英国家事私法诉讼中的法律援助大量削减,相关经费支出显著减少。

同时,英国家事审判改革过程中限制专家参与、引入 26 周审限制度等改革措施的推进,亦在一定程度上减少了家事司法系统的经费支出。信息网络技术的更新和在线法院的探索,在推动诉讼程序无纸化及现代化发展的同时,通过提升家事审判和案件管理的效率以减少不必要的经费支出,同样为减少家事司法系统后续的费用支出提供了条件。可以说,在提升家事司法工作效率以减少案件审理迟延问题的同时,费用支出随之一并减少。

(三)实现审判机构专业化突破

英国在家事审判改革中设立了独立的家事法院,形成了统一的家事审判机构,推动英国家事司法系统在专业化进程中实现巨大变革。设立独立的家事法院的设想早在 20 世纪 70 年代已经提出,英国不断通过各种改进措施推动家事审判机构的专业化建设但始终未能实现独立的家事法院的建立,直至此次家事审判改革。普遍观点将独立家事法院设立作为英国此次家事审判改革的关键标志或代表性事件,反映了英国家事审判机构专业化的发展程度。独立家事法院设立在推动家事审判专业化的同时,便利了当事人的诉讼。同时,家庭毒品与酒精法庭的运行制度和工作方式同样是组织机构改革中备受关注的内容,有待进

① Ministry of Justice, *Family Court Statistics Quarterly, England and Wales Annual 2016 Including October to December* 2016(March 2017), p.4.

一步探索和扩展适用。

同时,英国在组织机构的相关改革中,设立了家事司法委员会以统领家事司法改革工作的推进和提升各组织机构的关系,在推动家事司法系统的司法文化转变和改革工作深入推进方面发挥了重要作用。将儿童和家事法庭咨询支持服务署(Children and Family Court Advisory and Support Service,以下简称 Cafcass)从教育部转移至司法部之下,加强法官的领导力培训等改革措施一定程度上加强了组织机构的联系,并强调了法院在整个家事司法系统中的地位和作用。另外,英国在改革过程中对家事法院的功能作出探讨,强调司法功能的发挥并减少对地方机构工作的过度干预,对完善家事司法系统内组织机构各自功能的发挥有一定作用。

(四)科技水平提高促进案件管理

提升家事司法系统的科技水平,增强家事司法的信息化、数字化建设是解决家事司法系统的信息化水平落后问题的直接措施,也是英国推进家事司法系统不断更新和发展的重要途径。英国在此次家事审判改革过程中,推动诉讼程序的数字化和无纸化,试点运行全数字化诉讼程序,并配合民事司法系统不断探索在线法院建设,其中离婚与遗嘱案件的数字化建设已经取得了明显进展。构建在线法院等数字化、信息化建设是英国家事司法系统对 21 世纪以来“互联网+”时代的应对,也是推动家事司法系统发展的有利因素。

同时,英国通过限制公法案件中专家的过多参与、严格控制案件的审理时间、推动案件管理人员或案件管理法官的职能发挥等改革措施以实行积极的案件管理,在实践中,这些措施基本得到了推行,并取得了预期效果。增强案件管理能力同样是 21 世纪司法系统发展的重要方面,英国家事司法系统的相关改革对案件管理极为重视,并在实践中推动了案件管理工作的开展和工作效率的提升。

(五)程序机制更为完善

英国的家事审判改革过程重视对程序机制的完善。鉴于家事司法透明度关系家事案件的公正审判和家事司法公信力,而英国家事司法系统中长期存在公众对家事案件“秘密司法”的误解,英国此次家事审判改革对审判透明度作出改革,推动裁判文书上网公布、保障媒体合理报道家事案件。自改革以来,裁判文书公布的数量明显增加,媒体报道在部分案件中发挥了积极作用,家事司法透明度建设取得了一定效果。

同时,英国推动家事私法案件中调解信息评估会议的强制适用,以增强调解等非诉纠纷解决机制的适用,在实践中得到积极推行并受到了广泛关注,在法律援助削减的情况下更具有适用性。保障儿童在家事诉讼程序中的参与及在家事审判过程中出庭作证,强调了对儿童自身想法和感受的关注,对践行儿童最大利益原则作出更细致的要求。程序机制方面的改革在英国家事审判改革中被作为重要内容,在实践中亦基本实现了预期效果。

(六)审前程序得到发展

2015 年 8 月,教育部发布了调研报告《家事审判改革对实践前线影响第一阶段:〈家事公法纲要〉》,探讨了《家事公法纲要》中相关改革的推进对家事司法实践的影响。该报告对涉及《家事公法纲要》的相关改革作出研究。就《家事公法纲要》相关的改革内容来说,此次家事审判改革受到该领域内专业人士的欢迎。其一,针对审前程序的相关改革,相关调研报告的受访者普遍持肯定态度,他们认为增加对审前程序的关注能够使得诉前相关工作的开展更为积极,从而针对具体家庭的不同需求及未来发展作出合理规划,并在 26 周审限的压力之下尽力做好审前程序阶段的工作。其二,审前程序工作质量的提升能够使得地方机构收集好由案件管理人员等确认过的、高质量的证据材料,便于庭审过程的顺利进行。其三,较早地对儿童的长远发展作出考量具有重要性,增加审前程序的严谨性具有重要意义。①

## 二、家事司法系统尚存问题

尽管英国实施了家事司法历史上最具革命性的改革,基本上实现了预期效果,但就改革后英国家事司法系统的发展来看,英国家事司法系统尚存诸多有待改进的问题。这主要体现在四个方面:一是家事司法系统中存在的部分问题在改革中并未涉及;二是改革后出现了一系列新问题有待解决;三是此次改革中的部分改革举措存在争议,有待商榷;四是持续的改革和发展面临着一定的阻力因素。

(一)改革中部分问题并未涉及

英国 2011 年的家事司法审查对家事审判改革作出诸多建议,但在改革的实

① Department of Education, *Impact of the Family Justice Reforms on Front-line Practice Phase One: The Public Law Outline Research Report*(August 2015), p.13.

际推进过程中，部分改革建议并未得到推行。之所以此次改革中建议尚未得到推行或实施，一方面原因在于改革措施不符合目前的实践状况，另一方面可能受限于时间、资源等因素。然而，作为家事司法审查中反映出的真实状况与问题，显然这些问题的解决同样应是英国家事司法系统发展过程中的重要内容。

其一，2011 年，家事司法审查在对调解等非诉纠纷解决机制改革的建议中，除在私法案件中强制适用调解信息评估会议外，审查报告建议应试点探索在公法案件中适用正式的调解机制。① 然而，该建议并未在改革过程中得到探索。政府认为，鼓励和便利家事私法案件中调解机制的适用仍是政府工作的优先内容。公法案件中调解机制的适用并非当下改革应当推进的内容，而应在改革完成后进行进一步的考量。② 探索家事公法案件中调解机制的适用，很大程度上是出于完善纠纷解决方式、提升家事司法工作效率的考虑，实际上也是家事司法系统工作机制不断创新发展的重要方式，尽管在此次改革中并未实施，但作为政府改革后下一步工作开展的方向进行考量。

其二，家事司法审查建议中对可用专家证人的薪酬机制进行审查，并且指出应当考虑是否可以直接向专家付酬。同时，家事司法审查对跨学科专家证人的引入同样作出建议。然而，该建议政府亦未推行，并指出这两方面内容与专家参与方面的其他改革都应作为家事司法系统的长期发展目标，在此次改革中不会涉及。③ 此次改革过程中关于专家证人的改革集中在限制专家参与以提升家事司法效率及提高地方机构工作质量，专家证人参与方面的深入改革显然有待探究。

其三，家事司法审查中建议设立家事司法服务局以负责法院关于社会工作服务方面的预算、调解等非诉纠纷解决机制及案件审理时间、专家及律师方面的问题，不断推进并监督家事司法系统的发展，形成家事司法工作人员的整体策略并引入跨学科家事司法培训课程等内容。④ 英国在改革过程中并未设立家事司法服务局，而是设立了家事司法委员会统领改革工作，推动家事司法正义的实现

① *Family Justice Review Final Report*(November 2011), p.19.

② Department for Education, Ministry of Justice, *A Brighter Future for Family Justice*(2014), p.41.

③ Department for Education, Ministry of Justice, *A Brighter Future for Family Justice*(2014), p.41.

④ *Family Justice Review Final Report*(November 2011), pp.26-27.

和儿童最大利益的维护,但部分涉及家事司法服务的相关改革措施仍尚待实施。

(二)改革后的新问题不断凸显

除在此次改革中残留的问题之外,英国家事司法系统自改革后产生了一系列新问题。取消法律援助的改革无论是对儿童和家庭抑或是家事司法系统中的法律从业人员而言均非"更好的未来"。很多从事法律职业的人失去了工作,社会工作者承受着与家庭合作进一步改革工作路径、需要审理的附加目标及时间限制等压力。① 有观点指出,尽管在家事审判改革中没有任何机构强调其在关于儿童及家庭保护的成果方面有显著提升,但也没有关于各机构间关系提升的证明。保守党自执政以来强调将增强福利置于政府工作计划的重要位置,但家事司法改革以来发生的变化或发生变化的希望较少。②

1.法律援助削减后产生的问题

政府认同家事司法审查的建议,即为保障家事司法系统的高速有效,根本性变革具有必要性。设立独立的家事法院、减少诉讼费用的措施得到了司法机构高层法官的高度认可,甚至将之称为革命。然而,该改革导致其他领域存在问题,如已经扩张的组织机构及家事诉讼中的儿童、父母受到影响,后者之所以受到影响,是因为大部分家事案件中的法律援助被取消,并且部分地区获得咨询建议等的法律帮助减少。在 Re D (A Child) [2014]案中,詹姆斯·孟比庭长指出该案体现出的典型问题是儿童的父母缺乏经济来源但又不符合获得法律援助的条件这一"令人非常不安"的事实。他指出,他们要在缺乏有效代理的情况下面对地方机构提出的诉讼申请,这显然不可想象。③ 该案实际上反映出了目前家事司法实践中该问题的严重性。④ 同时,亦有观点指出,随着削减法律援助等改革措施的推行,关于法官在法庭上被袭击的报道越来越多,除司法职责外,法官

---

① Kim Holt, Nancy Kelly, *The Emperor Has No Robes: Is The Judiciary, In The Most Complex of Child-care Cases, Abandoning a Sinking Ship?*, Family Law, 2014, Vol. 44, No.10.

② Kim Holt, Nancy Kelly, *What Has Happened Since the Family Justice Review: A Brighter Future for Whom?*, Family Law, 2015, Vol.45, No.7.

③ Re D (A Child) [2014] EWFC 39.

④ Kim Holt, *Contemporary Family Justice: Policy and Practice in Complex Child Protection Decisions*, Jessica Kingsley Publishers, 2016, p.132.

还被要求发挥更多的作用,对家庭生活中的不正义进行补救成为亟待解决的问题。① 实际上,自金融危机以来,英国和其他欧洲国家都面临着财政压力,政府不得不减少向包括司法系统在内的公共部门提供的资源,法律援助的大幅缩减导致当事人因无力聘请律师而自己出庭诉讼,而缺乏专业律师出庭也会导致法官的负担相应增加。②

家事司法实践中的实务工作人员士气较低,法律援助的削减导致一部分律师事务所关闭,部分仍在经营的律师事务所也因缺乏资助而考虑对自身组织结构进行审查。社会工作者的工作压力加大,其报告及审查的工作要求提高。一种有力的观点认为,该改革并非政府报告中所宣称的那些词汇,而包含一种广泛的不确定性、害怕、责备、压力,对以关系为基础的实务工作并未给予足够时间。③

2.26 周审限制度的负面影响

随着《2014 年儿童与家庭法》的完善,英国家事司法中的基本转变在于无论是家事公法案件还是私法案件,绝大多数之前由法院负责的案件进入诉前程序。尽管司法部可能宣称抚养案件的审理期限从 60 周降至 32 周左右,但问题实际上只是转向了别的地方。这不仅导致了司法机构内部的不信任问题的加重,也会导致承担大量审前程序工作的机构在已经过度扩张的情况下缺乏足够的资源支持,同样产生不信任的问题。④

随着《2014 年儿童与家庭法》的施行,绝大多数家事公法案件需要在 26 周内结案,这导致专业人员在一个受到高度规制的文化氛围中不能有出错的空间,如果审理结果违反 26 周审限的目标可能会留下公开记录。复杂家事案件中 26 周审限制度的引入存在争议,很多受制于该审限制度的专业工作人员可能会对

① Byron James, Unintended Consequences of Family Justice Reform, at http://www.familylawweek.co.uk/site.aspx? i=ed130634, Jun.30, 2017.

② [英]沃尔夫勋爵:《英国法院对法治的贡献》,杨奕译,载《人民法院报》2015 年 9 月 18 日第 5 版。

③ Kim Holt, *Contemporary Family Justice: Policy and Practice in Complex Child Protection Decisions*, Jessica Kingsley Publishers, 2016, p.134.

④ Kim Holt, Nancy Kelly, *The Emperor Has No Robes: Is The Judiciary, In The Most Complex of Child-care Cases, Abandoning a Sinking Ship?*, Family Law, 2014, Vol. 44, No.10.

现有规则、程序产生抱怨。同时,在目前家事司法实践中,受26周法定审限的影响,尽量不将公法案件诉诸法院,或者在起诉时减少争议问题的数量成为地方机构较为安全和可能的操作。①

2016年4月,教育部发布了调研报告《家事审判改革对实践前线影响第三阶段:对21个地方机构变化的探索》,对家事审判改革中地方机构的相关改革作出调研,主要的受访对象为地方机构的高级工作人员。该研究显示,地方机构在改革过程中积极推进了《家事公法纲要》等规定的改革措施,并在减少诉讼时间方面取得了实质性进展,很多案件的审理时间在26周以内或稍微超过该法定审限。地方机构对审前程序的实践作出巨大改变,需要注意的是,对26周审限的严格遵守可能在部分情况下导致地方机构承担不适当的压力,造成影响儿童未来发展决策的作出存在潜在风险或不利后果。部分法院通过增加地区或巡回法院的方式解决司法资源可用性不足的问题,但部分地方机构质疑治安法院是否能够处理涉及剥夺父母监护权问题的案件。增强26周法定审限制度的弹性,加强法院的案件管理和设施建设,增强判例法及相关政策的引导,提升地方机构与法院的关系等成为报告指出的改进建议。②

鉴于家事司法系统以儿童及家庭作为核心,无论是在公法案件还是私法案件中,对家事司法系统成功与否的衡量应在于是否以可持续的方式解决争议,而非仅是希望降低家事司法系统某一领域的支出,因为后者不可避免地会导致系统其他部分的超支。③ 案件审理迟延问题的解决亦是同理。

3.地方机构工作尚存问题

英国此次家事审判改革中强调对审前程序和地方机构工作质量的重视,然而,改革后产生的问题仍有待解决。一方面,部分专业人士认为改革后英国家事司法系统对早期工作评估的重视可能一定程度上导致诉讼程序的迟延,部分专业人士就审前程序中的结构调整问题作出探讨以防止迟延问题的出现。审判前

① Penelope Welbourne, *Time is of the Essence: Risk and the Public Law Outline, Judicial Discretion and the Determination of a Child's Best Interests*, Social Sciences, 2014, Vol.3, No.3.

② Department of Education, *Impact Of The Family Justice Reforms: Phase 3-Exploring Variation Across 21 Local Authorities Research Report* (April 2016), pp.87-88.

③ Kim Holt, *Contemporary Family Justice: Policy and Practice in Complex Child Protection Decisions*, Jessica Kingsley Publishers, 2016, p.142.

期工作的结构化具有重要意义，故而法院仍然需要开展进一步的工作以防止案件审理迟延问题的出现。另一方面，教育部调研报告显示，受访者普遍表示改革之后的工作压力增大，部分案件中社会工作者需自行作出评估报告，并且需要严格遵守时间表，留任及招聘工作人员方面存在困难。同时，地方机构将与法院有关的工作放在首位，可能会影响地方机构在儿童保护、照管儿童及处理涉及儿童的复杂事项方面工作的开展。总体来看，审前程序面临的挑战或问题包括：(1)鉴于前期评估过程中的时间耗费，案件移交法院过程中的时间仍需谨慎把握；(2)家事司法系统尚缺财政资源用于评估报告中；(3)社会工作者的工作压力增大；(4)在地方机构的工作过程中，家事小组会议的工作机制未能得到合理使用。①

在社会工作者被视为专家的改革问题上，社会工作者的体验状况存在显著区别。部分社会工作者感觉自己被视为专家，但部分社会工作者即使提供了高质量的证据资料也不会被视为专家。就家事司法系统的专业工作领域而言，从以关系为基础的路径转向与家庭一起工作的观念已经根深蒂固，这导致很多专业人员不具有从事面对面工作的组织机构工作经验，或者说他们并未在以关系为基础的工作方式中提升能力或工作信心，这才导致儿童及其家庭在儿童保护中处于最先位置。地方机构等公共服务的参与带有一种检察文化(Inspection Culture)性质，输入相关数据信息以提供证据追踪，从而强调他们提供了足够的服务。②

2015 年 8 月，教育部发布的调研报告《家事审判改革对实践前线影响第二阶段：特别监护令》对涉及特别监护令的相关改革影响作出探究。第二阶段研究报告对改革后特别监护令的适用状况作出深入研究。有一种观点认为，家事审判改革的直接后果之一即为特别监护令的数量增加，并由此产生了更多的判例法。社会工作者在确认广泛的家庭成员方面积极开展工作，该阶段工作仍需要进一步加强以保障尽量在较早阶段与广泛的家庭成员接触。在诉讼进程中，一旦认定儿童不能与亲生父母生活在一起，则其家庭成员往往以潜在的特别监护

① Department of Education, *Impact of the Family Justice Reforms on Front-line Practice Phase One: The Public Law Outline Research Report*(August 2015), pp.17,31-32.

② Brid Featherstone, Kate Morris, Sue White, *A Marriage Made in Hell: Early Intervention Meets Child Protection*, *British Journal of Social Work*, 2014,Vol.44, Iss.7.

员的身份出现,但很多法院缺乏关于家庭成员参与诉讼程序的诉讼期间中止节点的规定。对抚养人照护儿童的能力及良好抚养的构成因素等问题的判断程度往往造成地方机构与法院之间存在紧张关系,法院可能不同意地方机构提出的相关建议。在特殊监护令完成的过程中还可能受到时间表的限制,受访者对地方机构出具评估报告的严谨性和对制作特殊监护令提供的支持等问题表示关注。一位独立社会工作者提出建议,在特别监护的评估中应评估潜在监护人的"保护能力",并且对儿童亲生父母的抚养能力及风险的充分评估应当包括未来继续接触的风险等因素。①

4.关闭法院产生的争议

政府致力于推动司法的现代化,在未来 4 年中将投入 7 亿多英镑以更新法院设施,安装先进的信息网络技术系统,实现高效司法,提升家事司法的效率。司法系统不可避免地需要走向一个将在线系统和传统办公建筑相结合的可以访问或进入的状态。作为现代化建设的一部分,法院设施应更新。鉴于英国 460 个法院大楼并未得到充分利用,一半以上的法庭在 2015 年的使用时间未超过可开庭时间的一半。政府认为,对更新司法系统的投资需要推动已有法院设施的审查和现代化。司法现代化改革的目的在于提供以用户为中心的、更高效率的法院及其服务。故而在 2016 年 7 月,司法部就关闭 91 家法院和裁判所以减少经费支出的举措发布咨询文件——《关于英国法院资产规定的提案》(*Proposal on the Provision of Court and Tribunal Estate in England and Wales*)。② 该咨询收到 2100 多份单独回复及 13 份达到万人签名的请愿书,体现了社会各界对法院服务的重视。

关闭法院或裁判所的决定显然不能轻易做出。对拟关闭的每个区域的法院及裁判所,司法部考量了关于该法院或裁判所是否会影响到法院用户参与司法、是否会形成显著的经费节约、是否该法院或裁判所还维持其高质量的服务三方面因素。在符合以上三个条件的基础上,司法部决定关闭 86 个法院和裁判所,保留原拟定的 91 个法院和裁判所中的 5 个。同时,政府报告指出,关闭的法院

---

① Department of Education, *Impact of the Family Justice Reforms on Front-line Practice Phase Two: Special Guardianship Orders Research Report* (August 2015), pp.32-33.

② Ministry of Justice, *HM Courts & Tribunals Service*, *Proposal on the Provision of Court and Tribunal Estate in England and Wales* (July 2015).

或裁判所附近区域的大部分公众可以选择可接受的距离范围内的法院或裁判所,仍可通过公共交通工具等正常参与听审等司法活动。电话、视频、在线服务或调解等也一定程度上减少了当事人前往法院的必要性。①

然而,有观点指出,尽管政府向公众确保95%的市民能够在1个小时之内驾车到达指定法院,在乡村地区,政府提议将法院或裁判所重新设置在其他市民建筑中,大量关闭或重新安置的法院及裁判所实际上仍会对公众参与司法程序造成影响。鉴于司法实践中大多数参与司法的公民没有车或无法承担该费用,他们可能选择步行或几个小时的公共交通。在没有福利资助的情况下,该改革显然会影响到接近正义的实现。尽管独立家事法院的设立被认为是英国家事司法系统最具根本性和革命性的改革,但独立家事法院的设立一定程度上与《2012年法律援助、判决和刑事处罚法》中规定的减少法律援助有关。关闭法院的影响体现在部分家事法院的司法案件中,产生了类似于狄更斯小说中的参与司法费用支出过高的问题,导致家事司法系统的改革存在争议。②

(三)部分改革举措存在争议

除家事审判改革中未涉及的问题及改革后新产生的问题之外,英国家事审判改革中采取的部分改革措施在推行过程中存在争议,故而这部分改革内容或仍有待观察其后续运行结果,或应在改革推进过程中进一步完善。

其一,尽管加强家事司法的信息化建设是"互联网+"时代家事司法系统必然的发展路径,但在线法院的建设在英国家事司法实践中存在争议。一方面,尽管离婚和遗嘱案件的数字化建设已经取得了一定进展,但在线法院建设在实践中的进展较预期计划而言已经有所迟延,存在着操作进度上的担忧。同时,在线法院的建设旨在提升家事司法效率,减少律师的参与,这遭到了部分律师的反对并且存在在线法院可能达不到开庭审理效果的担忧。尽管数字化建设是英国家事司法系统必然的发展方向,但在信息技术更新的同时如何保障家事正义的维护,是需要在家事审判改革中继续探讨的问题。

其二,英国在此次家事审判改革中通过限制专家证人的参与以缩短案件审

① Ministry of Justice, HM Courts & Tribunals Service, *Response to the Proposal on the Provision of Court and Tribunal Estate in England and Wales* (February 2016), pp.4-5, 41.

② Kim Holt, *Contemporary Family Justice: Policy and Practice in Complex Child Protection Decisions*, Jessica Kingsley Publishers, 2016, p.132.

期、实行积极的案件管理,但实践中同样存在关于专家证人参与制度改革的担忧或争议。部分人士对社会工作者提供其专业范围之外的证据的能力提出质疑,社会工作者亦主张应附加专业培训以保障他们出具符合质量要求的证据。同时,限制专家的参与会导致专家证人总体数量的减少,对家事司法未来发展形成不利影响。[①] 就专家证人参与的相关制度改革来看,显然专家参与制度应进行合理构建,实现长远考虑,以符合家事司法系统的发展方向。

其三,为解决家事司法系统中最为突出的审理迟延问题,英国在此次改革中引入了26周法定审限制度,然而,该制度的实施与发展同样是存在争议的。缩短审限并非英国家事司法的目的,片面追求审限的缩短可能会存在问题,如导致部分律师以案件审限限制为由不尽全力,或出现只要有个结果就比正确的判决更重要等错误认识。缩短审限显然并非解决案件审理迟延的唯一有效途径,并且该措施具有典型的现实意义,如何保障审限制度在家事司法系统发展的过程中保持长远的有利影响,显然有待改革的进一步深入。

其四,英国此次改革中推动家事裁判文书上网公布、保障媒体报道家事案件以提升家事司法透明度和司法公信力,但在改革过程中一直存在争议。反对观点或认为,媒体介入家事司法可能会侵犯儿童及家庭成员的隐私权或对儿童未来发展造成影响,或对失实、误导性报道等误导公众舆论、影响家事司法独立性和公众对家事司法的正确认知表示担忧。因此,尽管英国在改革过程中推进透明度提升,但改革力度不大,支持与反对的声音并存,关于提升家事审判透明度的改革显然仍需要在充分权衡利弊的基础上进行更为全面、深入的完善。

(四)持续改革发展的阻力因素

除产生或尚未解决的问题外,英国家事司法系统的运行还受到一定的现实因素的阻碍,这一方面体现在家事案件的持续增多,另一方面受制于资源的有限性。

一方面,尽管英国通过此次改革提升了家事司法效率,但家事案件的持续增多且日益复杂始终是制约家事司法系统有效运行的现实因素。詹姆斯·孟比庭

---

① Sarah J. Brown, Leam A. Craig, Rebecca Crookes, Amy Summerfield, Natalie Elizabeth Corbett, Joanne Lackenby, Erica Bowen, *The Use of Experts in Family Law: Understanding the Processes for Commissioning Experts and the Contribution They Make to the Family Court* (2015), pp.2,40-41.

长在2016年9月的讲话中指出，家事案件数量不断增长，例如，2016年4月至7月的抚养案件较2015年同比时期增长了20%，[①]英国2009年的家事诉讼申请仅为8823件，2015年超过11000件，增长幅度达到26%。[②] 即使英国通过此次改革提升了家事司法效率，但家事纠纷的增多且日趋复杂的发展趋势仍是家事司法系统运行的主要压力来源。

另一方面，司法及法院服务的财政、人力等资源支持受限，这也是导致家事司法系统承受压力的另一现实因素。家事司法系统内的工作人员已经尽力完成本职工作，但资源的有限性和案件的不断增加导致英国的家事司法服务面临着“明确的、即将到来的危机”(Clear and Imminent Crisis)。[③] 家事私法案件中法律援助的削减，也是制约私法纠纷处理的重要因素。

## 三、家事审判改革的域外影响

作为英国历史上最具革命性的家事审判改革，英国此次改革在推动家事司法系统的显著变革的同时亦受到其他地区或国家的关注、研究和借鉴。

此次英国家事审判改革主要是指英格兰和威尔士的家事司法系统内发生的变革，但该改革同样对英国其他区域产生影响。北爱尔兰2016年的民事和家事司法审查报告指出，对英格兰和威尔士的家事审判改革模式作出探究，并对部分改革措施表示认可及借鉴，典型体现在独立家事法院的设立、《2014年儿童与家庭法》中对调解信息评估会议的引入等方面，并对英格兰和威尔士等地区进行访问或联系。[④] 同时，关于保障媒体在家事审判中参与的改革在北爱尔兰作为相关改革的重要参考依据，但对引入该制度的相关探索仍在探究过程中。[⑤]

---

① James Munby, *14th View from the President's Chambers: Care Cases: Settlement Conferences and the 'Tandem' Model*, Family Law, 2016, Vol.46, No.9.

② Sarah Blackmore, Jacqui Thomas, *Family Justice Reformed: A Guide to the Family Court and the Children and Families Act* 2014, 2nd ed., RELX(UK) Limited, 2017, p.1.

③ James Munby, *15th View from the President's Chambers: Care Cases: the Looming Crisis*, *Family law*, 2016, Vol.46. No.10.

④ Lord Justice Gillen, *Review Of Civil And Family Justice: The Review Group's Draft Report On Family Justice*(August 2016), pp.9,17.

⑤ The Law Society of Northern Ireland, *Review Of Civil And Family Justice: The Review Group's Draft Report On Family Justice Response of the Law Society of Northern Ireland*(November 2016), p.39.

新西兰自2014年3月31日起开始实行家事审判改革,旨在建立现代化的、便于当事人参与的家事司法系统,鼓励儿童父母通过非诉方式解决儿童安置争议问题,以保障法院处理更需要司法专业知识的案件。2014年6月,新西兰司法部长朱迪思·科林斯(Judith Collins,1959—)与英国司法大臣克里斯·葛雷林(Chris Grayling,1962—)签署谅解备忘录,约定两国定期交流家事司法改革的信息。朱迪思·科林斯指出,近年来英国与新西兰实施了相似的家事审判改革,例如,为当事人提供新的非诉调解服务等。该调解备忘录反映了两国在家事审判改革中的共同追求,如保护儿童及弱势群体,提供较少对抗性的方式解决家事纠纷,确保法院的有效运行。谅解备忘录的签署能够便利两国分享诸如评估报告、业务调整或成功经验等信息,个人资料或具体案件等个人信息不会被分享。①

新西兰与英国相似,对家事司法系统的彻底变革体现在削减法律援助和促进家事调解以简化家事司法流程方面,故而英国这两方面的改革受到新西兰的关注。在英国,法律专业人士及妇女慈善组织等对削减法律援助的影响表示担忧,相关研究显示,遭受家庭暴力的妇女往往很难符合获得法律援助的证据标准,46.4%的受访者因无法申请法律援助而未采取进一步行动。自法律援助削减后,涉及儿童的家事案件中自我代理的案件增加了48%。② 家事法院员工代表哈里·弗莱彻(Harry Fletcher)指出,削减法律援助的野蛮措施对司法系统造成了灾难性影响,受害者被施虐者交叉询问会导致受害者和儿童受到伤害,家事司法系统正在崩溃过程中。③ 2014年4月,英国司法部提高了关于家庭暴力受害者申请法律援助的证据标准要求,律师协会亦就涉及法律援助的相关规则变动的合法性提出质疑。在调解方面,2014年4月后,英国家事司法系统要求除特定情况下,家事私法诉讼申请人在诉诸法院前应强制性地参与调解信息评估会议,以推动家事纠纷的非诉解决。同样出于对儿童及家庭暴力中受害者保护的担忧,家事纠纷解决机制的适

---

① Judith Collins, New MOU Signed to Improve Family Justice, at https://www.beehive.govt.nz/release/new-mou-signed-improve-family-justice, Jun.25, 2018.

② John Bingham, Court Crisis Warning as Legal Aid Cuts Trigger Surge in Parents Fighting for Child Custody Without Lawyer, at http://www.telegraph.co.uk/women/sex/divorce/10881495/Court-crisis-warning-as-legal-aid-cuts-trigger-surge-in-parents-fighting-for-child-custody-without-lawyer.html, Jun.25, 2018.

③ Jamie Doward, Legal Aid Cuts Leave Family Courts in Chaos, Experts Say, at https://www.theguardian.com/law/2014/mar/29/legal-aid-cuts-family-courts-children, Jun.25, 2018.

用在新西兰受到了一定的批评，但朱迪思·科林斯指出，部分案件不需经法院解决，以免造成家庭成员的冲突、迟延及过多费用支出。①

实际上，英国家事审判改革中的调解信息评估会议的强制适用引起不少关注。悉尼大学法学院的帕特里克·帕金森（Patrick Parkinson，1958—）教授指出，在削减法律援助之前，英国的律师往往会推荐部分能够获得法律援助的当事人选择调解，法律援助削减后律师的积极性降低，参与调解的数量减少。该问题的解决需要对家事司法系统中调解的结构从本质上作出反思。调解是离异夫妻除司法外可选择的纠纷解决途径，但鉴于调解往往由法院命令或附加，故而该模式下律师或法院仍占据重要位置。因此，政府应建立不同的家事纠纷解决方式，司法仅是其中的一种。但该非诉纠纷解决机制的建设显然并非易事，我们需要对如何符合儿童的最大利益和家庭所需要的服务种类等问题换一种新的方式进行思考。②

中国香港地区在改革司法系统的过程中往往对国外相关改革作出总结和借鉴。2003 年，香港法律改革委员会对英国、新西兰、澳大利亚等国的家事司法改革作出探究并发布《家事争议解决程序报告》。该报告第三章对英国的家事司法系统作出研究，指出英国家事司法系统处于不断变革之中，并且变革的内容具有普遍关注性。当然，鉴于香港具有独特的文化传统和法律制度，英国的改革实践与英国的改革不具有直接相关性，但可在一定程度上提供借鉴和启示。③ 有学者对近年来香港家事司法系统的改革方向作出研究，尤其强调了英国此次家事审判改革中的重大变革即调解信息评估会议的强制适用。同时，引入统一的家事诉讼规则是香港家事司法系统的重要改革方向，将英国《2010 年家事诉讼规则》作为新规则的广泛的基本框架则得到了香港律师协会等机构的认可。④

---

① New Zealand, England and Wales Sign MOU to Share Family Justice Reform Knowledge, at https://nzfvc.org.nz/news/new-zealand-england-and-wales-sign-mou-share-family-justice-reform-knowledge, Jun.25, 2018.

② Patrick Parkinson, *Family Laws and Access to Justice*, *Contemporary Readings in Law and Social Justice*, 2016, Vol.8, No. 1.

③ The Law Reform Commission, The Family Dispute Resolution Process Report, at www.hkreform.gov.hk/en/docs/rdispute-e.doc, Jun.25, 2018.

④ Katherine Lynch, *Reform of Family Justice: Children's Dispute Resolution in Hong Kong*, Cardozo Journal of Conflict Resolution, 2016, Vol.17, Iss. 3.

# 四、英国家事司法系统之发展方向

就英国家事审判改革来看,尽管家事审判改革基本上实现了预期目标,但家事司法系统中仍然存在不少问题或有待改进之处,同时面临新时代技术、家庭及社会观念、司法制度及观念的发展,英国家事审判改革将进一步深入推进,家事司法系统在有序运行的过程中亦会不断发展变化。

(一)整体发展方向

家事法院的首要任务是解决往往会涉及未成年人的私人纠纷,并将家庭置于未来最佳的发展路径中。家事司法系统的改革必须以儿童利益为先。尽管自2011年家事司法审查以来英国家事司法系统通过独立家事法院建设等施行了家事审判改革,家事司法的效率大为提升,但家事司法系统尚存有待改进之处。私法案件主要处理离异夫妻关于儿童抚养或财产分配方面的争议,简化及数字化私法案件诉讼流程是为当事人解决私法纠纷的重要发展方向。大部分案件会涉及较为简单的司法程序,仅有2%左右的案件会存在对抗性问题。当然,自20世纪70年代以来,相关规则的改革漫长而复杂,未来的发展方向是尽量简化和在线解决。该简化原则同样适用于遗嘱认证问题,遗嘱认证案件同样实行数字化,以便在无争议的情况下将大部分问题在线解决。

在公法案件中,英国在家事审判改革中已经推行了一系列创新机制方法,如家庭毒品和酒精法庭的设立、法官主导的争议解决试点等。这些改革途径推动了儿童父母与地方机构之间通过非对抗性的方式解决纠纷,并集中各方力量专注于儿童最大利益的维护。[①] 同时,有观点指出,如果政府注重儿童的时间表,那么,政府应提供更多的资源以提升家事司法效率、减少案件审理迟延。这不仅应体现在诉前程序中,还应体现在后续照管令或安置令的制定过程中。最具经验的实务工作人员往往更重视记录工作而非实践工作,实际上家事司法实践应从远程控制的位置转向以关系为基础的、能够看到前线实务工作人员的工作途径。[②]

(二)组织机构的进一步改革

英国在此次改革中,设立了独立的家事法院,推动了法院领导力建设和司法

① The Lord Chancellor, The Lord Chief Justice, *The Senior President of Tribunals*, *Transforming Our Justice System*, pp.13-14.

② Kim Holt, *Contemporary Family Justice: Policy and Practice in Complex Child Protection Decisions*, Jessica Kingsley Publishers, 2016, p.134.

连续性的提升，并强调公法案件中法院功能的重塑及完善地方机构与法院之间的关系，构成英国在家事司法组织机构方面的主要变革。然而，尽管独立家事法院的设立构成英国此次家事审判改革的标志性事件，但组织制度方面的改革尚有进一步推进的余地。

一方面，家庭毒品和酒精法院的运行起到了良好效果，有待在英国其他地区得到推广。同时，英国关闭部分法院的举措不可避免地对部分家事法院产生影响，且该举措在实践中存在一定争议，如何对家事审判机构进行合理配置显然属于英国家事司法系统在组织方面的进一步改革。另一方面，在加强法院领导力建设、重塑法院功能的同时，保障治安法官在家事审判中作用的发挥、提升地方机构的工作质量是进一步改革的可能内容。

就地方机构而言，抚养案件中的对抗性庭审过程可能对社会工作者构成较大的压力，故而尚需加强对社会工作者参与诉讼的专门、定期的技能培训。社会工作者需要提高作出评估报告的信心和能力，撰写法庭报告并增强评估报告的证据效力，对该方面改革的监督和指导构成家事审判系统发展过程中需要关注的核心内容之一。地方机构需要考虑雇佣从事案件管理工作的人员负责保障工作质量及指导和支持社会工作者的工作，同时在维护地方机构与法院之间的关系方面发挥作用。家事小组会议在审前程序中应尽早开始，以确保家庭成员的参与和对家庭的支持。地方家事司法委员会应就地方机构的良好实践作出交流和推广，并尝试减少抚养程序中的对抗性特点，开展共享学习和发展活动等。另外，地方机构必须确保案件管理人员对评估工作有明确的预算和经费分配，以防止审前程序中相关工作的延误。社会工作者需要保持一定的专业研究时间并熟悉最新的研究，以增强在作出评估报告等工作中的信心。①

(三)案件管理的进一步改革

管理制度方面的改革构成了英国此次家事审判改革的核心内容，英国通过提升家事司法系统的信心化水平、限制专家在公法案件中的参与及在抚养程序中引入 26 周审限制度等实行积极的案件管理，解决家事司法系统存在的案件审理迟延问题，在实践中基本实现了预期效果，但相关改革仍有待进一步推进。

在线家事法院的建设尽管是英国家事司法系统的发展方向，但相关工作的

① Department of Education, *Impact of the Family Justice Reforms on Front-line Practice Phase One: The Public Law Outline Research Report*(August 2015), pp.32-33.

完善仍待进一步推进，部分改革试点仍在运行过程中。此次家事审判改革中专家参与制度的改革主要目的在于限制专家证人的参与，但专家参与涉及诸多问题，合理构建家事司法中的专家证人参与制度显然是符合司法发展规律的深入改革方向。提升专家证据的质量及增强专家的行业自律，加强对社会工作者及Cafcass工作人员的专业培训和技术支持，增强对专家作证的监督等方面构成了完善专家参与制度的发展方向。同时，尽管英国引入了26周法定审限制度并在实践中效果突出，但该审限的实践导致部分案件中法官压力加重，审限制度的引入并非目的，更好地提升家事司法效率才是英国家事司法系统进一步改革过程中需要考虑的问题。

家事审判改革后，家事司法系统应对特别监护令的相关问题作出谨慎分析。政府应考虑就特别监护令问题出具更为明确的实践指引以保持该类案件解决的一致性；同时，应当建立与之前收养案件完全不同的工作机制，并就解决复杂的、扩大的家庭背景下的特别监护问题提升专业技能。涉及特别监护令的案件亦应在26周法定审限的范围内及时解决，并且法院及地方机构应该为特别监护人等提供高质量的信息告知和支持服务，将儿童的时间表和最大利益作为工作开展的首要考虑因素。①

(四)程序机制的进一步改革

程序制度改革涉及英国家事审判程序的相关程序、方式、机制等内容，构成了此次英国家事审判改革的重要内容。英国在改革过程中通过保障儿童在家事诉讼程序中的参与及儿童出庭作证、构建多元调解机制并扩大调解等非诉纠纷解决机制的适用、保障裁判文书上网公布及媒体监督司法的开展等措施对家事司法系统的相关程序制度作出改革。尽管基本上取得了预期效果，但程序制度的相关改革仍有待进一步推进。

尽管保障家事司法程序中儿童的参与具有必要性，但合理构建儿童参与方式及防止儿童在参与过程中遭受损害仍然有待英国家事司法系统进行深入探索。英国在私法案件中引入了调解信息评估会议以增强非诉纠纷解决机制的适用性，但公法案件中调解机制适用的试点仍尚待探索，对其他国家或地区相关经验的参考借鉴同样是英国家事司法系统进一步探究的内容。增强家事司法透明

① Department of Education, *Impact of the Family Justice Reforms on Front-line Practice Phase Two: Special Guardianship Orders Research Report* (August 2015), pp.33-35.

度的建设在实践中存在争议,现有改革中裁判文书的匿名化问题仍有待通过判例或相关规则进行完善,同时,规范媒体报道的合法性亦是家事司法系统需要探究的问题。

## 五、结语

英国自 2011 年以来的家事审判改革,在基本实现“更好未来”预期效果的同时尚存诸多问题,这也逐渐凸显出英国家事司法系统进一步改革发展的方向,即推动组织结构、程序机制及管理制度的进一步专业化、现代化发展,切实保障儿童最大利益原则的落实。我国自 2016 年以来实行家事审判方式和工作机制改革,在 100 余个法院进行试点改革工作,在诸多改革措施取得成效的同时尚待进一步推进。我国家事审判试点改革工作已结束,进一步深化改革正在推进过程中,如何对我国家事审判改革工作的效果和未来发展作出评估,从而进一步推进我国家事审判工作的发展,同样是值得关注的重要内容。